Contabilidade pública

Uma abordagem da Administração Financeira Pública

gen
Grupo
Editorial
Nacional

Roberto Bocaccio **Piscitelli**
Maria Zulene Farias **Timbó**

Contabilidade pública

Uma abordagem da Administração Financeira Pública

14ª Edição

Revista, Ampliada e Atualizada até janeiro de 2019

Rua Conselheiro Nébias, 1384
Campos Elíseos, São Paulo, SP — CEP 01203-904
Tels.: 21-3543-0770/11-5080-0770
faleconosco@grupogen.com.br
www.grupogen.com.br

Designer de capa: OFÁ Design :: Manu
Imagem de capa: grkatz | iStockphoto

Editoração eletrônica: Anthares

CIP-Brasil. Catalogação na Publicação
Sindicato Nacional dos Editores de Livros, RJ

Contabilidade pública: uma abordagem da administração pública/organização Roberto Bocaccio Piscitelli, Maria Zulene Farias Timbó. - 14. ed., rev. ampl. e atual. - São Paulo: Atlas, 2019.

ISBN 978-85-97-02004-5

1. Contabilidade pública - Brasil. 2. Finanças públicas - Brasil. 3. Administração pública - Brasil. 4. Contabilidade - Problemas, questões, exercícios. 5. Serviço público - Brasil - Concursos. I. Piscitelli, Roberto Bocaccio. II. Timbó, Maria Zulene Farias.

19-56098 CDD 657.610981
CDU 336.13(81)

Leandra Felix da Cruz - Bibliotecária - CRB-7/6135

APRESENTAÇÃO

É realmente encorajador verificar que professores e estudiosos da Contabilidade em geral e da Contabilidade Pública em particular conseguem interesse e tempo para escrever trabalhos sérios sobre suas áreas de especialização. Particularmente, considero que o campo da Contabilidade Pública, no Brasil, apesar de alguns trabalhos de envergadura, carece de novas abordagens seguras, práticas e eficientes, elaboradas por pessoas que têm experiência prática no assunto, bem como sólida formação teórica. É o caso deste *Contabilidade Pública: uma abordagem da administração financeira pública*, realizado por um grupo de autores de grande envergadura. Como muito bem enfatizam os mesmos, tive a feliz oportunidade de participar da Comissão Examinadora ao Mestrado de um deles e, na época, verificamos, todos os participantes, o Autor da tese e eu, o descaso atribuído ao Sistema de Controle Interno, em nossa Administração Pública. Esta tendência precisa ser urgentemente revertida.

Com este trabalho, prático, objetivo, mas, ainda assim, teoricamente bem fundamentado, enriquece-se a bibliografia nacional sobre o importante campo de especialização e não hesitaria em recomendá-lo firmemente aos alunos e estudiosos da Contabilidade Pública.

Sérgio de Iudícibus

Professor Titular de Contabilidade da FEA/USP

PREFÁCIO À DÉCIMA QUARTA EDIÇÃO

A décima quarta edição, após algumas reimpressões da edição anterior, está sendo concluída com um intervalo de tempo um pouco superior, o que possibilitou uma atualização e revisão mais aprofundada, sempre com a intenção de oferecer aos nossos leitores o melhor de nossos esforços. É sabido que um trabalho dessa envergadura, com a responsabilidade necessária, requer um período aproximado de três a quatro meses, de forma sistemática, o que exige um reordenamento de nossas atividades, para dedicar-nos exaustivamente à reedição.

Não basta rever toda a legislação ou simplesmente modificar o *layout*. A própria Editora, com a intenção de tornar mais agradável e proveitosa a leitura, nos induz a reestruturar o trabalho, o que apenas começamos a fazer, mas que continuará a ser aperfeiçoado. Nosso propósito vai muito além de uma simples **mudança de capa**, como, infelizmente, é muito comum em obras didáticas.

Por uma questão de lealdade e profissionalismo, nossos leitores podem estar seguros de que realizamos efetivamente uma completa revisão e atualização, e inevitavelmente também uma ampliação do conteúdo, em função de suas próprias modificações e de uma visão mais crítica da realidade. Nossa área, como se sabe, sofre a influência de várias diferentes instituições, sob a convergência de diversificados ramos de conhecimento das Ciências Sociais.

Continuamos a observar as tendências no sentido de uma crescente harmonização das normas contábeis aplicáveis à Administração Pública com os avanços alcançados inicialmente pelo setor privado, bem como entre as normas adotadas no Brasil com aquelas que vêm se consolidando em âmbito internacional, reconhecendo que ainda há um bom caminho pela frente, de modo que possamos assentar-nos em sólida doutrina e em genuína teoria contábil.

É preciso inserir-nos cada vez mais na perspectiva de uma Ciência das Finanças Públicas, que permeia as diversas etapas da atuação econômica do Estado, desde a concepção de seu papel e do planejamento para o desenvolvimento até o controle e a avaliação dos resultados programados e dos objetivos e metas alcançados.

Ao completarmos mais essa etapa de um trabalho que se prolonga por três décadas, queremos também agradecer a inestimável colaboração de tantos leitores (e colaboradores) anônimos, que nos fazem sugestões e dirigem críticas que ajudam a melhorar a qualidade pela qual tanto prezamos.

Essas contribuições são um estímulo para que continuemos estudando matérias às vezes tão áridas, mas tão relevantes para o dia a dia da Administração e de seus agentes das áreas de Administração Orçamentária e Financeira, da Contabilidade Pública e do Controle Governamental, e que esta obra seja um instrumento para os que trabalham na área, para os que se preparam para concursos e para os que se dedicam ao estudo e à pesquisa das Finanças Públicas.

Nosso agradecimento, enfim, à colaboração do pessoal da Editora, pelas cobranças, pela confiança e pelo estímulo com que nos conduziu a mais esta etapa de realizações.

Brasília, janeiro de 2019.

Os Autores

RECURSOS DIDÁTICOS

Os recursos didáticos complementam o conteúdo do livro e tornam as informações mais acessíveis, facilitando o aprendizado. Este livro conta com os seguintes recursos:

O boxe **Objetivos de aprendizagem**, no início de cada capítulo, apresenta quais são os tópicos que serão estudados.

OBJETIVOS DE APRENDIZAGEM

Ao final deste capítulo, o aluno deverá ser capaz de:

- identificar o tratamento legal dado à contabilização de operações típicas na Administração Pública;
- reconhecer exemplos de lançamentos típicos do Setor Público.

O boxe **Você sabia?** contém informações extras e pertinentes ao tema em estudo.

Você sabia?

Outras normas correspondem às já reconhecidas para o setor privado. Convém aqui destacar que, na ausência de norma contábil aplicada ao Setor Público, o profissional da Contabilidade deve utilizar, subsidiariamente, e nesta ordem, as normas nacionais e internacionais que tratem de temas similares, evidenciando o procedimento e os impactos em notas explicativas.

A seção **Resumo**, no fim de cada capítulo, apresenta uma síntese do que foi apresentado.

RESUMO

A seguir, estão contemplados os principais assuntos discorridos no capítulo.

- As transações no Setor Público compreendem os atos e os fatos que promovem alterações qualitativas ou quantitativas, efetivas ou potenciais, no patrimônio das entidades do Setor Público, as quais são objeto de registro contábil em estrita observância aos princípios de Contabilidade e às Normas Brasileiras de Contabilidade Aplicadas ao Setor Público.

A seção **Atividades para sala de aula**, no fim de cada capítulo, contém questões sobre os temas estudados para serem trabalhadas em classe.

ATIVIDADES PARA SALA DE AULA

1) Diferencie ato contábil de fato contábil, e suas implicações para fins de registro em um sistema de informações econômico-financeiras.
2) Discuta a conveniência e oportunidade de adoção ou harmonização da Contabilidade do Setor Público com as normas brasileiras de Contabilidade e com os padrões internacionais recomendados.

SUMÁRIO

INTRODUÇÃO

Para que se entenda a natureza da atividade financeira do Estado, é preciso levar em conta que as pessoas, isoladamente, não podem satisfazer às necessidades públicas. Podem também considerar que é mais conveniente transferir a responsabilidade de sua satisfação para uma instituição que represente os interesses da coletividade, mesmo em situações em que o mercado poderia suprir as necessidades individuais, por elas serem meritórias. Em qualquer caso, a natureza e a extensão dessas atribuições dependem das convicções, da cultura, da forma de organização da sociedade, o que significa dizer que variam muito de acordo com o lugar e o momento e se expressam por meio de mecanismos de representação política.

Historicamente, a soberania, a afirmação de um Estado – isto é, a sua própria existência –, pressupõe a incumbência de provimento das necessidades relacionadas com a segurança externa, a ordem interna e a administração da justiça. Com o tempo, entretanto, o conceito de necessidades públicas foi-se ampliando, mesmo quando as tarefas correspondentes eram realizáveis, ainda que em parte, pela iniciativa privada. Outras vezes, ainda, bens e serviços são oferecidos à população pelo Setor Público, mas por meio de mecanismos de mercado. Variam, portanto, as formas de provimento e os mecanismos de financiamento dos bens e serviços produzidos para o atendimento das necessidades da população.

Paralelamente, o crescimento da economia e o maior nível de conscientização dos indivíduos, entre outras razões, levaram a que as exigências de segurança e bem-estar pessoal se traduzissem em uma revisão do papel tradicional do Estado. Assim, suas ações se estenderam progressivamente nos campos da saúde, assistência, educação, previdência, ciência e tecnologia, meio ambiente e outros. É onde se encontram as chamadas necessidades meritórias, tão importantes para o conjunto da sociedade, que se tornaram relevantes para cada um de seus membros.

Para Richard Musgrave,[1] tais necessidades tornam-se públicas porque são consideradas de tal modo meritórias que sua satisfação exige o suprimento de recursos públicos, além daquilo que é provido pelo mercado e pago pelos compradores particulares. Em princípio, tais necessidades – ao contrário das que o autor denomina propriamente sociais – seriam atendidas dentro dos limites de procura efetiva, de acordo com o princípio de exclusão, por meio do qual o consumidor

---

[1] MUSGRAVE, Richard A. *Teoria das finanças públicas*: um estudo da economia governamental. São Paulo: Atlas, 1976. v. 1, Cap. 1.

estaria excluído do prazer de usufruir de qualquer bem ou serviço, a não ser que se dispusesse a pagar ao fornecedor o preço estipulado.

Tais necessidades, todavia, ao se alçarem à categoria de públicas, implicam que:

- seria impraticável determinar quanto exatamente custa para cada cidadão o serviço que lhe é prestado;
- os beneficiários se eximiriam de manifestar suas preferências, até porque o serviço não deixaria mesmo de ser prestado;
- dificilmente se poderiam aferir os benefícios em caráter individual, instantâneo.

Supõe-se que as maiorias, em um sistema democrático – ou mesmo os grupos dominantes, exercendo seus privilégios –, atuando em nome da sociedade que representam, incumbam os governos das funções que caracterizarão seus programas de trabalho.

Daí resulta que o custeio das necessidades públicas se faça por meio da transferência de parcelas dos recursos dos indivíduos e das empresas para o governo, com o que se completa o circuito financeiro entre sociedade e Estado.

A chamada política fiscal, assim, desdobra-se em dois segmentos:

- de um lado, há a política de captação de recursos, em que se destaca a tributação, destinada ao financiamento das funções da Administração Pública, por intermédio de suas diferentes esferas, no caso brasileiro União, Estados e Distrito Federal, e Municípios;
- de outro lado, há a política de aplicação dos recursos, materializada particularmente por meio da orçamentação, como parte de um processo cuja abordagem constitui a preocupação maior deste livro: trata-se dos gastos, da aplicação dos recursos, condicionados ao dimensionamento e natureza das atribuições do Poder Público e, naturalmente, à capacidade e disposição da população para seu financiamento.

A maior parte dos recursos utilizados provém da arrecadação de tributos – impostos, taxas e contribuições –, mas os Entes Públicos também auferem receitas decorrentes da exploração de seu próprio patrimônio, da renda de seus fatores de produção, pois são dotados de personalidade jurídica e funcionam como uma organização econômica. Além do mais, quando a receita é insuficiente para o custeio das atividades normais, ou quando se pretende realizar novos investimentos, recorre-se a empréstimos, no pressuposto de que eles possibilitarão a geração de recursos adicionais, que permitirão, além do pagamento das amortizações (o principal), o dos respectivos juros e encargos. Há ainda outras fontes de recursos, como a própria negociação do patrimônio público, mas as referidas anteriormente são normalmente as mais relevantes.

A chamada "carga tributária", aspecto de intermináveis discussões doutrinárias e políticas, não é senão um subproduto do papel do Estado na economia; estaria, em princípio, essencialmente relacionada com a quantidade, tipo e qualidade dos serviços oferecidos à coletividade em cada lugar e momento, influenciada pela situação histórica ou econômica. Em geral, a discussão está diretamente associada à percepção que têm os indivíduos do emprego que se faz de seus recursos, e de suas possibilidades de influenciarem as decisões sobre o uso e de controlarem a aplicação do dinheiro público.

A definição sobre quem financia os gastos é a que afeta mais direta e imediatamente as pessoas, e por isso a maioria dos questionamentos gira em torno desse assunto, ainda que se identifique um interesse crescente em relação ao que o Poder Público é capaz de fazer para cada um e pelas comunidades de que cada um faz parte.

O princípio consagrado pelos estudiosos e incorporado à Constituição brasileira em matéria tributária é o da capacidade contributiva; isto atenderia a critério de justiça fiscal, que, além do mais, compreende em geral também a aplicação de conceitos, como a progressividade e a seletividade. Em resumo, o que se preconiza é uma tributação proporcionalmente maior para quem aufere rendimentos mais elevados, detém maior patrimônio, consome produtos menos essenciais.

Os tributos ditos diretos – sobre a renda e o patrimônio – são os que, pelo menos em teoria, atendem melhor a esse requisito.

Os tributos indiretos, que incidem sobre as transações, independentemente da capacidade econômica de quem delas participa, acabam gravando mais pesadamente as pessoas e famílias cujos orçamentos destinam maiores parcelas ao consumo. As próprias empresas tendem a fazer repercutir sobre seus preços a incidência tributária, transferindo, em última análise, o ônus efetivo para o consumidor final, o contribuinte de fato; isto é o que, aliás, ocorre pelo menos em parte também com os tributos diretos, quando são repassados aos preços.

Na hipótese de uma tributação ser considerada "injusta", regressiva, a correção das distorções pode ser promovida ou amenizada por adequada orçamentação, que destine mais recursos para as pessoas carentes e setores cujo desenvolvimento interesse priorizar em benefício do conjunto da população. Tais mecanismos possibilitariam verdadeira redistribuição de renda pelo governo, inclusive em prol de uma dinamização da economia que promovesse o fortalecimento do mercado interno e o maior grau possível de inclusão social. O ideal, todavia, é que a promoção da justiça fiscal, com a redução das desigualdades e a promoção das oportunidades, ocorresse desde a apropriação dos recursos pelo Estado até sua destinação em benefício do conjunto da sociedade, ou de sua maioria e mesmo das minorias, quando desprovidas de condições mínimas.

Seja na produção e fornecimento de bens e serviços públicos, seja atuando nas clássicas funções tendentes a promover o crescimento, a redistribuição e a estabilização, o Estado é o agente fundamental que, por meio de diferentes políticas, pode interferir decisivamente na atividade econômica de qualquer país.

Por tais razões é que a função orçamentária e financeira da Administração Pública é tão importante. Em países em que já se adquiriu a consciência política de sua relevância em todas as atividades governamentais, os cidadãos e as instituições participam mais ativamente do processo de alocação e utilização dos recursos públicos. Entre nós, há muito desconhecimento a respeito do assunto e – acima de tudo – falta de exercício da própria cidadania. Os próprios responsáveis pela elaboração e execução dos orçamentos se valem ainda de uma linguagem e de métodos que – deliberadamente ou não – afastam até especialistas e estudiosos de qualquer tentativa de acompanhamento e compreensão das diversas etapas do processo que se inicia com o planejamento, passa pela montagem, discussão e aprovação do orçamento, expressa-se por meio da contabilidade e se completa com o controle.

Não obstante, é forçoso reconhecer que a Constituição de 1988 criou mecanismos muito mais abrangentes e eficazes no sentido de melhorar a visibilidade da política fiscal, tanto em matéria tributária quanto orçamentária.

Antes mesmo do encaminhamento da proposta orçamentária anual, a Lei de Diretrizes Orçamentárias (LDO), aprovada no primeiro período da sessão legislativa, deve estabelecer não só as diretrizes para o orçamento anual, como também as modificações na legislação tributária, com que se poderá contar no exercício subsequente. Em outros termos, a LDO estabelece, com razoável antecedência, o que poderá ser cobrado a mais para financiar novos programas ou expandir os já existentes. E a lei orçamentária anual, com base nas estimativas e autorização para a obtenção de receitas, fixa, até o encerramento da sessão legislativa, os gastos para o exercício seguinte. Este é o calendário previsto, tudo dentro de uma perspectiva de planejamento de médio prazo, com os planos plurianual, nacionais, regionais e setoriais.

Em contrapartida – e como garantia ao cidadão –, está vedada a instituição ou majoração de tributos no exercício financeiro de sua cobrança, com exceção das contribuições para financiamento da seguridade social, em relação às quais – mesmo assim – se exigem 90 dias de antecedência para a cobrança. Além disso, a aprovação de ônus adicionais para os contribuintes depende de lei, e seus efeitos não podem atingir fatos passados (ou em formação, não completados).

Todos estes mecanismos possibilitariam oferecer garantias aos indivíduos e às empresas de que eles podem preparar-se convenientemente, elaborar seus próprios orçamentos domésticos e empresariais, que não serão surpreendidos por medidas que os obrigariam a rever ou interromper seus planos em pleno andamento, ou a frustrar suas expectativas de longo prazo.

O coroamento de todo este processo, portanto, insere-se no planejamento global, traduzido especialmente por um plano plurianual, que indica as prioridades e sinaliza para o setor privado os vetores segundo os quais irão orientar-se as ações governamentais, com a perspectiva de pelo menos um mandato presidencial (ou de governador ou prefeito). O planejamento de longo prazo seria capaz de compatibilizar os planos de cada governo com os grandes objetivos nacionais, permanentes.

O planejamento é uma forma de a sociedade, por meio de seus representantes e instituições, aferir suas potencialidades e limitações, coordenando seus recursos e esforços para realizar, por intermédio das estruturas do Estado – diretamente – e por indução à iniciativa privada, as ações necessárias ao atingimento dos objetivos nacionais e das metas governamentais. O Estado, mesmo como responsável por ações de caráter coletivo, social, pode descentralizar essas atribuições. E pode fazê-lo a partir de sua própria organização, transferindo-as do núcleo (administração direta) para suas ramificações, desdobramentos (administração indireta e entidades controladas, de modo geral). Pode fazê-lo, também, transferindo encargos entre suas próprias esferas, geralmente da federal para as estaduais e municipais, e das estaduais para as municipais. E pode fazê-lo, ainda, incumbindo organizações privadas, sob as mais diversas modalidades de parcerias ou delegações, financiando ou incentivando entidades, com ou sem fins lucrativos, a executarem tarefas institucional ou meritoriamente atribuídas ao público, e não ao privado.

Normalmente, a ação, ora direta ora indutora do Estado, está associada aos diferentes níveis de desenvolvimento do País e aos respectivos momentos históricos, podendo chegar ao absenteísmo. Tudo indica que, quanto maiores as carências, as desigualdades, o atraso relativo e as imperfeições do mercado, maior deveria ser o grau de intervenção das instituições públicas na economia e na vida nacional. Logo, as discussões sobre estatização ou privatização não deveriam estar tão contaminadas pelos aspectos de caráter eminentemente ideológico e oportunista que assumiram mais recentemente no País.

Como se mencionou no início, tradicionalmente, o Estado só provia as necessidades básicas relativas à sua própria existência, organização interna e relações com os cidadãos e entre estes. Com a expansão de suas atribuições, foi assumindo novas funções e, inclusive, adotando formas próprias de organização empresarial; deixa, assim, de ser o Estado apenas regulador para tornar-se também produtor de bens e serviços, em particular daqueles ligados à infraestrutura. Mas é principalmente nas ações relacionadas com educação, saúde, assistência e previdência que o Estado moderno procura atender aos anseios de participação e bem-estar crescentes da população, vivendo mais concentrada nas cidades e enfrentando maiores desafios nas áreas de habitação, saneamento, transportes, comunicações, energia e segurança.

O próprio crescimento se constituiu, portanto, em uma das causas do aumento do nível de exigências da população. Avançando-se na escala das necessidades, o sistema de produção foi-se reorganizando no sentido de atender a uma demanda cada vez mais diversificada e sofisticada, com o impulso da ciência e tecnologia, da informação e das comunicações tendo uma influência significativa. Mais recentemente, a própria reavaliação da relação entre trabalho e lazer, associada à expectativa e à qualidade de vida, trouxe uma contribuição relevante no sentido de despertar nas pessoas um sentimento de cidadania e uma preocupação com valores mais elevados, entre os quais se destacam a cultura e a espiritualidade em sua plena acepção.

O Estado, assim, de algum modo, é o receptáculo dos anseios e aspirações da sociedade; foi o fio condutor do desenvolvimento – aqui entendido em sentido amplo –, propiciando, ao mesmo tempo, os investimentos que a iniciativa privada não estava disposta ou não tinha condições de bancar, por serem vultosos, de lenta maturação, de alto risco e de baixa rentabilidade. Foi, ainda, indispensável para regular os mercados, inclusive atuando como produtor também, além de assegurar as condições mínimas à proteção da concorrência e à defesa do consumidor.

Em síntese, é irrecusável a tarefa de identificar e avaliar a direção e o papel do Estado, a gestão dos recursos e a destinação final do gasto público, como expressão concreta das necessidades de uma população. A isto se contrapõem a capacidade e a disposição da coletividade em transferir parcelas de seu patrimônio privado para os cofres públicos, como forma de financiar as atividades governamentais destinadas a prover e promover o atendimento daquelas necessidades. Neste contexto, o Orçamento pode ser utilizado como um instrumento para prever e programar; a Contabilidade, um sistema para acompanhar, verificar, analisar; e o Controle, uma função para avaliar e replanejar.

Este livro trata de estudar todo este processo, em suas diversas etapas, os métodos utilizados e seus instrumentos, as perspectivas, enfim, de promover sua efetiva integração como suporte à ação do Estado e à fiscalização por parte do contribuinte.

1

CONTABILIDADE PÚBLICA. NOÇÕES GERAIS. CAMPO DE APLICAÇÃO. OBJETO. REGIME CONTÁBIL: CARACTERÍSTICAS DAS RECEITAS E DESPESAS PÚBLICAS

OBJETIVOS DE APRENDIZAGEM

Ao final deste capítulo, o aluno deverá ser capaz de:

- identificar o campo de atuação e a abrangência da Contabilidade Pública;
- definir o objeto da Contabilidade Pública;
- configurar o modo de apropriação do resultado;
- caracterizar as receitas e despesas, e evidenciar suas diferenças em relação à Contabilidade Empresarial.

1.1 INTRODUÇÃO

A Contabilidade Pública constitui uma das subdivisões da Contabilidade aplicada a diferentes tipos de atividades, de entidades. Seu campo de atuação é, assim, o das pessoas jurídicas de Direito Público interno – União, Estados, Distrito Federal, Municípios e suas autarquias –, bem como o de algumas de suas entidades vinculadas – fundações públicas e empresas públicas –, estas pelo menos quando utilizam recursos à conta do orçamento público. Trata-se, pois, das aziendas ou entidades públicas (não apenas de Direito Público), integrantes da estrutura da Administração e sujeitas a seu controle; outras entidades com estas características, entretanto, em que se destacam as sociedades de economia mista e outras constituídas segundo as normas do Direito Privado, praticam normalmente a Contabilidade Empresarial, também chamada de Societária, a que se aplicam os critérios e as normas próprias do setor privado.

1.2 CAMPO DE APLICAÇÃO E ABRANGÊNCIA DO SISTEMA CONTÁBIL PÚBLICO

O Conselho Federal de Contabilidade, em 23-9-16, aprovou a NBC TSP (norma técnica aplicada ao Setor Público) – Estrutura Conceitual para Elaboração e Divulgação de Informação Contábil de Propósito Geral (destinada a quaisquer grupos de usuários) pelas Entidades do Setor Público. Essa estrutura e as demais normas técnicas aplicadas ao Setor Público destinam-se obrigatoriamente às entidades do Setor Público quanto à elaboração e divulgação dos Relatórios Contábeis de Propósito Geral (RCPG). Em seu Capítulo 1.8 A a D, dispõe que nesse conceito compreendem-se:

- governos nacional, estaduais, distrital e municipais e seus respectivos Poderes (incluídos tribunais de contas, defensorias, Ministério Público), órgãos, secretarias, departamentos, agências, autarquias, fundações (instituídas e mantidas pelo Poder Público), fundos, consórcios públicos e outras repartições públicas congêneres das administrações direta e indireta, inclusive as empresas estatais dependentes. Essas empresas são as que recebem do ente controlador recursos para o pagamento de suas despesas em geral (inclusive para despesas de capital), exceto se para aumento de participação societária.

Excluem-se, portanto, desse conceito, as empresas estatais independentes, que, a despeito da condição de controladas, não recebem tais tipos de recursos.

Quaisquer outras entidades (inclusive as independentes) poderão adotar as normas editadas pelo CFC, que, entretanto, serão compulsórias em caso de determinação dos respectivos órgãos reguladores, fiscalizadores e congêneres.

Vale notar que o Código Civil – Lei nº 10.406, de 10-1-02 – subdivide as pessoas jurídicas entre as de Direito Público – interno ou externo – e as de Direito Privado (art. 40). E classifica como de Direito Público interno (art. 41, *caput*): a União; os Estados, o Distrito Federal e os Territórios; os Municípios; as autarquias, **inclusive associações públicas** (inserção da Lei nº 11.107, de 6-4-05, que trata dos consórcios públicos, contratos que envolvem justamente a União, os Estados, o Distrito Federal e os Municípios); as demais entidades de caráter público criadas por lei (**não especificadas**). Salvo disposição em contrário, as pessoas jurídicas de Direito Público, a que se tenha dado estrutura de Direito Privado, regem-se, no que couber, quanto ao seu funcionamento, pelas normas do Código Civil (art. 41, parágrafo único). O consórcio público constituirá associação pública ou pessoa jurídica de Direito

Privado, e poderá adquirir personalidade jurídica de Direito Público ou Privado. No primeiro caso, ao constituir associação pública, mediante a vigência das leis de ratificação do protocolo de intenções; no segundo caso, mediante o atendimento dos requisitos da legislação civil. É o consórcio público com personalidade jurídica de Direito Público que integra a administração indireta de todos os entes da Federação consorciados. Não obstante, a legislação determina que a execução das receitas e despesas deverá obedecer às normas de Direito Financeiro aplicáveis às entidades públicas indistintamente para os consórcios públicos.

A aplicação de recursos públicos, provenientes do Tesouro, ainda que de diferentes origens, se faz dentro de uma programação específica e está sujeita a controles formais, obrigatórios, dos sistemas de controle interno e externo; sua contabilização, consequentemente, deve seguir um modelo que assegure uma padronização adequada. Além de um Plano de Contas Único, pelo menos no âmbito de cada esfera da Administração, os demonstrativos contábeis também são obrigatórios e padronizados. No interesse público, as atividades do governo estão sempre sujeitas a normas estritas e a procedimentos específicos, de acordo com a máxima de que – diferentemente da iniciativa privada – só o que está expressamente permitido é que pode ser feito, e não o que não está proibido. Quer-se dizer, por exemplo, que procedimentos e critérios genéricos para a administração privada não são necessariamente suficientes na Administração Pública; um inventário – a título de ilustração –, embora constituindo exigência para os estoques das empresas privadas, adota regras estritas em um órgão público, que vão desde a designação obrigatória de uma comissão, passando pela determinação de sua abrangência para todos os bens móveis e imóveis, pelos critérios de custeamento, até as formas de registro e de controle dos bens materiais.

A Lei nº 4.320, de 17-3-64, recepcionada pela Constituição de 1988 com *status* de lei complementar, ainda é o diploma básico aplicável, embora deva ser ajustada aos avanços verificados na ciência contábil e incorporados pelas empresas privadas no Brasil nas últimas décadas, cujo alcance, mais recentemente, já está voltado para a harmonização em âmbito internacional.

A Constituição de 5-10-88, no § 9º do art. 165, define como complementar a lei que:

- dispuser sobre o exercício financeiro, a vigência, os prazos, a elaboração e a organização do plano plurianual, da lei de diretrizes orçamentárias e da lei orçamentária anual;
- estabelecer normas de gestão financeira e patrimonial da administração direta e indireta, bem como condições para a instituição e funcionamento de fundos.

Esta lei até hoje não foi editada, razão pela qual o diploma legal de 1964 continua em pleno vigor, apesar de a Lei de Responsabilidade Fiscal – também complementar – ter introduzido algumas modificações nas matérias que constituem o objeto do art. 165, § 9º, da Constituição.

A referida Lei nº 4.320/64 estatui normas gerais de Direito Financeiro para elaboração e controle dos orçamentos e balanços da União, dos Estados, dos Municípios e do Distrito Federal.[1] Como se pode constatar, o orçamento público também é um demonstrativo obrigatório e padronizado para cada esfera da Administração, englobando, inclusive, as empresas estatais que integram os chamados orçamentos Fiscal e da Seguridade Social, sujeitos à aprovação do Legislativo, as assim denominadas "empresas dependentes". Diferentemente das empresas privadas em geral, todas as estatais têm também orçamentos obrigatórios e padronizados, mesmo quando aprovados pelo Legislativo apenas seus investimentos, ou mesmo que submetidos apenas ao Executivo, sob a forma de programas de dispêndios globais, quando não dependerem de recursos do Tesouro e não efetuarem investimentos. Todos estes cuidados são necessários para garantir à sociedade que tome conhecimento dos programas de governo e se assegure de seu cumprimento.

Desde a primeira lei de diretrizes orçamentárias, para 1990 – Lei nº 7.800, de 10-7-89 –, os orçamentos Fiscal e da Seguridade Social abrangem os três Poderes (inclusive o Ministério Público e, hoje, a Defensoria Pública da União), seus fundos, órgãos, autarquias, inclusive "especiais", e as fundações instituídas e mantidas pelo Poder Público; compreendem também as empresas públicas, sociedades de economia mista e demais controladas que recebam recursos do Tesouro Nacional, exceto as que os percebam unicamente sob a forma de participação acionária, pagamento por serviços prestados ou fornecimento de bens, pagamento de empréstimos e financiamentos concedidos e transferências para aplicação em programa de financiamento.[2] Não se incluem nesses orçamentos os conselhos de fiscalização de profissões regulamentadas, constituídos como autarquias, e os fundos de incentivos fiscais, que figurarão exclusivamente como informações complementares ao projeto de lei orçamentária. (Na LDO para 2019, Lei nº 13.707, de 14-8-18, art. 5º e parágrafo único.)

Além disso, os investimentos das empresas estatais, à conta de recursos oriundos dos orçamentos antes citados – fiscal e da seguridade social –, devem ser programados de acordo com as dotações previstas nos respectivos orçamentos, o que pressupõe um sistema de contabilização para controle de tais aplicações. Já o Orçamento de Investimentos das Empresas Estatais – um dos suborçamentos que compõem o Orçamento Geral da União (OGU), que não compreende as empresas cuja programação conste integralmente no orçamento Fiscal ou no da Seguridade Social – tem características próprias, não se lhe aplicando, por exemplo, as normas gerais da Lei nº 4.320/64 e, especificamente,

---

1 A Lei de Responsabilidade Fiscal – LC nº 101, de 4 de maio de 2000 – teve como pressuposto a regulamentação apenas parcial dos arts. 163, I, 165, § 9º, e 169, ou seja, somente dos aspectos voltados para a gestão fiscal, tendo adentrado questões de natureza contábil específica e do campo de abrangência da atual Lei nº 4.320/64.

2 3% do IR e do IPI ao setor produtivo das Regiões Norte, Nordeste e Centro-Oeste e 40% das contribuições referentes ao PIS e ao Pasep, destinados ao BNDES.

seu art. 35, que estabelece diversidade de regimes para as receitas (caixa) e as despesas (competência), bem como as disposições concernentes à execução do orçamento e demonstrações contábeis.

Evidencia-se, assim, o acoplamento do sistema orçamentário ao contábil, outra característica importante da Contabilidade Pública, cujo sistema contempla, também, no "compensado", além das contas usuais (de direitos e obrigações potenciais), as de controle orçamentário, a par de outras contas dos subsistemas de programação/execução financeira e de controle de restos a pagar, utilizados no âmbito federal, inicialmente.

Como se pode notar, trata-se de uma concepção bem mais abrangente – dentro do sistema de contas de compensação – da estrutura contábil, sobretudo se comparada à tradicional composição, que compreende os sistemas orçamentário, financeiro e patrimonial e o de compensação na sua concepção convencional. Deve-se lembrar, também, que, desde a Lei das Sociedades por Ações – Lei nº 6.404, de 15-12-76, com as alterações posteriores –, as contas de compensação (as convencionais) foram substituídas por notas explicativas, não se somando ao balanço patrimonial (pelo menos para as sociedades por ações).

No âmbito federal, segundo o Decreto nº 93.872, de 23-12-86, "o órgão central de contabilidade da União estabelecerá o plano de contas único e a padronização dos registros contábeis para os órgãos da administração federal centralizada" (art. 132, *caput*). As autarquias, empresas públicas e fundações instituídas ou mantidas pela União terão planos adequados às suas peculiaridades, desde que mantida – para efeito de consolidação – a estrutura básica estabelecida para os órgãos da administração centralizada (que será examinada em detalhes no Capítulo 13). O art. 137 do referido Decreto determinou, também, a apuração do custo dos projetos e atividades, de forma a evidenciar os resultados da gestão, o que, aliás, já estava prescrito no Decreto-lei nº 200, de 25-2-67, em seu art. 69 (matriz legal deste dispositivo), referindo-se aos custos dos serviços.

Vale assinalar, ainda, que, considerando-se os órgãos – propriamente integrantes de cada esfera da Administração – e as entidades vinculadas a cada uma dessas esferas, deve-se proceder à integração de seus patrimônios e de seus resultados no âmbito da respectiva pessoa jurídica de Direito Público (União, Distrito Federal, Estados, Municípios), para se ter uma visão de conjunto da situação e do desempenho desses entes sob controle do Estado, ainda que de natureza jurídica e finalidades diversas, e também para melhor avaliar o papel do Estado e sua participação na economia. Chamou-se esse processo de **integração**, por não constituir precisamente o que na doutrina e legislação contábeis (normas brasileiras de Contabilidade e Lei das Sociedades por Ações) corresponde à **consolidação** das demonstrações financeiras, com o completo "enxugamento" de valores, e que caracteriza o conjunto das empresas como uma única entidade. A **integração**, ademais, no âmbito da Administração Pública, não abrange as sociedades por ações, restringindo-se às autarquias, fundações públicas e empresas públicas, quando integrantes do orçamento público. A Lei nº 4.320/64 refere-se especificamente à **incorporação** dos resultados nos balanços (art. 110, parágrafo único) e à **inclusão** do superávit ou déficit (este coberto com subvenção econômica) nos orçamentos (art. 108).

Você sabia?

No caso das sociedades por ações ou outras sociedades, particularmente as de economia mista, mesmo que a metodologia de consolidação convencional estivesse mais difundida, esbarraria na particularidade de seu capital não pertencer exclusivamente ao Poder Público: parte de seu patrimônio e, portanto, de seus resultados pertence a terceiros, a particulares, e, além disso, a legislação aplicável é diversa.

Sobre a assim denominada consolidação das contas no Setor Público, a Lei Complementar nº 101/00 determinou que o Poder Executivo da União promova, até 30 de junho, a referida consolidação, nacional e por esfera de governo, das contas dos entes da Federação, relativas ao exercício anterior, e a sua divulgação, inclusive por meio eletrônico de acesso público (art. 51, *caput*). O prazo para os Municípios encaminharem suas contas (com cópia ao Executivo do respectivo Estado) é 30 de abril, e o dos Estados, 31 de maio (§ 1º). Como em outros casos de descumprimento de dispositivos da LRF, o ente inadimplente fica impedido de receber transferências voluntárias e de contratar operações de crédito, exceto as destinadas ao refinanciamento do principal atualizado da dívida mobiliária (§ 2º). O Capítulo 15 tratará da consolidação das contas das administrações estaduais e municipais.

1.3 OBJETO DA CONTABILIDADE PÚBLICA

Os órgãos e entidades mencionados nas Seções 1.1 e 1.2 apresentam uma configuração jurídica determinada e específica, sendo possível atribuir-lhes e identificar seu patrimônio – que é o objeto da Contabilidade – como o conjunto de bens, direitos e obrigações a eles vinculados. Em se tratando, como visto no início, inclusive de pessoas jurídicas de Direito Público – e mais precisamente das representações das várias esferas da estrutura político-administrativa brasileira –, é bom ter em mente que os bens públicos de uso comum, generalizado, indiscriminado, **não** integram o patrimônio dos órgãos e entidades da Administração Pública; consequentemente, não são objeto de relevação contábil. Por exemplo: uma praça, uma estrada etc.

Já em seu livro *Contabilidade intermediária*, a equipe de professores da USP chamava a atenção para o fato de que, entre as características fundamentais do Ativo, "o direito precisa ser exclusivo da entidade. Por exemplo, o direito de transportar a mercadoria da entidade numa via expressa, embora um benefício, não pode ser considerado como Ativo, pois se trata de um direito concedido a todos, não sendo exclusivo para a entidade".[3] Assim, os equipamentos de uma praça em um Município não integram o patrimônio (contábil) da respectiva Prefeitura, não foram incorporados a seu Ativo, nem foram tombados (na acepção contábil); não são inventariados, apesar de constituírem patrimônio público e terem acarretado dispêndios para o órgão público responsável por sua aquisição ou construção e, inclusive, continuarem a gerar despesas.

Segundo o art. 99 do Código Civil, os bens públicos são:

- de uso comum do povo, tais como mares, rios, estradas, ruas e praças, ainda que seu uso possa ser retribuído, conforme estabelecido legalmente pela entidade a cuja administração pertencerem;
- os de uso especial, tais como edifícios ou terrenos destinados a serviço ou estabelecimento da administração federal, estadual ou municipal, inclusive os de suas autarquias;
- os dominicais, isto é, os que constituem o patrimônio das pessoas jurídicas de Direito Público, como objeto de direito pessoal ou real de cada uma dessas entidades (e, inclusive, os pertencentes às pessoas jurídicas de Direito Público a que se tenha dado estrutura de Direito Privado, se lei não dispuser em contrário), e podem ser alienados.

Nos termos da Resolução nº 1.129, de 2008, NBC T 16.2 do CFC, revogada pela NBC TSP EC, de 23-9-16, patrimônio público é o conjunto de direitos e bens, tangíveis ou intangíveis, onerados ou não, adquiridos, formados, produzidos, recebidos, mantidos ou utilizados pelas entidades do Setor Público, que seja portador ou represente um fluxo de benefícios, presente ou futuro, inerente à prestação de serviços públicos ou à exploração econômica por entidades do Setor Público, e suas obrigações.

Há, pois, importante distinção a ser feita entre patrimônio público e o patrimônio contábil dos órgãos e entidades da Administração Pública; os bens de uso comum, muito embora também formados com recursos públicos, e ainda que sua manutenção requeira a utilização dos mesmos, não compõem formalmente o patrimônio contábil que constitui o objeto da Contabilidade. Este patrimônio, assim, está associado estritamente ao respectivo órgão ou entidade. Para tanto, é imprescindível assinalar o que o professor Francisco D'Áuria definiu como um dos caracteres das Administrações Públicas (ou das aziendas públicas): a personalidade jurídica, como condição essencial de sua existência. Essas são capazes para o exercício de direito e passíveis de responsabilidade civil por seus representantes que causem danos a terceiros.[4]

---

[3] IUDÍCIBUS, Sérgio *et al. Contabilidade intermediária.* São Paulo: Atlas, 1981.

[4] D'ÁURIA, Francisco. *Contabilidade pública.* 4. ed. São Paulo: Nacional, 1945.

O assunto, entretanto, é polêmico. O Conselho Federal de Contabilidade, por meio da Resolução nº 1.137, de 2008 – que aprovou a NBC T 16.10 –, estabeleceu que:

> Os bens de uso comum que absorveram ou absorvem recursos públicos, ou aqueles eventualmente recebidos em doação, devem ser incluídos no ativo não circulante da entidade responsável por sua administração ou controle, estejam, ou não, afetos a sua atividade operacional (item 30).

E definiu que: "A mensuração dos bens de uso comum será efetuada, sempre que possível, ao valor de aquisição ou ao valor de produção e construção" (item 31).

É bom ainda enfatizar que – com exceção das autarquias (e algumas associações públicas, como visto na seção anterior) – as demais entidades vinculadas às três esferas de governo, na estrutura político-administrativa brasileira, são regidas pelo Direito Privado;[5] o controle governamental decorre da propriedade do capital ou da origem (pública) das transferências necessárias à existência e ao funcionamento dessas entidades. O conceito de ente público independe da forma de que se revista e da legislação de regência, como pertencente, em última instância, à coletividade, por meio do Estado. (Não se discute, aqui, a diferença entre entidade **estatal** e entidade **pública**, que é uma questão não muito bem compreendida entre nós.)

É, aliás, a natureza peculiar dos entes públicos que maximiza a importância da Contabilidade no âmbito dos órgãos e entidades que integram a Administração Pública. Sendo o planejamento e o controle as funções básicas da Contabilidade,[6] aquele se tornou compulsório até pelo processo global em que se insere, tendo o orçamento como importante instrumento, enquanto o controle se manifesta por meio de diferentes abordagens: é tanto legal-formal, quanto finalístico, que se pode desdobrar em controle do mérito e político;[7] e deve ainda levar em conta os critérios de eficiência (uso dos recursos), eficácia (consecução dos objetivos) e efetividade (satisfação das necessidades do ponto de vista do usuário, do contribuinte, do cidadão). Em suma, a sistematização e a formalização das informações, especialmente por meio do conhecimento do estado e das variações do patrimônio dos órgãos e entidades que integram a Administração Pública, são indispensáveis ao acompanhamento das ações das organizações do Estado e ao julgamento público da atuação de seus dirigentes e responsáveis.

---

[5] O caso das fundações públicas será mais bem examinado no capítulo seguinte.

[6] ANTHONY, Robert N. *Contabilidade gerencial*: uma introdução à contabilidade. São Paulo: Atlas, 1974.

[7] A respeito da discussão sobre diferentes enfoques e modalidades de controle, ver: PISCITELLI, Roberto B. *O controle interno na administração pública federal brasileira*. Brasília: ESAF, 1988. Cap. 3.

1.4 REGIME CONTÁBIL. CARACTERÍSTICAS DAS RECEITAS E DESPESAS PÚBLICAS

O princípio da competência é universalmente adotado pela Contabilidade. No Brasil, foi expressamente incorporado à legislação contábil, tanto pela manifestação normativa da entidade da respectiva categoria profissional, como pelo Direito Comercial.

A Resolução nº 530, de 23-10-81, do Conselho Federal de Contabilidade, foi a primeira que aprovou os princípios fundamentais de Contabilidade para elaboração das demonstrações contábeis. Referindo-se à competência, determinou que "as receitas e despesas devem ser reconhecidas na apuração do resultado do período a que pertencem e, de forma simultânea, quando se correlacionarem. As despesas devem ser reconhecidas independentemente do seu pagamento, e as receitas somente quando de sua realização".

Posteriormente, considerando "que a evolução da última década na área da Ciência Contábil reclama a atualização substantiva e adjetiva dos princípios fundamentais de Contabilidade", o CFC expediu a Resolução nº 750, em 29-12-93. Em seu art. 9º, a Resolução, ao tratar do princípio da competência, em termos semelhantes aos da Resolução nº 530/81, aditou algumas especificações, como, por exemplo:

- as receitas consideram-se realizadas:
  - ✓ nas transações com terceiros, quando estes efetuarem o pagamento ou assumirem o compromisso firme de efetivá-lo, quer pela investidura na propriedade de bens anteriormente pertencentes à entidade, quer pela fruição de serviços por esta prestados;
  - ✓ quando da extinção, parcial ou total, de um passivo, qualquer que seja o motivo, sem o desaparecimento concomitante de um ativo de valor igual ou maior;
  - ✓ pela geração natural de novos ativos independentemente da intervenção de terceiros;
  - ✓ no recebimento efetivo de doações e subvenções.
- consideram-se incorridas as despesas:
  - ✓ quando deixar de existir o correspondente valor ativo, por transferência de sua propriedade para terceiros;
  - ✓ pela diminuição ou extinção do valor econômico de um ativo;
  - ✓ pelo surgimento de um passivo, sem o correspondente ativo.

Com as alterações promovidas pela Resolução nº 1.282/10, o princípio de competência foi tratado de forma breve, em seu art. 9º e respectivo parágrafo:

> Art. 9º. O Princípio da Competência determina que os efeitos das transações e outros eventos sejam reconhecidos nos períodos a que se referem, independentemente do recebimento ou pagamento.
>
> Parágrafo único. O Princípio de Competência pressupõe a simultaneidade da confrontação de receitas e de despesas correlatas.

Finalmente, a NBC TSP EC, de 23-9-16, das quatro normas citadas a única em vigor, em seus itens 5.29 a 5.31, estabeleceu que:

- receita corresponde a aumentos na situação patrimonial líquida da entidade não oriundos de contribuições dos proprietários;
- despesa corresponde a diminuições na situação patrimonial líquida da entidade não oriundas de distribuições aos proprietários;
- receita e despesa originam-se de transações com contraprestação e sem contraprestação, de outros eventos, tais como: aumentos e decréscimos não realizados de ativos e passivos; consumo dos ativos por meio da depreciação; redução do potencial de serviços e da capacidade de gerar benefícios econômicos por meio da redução ao valor recuperável;
- receitas e despesas podem ser originadas de transações individuais ou de grupos de transações.

Como se pode notar, a linguagem utilizada foi tornando-se menos específica e mais abstrata.

Paralelamente, a Lei nº 6.404, de 15-12-76 – das Sociedades por Ações –, em seu art. 177, determina às companhias que, na sua escrituração, as mutações patrimoniais sejam registradas segundo o regime de competência. E o § 1º do art. 187 estabelece que

> Na determinação do resultado do exercício, serão computados:
>
> a) as receitas e os rendimentos ganhos no período, independentemente de sua realização em moeda;
>
> b) os custos, despesas, encargos e perdas, pagos ou incorridos, correspondentes a essas receitas e rendimentos.

Percebe-se como, pelos enunciados, está também compreendido o conceito de confrontação das receitas e despesas, bem como o da realização (da receita).

Na Contabilidade Pública, entretanto, no Brasil, adota-se um regime misto, como se deflui do art. 35 da Lei nº 4.320, de 17-3-64, pois

> Pertencem ao exercício financeiro:
>
> I – as receitas nele arrecadadas;
>
> II – as despesas nele legalmente empenhadas.

O exercício financeiro, em nosso país, coincide com o ano-calendário. A situação é bastante variada em outros países.

A leitura daquele dispositivo, pois, conduziria à conclusão de que, para as despesas, o regime é o de competência e, para as receitas, o de caixa. Mas é importante assinalar que a regra do art. 35 tem todo o sentido para o sistema orçamentário. A própria LRF estabelece que a despesa e a assunção de compromisso serão registradas segundo o regime de competência, apurando-se, **em caráter complementar**, o resultado dos fluxos financeiros pelo regime de caixa (art. 50, inc. II). Por outro lado, mesmo em relação ao sistema orçamentário, há diferentes enfoques no que concerne à apropriação da despesa; a STN, por exemplo, em seus demonstrativos, considera como execução orçamentária da despesa a ocorrência do estágio da liquidação, efetivado ou não o seu respectivo pagamento, como se pode constatar nos relatórios resumidos da execução orçamentária, financeira e patrimonial (bimestrais). Já na apuração do resultado primário, a STN se vale do regime de caixa para as receitas e despesas, inclusive as extraorçamentárias.

De toda maneira, como, aliás, a própria STN reconhece no Manual de Contabilidade Aplicada ao Setor Público, Parte I, é preciso distinguir o regime orçamentário, cuja maior referência é a Lei nº 4.320/64, do regime contábil, patrimonial propriamente dito, aplicável ao Setor Público para reconhecimento de ativos e passivos. Mesmo aquela Lei dá suporte a esta interpretação, como, por exemplo, em seu art. 105, § 1º, quando conceitua o ativo financeiro sob a ótica orçamentária, caracterizando-o como o ativo independentemente da execução do orçamento. No mesmo sentido, tendo como referência os arts. 85, 89, 100 e 104, pode-se verificar que as variações patrimoniais devem ser evidenciadas, sejam elas independentes ou resultantes da execução orçamentária.

Desse modo, exige-se o registro tanto dos fatos ligados à execução orçamentária, como à financeira e patrimonial (esta última, em particular, durante muito tempo negligenciada). Em outros termos, os fatos modificativos devem ser levados à conta de resultados e as informações contábeis devem permitir o conhecimento da composição patrimonial e dos resultados econômicos e financeiros de determinado período. Esse reconhecimento considera os princípios da competência e da oportunidade.

No tocante à despesa, o Manual antes citado, para efeitos de contabilidade patrimonial, identifica três tipos de relacionamento entre o segundo estágio da execução da despesa orçamentária – liquidação – e o reconhecimento da variação patrimonial diminutiva, dependendo de a apropriação dessa variação dar-se antes, simultaneamente ou após a liquidação. Como ilustração às três situações, mencionam-se, respectivamente: o aprovisionamento mensal do 13º salário, a prestação de serviços de limpeza e conservação, e a aquisição de material de consumo, que será, antes de sua requisição/utilização, estocado no almoxarifado.

No âmbito da receita, com o objetivo de evidenciação do impacto patrimonial, deve haver o registro da variação patrimonial aumentativa, independentemente da execução orçamentária, em função do fato gerador, cujo reconhecimento, para efeito tributário, se dá no momento do lançamento, que se constitui na primeira etapa da execução da receita orçamentária (anterior, portanto, à arrecadação propriamente dita).

Como se poderá constatar mais adiante – Capítulos 8 e 9 – ao se estudarem os estágios da receita e da despesa, enquanto o reconhecimento orçamentário da despesa se dá desde o seu primeiro estágio, o da receita só ocorre com o segundo estágio. Isto acentua o caráter "conservador" da Contabilidade Pública: o comprometimento da despesa é contabilizado; o direito ao recebimento, à cobrança (normal), não, exceto quando a receita não recebida for inscrita como Dívida Ativa. Aqui há inegáveis avanços que vêm sendo alcançados, propiciando, inclusive, melhor acompanhamento e controle da situação patrimonial. É lícito supor que a efetividade da cobrança e a probabilidade do recebimento devessem ser no mínimo comparáveis com o verificado no setor privado e, assim, passíveis de registro, como na Contabilidade Empresarial. Mas é possível que a tradição cultural e política – e a própria legislação – brasileira não confiram à atuação do Estado em relação aos inadimplentes e sonegadores a necessária credibilidade ou não criem expectativas em relação aos seus créditos que justificassem a incorporação ao patrimônio dos direitos inerentes ao exercício do poder de polícia. (A Secretaria da Receita Federal do Brasil informava, ao final de 2011, a existência de R$ 959 bilhões de débitos em cobrança administrativa, dos quais R$ 687 bilhões com exigibilidade suspensa, informação, aliás, que deixou de constar de seus relatórios mensais de arrecadação.) Informações mais recentes, do final de 2016, dão conta de um estoque de dívida ativa da União da ordem de R$ 1,8 trilhão, incluída uma parte previdenciária e outra referente ao FGTS. A Procuradoria-Geral da Fazenda Nacional (PGFN) calcula que pelo menos R$ 300 bilhões têm alto potencial para resgate. Estima-se que, durante o processo administrativo, 60% dos contribuintes reduzem os bens que possuem para fugir das dívidas (conforme jornal *Valor Econômico*, edição de 27-12-16: Receita e Fazenda Nacional vão monitorar bens de empresas). De alguma forma, isto deveria estar representado nos demonstrativos contábeis.

O certo é que se deve priorizar o controle contábil dos valores, a par do controle da execução orçamentária e financeira. Em outros termos: o reconhecimento patrimonial dos fatos não pode ficar subordinado à execução orçamentária e financeira, nem à rigidez do sistema de controle do caixa da União.

Outra particularidade importante diz respeito à classificação (à denominação) como **receitas** de todos os embolsos e, como **despesas**, dos desembolsos (além dos compromissos a pagar). Esse caráter marcante, de que quaisquer recebimentos e pagamentos são considerados (designados como) receitas e despesas, se contrapõe à Contabilidade Empresarial, em que podem ser classificados, por exemplo, como antecipações, adiantamentos. A grande diferença que se deve estabelecer é quanto à natureza da receita e da despesa: umas afetam, outras não, o resultado patrimonial e, consequentemente, o saldo patrimonial, o patrimônio (ou patrimônio líquido, na Contabilidade Empresarial). Em outras palavras, é fundamental distinguirem-se as receitas e despesas **efetivas** (receitas e despesas propriamente ditas, como na Contabilidade Empresarial) das demais.[8]

O rigor no tratamento adotado pela Contabilidade Pública leva, inclusive, a que se reconheçam como receitas e despesas extraorçamentárias os efeitos apenas transitórios de entradas e saídas de dinheiro, como os que decorrem de cauções, fianças, depósitos para garantia de instância, consignações etc., valores dos quais a instituição pública é mera depositária ou depositante, e que somente em determinadas hipóteses podem vir a incorporar-se ao patrimônio ou desagregar-se dele definitivamente (por exemplo, por falta de cumprimento de condições contratuais, por decisão administrativa ou sentença judicial, ainda que, em determinados casos, o Poder Público se **aproprie** e **utilize** recursos provenientes de depósitos, como se fossem ingressos definitivos, conforme se verá no Capítulo 8, Seção 8.4).

Paralelamente, há situações em que a Contabilidade Empresarial registra receitas e despesas, e a Contabilidade Orçamentária não reconhece os seus efeitos por não haver embolsos ou desembolsos, ou mesmo ingressos ou dispêndios. Por exemplo, as depreciações, amortizações e exaustões constituem encargos, são imputadas ao resultado do exercício, afetam o Patrimônio Líquido na Contabilidade Empresarial, mas não representam desembolso nem comprometimento de recursos, não implicam dispêndio. Enquanto na Contabilidade Empresarial os valores do ativo permanente vão sendo lentamente baixados, convertendo o investimento em custo ou despesa, na Contabilidade Pública o efeito se verifica de uma só vez, na alienação do bem ou direito, ao não se computar a perda gradual de valor na formação dos custos ou despesas de cada exercício, relativos aos respectivos bens e serviços produzidos. É um dos desafios da implementação da apuração de custos no Setor Público.

Você sabia?

Tanto a receita como a despesa pública são classificadas e agrupadas sob diferentes critérios, além de serem orçamentárias (incluídas no orçamento) ou extraorçamentárias, como anteriormente comentado. Na Contabilidade Empresarial, não existe essa diversidade de critérios legais de classificação das receitas e despesas.

Assim como – sob o critério de sua natureza – a receita é classificada segundo categorias econômicas e respectivas subdivisões, a despesa também é classificada em categorias econômicas e respectivas subdivisões. Por outro lado, a classificação

---

[8] Para uma interessante discussão acerca da terminologia contábil (gasto, investimento, custo, despesa, desembolso, perda), consultar: MARTINS, Eliseu. *Contabilidade de custos*. 9. ed. São Paulo: Atlas, 2008. Parte I, Cap. 2. Poder-se-iam, aliás, estabelecer várias interessantes confrontações: embolso × desembolso, receita × despesa, ganho × perda, ingresso × dispêndio (gasto), custo × consumo, investimento × desinvestimento (depreciação, amortização, exaustão), consumo × investimento.

funcional e a estrutura programática, constantes do orçamento, permitem identificar as finalidades da despesa (função, subfunção, programa, atividade/projeto, operações especiais e respectivas localizações geográficas); e a classificação institucional identifica os órgãos setoriais e as unidades (orçamentárias) responsáveis por sua execução. Cresce ainda mais em importância a classificação da despesa, com base nas disposições constitucionais de 1988, com os critérios de esferas orçamentárias (tipos de orçamento) e de regionalização, cabendo a identificação prévia da despesa pelo menos por região ou Estado federado, informação nem sempre totalmente disponível.

Algumas classificações mais específicas se baseiam em normas peculiares ao Serviço Público (por exemplo, material permanente × material de consumo). Outras interessam particularmente por sua importância macroeconômica: neste caso, além da importância óbvia das categorias econômicas, caracterizadas nas chamadas receitas e despesas "correntes" e "de capital", associadas aos conceitos dos agregados "renda", "consumo", "poupança" e "investimento", outras distinções são relevantes até dentro de uma mesma categoria. Por exemplo, embora nem sempre se faça uma distinção explícita entre "investimento" e "despesa" ou "consumo", diferenciam-se claramente os "investimentos" das "inversões financeiras", mencionados destacadamente entre as despesas de capital. Assim, a construção de um imóvel, com a utilização (e remuneração) de fatores de produção, constitui um investimento propriamente dito, contribuindo para o aumento do valor agregado (PIB), diferentemente da simples aquisição, considerada como inversão financeira. Vê-se, pois, que uma adequada classificação orçamentário-contábil propiciaria uma precisa determinação da contribuição do Estado, de seus órgãos e entidades, para a formação do produto, para a taxa de formação bruta de capital, e assim por diante, identificando sua participação na economia. Há, entretanto, limitações legais, no caso, por exemplo, da definição que as sucessivas leis de diretrizes orçamentárias vêm atribuindo a **investimentos**, para o orçamento de empresas estatais, aplicável apenas à aquisição de ativo imobilizado (excetuados os bens que envolvam arrendamento mercantil para uso próprio da empresa ou de terceiros e o custo dos empréstimos contabilizados no ativo imobilizado), às benfeitorias realizadas em bens da União por empresas estatais e às necessárias à infraestrutura de serviços públicos concedidos pela União (na LDO para 2019, por exemplo, conforme art. 44, § 1º).

É, também, importante assinalar que se tem avançado em matéria de procedimentos contábeis relativos às provisões, às depreciações, amortizações e exaustões, e às reavaliações, estas previstas no § 3º do art. 106 da Lei nº 4.320/64. Neste último caso – é bom ressaltar –, por alterações na Lei das Sociedades por Ações (Leis nº 11.638/07 e nº 11.941/09), eliminou-se a reserva de reavaliação e incluíram-se os ajustes de avaliação patrimonial – decorrentes da chamada avaliação a valor justo – na composição do patrimônio líquido (art. 182, §§ 1º e 3º).

Já se tinha avançado no sentido de registrar as atualizações dos valores de direitos e obrigações (variações monetárias), bem como no tocante à aplicação do critério da equivalência patrimonial às participações societárias.[9] No que concerne à correção monetária propriamente dita, ela nunca chegou a ser adotada na Contabilidade Pública e, a partir de 1996, foi eliminada na Contabilidade Empresarial (inclusive a chamada correção integral, a que estavam sujeitas principalmente as companhias abertas, por determinação da CVM).

As notas explicativas às demonstrações contábeis consolidadas da União relativas às contas de 2015 esclareciam que, no Brasil, ainda não houvera total convergência para as Normas Internacionais de Contabilidade Aplicada ao Setor Público. Referidas normas eram utilizadas de maneira subsidiária e não observadas em sua integridade; do mesmo modo, as Normas Internacionais para Relato Financeiro eram utilizadas de maneira subsidiária.

Na consolidação das demonstrações resultam resíduos, em razão do descasamento temporal entre registros e à falta de correspondência biunívoca entre os itens e as contas a serem compensados, impossibilitando a identificação da contrapartida do valor a ser compensado ou eliminado.

Não havia registro do passivo atuarial relacionado com benefícios aos servidores militares (inativos e pensionistas).

No caso de riscos fiscais referentes a ações judiciais em que a União figura diretamente no polo passivo, não haviam sido feitas provisões nas autarquias e fundações públicas federais.

Vários procedimentos, por conseguinte, ainda não haviam sido implementados. Alguns bens de infraestrutura (rodovias federais) foram registrados contabilmente em 2012 e atualizados em valores correntes.

Em face da variação cambial, a fase da execução da despesa orçamentária poderia apresentar valores maiores que a dotação atualizada da despesa orçamentária, apresentando uma aparente desconformidade.

Os sistemas de controle da Receita Federal do Brasil não tinham sua origem com foco nas informações contábeis, não sendo possível segregar, diretamente, os créditos em curto e longo prazo.

No tocante aos créditos tributários sob supervisão da Receita Federal do Brasil, são classificados em contas de controle os com exigibilidade suspensa (processos administrativo e judicial). Para os em parcelamento, não há ajuste para perdas.

No que diz respeito aos créditos sob supervisão da PGFN – dívida ativa –, apenas os sem decisão judicial, garantia ou parcelamento têm ajustes para perdas.

Ao se referir à "reavaliação", as notas indicavam a "atualização" anual dos imóveis, considerando seus parâmetros e características específicas e preços unitários regionais, atualizados periodicamente.

---

[9] A respeito dos critérios adotados na Contabilidade Pública, consultar os Balanços Gerais da União, atualmente elaborados pela Secretaria do Tesouro Nacional.

O reconhecimento da depreciação, amortização e exaustão vem sendo realizado gradativamente. O prazo para implementação dos procedimentos correspondentes está previsto para até 2021.

Os ativos e passivos contingentes ainda não eram reconhecidos nas demonstrações contábeis; quando relevantes, eram registrados em contas de controle e evidenciados em notas explicativas.

Na apuração do resultado patrimonial, as receitas tributárias e as transferências recebidas estavam sendo reconhecidas como variações patrimoniais aumentativas segundo a lógica do regime de caixa, o mesmo tratamento se aplicando à restituição da receita tributária e às transferências concedidas, isto é, reconhecidas como variações patrimoniais diminutivas segundo a lógica do regime de caixa.

Até o exercício de 2015, as rodovias federais são os únicos ativos de infraestrutura reconhecidos e evidenciados nas demonstrações contábeis.

Existem, como é facilmente perceptível, vários casos de insuficiência ou omissão de informações, e situações em que o nível de compreensão acerca dos critérios adotados pelos órgãos incumbidos dos registros e controles contábeis está seriamente comprometido, sendo mais do que conveniente e oportuno que a própria linguagem utilizada possa adequar-se às necessidades mínimas de um número crescente de possíveis usuários dessas informações, sem prejuízo da manutenção de uma consistência mínima entre os relatórios de diversos períodos.

Por fim, há muito ainda, sem dúvida, a fazer: é indispensável, entretanto, que as autoridades e a própria sociedade organizada estejam convencidas da necessidade da informação contábil como suporte para a tomada de decisões e como mecanismo de controle na utilização dos recursos públicos. E que, em contrapartida, as técnicas e procedimentos adotados não constituam monopólio do conhecimento e das concepções dos órgãos e servidores incumbidos do cumprimento das formalidades legais de registro dos fatos contábeis e levantamento das demonstrações exigidas pela Contabilidade Pública. É indispensável pelo menos colocar em prática o disposto na LRF, art. 67, instituindo o conselho de gestão fiscal, que tratará, dentre outras questões, de normas e padrões contábeis para as contas públicas e os respectivos relatórios, providência que até hoje não parece estar sendo objeto de atenção por parte das autoridades e, tampouco, dos meios técnicos e acadêmicos.

RESUMO

A seguir, estão contemplados os principais assuntos discorridos no capítulo.

- O campo de atuação da Contabilidade Pública é o das pessoas jurídicas de Direito Público interno, bem como o de algumas de suas entidades vinculadas.
- O principal dispositivo legal aplicável ainda é a Lei nº 4.320/64, que trata das normas gerais de Direito Financeiro, devendo ser editada a lei complementar prevista no § 9º do art. 165 da Constituição Federal.

- O objeto da Contabilidade é o patrimônio (conjunto de bens, direitos e obrigações a ele vinculados) não integrado pelos bens públicos de uso comum.
- As receitas e despesas devem ser reconhecidas na apuração do resultado do período a que pertencem e, de forma simultânea, quando se correlacionarem.
- As despesas devem ser reconhecidas independentemente de seu pagamento e as receitas, somente quando de sua realização.

ATIVIDADES PARA SALA DE AULA

1) Discuta em sala de aula que tipos de entidades fazem parte do campo de atuação da Contabilidade Pública, exemplificando com os diversos tipos de fundações e de organizações não governamentais.
2) Compare a Contabilidade Pública com a Contabilidade Societária e aponte suas principais diferenças e o tratamento que vem sendo adotado pela Secretaria do Tesouro Nacional, ilustrado, sobretudo, pelo exame dos balanços gerais da União.

2

ESTRUTURA POLÍTICO--ADMINISTRATIVA BRASILEIRA

OBJETIVOS DE APRENDIZAGEM
Ao final deste capítulo, o aluno deverá ser capaz de: • identificar os tipos de órgãos e entidades que compõem a Administração Direta e Indireta; • distinguir as características dos órgãos e entidades compreendidos no âmbito e sob controle da Administração.

2.1 INTRODUÇÃO

A organização político-administrativa brasileira compreende a União, os Estados, o Distrito Federal e os Municípios, todos com autonomia, de acordo com o art. 18 da Constituição Federal. Os Territórios Federais integram a União.

Os Estados organizam-se e regem-se pelas respectivas Constituições e os Municípios e o Distrito Federal, pelas respectivas leis orgânicas (arts. 25, 29 e 32).

2.2 CONCEITOS GERAIS

No Capítulo VII – Da Administração Pública –, a Constituição Federal, em seu art. 37, refere-se à Administração Pública Direta e Indireta como integrante de **qualquer** dos Poderes de **qualquer** das esferas (União, Estados/Distrito Federal e Municípios). Retirou-se, pois, com a Emenda Constitucional nº 19, de 1998, a expressão **ou fundacional**, que dava a entender que esse tipo de estrutura não se enquadrava no âmbito da Administração Indireta. As regras aplicáveis às fundações públicas são, de modo geral, as mesmas estabelecidas para as autarquias, como se verifica, por exemplo, em relação às instituições de ensino superior (estatais federais).

Segundo o art. 4º do Decreto-lei nº 200, de 25-2-67, último diploma legal tratando de forma abrangente do assunto,

> A Administração Federal compreende:
>
> I – a Administração Direta, que se constitui dos serviços integrados na estrutura administrativa da Presidência da República e dos Ministérios;
>
> II – a Administração Indireta, que compreende as seguintes categorias de entidades, dotadas de personalidade jurídica própria:
>
> a) autarquias;
>
> b) empresas públicas;
>
> c) sociedades de economia mista.
>
> Parágrafo único. As entidades compreendidas na Administração Indireta vinculam-se ao Ministério em cuja área de competência estiver enquadrada sua principal atividade.

O § 2º do art. 4º do Decreto-lei nº 200/67, revogado pelo art. 8º do Decreto-lei nº 900, de 29-9-69, equiparava às empresas públicas as fundações instituídas por lei federal e de cujos recursos participasse a União, quaisquer que fossem suas finalidades.

Em seu art. 3º, o Decreto-lei nº 900/69 considerou como não integrantes da Administração Indireta as fundações instituídas em virtude de lei federal, apesar de sujeitas à supervisão ministerial em função das subvenções ou transferências recebidas à conta do orçamento da União.

O Decreto-lei nº 2.299, de 21-11-86 (art. 1º), (re)introduziu o § 2º ao art. 4º do Decreto-lei nº 200/67, (re)integrando à Administração Federal Indireta as fundações instituídas em virtude de lei federal **ou** de cujos recursos participe a União, para os efeitos de subordinação aos mecanismos e normas de fiscalização, controle e gestão financeira e de inclusão de seus cargos, empregos, funções e respectivos titulares no Plano de Classificação de Cargos (à época, Lei nº 5.645, de 10-12-70).

A Lei nº 7.596, de 10-4-87, finalmente, ao revogar esse parágrafo, incluiu a alínea *d* no inciso II do art. 4º do Decreto-lei nº 200/67, para inserção das fundações **públicas**.

2.3 PODER EXECUTIVO FEDERAL

A partir de então, extensa sequência de normas vem estabelecendo a estrutura da Presidência da República, que se renova pelo menos a cada novo titular. Essas mudanças naturalmente se refletem nas estruturas subnacionais. A máquina administrativa se expande e se retrai quase sem critério, alternando o *status* de cada "caixinha" e suas competências, seguidamente em função da acomodação de interesses políticos e partidários.

Na versão da Medida Provisória n° 870, de 1°-1-19, que estabelece a organização básica dos órgãos da Presidência da República e dos Ministérios, tem-se, à data da publicação desta obra, a situação descrita a seguir.

A Presidência da República é integrada pelos seguintes órgãos:

- Casa Civil;
- Secretaria de Governo;
- Secretaria-Geral;
- Gabinete Pessoal do Presidente da República;
- Gabinete de Segurança Institucional;
- Autoridade Nacional de Proteção de Dados Pessoais.

Integram a Presidência da República, como órgãos de assessoramento ao Presidente:

- Conselho de Governo;
- Conselho Nacional de Política Energética;
- Conselho do Programa de Parcerias de Investimentos da Presidência da República;
- Advogado-Geral da União (note-se que a denominação não é **Advocacia**);
- Assessoria Especial do Presidente da República.

São órgãos de **consulta** do Presidente da República:

- Conselho da República;
- Conselho de Defesa Nacional.

A Imprensa Nacional e as Secretarias Especiais de Relações Governamentais, para a Câmara dos Deputados e para o Senado Federal, entre outros, integram a Casa Civil.

As Secretarias Especiais de Articulação Social, de Comunicação Social, do Programa de Parcerias de Investimentos, de Relações Institucionais e de Assuntos Federativos, entre outros, integram a Secretaria de Governo da Presidência da República.

A Secretaria-Geral da Presidência da República é integrada pelas Secretarias Especiais de Modernização do Estado e de Assuntos Estratégicos e pelo Conselho de Modernização do Estado, entre outros.

A Agência Brasileira de Inteligência (ABIN) se situa na órbita do Gabinete de Segurança Institucional da Presidência da República.

São 16 Ministérios, aos quais se vinculam as entidades da Administração Pública federal indireta. Os Ministros, entretanto, são 22, pois têm esse *status* os Chefes da Casa Civil, da Secretaria de Governo, da Secretaria-Geral e do Gabinete de Segurança Institucional, além do Advogado-Geral da União e o Presidente do Banco Central.

O antigo Ministério da Transparência e Controladoria-geral da União (CGU) converteu-se na Controladoria-Geral da União, mantendo o *status* de Ministério.

O panorama aqui traçado dá uma ideia da enorme amplitude de comando "em torno" da Presidência da República, apesar da redução do número de Ministérios, o que às vezes fica encoberto pela superestrutura de alguns dos novos Ministérios. Esse fato, associado ao número de entidades da Administração Indireta, reforça o perfil altamente concentrado da Administração Pública brasileira tendo como foco o Poder Executivo.

2.4 CARACTERÍSTICAS DAS ENTIDADES DA ADMINISTRAÇÃO INDIRETA

Na definição do art. 5º do Decreto-lei nº 200/67,

- **autarquia** – é o serviço autônomo, criado por lei, com personalidade jurídica, patrimônio e receita próprios, para executar **atividades típicas da Administração Pública**, que requeiram, para seu melhor funcionamento, gestão administrativa e financeira descentralizada;
- **empresa pública** – é a entidade dotada de personalidade jurídica de Direito **Privado**, com patrimônio próprio e **capital exclusivo da União**, criada por lei para a exploração de atividade econômica que o governo seja levado a exercer por força de contingência ou de conveniência administrativa, podendo revestir-se de **qualquer das formas admitidas em direito** (esta já sendo a redação do Decreto-lei nº 900/69, que apresenta como principal inovação a exclusão de entidades da Administração Indireta como detentoras do capital das empresas públicas);
- **sociedade de economia mista** – é a entidade dotada de personalidade jurídica de Direito Privado, criada por lei para a exploração de atividade econômica, sob a forma de **sociedade anônima**, cujas ações com direito a voto pertençam, em sua maioria, à União ou a entidade da Administração Indireta (redação do Decreto-lei nº 900/69), mas somente à União, em caráter permanente, quando a atividade for submetida a regime de monopólio estatal.

Você sabia?

As sociedades de economia mista estão sujeitas à Lei das Sociedades por Ações – Lei nº 6.404, de 15-12-76 (art. 235) e alterações –, sem prejuízo das disposições especiais de lei federal. Segundo a Exposição de Motivos do Projeto, ao buscar a forma anônima para o empreendimento que promove, o Estado visa assegurar aos participantes, aos quais oferece associação, os mesmos direitos e garantias de que fruem os acionistas das demais companhias, sem prejuízo das disposições especiais da lei federal. Quando se tratar de companhias abertas, estarão também sujeitas às normas da CVM. As companhias de que participarem, majoritária ou minoritariamente, as sociedades de economia mista estão sujeitas ao disposto na Lei nº 6.404/76.

As empresas públicas geralmente se revestem da forma de sociedades por ações, embora todas sejam de propriedade da União (ou Estados/Distrito Federal ou Municípios).

Assim, as autarquias seriam as únicas entidades responsáveis por atividades típicas de governo, isto é, destinadas ao atendimento das necessidades sociais básicas.

Constata-se, pois, que restam de **Direito Público** a Administração Direta e as autarquias. As diferenças nos regimes de pessoal de seus servidores já não constituíam distinção essencial entre esses entes que compõem a Administração Pública; muito menos após a Lei nº 8.112, de 11-12-90, que dispôs sobre o regime jurídico (único) dos servidores públicos civis da União, das autarquias **e das fundações públicas federais**. É importante ressaltar, todavia, que, ao se desdobrar em entidades da Administração Indireta, o Estado atribui a cada uma delas patrimônio exclusivo e personalidade própria, distinta, embora vinculada funcionalmente à respectiva esfera da Administração.

Outras distinções foram também se atenuando, por exemplo, em relação à sistemática de licitações e contratos, de modo que, hoje, o que já se questiona é se as amarras impostas à Administração Indireta – em especial em relação às empresas propriamente ditas – não terão constituído um fator de perda de eficiência e flexibilidade, desvirtuando os objetivos de sua criação.

Em compensação, a Emenda Constitucional nº 19/98 fez incluir o § 8º no art. 37, que autoriza a ampliação da autonomia gerencial, orçamentária e financeira dos órgãos e entidades da Administração Direta e Indireta, mediante contrato entre seus administradores e o poder público, que tenha por objeto a fixação de metas de desempenho, cabendo à lei dispor sobre:

- o prazo de duração do contrato;
- os controles e critérios de avaliação de desempenho, direitos, obrigações e responsabilidade dos dirigentes;
- a remuneração do pessoal.

No tocante especificamente à fundação **pública**, a par de ter sido formalmente incluída pela Lei nº 7.596/87 entre as entidades da Administração Indireta mencionadas pelo art. 4º, inc. II, do Decreto-lei nº 200, de 1967, foi definida como a entidade dotada de personalidade jurídica de Direito **Privado**, sem fins lucrativos, criada em virtude de autorização legislativa, para o desenvolvimento de atividades que não exijam execução por órgãos ou entidades de direito público, com autonomia administrativa, patrimônio próprio gerido pelos respectivos órgãos de direção, e funcionamento custeado por recursos da União e de outras fontes.

A referida Lei menciona que tais entidades adquirem personalidade jurídica com a inscrição da escritura pública de sua constituição no Registro Civil de Pessoas Jurídicas, não se lhes aplicando as demais disposições do Código Civil concernentes às fundações. Aduz que são classificadas como fundações públicas as que passaram a integrar a Administração Federal Indireta por força do Decreto-lei nº 2.299/86.

Acrescente-se que – como fundações – podem continuar a ser criadas entidades, diferenciando-se, contudo, as integrantes da estrutura da Administração Pública, que, além de autorização legislativa para sua criação, estarão vinculadas e supervisionadas pelo Ministério (ou Secretaria) em cuja área de competência estiver enquadrada sua principal atividade.

Vê-se, pois, que às fundações **públicas**, não se aplicando mais – como às antigas fundações vinculadas à Administração Pública – o Código Civil, deixa-se um campo de indefinições, pois sua natureza é civil.

De acordo com o Código Civil – Lei nº 10.406, de 10-1-02 –, as fundações são pessoas jurídicas de Direito **Privado**, pelas quais velará o Ministério Público do (de cada) Estado (ou o Federal, se funcionarem no Distrito Federal ou em território).

As fundações ditas públicas se enquadrariam, pelo Código Civil, entre as demais entidades de caráter público criadas por lei, classificadas como pessoas jurídicas de direito público interno (art. 41, inc. V). Somente as pessoas jurídicas de direito público a que se tenha dado estrutura de Direito Privado são regidas, no que couber, quanto ao seu funcionamento, pelas normas do Código (art. 41, parágrafo único).

Pela redação inicial do Decreto-lei nº 900/69, art. 2º, entre os requisitos e condições para a instituição de fundações, pelo Poder Público, figuravam a participação de recursos privados no patrimônio e nos dispêndios correntes, de no mínimo um terço do total, bem como a existência de objetivos não lucrativos e que, por sua natureza, não pudessem ser satisfatoriamente cumpridos por órgão da Administração Federal, direta ou indireta. O Decreto-lei nº 900/69 também fixara como condição para a instituição de novas fundações a observância dos requisitos estabelecidos na legislação pertinente a fundações (arts. 24 e seguintes do antigo Código Civil).

Houve, obviamente, um desvirtuamento do que foi concebido, à época, como um modelo de entidade existente em outros países, com relevante contribuição do setor privado.

A propósito do assunto, Hely Lopes Meirelles[1] afirmava que as **fundações** sempre estiveram nos domínios do Direito Civil, sendo consideradas pessoas jurídicas de Direito Privado. Posteriormente, com a sua criação por lei, passou-se a atribuir personalidade pública a essas entidades. O Supremo Tribunal Federal, aliás, ainda que na vigência da Constituição anterior, chegou a decidir que tais fundações são espécie do gênero autarquia, o que não parece ter contribuído para esclarecer adequadamente o assunto. No entendimento daquele mestre, o Poder Público pode criar, por lei, a fundação, com personalidade de Direito Público; mas, por outro

---

[1] MEIRELLES, Hely Lopes. *Direito administrativo brasileiro*. São Paulo: Malheiros, p. 65 e 344-347, 2003.

lado, pode a lei autorizar o Poder Executivo a instituir a fundação, com personalidade de Direito Privado.

Já Dalmo de Abreu Dallari[2] afirma que:

> quando a lei cria diretamente uma fundação tem-se uma fundação pública, dotada de personalidade jurídica de direito público, até porque a lei não pode criar pessoa privada. Quando, por outro lado, a lei apenas autoriza a instituição, pelo Poder Público, de uma fundação, na forma prescrita pelo Código Civil, tem-se uma fundação privada, instituída pelo Poder Público, integrante da administração indireta, mas com personalidade jurídica de Direito Privado, até porque o Registro Civil de Pessoas Jurídicas não tem o condão de criar pessoas públicas.

Para Dallari, há, portanto, três tipos de fundações: a pública, de direito público, **criada** por lei; a privada, de Direito Privado, **autorizada** por lei (Código Civil); e a privada, de Direito Privado, que não depende de lei (Código Civil). Apenas as duas primeiras integram a estrutura da Administração Pública.

Por seu turno, a Promotoria de Tutela das Fundações e Entidades de Interesse Social, do Ministério Público do Distrito Federal e Territórios, do Ministério Público da União, no processo nº 29.699/92, concluiu ser irrelevante que o ente federativo instituidor atribua, no ato de criação, a personalidade jurídica de Direito Privado à fundação. Se, ontologicamente, a entidade que surge se enquadrar no modelo regulado pela Constituição – com a titularidade de dado serviço público –, sua natureza será a de fundação **pública**. Concluiu, ainda, que as fundações públicas estão **excluídas** da tutela ministerial (o que, entretanto, não é o entendimento predominante).

É bom enfatizar que – a par dos dispositivos legais citados – muitas das entidades hoje existentes e integrantes da estrutura da Administração Pública não foram a ela incorporadas (pelo menos por lei específica) ou criadas por lei.

De qualquer modo, é notório que o tratamento hoje aplicável às fundações públicas é praticamente idêntico ao das autarquias, como fica evidenciado no caso das instituições de ensino superior, com o mesmo grau de autonomia e o mesmo tipo de restrições. Aliás, cada vez mais as entidades da chamada Administração Indireta se parecem, em seu funcionamento, à Administração Direta, com a profusão de atos legais impondo tratamento idêntico a entes que, por sua natureza e finalidades, são – ou deveriam ser – diferenciados. Confundem-se, assim, quanto ao regime de pessoal, escolha e responsabilidades dos dirigentes, aprovação e execução dos orçamentos, sistemática de contratos, e assim por diante, comprometendo suas próprias finalidades, como já se acentuou ao comentar a perda de diferenciação entre Administração Direta e Indireta.

---

[2] DALLARI, Dalmo de Abreu. *Regime constitucional dos servidores públicos*. 2. ed. rev. e atualiz. de acordo com a Constituição Federal de 1988. São Paulo: Revista dos Tribunais, 1990.

Isto já não se aplica da mesma maneira às chamadas agências reguladoras, experiência mais recente – que se dissemina rapidamente –, constituídas como autarquias, cujo grau de autonomia está passando por várias discussões.

Vale, também, assinalar que existem algumas autarquias chamadas de "especiais", às quais se pretendeu atribuir ampla autonomia (por exemplo, Banco Central, Comissão de Valores Mobiliários), quadro próprio de pessoal e regime especial de remuneração, diferenças também cada vez mais tênues ou praticamente inexistentes.

É relevante assinalar o caso das entidades de fiscalização do exercício profissional, os conselhos federais e regionais das diversas categorias profissionais, autarquias federais, que alguns chamavam de especiais e que, na realidade, gozam de maior autonomia, pois não recebem recursos à conta do orçamento público, aprovam seus próprios orçamentos e gerem anuidades cobradas compulsoriamente de seus associados, com base no art. 149 da Constituição Federal. De acordo com a citada Lei nº 9.649, de 27-5-98 (art. 58 e parágrafos), pretendia-se determinar que os serviços de fiscalização de profissões regulamentadas fossem exercidos em caráter **privado**, por delegação do poder público, mediante autorização legislativa. Dessa maneira, os chamados conselhos de fiscalização de profissões regulamentadas seriam dotados de personalidade jurídica de Direito Privado, sem vínculo funcional ou hierárquico com a Administração Pública. Segundo essa mesma Lei, os conselhos constituem serviço público. (A OAB e a Ordem dos Músicos do Brasil não se enquadram em tais disposições, como se verá na Seção 20.3.) Ocorre, no entanto, que o Supremo Tribunal Federal, em ação direta de inconstitucionalidade, deferiu medida cautelar, suspendendo a eficácia dos dispositivos da Lei nº 9.649, de 1998, que promoviam as modificações a que se fez referência, com exceção do § 3º do art. 58, que estabeleceu – ou confirmou – o regime da legislação trabalhista para os empregados dos conselhos, vedada qualquer forma de transposição, transferência ou deslocamento para o quadro da Administração Pública direta ou indireta.

Quanto aos chamados serviços sociais autônomos – Serviço Social da Indústria (SESI), Serviço Social do Comércio (SESC), Serviço Nacional de Aprendizagem Industrial (Senai), Serviço Nacional de Aprendizagem Comercial (Senac), Serviço Nacional de Aprendizagem Rural (Senar), Serviço Social do Transporte (SEST), Serviço Nacional de Aprendizagem do Transporte (Senat) e Serviço Nacional de Aprendizagem do Cooperativismo (Sescoop) –, têm a aprovação de seus orçamentos gerais sujeita ao Ministro de Estado do Trabalho (e Emprego) (Decreto nº 3.334, de 11-1-00), e estão normalmente sujeitos ao controle específico do Poder Público (interno e externo). A exemplo dos Conselhos, os Serviços gerem contribuições enquadradas no art. 149 da Constituição Federal. Quanto ao Serviço Brasileiro de Apoio às Pequenas e Médias Empresas (Sebrae), sujeitava-se ao Ministro responsável pela Secretaria da Micro e Pequena Empresa, que integrava a Presidência da República, e foi extinta pela Lei nº 13.266, de 5-4-16. Seu orçamento para 2017 foi aprovado pelo titular da Secretaria de Governo da Presidência da República. Na reestruturação administrativa promovida por meio da Lei nº 13.502, de 1º-11-17, a que já se fez referência na seção anterior, a Secretaria Especial da Micro e Pequena Empresa passou a integrar a estrutura básica do Ministério da Indústria, Comércio Exterior e Serviços.

Pela MP nº 106, de 22-1-03, convertida na Lei nº 10.668, de 14-5-03, o Poder Executivo foi autorizado a instituir o Serviço Social Autônomo Agência de Promoção de Exportações do Brasil (APEX-Brasil) como pessoa jurídica de Direito Privado sem fins lucrativos, de interesse coletivo e de utilidade pública atuando "em cooperação" com o Poder Público. A APEX está sujeita a contrato de gestão, submetendo seu orçamento à aprovação do Poder Executivo, a exemplo do Sebrae (conforme Decreto nº 4.584, de 5-2-03). Compete ao Ministro de Relações Exteriores a supervisão da APEX-Brasil, a cujo Ministério cabe analisar e deliberar sobre o orçamento-programa anual (Decreto nº 8.788, de 21-6-16).

A experiência tende a se difundir. Em 30-12-04, a Lei nº 11.080 autorizou o Poder Executivo a instituir o Serviço Social Autônomo denominado Agência Brasileira de Desenvolvimento Industrial (ABDI), nos mesmos moldes da APEX.

Pela Lei nº 12.897, de 18-12-13, o Poder Executivo foi autorizado a instituir a Agência Nacional de Assistência Técnica e Extensão Rural (Anater) como serviço social autônomo, pessoa jurídica de Direito Privado, sem fins lucrativos, de interesse coletivo e de utilidade pública. As relações com o Poder Executivo federal, na condição de supervisor de gestão da Anater, também serão definidas em termos de contrato de gestão. O orçamento será aprovado pelo Executivo, que também apreciará o relatório de gestão e emitirá parecer sobre o cumprimento do contrato.

Com a reestruturação e respectivas competências no âmbito da Administração Pública federal a partir de 2019, um novo detalhamento deverá ser redefinido sobre as vinculações e correspondentes funções desses serviços.

2.5 ÓRGÃOS AUTÔNOMOS E FUNDOS

O art. 172 do Decreto-lei nº 200/67 estabelece que:

> o Poder Executivo assegurará autonomia administrativa e financeira, no grau conveniente, aos serviços, institutos e estabelecimentos incumbidos da execução de atividades de pesquisa ou ensino ou de caráter industrial, comercial ou agrícola que, por suas peculiaridades de organização e funcionamento, exijam tratamento diverso do aplicável aos **demais** órgãos da Administração Direta, observada sempre a supervisão ministerial. (Redação dada pelo Decreto-lei nº 900/69.)

"Os órgãos a que se refere este artigo terão a denominação genérica de órgãos autônomos" – parágrafo único, transformado em 1º. Vê-se, pois, que os órgãos autônomos fazem parte da Administração Direta.

De acordo com o § 2º, incluído pelo Decreto-lei nº 900/69, "nos casos de concessão de autonomia financeira, fica o Poder Executivo autorizado a instituir fundos especiais, de natureza contábil, a cujo crédito se levarão todos os recursos vinculados às atividades do órgão autônomo, orçamentários e extraorçamentários, inclusive a receita própria", que também se converte em orçamentária, pois os fundos estão sujeitos à mesma sistemática orçamentária geral, estando a utilização de quaisquer recursos sujeita a programação orçamentária.

Não obstante, há também fundos vinculados à Administração Indireta. Ocorre até de lhes ser atribuída uma identidade própria, não apenas contábil, mas também em forma de personalidade jurídica, como acabou sendo o caso do Fundo Nacional de Desenvolvimento (FND) como autarquia.

O Decreto nº 93.872/86, em seu art. 71, denominou de Fundo Especial, para os fins daquele Decreto (o que faria supor a existência de tais fundos em outras circunstâncias), "a modalidade de gestão de parcela de recursos do Tesouro Nacional, vinculados por lei à realização de determinados objetivos de política econômica, social ou administrativa do Governo". O mesmo decreto distingue, ademais, os de natureza contábil dos de natureza financeira; os primeiros, referentes a esta seção, são "os constituídos por disponibilidades financeiras evidenciadas em registros contábeis, destinados a atender a saques a serem efetuados diretamente contra o caixa do Tesouro Nacional" (§ 1º); os de natureza financeira são os constituídos mediante movimentação de recursos de caixa do Tesouro Nacional para depósitos em estabelecimentos oficiais de crédito, para saques de programação específica.

A Constituição de 1988 condicionou a instituição de fundos de qualquer natureza à prévia autorização legislativa, além de ter determinado sua inclusão nos orçamentos. As Disposições Transitórias, por outro lado, previam sua extinção, se não ratificados pelo Congresso Nacional em dois anos, o que acabou não acontecendo, pois os fundos não ratificados foram recriados temporariamente pela Lei nº 8.173, de 30-1-91 (Plano Plurianual 1991/1995). Após sua recriação, esses fundos seriam extintos ao final do primeiro exercício financeiro subsequente à publicação da lei complementar sobre Finanças Públicas, prevista no art. 165, § 9º, da Constituição Federal, caso não fossem ratificados pelo Congresso Nacional, por lei, até o sexto mês anterior ao referido prazo de extinção. O projeto da mencionada lei complementar, como se sabe, não avançou, passados 30 anos da promulgação da Constituição. Frise-se que normas internas do Congresso Nacional tornam, hoje, improvável a criação de novos fundos.

Vale dizer, enfim, que o grau de autonomia administrativa e financeira, bem como a natureza dos recursos de cada órgão autônomo, são estabelecidos por **decreto** do Poder Executivo, em cada caso. Pela Constituição de 1988, a criação, estruturação e atribuições dos Ministérios e órgãos da Administração Pública são matéria de competência do Congresso Nacional, dependendo de sanção do Presidente da República (art. 48, inc. XI), mas a este é que cabe privativamente dispor sobre a organização e o funcionamento da Administração Federal, na forma da lei (art. 84, inc. VI).

Finalmente, convém lembrar – como se verá mais detalhadamente nos Capítulos 19 e 20 – que o âmbito da supervisão e do controle transcendem o dos órgãos e entidades integrantes da estrutura da Administração Pública, devendo-se levar em conta, especialmente, a propriedade (direta ou indireta) do capital ou patrimônio e a natureza dos recursos transferidos pela Administração para constituição e funcionamento de outros órgãos e entidades. Há, por exemplo, vários tipos de sociedades controladas – direta ou indiretamente – pelo Poder Público, que não as enquadradas como empresas públicas ou sociedades de economia mista, tais como sociedades por ações que não se revestem das características das de economia mista, não integrando, por conseguinte, a estrutura da Administração Federal propriamente dita, mas que se situam na órbita do Poder Público e serão, nessas circunstâncias, mencionadas neste livro.

RESUMO

A seguir, estão contemplados os principais assuntos discorridos no capítulo.

- A organização político-administrativa brasileira compreende a União, os Estados, o Distrito Federal e os Municípios, todos com autonomia, mas somente a União com soberania.
- Os Estados organizam-se e regem-se pelas respectivas Constituições, e os Municípios e o Distrito Federal, pelas respectivas leis orgânicas.
- **Autarquia** é o serviço autônomo, criado por lei, com personalidade jurídica, patrimônio e receita próprios, para exercer **atividades típicas da Administração Pública**.
- **Empresa pública** é entidade dotada de personalidade jurídica de Direito **Privado**, com patrimônio próprio e **capital exclusivo da União**.
- **Sociedade de economia mista** é a entidade dotada de personalidade jurídica de Direito Privado, criada por lei para a exploração de atividade econômica, sob forma de **sociedade anônima**.
- Fundação pública, a única definição é a da Lei nº 7.596/87: é a entidade dotada de personalidade jurídica de Direito Privado, sem fins lucrativos.

ATIVIDADES PARA SALA DE AULA

1) Compare autarquia, empresa pública, sociedade de economia mista e fundação pública, confrontando-as com outras entidades controladas que não pertencem à Administração Indireta e com entidades que recebem recursos públicos, mesmo não sendo controladas.
2) Discuta a condição das agências reguladoras e suas relações com a Administração e o público em geral.

3

ORÇAMENTO PÚBLICO

OBJETIVOS DE APRENDIZAGEM
Ao final deste capítulo, o aluno deverá ser capaz de: • conceituar orçamento público e identificar os princípios orçamentários; • descrever os tipos de orçamento obrigatórios no Brasil; • definir a tramitação do orçamento público e descrever suas principais alterações.

3.1 INTRODUÇÃO

A ação planejada do Estado, quer na manutenção de suas atividades, quer na execução de seus projetos, materializa-se por meio do orçamento público, que é o instrumento de que dispõe o Poder Público (em qualquer de suas esferas) para expressar, em determinado período, seu programa de atuação, discriminando a origem e o montante dos recursos a serem obtidos, bem como a natureza e o montante dos dispêndios a serem efetuados. Já o art. 16 do Decreto-lei nº 200, de 25-2-67, determinava que "em **cada ano** será elaborado um **orçamento-programa**, que **pormenorizará a etapa do programa plurianual** a ser realizada no exercício seguinte e que servirá de roteiro à execução coordenada do programa anual" (grifos dos autores). E, de acordo com o parágrafo único, "na elaboração do orçamento-programa serão considerados, além dos recursos consignados no Orçamento da União, os recursos extraorçamentários vinculados à execução do programa do Governo". Em contrapartida, "**toda atividade deverá ajustar-se à programação governamental e ao orçamento-programa**" – art. 18 (grifo dos autores). Assim, se por um lado o planejamento se traduz em um programa plurianual, o orçamento-programa é o detalhamento de cada uma das suas etapas, aqui entendidas como o ano-calendário, que corresponde ao exercício financeiro no Brasil.

3.2 CONCEITO DE ORÇAMENTO-PROGRAMA

Entende-se por orçamento-programa aquele que discrimina as despesas segundo sua natureza, dando ênfase aos fins (e não aos meios), de modo a demonstrar **em que** e **para que** o governo gastará, e também **quem** será responsável pela execução de seus programas. As grandes áreas de atuação são classificadas como funções, desdobradas em subfunções, programas, atividades, projetos e operações especiais, tudo de acordo com a classificação funcional e a estrutura programática estabelecida na legislação pertinente.[1] É esse critério de agrupamento dos dispêndios orçamentários que permite uma visualização sobre o direcionamento das ações estatais, suas áreas de atuação e as efetivas prioridades do governo.

3.3 PRINCÍPIOS ORÇAMENTÁRIOS

Na elaboração e execução orçamentária, a maioria dos autores dá ênfase ao que se convencionou chamar de princípios orçamentários, que são premissas, linhas norteadoras de ação a serem observadas na concepção e implementação da proposta, o que, obviamente, não é estático, pressupondo-se a evolução desses princípios ao longo do tempo. O que é preciso entender é que o orçamento público representa, historicamente, uma tentativa de restringir, de disciplinar o grau de arbítrio do soberano, de estabelecer algum tipo de controle legislativo sobre a ação dos governantes, em face de suas prerrogativas de cobrarem tributos da população.

Você sabia?

A própria Lei nº 4.320, de 17-3-64, que estatui normas gerais de Direito Financeiro aplicáveis a todas as esferas da Administração (art. 1º), determina obediência aos princípios da unidade, universalidade e anualidade (art. 2º).

De acordo com o princípio da **unidade**, o orçamento deve ser uno, ou seja, em sua expressão mais ampla, cada pessoa jurídica de direito público, cada esfera da Administração deveria dispor de um orçamento que contivesse suas receitas e despesas. Entretanto, o art. 62 da antiga Constituição limitava o alcance de sua aplicação, ao excluir expressamente do orçamento anual as entidades que não recebessem subvenções ou transferências à conta do orçamento (por exemplo, Banco do Brasil, cujos recursos próprios o tornam autossuficiente). E o art. 62, § 1º, estabelecia que "a inclusão, no orçamento anual, da despesa e da receita dos órgãos

---

1 Ver Capítulo 7, especialmente quanto à classificação funcional e à estrutura programática aplicável a partir do exercício de 2000.

da administração indireta será feita em dotações globais e não lhes prejudicará a autonomia na gestão legal dos seus recursos".

Pela Constituição de 1988 – § 5º do art. 165 –, determina-se a inclusão, na Lei Orçamentária anual, de três orçamentos, como se verá no próximo item, o que confere maior abrangência e integridade ao chamado orçamento geral. Deste modo, além do orçamento fiscal propriamente dito, inclui-se a área de Seguridade Social, compreendendo entidades cujos dispêndios também dependem de receitas públicas propriamente ditas, e, ainda, empresas estatais não dependentes, quanto aos seus investimentos *stricto sensu*.

José Afonso da Silva[2] vai além, ao afirmar que

> então, em lugar da pretensão *unidocumental*, o orçamento moderno, por sua assinalada relação com o planejamento, tornou-se necessariamente *multidocumental*. Em vez da unidade formal, postula-se ainda a *unidade* relativamente ao sistema integrado de planejamento/orçamento-programa, realçando-se, em primeiro lugar, a necessidade de que os orçamentos de todos os órgãos do setor público se fundamentem em uma única política orçamentária, sejam estruturados uniformemente e se ajustem a *um método único*, relacionando-se com o princípio da programação.

Já de acordo com o princípio da **universalidade**, o orçamento (uno) deve compreender **todas** as receitas e **todas** as despesas.

O próprio art. 3º da Lei nº 4.320/64 estabelece que a Lei do Orçamento compreenderá todas as receitas; e o 4º [...] "todas as despesas próprias dos órgãos do Governo e da administração centralizada, ou que por intermédio deles se devam realizar [...]". Isto compreenderia, por conseguinte, quaisquer entidades, pois todas aquelas de que o Estado participa são vinculadas à Administração Direta, e todas aquelas às quais se destinam recursos dos orçamentos públicos têm como canal igualmente a Administração Direta.

Reforçando, o art. 62 da antiga Constituição, antes já citado, determinava: "O orçamento anual compreenderá obrigatoriamente **as despesas e receitas** relativas a todos os Poderes, órgãos e fundos, tanto da administração direta quanto da indireta, excluídas apenas as entidades que não recebam subvenções ou transferências à conta do orçamento" (os grifos não são do original). Em outros termos: não há exclusão, ***a priori***, nem de órgãos/entidades nem de quaisquer receitas ou despesas, embora se deva admitir que, com o advento da chamada Lei de Responsabilidade Fiscal – Lei Complementar nº 101, de 4-5-00 –, o conceito de empresa estatal **dependente** (e, portanto, incluída no orçamento público propriamente dito) tenha tornado a questão mais clara: é a empresa controlada que receba do ente controlador recursos financeiros para pagamento de despesas com pessoal ou de custeio em geral ou de

---

2 SILVA, José Afonso. *Curso de direito constitucional positivo*. 24. ed. São Paulo: Malheiros Editores, 2005. p. 743.

capital, excluídos, no último caso, aqueles provenientes de aumento de participação acionária, que, assim, por si só, não transformam a empresa estatal em *dependente*.

Para todos os efeitos, nos termos da Lei de Diretrizes Orçamentárias para 2019 – Lei nº 13.707, de 14-8-18 (art. 5º, *caput*), incluem-se nos orçamentos Fiscal e da Seguridade Social, além de autarquias, inclusive especiais, e fundações instituídas e mantidas pelo Poder Público, empresas públicas e sociedades de economia mista, assim como as demais entidades em que a União, direta ou indiretamente, detenha a maioria do capital social com direito a voto e que dela recebam recursos do Tesouro Nacional.

A propósito deste princípio, Sebastião de Sant'Anna e Silva[3] afirma que a sua aplicação possibilita ao Legislativo:

- conhecer ***a priori*** todas as receitas e despesas do governo e dar prévia autorização para a respectiva arrecadação e realização;
- impedir ao Executivo a realização de qualquer operação de receita e despesa sem prévia autorização parlamentar;
- conhecer o exato volume global das despesas projetadas pelo governo, a fim de autorizar a cobrança dos tributos estritamente necessários para atendê-las.

Com a unificação orçamentária e a inclusão das operações de crédito, a partir de 1988, a par de providências de caráter administrativo, operacional, eliminaram-se antigas distorções, que possibilitavam que apenas pequena parcela dos recursos despendidos (bem como dos ingressos) à conta do Tesouro fosse efetivamente controlada pelo Orçamento (da União e – presume-se – também das demais esferas) e pelo Legislativo.

A legislação subsequente – como é o caso da que estabelece normas para a programação e execução orçamentária e financeira dos orçamentos da União – determinou que as receitas auferidas por órgãos e fundos da Administração Direta, **inclusive as decorrentes de convênios**, serão recolhidas à Conta Única do Tesouro Nacional, mediante a emissão de documento apropriado, **ficando a utilização dos recursos condicionada à sua inclusão no Orçamento (Fiscal ou da Seguridade Social)**, exigência válida também para os chamados recursos (de fontes) próprios(as). São estritas as normas aplicáveis às empresas que integram o Orçamento (Fiscal ou da Seguridade Social). A primeira Lei de Diretrizes Orçamentárias (LDO) – Lei nº 7.800, de 10-7-89 – já se referia tanto às receitas próprias (art. 19) quanto às operações de crédito (art. 24). Aquelas receitas, dos órgãos, fundos, autarquias, fundações, empresas públicas e sociedades de economia mista integrantes dos orçamentos (Fiscal e da Seguridade Social), seriam programadas para atender, preferencialmente, gastos com pessoal e encargos sociais, juros, encargos e amortização da dívida, contrapartida de financiamentos, outros gastos de sua manutenção e investimentos

[3] SILVA, Sebastião de Sant'Anna e. *Os princípios orçamentários*. Rio de Janeiro: FGV, 1962.

prioritários. Por outro lado, integrariam programação especial relativa a operações oficiais de crédito os projetos e atividades de órgãos, fundos e entidades, incluídos no orçamento fiscal, destinados, entre outras finalidades, à concessão de quaisquer empréstimos, juros, encargos e amortização da dívida pública federal não mobiliária.

A abrangência do novo orçamento evidencia-se até nas chamadas renúncias de receitas. A própria Constituição Federal, em seu § 6º do art. 165, determina que "o projeto de lei orçamentária será acompanhado de demonstrativo regionalizado do efeito, sobre as receitas e despesas, decorrente de isenções, anistias, remissões, subsídios e benefícios de natureza financeira, tributária e creditícia".

E as sucessivas LDOs, à falta da nova lei complementar sobre matéria orçamentária, vêm reinserindo dispositivo que revela a associação estreita entre o conjunto das receitas e o das despesas: quaisquer projetos de lei, decretos legislativos ou medidas provisórias – e suas emendas – que, direta ou indiretamente, importem diminuição da receita ou aumento da despesa deverão estar acompanhados de estimativas desses efeitos (por três exercícios, a partir daquele em que entrarem em vigor), detalhando a memória de cálculo respectiva e correspondente compensação, para efeito de adequação orçamentária e financeira, e compatibilidade com as disposições constitucionais e legais que regem a matéria. Os Poderes, o Ministério Público da União e a Defensoria Pública da União, quando solicitados pelo Presidente de órgão colegiado do Poder Legislativo, informarão, em até 60 dias, o impacto orçamentário e financeiro relativo à proposição legislativa, na forma de estimativa da diminuição de receita ou do aumento de despesa, ou os subsídios técnicos para realizá-la (LDO/19, art. 114 e § 1º).

A já citada Lei Complementar nº 101, de 4-5-00 – a LRF – foi mais longe, ao determinar que:

> Art. 14. A concessão ou aplicação de incentivo ou benefício de natureza tributária da qual decorra renúncia de receita deverá estar acompanhada de estimativa do impacto orçamentário-financeiro no exercício em que deva iniciar sua vigência **e nos dois seguintes**, atender ao disposto na lei de diretrizes orçamentárias e a **pelo menos uma das seguintes condições**:
>
> I – demonstração pelo proponente de que a renúncia foi considerada na estimativa de receita da lei orçamentária, na forma do art. 12, e de que **não afetará as metas de resultados fiscais** previstas no anexo próprio da lei de diretrizes orçamentárias;
>
> II – estar acompanhada de medidas de compensação, no período mencionado no *caput* [três exercícios], por meio do aumento de receita, proveniente da elevação de alíquotas, ampliação da base de cálculo, majoração ou criação de tributo ou contribuição.
>
> § 1º A renúncia compreende anistia, remissão, subsídio, crédito presumido, concessão de isenção em **caráter não geral**, alteração de alíquota ou modificação de base de cálculo que implique redução **discriminada** de tributos ou contribuição, e outros benefícios que correspondam a tratamento **diferenciado** (grifo dos autores).

Note-se que a LRF mencionou incentivo ou benefício de natureza **tributária**, e não financeira ou creditícia (embora a renúncia compreenda também "subsídio").

Por outro lado, não se aprovará aumento das despesas orçamentárias sem sua estimativa, bem como a indicação das fontes de recursos.

De acordo com o terceiro dos princípios mencionados – o da **anualidade** ou periodicidade –, o orçamento deve ser elaborado e autorizado para execução em um período determinado de tempo (geralmente um ano); no caso brasileiro, o exercício financeiro coincide com o ano-calendário. Está associado à anterioridade, em matéria tributária, o que é compatível com a exigência de que a Lei de Diretrizes Orçamentárias, aprovada antes do encaminhamento da proposta orçamentária, disponha inclusive sobre as alterações na legislação tributária, que influenciarão as estimativas de arrecadação. Paralelamente, após a aprovação do orçamento, não haveria justificativa para a criação ou aumento de tributos, pois o limite das despesas para o exercício seguinte já estaria fixado. Só que isso não tem ocorrido na prática, com a inclusão, no orçamento, de receitas (e despesas) condicionadas à aprovação de novos tributos ou aumento dos existentes ao final do ano (o que, afinal, pode ocorrer mesmo durante o exercício da execução orçamentária, mediante alteração da lei em execução, caso se trate das Contribuições Sociais, pois podem as mesmas ser cobradas no próprio exercício de sua instituição).

O princípio da anualidade está também associado à prestação formal de contas pelos responsáveis.

Ainda em associação com o princípio, o art. 60 da antiga Constituição Federal já dispunha que a despesa pública obedeceria à Lei Orçamentária anual; mas nenhum investimento, cuja duração ultrapassasse um exercício financeiro, poderia ser iniciado sem prévia inclusão no orçamento plurianual de investimentos – que deixou de existir formalmente – ou sem prévia lei que o autorizasse (art. 62, § 3º), fixando o montante das dotações anuais. O Orçamento Plurianual de Investimentos (OPI), apesar da aprovação legislativa, era eminentemente indicativo, sinalizador da programação no médio prazo; mas o aspecto relevante era o de que compromissos além do exercício financeiro requeriam prévia autorização, por meio de um instrumento específico.

Esse caráter da periodicidade, particularmente da anualidade, encontra-se reforçado pelo disposto no inciso I do art. 167 da atual Constituição, que veda o início de programas ou projetos não incluídos na Lei Orçamentária anual. O § 1º desse mesmo artigo reproduz o disposto na Constituição anterior, estabelecendo que "nenhum investimento cuja execução ultrapasse um exercício financeiro poderá ser iniciado sem prévia inclusão no plano Plurianual (PPA), ou sem lei que autorize a inclusão, **sob pena de crime de responsabilidade**" (grifo dos autores). Como uma espécie de contraponto, entretanto, os créditos especiais e extraordinários autorizados nos últimos quatro meses do exercício, reabertos nos limites de seus saldos, serão incorporados ao orçamento do exercício financeiro subsequente (art. 167, § 2º).

No Capítulo 6 serão discutidas algumas desvantagens da aplicação rígida deste princípio.

Pode-se concluir, pois, que um orçamento plurianual, ainda que para efeitos gerenciais, continuaria a ser de grande interesse ao acompanhamento e controle dos projetos e investimentos cuja execução ultrapasse o exercício financeiro, função que, em certo sentido, o Plano Plurianual ainda não preencheu satisfatoriamente, até porque sua vigência tem prazo predeterminado (mandato do Chefe do Executivo, com um ano de defasagem) e porque vem sofrendo sucessivas revisões ao longo do período (e talvez nem devesse conter valores monetários).

Acrescente-se que a Lei de Responsabilidade Fiscal, art. 17, considera obrigatória de caráter continuado – e, portanto, passível de inclusão no Plano Plurianual – a despesa corrente derivada de lei, medida provisória ou ato administrativo normativo que fixem para o ente a obrigação legal de sua execução por um período superior a **dois** exercícios. A inclusão de tal tipo de despesa não pode comprometer as metas de resultados fiscais, e deve ser compensada com aumento permanente de receita ou pela redução permanente de despesa.

Além dos três princípios até aqui destacados – unidade, universalidade e anualidade –, há outros que merecem menção. Um destes derivou da sistemática durante muito tempo adotada no Brasil. Antes da atual Constituição, tramitando pelo Congresso apenas um orçamento fiscal, parcial, a descentralização decorrente da criação de estatais propiciou a proliferação de orçamentos. Daí a necessidade de se falar em **totalidade**, pois se prevê a consolidação (que, aliás, no Brasil, é mera **incorporação**) dos diversos orçamentos. De acordo com o art. 109 da Lei nº 4.320/64, os orçamentos (e balanços) das entidades autárquicas ou paraestatais, inclusive de previdência social ou investidas de delegação para arrecadação de contribuições parafiscais – compreendidas as empresas com autonomia financeira e administrativa cujo capital pertencer, integralmente, ao Poder Público – seriam publicados como complemento dos orçamentos (e balanços) da União, dos Estados, dos Municípios e do Distrito Federal a que estivessem vinculadas tais entidades. A importância deste princípio reside na visão de conjunto que ele permite se tenha da atuação do Estado e de suas entidades na economia de cada esfera, demonstrando, por um lado, a dimensão dos recursos disponíveis e, de outro, sua alocação, isto é, seu retorno à sociedade.

Outro princípio importante é o da **não vinculação** ou **não afetação** das receitas, claramente expresso no inciso IV do art. 167 da Constituição. A não vinculação aplica-se às receitas de **impostos**, não sendo o caso dos demais tributos e de outros tipos de receitas, como, por exemplo, os empréstimos. Quando, em um orçamento, a proporção de recursos de impostos for diminuta e eles estiverem grandemente comprometidos, perde-se a flexibilidade na (re)alocação de recursos, podendo levar alguns responsáveis à acomodação e outros ao desestímulo. E um dos principais riscos que se corre é o de conviver simultaneamente com sobras e faltas de recursos. A tentativa de assegurar suprimentos cativos e permanentes a determinada finalidade é compreensível como uma expressão da disputa de fatias dos valores arrecadados para apropriação de segmentos específicos da sociedade, diminuindo o grau de incerteza sobre os montantes disponíveis a cada ano e a continuidade dos respectivos programas. É mais provável, entretanto, que se lograsse maior eficiência no uso dos recursos se os critérios de alocação pudessem ser reavaliados periodicamente, até em função de novas prioridades ou modificação no grau de prioridade de cada função ou programa. Neste caso, tudo indica que o instrumento mais adequado para a fixação desses critérios não fosse a Constituição e, sim, uma legislação de menor hierarquia, acoplada à programação governamental.

Também na Constituição – art. 165, § 8º – está expresso o princípio da **exclusividade**, que consiste em não inserção de matéria estranha à previsão da receita e à fixação da despesa. Ora, matéria orçamentária tem tramitação especial, calendário determinado, **privilegiado**. Se não existisse esta vedação, outras matérias pegariam "carona" nestes projetos de lei, como hoje ocorre, com frequência, em relação às medidas provisórias.

O princípio da **discriminação** ou **especialização** preconiza a identificação de cada rubrica de receita e despesa, de modo que não figurem de forma englobada, como, por exemplo, na hipótese de utilização de intitulações genéricas ou a título de "Outros (as)", representando, às vezes, parcelas consideráveis dos totais. Daí a conveniência de um quadro de detalhamento de despesa, bem como da classificação das receitas e despesas sob vários critérios e em diversos níveis. Este princípio fortalece o controle, mas não deveria inibir a flexibilidade necessária à gestão, em particular no caso das entidades. Em outras palavras, a adoção da especialização não deveria significar imutabilidade. A controvérsia em torno do assunto tem muito a ver com a ênfase dada aos meios, em detrimento dos fins, não se devendo esquecer que estes podem ser alcançados sob circunstâncias distintas. De qualquer maneira, os dados que servem de base à elaboração do orçamento, dão suporte a sua aprovação e operacionalizam sua execução deveriam estar disponíveis a quaisquer interessados, pelos meios convencionais, em consonância com a concepção de que as informações devem estar disponíveis a qualquer interessado. Na sistemática atual de programação orçamentária, define-se o subtítulo como o menor nível da categoria de programação, sendo utilizado para especificar a localização física da ação. O Poder Executivo enviará ao Congresso Nacional os projetos de lei orçamentária (antes contemplava também os créditos adicionais), com sua despesa regionalizada e, nas informações disponibilizadas em meio magnético de processamento eletrônico, com detalhamento das dotações por plano orçamentário e elemento de despesa (LDO/19 – Lei nº 13.707/18 –, art. 13); apesar disso, na prática, ainda há queixas por dificuldades no acompanhamento da execução orçamentária quando se pretende identificar a localização geográfica na realização da despesa.

O princípio do **orçamento bruto** pugna pela utilização das rubricas de receitas e despesas pelos seus valores brutos, isto é, sem deduções, sem compensações. Este princípio, por si só, justifica a contabilização simultânea das transferências como receitas e despesas de um órgão e de outro, mesmo que tais valores apenas "entrem" e "saiam"; as eliminações só devem ser feitas no processo de consolidação dos demonstrativos. Do mesmo modo, o princípio respalda a exigência de estimativa das renúncias de receitas, o que permitiria determinar o montante "potencial" da arrecadação, se os registros fiscais e os sistemas contábeis públicos previssem tal controle específico e preciso. As transferências constitucionais relativas aos fundos de participação são um bom exemplo da aplicação deste princípio; ainda que, pelo critério de partilha, uma parcela do Imposto de Renda (IR) e do Imposto sobre Produtos Industrializados (IPI) arrecadados pela União pertença aos demais entes, o total arrecadado é contabilizado como receita da União e os valores transferidos constituem despesas (o que não ocorre, entretanto, com o Imposto de Renda Retido na Fonte (IRRF) arrecadado pelos demais entes e a eles diretamente atribuído).

A **clareza** significa o óbvio. É o princípio da **evidenciação** na Contabilidade. Por este princípio, dever-se-ia priorizar o interesse dos **usuários** das informações, sobretudo porque se está tratando de finanças públicas. Neste sentido, a intitulação das contas deveria ser autoexplicativa, o sistema contábil primar pela simplicidade, sem prejuízo dos desdobramentos necessários, os demonstrativos deveriam permitir um razoável entendimento para a média das pessoas e, ainda, ser complementados pelo que fosse relevante no interesse dos que pretendem conhecer com mais detalhes e profundidade as contas públicas. Sob o enfoque da linguagem contábil, é bem evidente que ainda estamos longe de alcançar a necessária transparência no tratamento dos dados e na divulgação das informações econômicas e financeiras da Administração Pública. Nem mesmo o acesso aos dados e seu desdobramento pode ainda ser considerado satisfatório.

Publicidade é um princípio contido no art. 37 da Constituição, e aplica-se aos atos da administração em geral. Mais do que das empresas privadas, do Poder Público exige-se, além da absoluta transparência, pleno acesso de qualquer interessado às informações mínimas necessárias ao exercício da fiscalização das ações dos dirigentes e responsáveis pelo uso dos recursos dos contribuintes. Mas não basta divulgar demonstrativos (por meio físico ou via Internet); como se disse há pouco, é preciso torná-los razoavelmente compreensíveis e tornar acessível o detalhamento dos dados e informações divulgados, de forma clara – princípio da clareza –, pois só assim o cidadão terá condições de exercer o controle social. O avanço da Lei da Transparência em relação às contas públicas ainda deixa muito a desejar. (O recente decreto presidencial representou um grande retrocesso ao multiplicar o número de agentes públicos que poderão impedir o acesso a informações de interesse geral mediante classificação de documentos como reservados, secretos e ultrassecretos.)

Finalmente, o princípio do **equilíbrio** é da essência do orçamento como peça contábil. Só que, no caso, trata-se menos do equilíbrio **formal**, que da correlação entre receitas e despesas: de um lado, pressupõe-se que o governo não absorva da coletividade mais que o necessário para o financiamento das atividades a seu cargo; de outro, condiciona-se a realização dos dispêndios à capacidade efetiva de obtenção dos ingressos capazes de financiá-los. Assim é que são vedadas: a realização de despesas ou a assunção de obrigações diretas que excedam os créditos orçamentários ou adicionais (CF, art. 167, inc. II); a abertura de crédito suplementar ou especial sem prévia autorização legislativa e sem indicação dos recursos correspondentes (CF, art. 167, inc. V); a concessão ou utilização de créditos ilimitados (CF, art. 167, inc. VII); a aprovação de emendas ao projeto de lei do orçamento anual ou aos projetos que o modifiquem sem a indicação dos recursos necessários, admitidos apenas os provenientes de anulação de despesa (CF, art. 166, § 3º, inc. II). Orçamentos que incluem receitas a serem obtidas com a criação de novas dívidas-operações de crédito –, ou com reservas de contingência que não se tem a intenção de utilizar – são apenas **formalmente** equilibrados, do mesmo modo que orçamentos com receitas super ou subestimadas, ou com despesas autorizadas super ou subdimensionadas.

Outros princípios são enunciados por diferentes autores, mas estes são os mais difundidos e relevantes.

3.4 TIPOS DE ORÇAMENTO

A Constituição de 1988, em seu art. 165, § 5º, determina que a Lei Orçamentária anual compreenderá os seguintes orçamentos:

- o fiscal, referente aos Poderes da União (Legislativo, Executivo e Judiciário), seus fundos, órgãos e entidades da administração direta e indireta, inclusive fundações instituídas e mantidas pelo Poder Público;
- o de investimento das empresas em que a União, direta ou indiretamente, detenha a maioria do capital social com direito a voto (excluída, portanto, a parte referente ao custeio);
- o da seguridade social, abrangendo todas as entidades e órgãos a ela vinculados, da administração direta ou indireta, bem como os fundos e fundações instituídos e mantidos pelo Poder Público.

A ideia subjacente, portanto, é a de se propiciar uma visão de conjunto, integrada, das ações empreendidas pela Administração Pública. Os recursos dos orçamentos Fiscal e da Seguridade Social provêm essencialmente da cobrança de tributos e contribuições, e da exploração do patrimônio dos órgãos e entidades públicos incluídos nesses orçamentos (ver classificação da receita pública - Capítulo 8). O orçamento de investimento das estatais compreende apenas as aplicações na reposição e ampliação de sua capacidade de funcionamento, de produção, e os recursos correspondentes são os usuais para qualquer tipo de empresa, podendo provir também do orçamento fiscal. As LDOs têm considerado como **investimentos** apenas as despesas com aquisição do ativo imobilizado (não se incluindo: as relativas à aquisição de bens que envolvam arrendamento mercantil para uso próprio da empresa ou de terceiros; o custo dos empréstimos contabilizados no ativo imobilizado; e transferências de ativos entre empresas pertencentes ao mesmo Grupo, controladas direta ou indiretamente pela União, cuja aquisição tenha constado do Orçamento de Investimento), com benfeitorias realizadas em bens da União por empresas estatais e com benfeitorias necessárias à infraestrutura de serviços públicos concedidos pela União (LDO/2019 - Lei nº 13.707/18 –, art. 44, § 1º).

Não integram os orçamentos Fiscal e da Seguridade Social (LDO/2019 - Lei nº 13.707/18 –, art. 5º, parágrafo único):

- os fundos de incentivos fiscais (que figuram exclusivamente como informações complementares ao projeto de lei orçamentária);
- os conselhos de fiscalização de profissões regulamentadas, constituídos como autarquias;
- as empresas públicas ou sociedades de economia mista que recebam recursos da União apenas sob a forma de:
  - ✓ participação acionária;
  - ✓ pagamento pelo fornecimento de bens e pela prestação de serviços;
  - ✓ pagamento de empréstimos e financiamentos concedidos;
  - ✓ transferências para aplicação em programas de financiamento ao setor produtivo das Regiões Norte, Nordeste e Centro-Oeste (mediante os respectivos Fundos) e ao desenvolvimento econômico (40% do PIS/Pasep), pelo BNDES.

Quando, por outro lado, a programação da empresa estatal constar integralmente dos orçamentos Fiscal e da Seguridade Social, não será a empresa incluída no orçamento de investimentos das estatais (LDO/2019 - Lei nº 13.707/18 –, art. 44, § 5º).

Na Constituição, estão também previstos:

- o Plano Plurianual (PPA);
- as diretrizes orçamentárias;
- os planos e programas nacionais, regionais e setoriais.

Os planos plurianuais substituíram os planos nacionais de desenvolvimento, e sua vigência corresponderá ao mandato presidencial (que, com a Emenda Constitucional de Revisão nº 5/94, voltou a ser de quatro anos), sempre com um ano de defasagem (isto é, do segundo ano do mandato de cada presidente ao primeiro do mandato subsequente). A defasagem é inevitável, pois a discussão final e a aprovação de um plano só podem acontecer depois da posse do novo governo; paralelamente, cada governo que se inicia continua trabalhando com base no que ficou por concluir do período anterior, enquanto ainda está finalizando a elaboração de seu próprio plano de trabalho. Em condições de continuidade, de normalidade, de estabilidade, poder-se-ia dizer que isto é absolutamente razoável, pois qualquer país deve ter seus grandes e permanentes objetivos nacionais. No caso dos Estados, DF e Municípios, os planos também deverão ser quadrienais. O "ideal", em termos dessa inevitável defasagem, é que ela pudesse ser reduzida, mas isto dependeria de outros fatores, como o próprio calendário eleitoral e a estrutura institucional e a político-partidária, entre outros.[4] Hoje, há discussões sobre os critérios e limites para a revisão do PPA e sobre a viabilidade de transformá-lo em permanentemente ajustável, avaliando, a cada ano, a execução do exercício anterior e incluindo a projeção do quarto ano subsequente. Reeleições sucessivas tenderiam a ampliar o horizonte do planejamento, mas, a bem da verdade, a experiência recente tem estreitado essa dimensão, à medida que o primeiro mandato é exercido com a atenção concentrada no segundo (e este com o foco na continuidade do controle partidário sobre a sucessão).

A Lei de Diretrizes Orçamentárias obedece à anualidade, orientando a elaboração da Lei Orçamentária anual (§ 2º do art. 165 da Constituição), e deve ser compatível com o Plano Plurianual. Não obstante, sua vigência e efeitos transcendem o ano a que se refere.

Nos termos da Lei de Responsabilidade Fiscal, integrará o projeto de lei de diretrizes orçamentárias o anexo de metas fiscais, em que serão estabelecidas metas anuais, em valores correntes e constantes, relativas a receitas, despesas, resultados nominal e primário e montante da dívida pública, para o exercício a que se referirem e para os dois seguintes (art. 4º, § 1º). A LDO conterá também o anexo de riscos fiscais, em que serão avaliados os passivos contingentes e outros riscos capazes de afetar as contas públicas, informando as providências a serem tomadas, caso se concretizem (art. 4º, § 3º). A mensagem que encaminhar o projeto da LDO da União apresentará em anexo específico os objetivos das políticas monetária, creditícia e cambial, bem como os parâmetros e as projeções para seus principais agregados e variáveis, e ainda as metas de inflação, para o exercício subsequente.

A Constituição faz ainda menção expressa aos planos e programas nacionais, regionais e setoriais, que serão elaborados em consonância com o Plano Plurianual e apreciados pelo Congresso Nacional (§ 4º do art. 165). É bom assinalar que tais planos e programas podem aplicar-se a períodos maiores que os de vigência dos PPA. O PPA e a LDO antecedem o orçamento anual.

Esse conjunto revela a preocupação com a organicidade do processo orçamentário, embora somente no art. 174 da Constituição se caracterize o papel do Estado como agente normativo e regulador da atividade econômica, considerando-se o planejamento como determinante para o setor público e indicativo para o setor privado. Em seu § 1º, aduz que a lei estabelecerá as diretrizes e bases do planejamento do desenvolvimento nacional equilibrado, o qual incorporará e compatibilizará os planos nacionais e regionais de desenvolvimento. Note-se que os planos, programas, diretrizes e orçamentos citados são todos submetidos ao Congresso Nacional.

---

[4] Ver, a propósito, artigo de: PISCITELLI, Roberto Bocaccio. Orçamento Público: uma verdadeira questão de governabilidade. *Carta de Conjuntura do Conselho Regional de Economia*. DF, ano 5, n. 24, jan./fev. 1991.

No tocante às estatais,[5] vale ressaltar que elas submetem seus orçamentos – Programas de Dispêndios Globais (PDG), com as principais contas de receitas e despesas (custeio e investimento – os investimentos são os constantes do projeto de lei orçamentária anual) discriminadas segundo o regime de caixa – à apreciação da Secretaria de Coordenação e Governança das Empresas Estatais (SEST), do Ministério do Planejamento, Desenvolvimento e Gestão (MPOG), por intermédio do respectivo ministério supervisor. (Nos termos do Decreto nº 9.679, de 2-2-19, art. 2º, inc. II, a SEST se constitui num dos órgãos específicos singulares da nova estrutura do Ministério da Economia com a denominação de Secretaria de Coordenação e Governança das Empresas Estatais, como parte da Secretaria Especial de Desestatização e Desinvestimento.) Há empresas e, sobretudo, aplicações das estatais em geral – em custeio e nas suas finalidades precípuas, como, por exemplo, empréstimos das instituições financeiras – que não estão sujeitas ao crivo do Parlamento, quando não integram os orçamentos Fiscal e da Seguridade Social e/ou o de investimento das estatais. Neste sentido, portanto, sujeitam-se a regras genéricas. Estes orçamentos, uma vez consolidados, constituíam o que se convencionou chamar "orçamento das estatais". Hoje, entretanto, mesmo estando sujeito à apreciação e deliberação do Congresso, o orçamento **de investimentos** das empresas direta ou indiretamente controladas, isso nem sempre é o efetivamente relevante em termos de atuação direta do Poder Público e como sinalização aos demais agentes econômicos. O desejável, em princípio, seria, sem ferir a autonomia operacional das entidades e preservando-se a supervisão ministerial, adotar políticas claras, com ampla publicidade das operações realizadas. Deve-se, sobretudo, evitar o fatiamento político-partidário que se tem constituído em critério na formação da maioria das direções dessas entidades. Assinale-se, assim, que importantes recursos, relativos às operações de crédito das instituições oficiais, não passam pelo crivo do Congresso, limitando-se a Lei de Diretrizes Orçamentárias a enunciar vagamente a "política" dessas instituições. Isto é diferente do que hoje ocorre em relação às entidades (e demais órgãos, inclusive fundos) vinculadas à seguridade social – que antes integravam o "orçamento previdenciário", também submetido apenas ao Executivo – mas que hoje compõem outro orçamento específico, completo e submetido por inteiro ao Legislativo – o da Seguridade Social.

Em compensação, a LDO exige que a mensagem encaminhando o projeto de lei orçamentária contenha demonstrativo sintético, por empresa, do chamado pro-

---

[5] No conceito da antiga Secretaria de Controle das Empresas Estatais (SEST), criada com o Decreto nº 84.128, de 29-10-79, **estatais** englobavam empresas públicas, sociedades de economia mista, suas subsidiárias e todas as empresas controladas direta ou indiretamente pela União, as autarquias e fundações instituídas ou mantidas pelo Poder Público, e até órgãos autônomos. Pelo conceito adotado na LRF, empresa controlada é a sociedade cuja maioria do capital social com direito a voto pertença, direta ou indiretamente, a ente da Federação (União, Estados, Distrito Federal e Municípios). E empresa estatal dependente, a controlada que receba do ente controlador recursos financeiros para pagamento de despesas com pessoal ou de custeio em geral ou de capital, excluídos, no último caso, aqueles provenientes de aumento de participação acionária.

grama de dispêndios globais, com a discriminação das fontes de financiamento do investimento de cada entidade, bem como a previsão das respectivas aplicações, e o resultado primário dessas empresas com a metodologia de apuração do referido resultado (LDO/2019 - Lei nº 13.707/18 -, arts. 10, inc. VI, e 44, § 3º).

Durante muito tempo, existiu também o "orçamento monetário", que, na realidade, nada mais era do que a programação financeira do governo com o concurso de suas instituições financeiras. Decorria principalmente da não adoção do princípio da **universalidade** na elaboração do orçamento (fiscal) da União, e nele eram incluídas várias operações realizadas pelo Tesouro, que não eram aprovadas pelo Congresso Nacional, nem sempre fáceis de enumerar, até porque, às vezes, circunstanciais. A esfera de decisão do Conselho Monetário Nacional (até com reuniões informais, decisões ***ad-referendum*** etc.) possibilitou muitas extrapolações dessa natureza.

O orçamento monetário é o que permitia a fixação de tetos para as contas da chamada autoridade monetária - Banco Central - e demais instituições financeiras, entre as quais o Banco do Brasil, que, até a extinção da chamada "conta movimento",[6] se revestia também da condição de autoridade monetária. Tinha, então, referido orçamento por finalidade o próprio controle dos meios de pagamento, da oferta monetária. (Nos anos mais recentes, tem-se atribuído uma função similar ao BNDES, cujas operações - subsidiadas - têm sido financiadas mediante a colocação de títulos do Tesouro.)

O orçamento monetário contemplava subsídios diretos às operações de comercialização de produtos como trigo, açúcar e álcool, à política de preços mínimos, à formação de estoques reguladores, assim como subsídios indiretos ligados ao crédito a setores prioritários (agricultura, energia e exportação).[7]

Os próprios encargos da dívida pública federal só foram incorporados ao orçamento fiscal a partir de 1981; e as operações de crédito, a partir de 1988. Estas, por sinal, principalmente em função da rolagem da dívida, chegaram, algumas vezes, a representar até 2/3 dos montantes da receita e da despesa, distorcendo consideravelmente, para o leitor desavisado, a análise da composição do orçamento; referidas operações (emissão e resgate dos títulos da dívida pública) chegam a provocar contagem múltipla de seus valores, dependendo do número de rotações por ano, isto é, dos prazos de renovação da dívida.

Foi a falta de cobertura do déficit no orçamento monetário (em que se compreendia a "conta movimento"), sujeito ao "controle" de algumas poucas autoridades, uma das razões que explicaram seguramente em boa parte o início do processo desordenado e fora de controle de expansão monetária e de endividamento interno, cujos reflexos tiveram efeito duradouro.

---

6 A Conta Movimento do Banco do Brasil era utilizada continuamente, nela sendo lançados os valores de todas as operações ativas e passivas praticadas pelo Banco do Brasil por conta do Governo Federal e do próprio Banco Central, sem um processo de controle específico.

7 Veja, a propósito, GIACOMONI, James. *Orçamento público*. 14. ed. São Paulo: Atlas, 2007. Cap. 5, B.

Praticamente só a partir de 1986 o Brasil passa a ter um orçamento (parcialmente) unificado, resultante da "fusão" dos chamados orçamentos fiscal e monetário. Constatava-se, ainda, de qualquer modo, que os orçamentos das estatais que não recebiam transferências à conta do Orçamento da União e o previdenciário continuavam não sendo encaminhados para discussão e aprovação do Legislativo, e sim à Secretaria de Controle das Empresas Estatais (SEST/Seplan e, depois, MF); as demais estatais figuravam no orçamento submetido ao Congresso apenas pelos valores, pelas dotações globais que lhes eram subvencionadas ou transferidas, submetendo-se também à SEST.

Pela Lei nº 7.632, de 3-12-87, que aprovou o orçamento para 1988, ficava vedada a criação ou o reconhecimento de despesas não previstas no Orçamento Geral da União, incluindo subsídios ou encargos de qualquer natureza, e a atribuição, ao Tesouro Nacional, de despesas realizadas com adiantamentos de recursos pelo Banco Central do Brasil ou pelo Banco do Brasil S.A. (parágrafo único do art. 4º).

Mesmo com a complementação do processo de unificação orçamentária, a partir de 1988, até 1989, apenas o orçamento fiscal (já incluídas as operações de crédito) era executado com a aprovação do Congresso Nacional. A partir de 1990, enfim, a União (e, no que couber, as demais esferas) já dispõe(m) dos três orçamentos, como previsto na Constituição, elaborados com base nas leis de diretrizes orçamentárias, em cada ano. Os Estados e Municípios foram se ajustando ao processo em função das novas Constituições Estaduais e Leis Orgânicas.

Nota-se, a propósito, que a Seção "Dos Orçamentos", da Constituição (Federal), não foi muito específica nem abrangente ao dispor sobre a matéria, referindo-se, às vezes, claramente, com exclusividade, ao âmbito federal, outras vezes a todas as esferas expressamente, e em outras, finalmente, a algum dos Poderes ou ao "Poder Público".

3.5 DA ELABORAÇÃO À APROVAÇÃO DO ORÇAMENTO

O processo de elaboração e discussão da proposta orçamentária desenvolve-se praticamente durante todo o ano, a fim de permitir que o orçamento seja executado a partir do início do exercício financeiro seguinte. Vejam-se, a seguir, alguns aspectos constitucionais, legais e operacionais.

Você sabia?

Compete privativamente ao Presidente da República enviar ao Congresso Nacional o Plano Plurianual, o projeto de lei de diretrizes orçamentárias e as propostas de orçamento (CF, art. 84, inc. XXIII). E cabe ao Congresso Nacional, com a sanção do Presidente da República, dispor, entre outras matérias, sobre o Plano Plurianual, diretrizes orçamentárias e orçamento anual, bem como sobre planos e programas nacionais, regionais e setoriais de desenvolvimento, e também sobre matéria financeira (CF, art. 48, incs. II, IV e XIII).

Pela Constituição brasileira, cabe à União, aos Estados e ao Distrito Federal legislar concorrentemente, entre outros, sobre direito financeiro e orçamento (art. 24, incs. I e II). A competência da União limita-se ao estabelecimento de normas gerais (§ 1º), o que não exclui a competência suplementar dos Estados (§ 2º). Se não houver lei federal sobre normas gerais, os Estados (e, supõe-se, o Distrito Federal) exercerão a competência legislativa plena, para atender a suas peculiaridades (§ 3º). A superveniência de lei federal sobre normas gerais suspende a eficácia da lei estadual, no que lhe for contrária (§ 4º). Ainda não foi aprovada a lei complementar prevista no § 9º do art. 165, que deverá regulamentar a matéria; mas está em vigor a Lei nº 4.320/64, no que não conflitar com a nova Constituição. Como se diz, referida lei foi recepcionada como lei complementar pela Constituição de 1988. A Lei de Responsabilidade Fiscal, entretanto, a pretexto de ter como amparo o Capítulo II do Título VI da Constituição, que trata "Das Finanças Públicas", acabou adentrando aspectos do âmbito da lei complementar prevista no § 9º do art. 165, além daqueles abrangidos pelos arts. 163 e 169.

A Secretaria de Orçamento Federal (SOF), hoje um dos órgãos específicos singulares na nova estrutura do Ministério da Economia, subordinada à Secretaria Especial de Fazenda (Decreto nº 9.679/19), é tratada como o órgão central do Sistema de Planejamento e de Orçamento Federal, segundo o Manual Técnico de Orçamento, estruturando-se com os órgãos setoriais e unidades orçamentárias. Mas a Lei nº 10.180, de 6-2-01, que organiza e disciplina vários sistemas de atividades-meio, menciona integradamente o Sistema de Planejamento e de Orçamento Federal, designando o próprio Ministério como órgão central, mencionando também os órgãos setoriais – unidades de planejamento e orçamento dos Ministérios, da Advocacia-Geral da União, da Vice-Presidência e da Casa Civil da Presidência da República – e os órgãos específicos – aqueles vinculados ou subordinados ao órgão Central do Sistema, cuja missão está voltada para as atividades de planejamento e orçamento (*sic*). A cada ano, são aprovadas instruções para a elaboração da proposta orçamentária da União, por meio do Manual Técnico de Orçamento, aprovado por Portaria do Secretário de Orçamento Federal. Os órgãos setoriais revisam, estabelecem prioridades e consolidam as propostas das respectivas unidades orçamentárias, antes de remetê-las à SOF. As propostas dos Poderes Legislativo e Judiciário, bem como do Ministério Público da União e da Defensoria Pública da União, são também encaminhadas à SOF, que é responsável pela compatibilização final da proposta, a ser, então, encaminhada ao Congresso Nacional via Presidência da República. A propósito do assunto, vale notar que o art. 99 da Constituição assegura explicitamente autonomia administrativa e financeira ao Poder Judiciário; e o § 1º, aos tribunais, para elaborarem suas propostas orçamentárias dentro dos limites estipulados juntamente com os dos demais Poderes na LDO. Isto se aplica também no âmbito dos Estados e do Distrito Federal (§ 2º). Também o Ministério Público – art. 127, § 3º – e as Defensorias Públicas – art. 134, § 2º – elaborarão suas propostas orçamentárias dentro dos limites estabelecidos na LDO.

Nos termos da antes mencionada Lei nº 10.180/01, sem prejuízo das competências constitucionais e legais de outros Poderes, as unidades responsáveis pelos seus orçamentos ficam sujeitas à orientação normativa do órgão central do Sistema.

Sendo os projetos de lei orçamentária e os que a modifiquem de iniciativa exclusiva do Presidente da República, a regra geral é a de não se admitirem emendas que aumentem a despesa prevista (art. 63, inc. I, da Constituição). Como, entretanto, em matéria orçamentária, os poderes do Legislativo se ampliaram consideravelmente, há ampla margem de manobra, nas condições especificadas no art. 166, § 3º, para a apresentação de emendas, mediante a anulação de outras despesas, ou mesmo reestimativa de receitas. A LRF estabelece que só se admitirá reestimativa se comprovado erro ou omissão de ordem técnica ou legal.

Além da impossibilidade de aumento da despesa, tampouco poderão ser aprovadas emendas ao projeto de lei de diretrizes orçamentárias quando incompatíveis com o Plano Plurianual, da mesma forma que emendas aos projetos do orçamento anual e suas modificações quando incompatíveis com o Plano plurianual e com a Lei de Diretrizes Orçamentárias.

As emendas que são admitidas aos projetos de LOA e dos que a modifiquem, com a indicação de que os recursos necessários provêm de anulação de despesa, não podem incidir sobre dotações para pessoal e seus encargos, serviço da dívida e transferências tributárias constitucionais para Estados, Municípios e Distrito Federal, o que – nas circunstâncias atuais – acaba deixando pouca margem de manobra na prática para os legisladores, até porque outras despesas também são consideradas obrigatórias, como é o caso dos benefícios da Seguridade Social.

Exige, enfim, a Constituição que as emendas estejam relacionadas com os dispositivos do texto do projeto de lei ou com a correção de erros ou omissões.

Sustentam alguns especialistas que o Congresso Nacional – no nível técnico, pelo menos – deveria participar conjuntamente com a Secretaria de Orçamento Federal da União de todo o processo de elaboração orçamentária, de modo a evitar que o Legislativo receba um "pacote", a ser "digerido" em curto prazo, sendo levado até a mutilá-lo, por força das circunstâncias. Inúmeras razões, inclusive de ordem cultural e política, têm dificultado esse trabalho conjugado, limitando-se no mais das vezes o Legislativo a homologar premissas e estimativas, por falta de acesso às informações aos bancos de dados do Executivo e de acompanhamento efetivo da execução orçamentária, além do centralismo que normalmente permeia esse processo. Nos últimos anos, a melhor qualificação dos quadros técnicos do Poder Legislativo tem permitido maior afirmação e reconhecimento do trabalho concernente ao processo orçamentário no âmbito daquele Poder, inclusive no refinamento das reestimativas de receita.

O prazo para envio do projeto de lei pelo Presidente da República ao Congresso Nacional é de até quatro meses antes do encerramento do exercício financeiro; a devolução para sanção se dará até o encerramento da sessão legislativa (que só assim deveria encerrar-se, o que nem sempre tem ocorrido). Isto é o que dispõe o

§ 2º do art. 35 do Ato das Disposições Constitucionais Transitórias, até a entrada em vigor da lei complementar que deverá substituir a atual Lei nº 4.320/64.

Caso, entretanto, o Poder Legislativo não receba a proposta no prazo constitucional, será considerada como proposta a Lei Orçamentária vigente no próprio exercício (Lei nº 4.320/64, art. 32); esta é, pelo menos, a única regra aplicável no momento.

Pode ocorrer (e isto tem acontecido sistematicamente) de o Presidente da República enviar mensagem propondo a modificação do projeto de lei orçamentária. Antes, isso era possível enquanto não estivesse concluída a votação da parte cuja alteração estivesse sendo proposta (art. 66 da antiga Constituição). Agora, tanto para o Plano Plurianual e as diretrizes orçamentárias como para o orçamento e os créditos adicionais, as modificações só poderão ser propostas enquanto não iniciada a votação, na Comissão Mista (permanente de Senadores e Deputados), da parte cuja alteração é proposta (CF, art. 166, §§ 1º e 5º). A Resolução nº 1, de 22 de dezembro de 2006, do Congresso Nacional, estabelece que as propostas de modificação dessas matérias orçamentárias, enviadas pelo Presidente da República, somente serão apreciadas se recebidas até o início da votação do Relatório Preliminar na CMO (arts. 28, *caput*, 83 e 95).

A discussão e votação da proposta orçamentária encaminhada pelo Executivo, com as emendas (ou substitutivo) aprovadas(o) no âmbito da Comissão Mista, se darão em sessão do Congresso Nacional. O Plenário das duas Casas é também a instância final relativa aos projetos de créditos adicionais e da LDO, do PPA e dos demais planos e programas. As emendas só podem ser votadas na Comissão Mista; no caso de emendas inadmitidas, cabe contestação, por membro da Comissão, com o apoiamento de 10% dos membros da respectiva Casa na CMO (art. 148 e parágrafos, Resolução nº 1/06, do Congresso Nacional). O parecer da Comissão sobre as emendas será conclusivo e final, salvo requerimento, para que a emenda seja submetida a votos, assinado por um décimo dos Congressistas, apresentado à Mesa do Congresso Nacional até o dia anterior ao estabelecido para a discussão da matéria no Plenário do Congresso Nacional (art. 132, Resolução nº 1/06, do Congresso Nacional).

O Presidente da República, além de sancionar a Lei Orçamentária, deverá promulgá-la e fazê-la publicar no *Diário Oficial da União*. Se houver veto – total ou parcial –, ele será votado em sessão do Congresso Nacional. O veto poderá ser rejeitado, pela maioria absoluta dos deputados e senadores, em escrutínio secreto até a aprovação da Emenda Constitucional nº 76, de 28 de novembro de 2013 – quando passou a ser aberto –, o que determinará o retorno do projeto anteriormente aprovado pelo Legislativo, para promulgação pelo Presidente da República (ou, em seu silêncio, pelo Presidente ou Vice-presidente do Senado Federal). É considerável a quantidade de vetos em dispositivos isolados ou combinados. Até poucos anos atrás, muito raramente o Congresso Nacional chegava a apreciar os vetos, e sua derrubada era raríssima. (Chegaram a acumular-se mais de mil vetos.) Mais recentemente, o Congresso voltou a apreciar e votar vetos, mas sua derrubada não ocorre com frequência.

O projeto de lei de diretrizes orçamentárias tem prazo de encaminhamento até oito meses e meio antes do encerramento do exercício financeiro, e de devolução até o encerramento do primeiro período da sessão legislativa. E o projeto do Plano Plurianual, até quatro meses antes do encerramento do primeiro exercício financeiro de cada mandato presidencial e até o encerramento da sessão legislativa, respectivamente. A premissa é de que a sessão não se interrompe ou conclui sem aprovação desses projetos (o que não ocorre na prática para o Plano Plurianual, conforme já comentado em relação ao orçamento); no caso das diretrizes orçamentárias, entretanto, a Constituição é expressa, em seu art. 57, § 2º: a sessão legislativa não será interrompida sem a aprovação do respectivo projeto. Isto não impede, todavia, que a aprovação da LDO também se arraste, ainda que ao preço de não se interromper formalmente a sessão legislativa no mês de julho.

As sucessivas LDOs preveem que, para o caso de o projeto de lei orçamentária não ser sancionado até 31 de dezembro, a programação dele constante seja executada para vários tipos de despesas, a título de "antecipação de crédito", o que ficou conhecido como um mecanismo para o pagamento de despesas por duodécimos, abrangendo as de caráter obrigatório ou emergencial (LDO/2019 – Lei nº 13.707/18 –, art. 60 e parágrafos). A utilização dos duodécimos, na realidade, se aplica especificamente às despesas correntes de caráter inadiável.

A exigência de aprovação destas matérias pelo Congresso Nacional está em coerência com a recuperação de suas prerrogativas constitucionais, impondo-se o cumprimento de um calendário que restitua ao País o sentido do planejamento e fortaleça o controle da execução dos programas governamentais. A importância dessas matérias é de tal ordem que elas estão entre as pouquíssimas exceções à possibilidade de delegação do Congresso Nacional ao Presidente da República (CF, art. 68, § 1º). É, também, vedada a edição de medidas provisórias sobre planos plurianuais, diretrizes orçamentárias, orçamento e créditos adicionais *e suplementares* (*sic*), ressalvada a hipótese de créditos extraordinários (EC nº 32/01, dispositivo introduzido no art. 62 da CF, § 1º, inc. I, alínea *d*). Na prática, entretanto, pode-se constatar que o conteúdo de várias MPs é de natureza essencialmente orçamentária.

3.6 CRÉDITOS ORDINÁRIOS E ADICIONAIS

As autorizações constantes da Lei Orçamentária para a realização de despesas – os créditos orçamentários – provêm de recursos do Tesouro (Nacional) e de outras fontes, inclusive de fontes condicionadas; os do Tesouro se subdividem em ordinários e vinculados.[8] Se houver necessidade de autorizações para despesas não computadas ou insuficientemente dotadas, poderão ser abertos créditos adicionais (art. 40 da Lei nº 4.320/64).

[8] Este assunto será tratado em itens específicos deste livro (Seções 7.2.6 e 8.3).

Segundo o art. 41 da Lei nº 4.320/64, há três tipos de créditos adicionais:

- os suplementares, destinados a reforço de dotação orçamentária (caso típico dos acréscimos de despesas com pessoal, por subestimativa da previsão, por aumento dos vencimentos etc.);
- os especiais, destinados a despesas para as quais não haja dotação específica (o que geralmente ocorre, por exemplo, em relação às despesas decorrentes da criação de órgãos, ou o que se torna, enfim, necessário sempre que não tenha havido previsão para determinada categoria ou grupo de despesa, de qualquer atividade ou projeto de uma unidade);
- os extraordinários, destinados a despesas urgentes e imprevistas, em caso de guerra, comoção intestina ou calamidade pública.

Enquanto o crédito suplementar se incorpora ao orçamento, adicionando-se a importância autorizada à dotação orçamentária a que se destinou o reforço, os créditos especial e extraordinário apresentam as respectivas despesas realizadas separadamente.

Os créditos suplementares e especiais são autorizados por lei e abertos por decreto (art. 42), dependendo da existência de recursos disponíveis para ocorrer a despesa, requerendo-se uma exposição justificativa (art. 43). Os créditos extraordinários serão abertos por decreto do Executivo, que dará conhecimento ao Legislativo (art. 44); sua abertura deve ser precedida do reconhecimento expresso de uma das situações que a justificam (por exemplo, decretação do estado de calamidade pública), mas esse entendimento se modificou, como se verá a seguir. No passado, o decreto-lei foi utilizado frequentemente para autorizar a abertura de créditos suplementares e especiais. Mais tarde, proliferaram as medidas provisórias, reeditadas indefinidamente, às vezes até passando de um exercício para outro. (Em tese, como já abordado neste capítulo, elas não podem tratar de matéria orçamentária, mas, como se sabe, é usual, em nosso País, o **contorcionismo** na aplicação e interpretação da legislação.)

A LDO para 2019 (Lei nº 13.707/18), ratificando disposições de exercícios anteriores, determina que os créditos suplementares e especiais, constantes dos projetos de lei encaminhados pelo Poder Executivo ao Legislativo, uma vez aprovados, sejam considerados automaticamente abertos com a sanção e publicação da respectiva lei (art. 46, § 10).

A Constituição de 1988 veda a abertura de crédito suplementar ou especial não só sem prévia autorização legislativa, como também sem indicação dos recursos correspondentes (inc. V do art. 167).

O § 3º do art. 167 condiciona a abertura de crédito extraordinário ao atendimento de despesas imprevisíveis[9] e urgentes, como as decorrentes de guerra, comoção

[9] Note-se que há uma sutil diferença entre os termos "imprevistas" (utilizado na Lei nº 4.320/64) e "imprevisíveis", utilizado na Constituição.

interna ou calamidade pública, remetendo o assunto ao art. 62, que trata da adoção de medidas provisórias, que têm força de lei e deverão ser imediatamente submetidas ao Congresso; tais medidas perdem eficácia, desde a edição, se não forem convertidas em lei no prazo de 60 dias, a partir de sua publicação (art. 167, § 3º, e art. 62 e parágrafos – CF). Esse prazo é prorrogável uma única vez, por mais 60 dias. No mais, como se viu, é vedada a edição de medida provisória versando sobre planos plurianuais, diretrizes orçamentárias, orçamento e créditos adicionais, (aqui compreendidos os suplementares e especiais); os créditos extraordinários, por conseguinte, são abertos mediante medida provisória.

Normalmente, a própria Lei Orçamentária já autoriza o Poder Executivo a abertura de créditos suplementares até determinados limites e condições, devendo-se notar que a transposição, o remanejamento ou a transferência de recursos de uma **categoria** de programação para outra ou de um ***órgão*** para outro é vedada sem prévia autorização legislativa (CF, art. 167, inc. VI). Vale notar, portanto, que os créditos suplementares podem ser abertos mediante mera compensação ou com acréscimo de valor.

A vigência dos créditos adicionais não pode ultrapassar o exercício financeiro, exceto os especiais e extraordinários, quando houver expressa disposição legal (art. 45 da Lei nº 4.320/64). Consoante o § 2º do art. 167 da CF, os créditos especiais e extraordinários terão vigência no exercício financeiro em que forem autorizados, salvo se o ato de autorização for promulgado nos últimos quatro meses daquele exercício, caso em que, reabertos nos limites de seus saldos, serão incorporados ao orçamento do exercício financeiro subsequente. Em outras palavras, não será necessária nova autorização orçamentária.

Constituem recursos (desde que não comprometidos) para a abertura de créditos suplementares e especiais (Lei nº 4.320/64, art. 43, § 1º):

- o excesso de arrecadação (saldo positivo das diferenças, acumuladas mês a mês, entre a receita realizada e a prevista, considerando-se, ainda, a tendência do exercício – § 3º – menos os créditos extraordinários abertos no exercício – § 4º);
- o superávit financeiro apurado em balanço patrimonial do exercício anterior (diferença positiva entre o ativo e passivo financeiros, conjugando-se, ainda, os saldos dos créditos adicionais transferidos/reabertos e as operações de crédito a eles vinculadas);
- o produto de operações de crédito autorizadas;
- a anulação parcial ou total de dotações orçamentárias ou de créditos adicionais autorizados em lei.

O princípio é o de que há necessidade de autorização legislativa, mesmo para a abertura de crédito suplementar, quando se pretende elevar o montante global do orçamento ou quando, dentro do limite global aprovado, o cancelamento em uma rubrica com suplementação em outra estiver além de limite específico ou fora das condições estabelecidas para as transferências autorizadas na própria Lei Orçamentária, ou, ainda, quando, mesmo dentro dos limites referidos, a transferência se dê entre categorias de programação ou órgãos diferentes, vedada pela Constituição. Não obstante, leis orçamentárias têm atribuído ao Poder Executivo prerrogativas inusitadas, independentemente de limites para certos recursos utilizados, inclusive mediante elevação do montante global do orçamento, ou, então, sem limite de compensação, dentro do limite global aprovado, isto podendo ocorrer até entre unidades orçamentárias distintas. Tem havido, até mesmo, permissão para endividamento, além do limite orçamentário específico, o que denota a falta de rigor quanto ao estrito cumprimento da legislação orçamentária.

Do mesmo modo, observam-se desvirtuamentos nas autorizações de créditos adicionais, como, por exemplo, créditos extraordinários abertos mediante medida provisória, com compensação de outros créditos (ou seja, alterando-se a Lei Orçamentária unilateralmente), ou, então, créditos suplementares tendo como fonte indicada superávit financeiro, mas, de fato, cancelando outra rubrica, esterilizando-se, com isso, as disponibilidades adicionais.

As solicitações de créditos suplementares e especiais serão acompanhadas de exposições de motivos circunstanciadas que os justifiquem e indiquem as consequências dos cancelamentos de dotações propostos sobre a execução de atividades, projetos, operações especiais e seus subtítulos e metas (LDO/2019 – Lei nº 13.707/19 –, art. 46, § 3º).

Uma reflexão sobre os recursos para a abertura dos créditos adicionais, na especificação da Lei nº 4.320/64, nos levaria à conclusão de que as deduções dos excessos de arrecadação (créditos extraordinários) e do superávit financeiro (créditos reabertos) não se comunicam. Em uma interpretação sistemática da legislação, entretanto, deve-se entender que, nas duas hipóteses, referidas deduções – que implicam dispêndio financeiro não constante do orçamento em execução – devem ser calculadas, precisamente com a finalidade de evitar desequilíbrios financeiros e assegurar o cumprimento das metas de superávit primário (que leva em conta os fluxos financeiros, e não os orçamentários).

Ressalte-se também o fato de que a legislação não prevê especificamente cancelamento ou anulação de crédito por frustração de arrecadação. O usual, nesses casos, é o contingenciamento das dotações (e consequente retenção dos recursos financeiros correspondentes). Na hipótese de descontingenciamento sem a reversão das expectativas de arrecadação, a tendência é a acumulação dos respectivos valores em restos a pagar.

Convém, por fim, lembrar a existência de valores que não integram o orçamento, não se vinculando à sua execução nem constituindo propriamente recursos adicionalmente utilizáveis, e que estão apenas **financeiramente** disponíveis; são receitas **extraorçamentárias** (do mesmo modo que, paralelamente, existem despesas extraorçamentárias, não programadas, não orçadas, mas depositadas transitoriamente). Constituem-se de valores restituíveis, como: cauções, fianças e depósitos para garantia de instância em dinheiro, consignações em folha de pagamento a favor de terceiros, salários não reclamados, operações de crédito a curto prazo etc. Sua arrecadação não depende de autorização legislativa. O Estado é depositário desses valores, muito embora possa ocorrer a conversão dessa receita em orçamentária (como, por exemplo, com a perda de uma caução).[10] Não ocorrendo essa conversão, integram a execução financeira, e não a orçamentária, não podendo ser comprometidos com a realização de novas despesas.

Assinale-se que a legislação, no tocante aos depósitos judiciais e extrajudiciais, determinou que podem ser imediatamente apropriados pela União, não obstante constituírem uma exigibilidade potencial (Lei nº 9.703, de 17-11-98). O procedimento em questão tem sido estendido aos Estados, havendo relevantes contestações judiciais a respeito do assunto.

RESUMO

A seguir, estão contemplados os principais assuntos discorridos no capítulo.

- Orçamento público é o instrumento de que dispõe o Poder Público (em qualquer de suas esferas) para expressar, em determinado período, seu programa de atuação, discriminando a origem e o montante dos recursos a serem obtidos, bem como a natureza e o montante dos dispêndios a serem efetuados.
- Entende-se por orçamento-programa aquele que discrimina as despesas segundo sua natureza, dando ênfase aos fins (e não aos meios).
- O planejamento se traduz em um programa plurianual; o orçamento-programa é o detalhamento de cada uma de suas etapas, aqui convencionadas como o ano-calendário, que corresponde ao exercício financeiro no Brasil.
- Existem premissas, linhas norteadoras de ação a serem observadas na concepção e implementação da proposta orçamentária; são os princípios orçamentários: unidade, universalidade, anualidade, totalidade, não vinculação, exclusividade, discriminação, orçamento bruto, clareza, publicidade.
- O orçamento geral da União compreende: os orçamentos Fiscal, da Seguridade Social e de Investimento das estatais.
- O processo de elaboração e discussão da proposta orçamentária desenvolve-se praticamente durante todo o ano, a fim de permitir que o orçamento seja executado a partir do início do exercício financeiro seguinte.
- São créditos adicionais os suplementares, os especiais e os extraordinários.

---

[10] Ver, a propósito, ANGÉLICO, João. *Contabilidade pública*. 8. ed. São Paulo: Atlas, 1995. p. 46-47.

ATIVIDADES PARA SALA DE AULA

1) Compare os tipos de orçamentos públicos, aponte suas principais características e demonstre as respectivas conexões.
2) Discuta com seus colegas de que forma podemos adotar um orçamento para a nossa economia doméstica.

4

PROCESSO ORÇAMENTÁRIO

OBJETIVOS DE APRENDIZAGEM
Ao final deste capítulo, o aluno deverá ser capaz de: • descrever as etapas do processo orçamentário.

4.1 INTRODUÇÃO

O orçamento é a expressão de uma concepção de Estado, da forma de atuação de um governo. Em tese, toda a ação está estruturada em programas orientados para a realização dos objetivos definidos para o período do Plano Plurianual (PPA).

Na estrutura atual do orçamento público, as programações orçamentárias estão organizadas em programas de trabalho, que contêm informações qualitativas e quantitativas, sejam estas físicas ou financeiras.[1]

4.2 PROGRAMAS DE TRABALHO E AÇÕES ORÇAMENTÁRIAS

Do ponto de vista qualitativo, o programa de trabalho deve identificar:

- a esfera orçamentária (em qual orçamento?);
- o órgão/unidade orçamentária (quem é o responsável por fazer?);
- a função/subfunção (em que áreas de despesa a ação governamental será realizada?);
- o programa propriamente dito (qual é o tema da política pública?), compreendendo:

[1] Consultar o MTO-2018, editado pelo MPOG/SOF.

  - ✓ o objetivo (o que se pretende alcançar com a sua implementação?);
  - ✓ a iniciativa (o que será entregue?);
- a ação (o que será desenvolvido para alcançar o objetivo do programa?), compreendendo:
  - ✓ a descrição (o que e para que é feito?);
  - ✓ a forma de implementação (como é feito?);
  - ✓ o produto (o que será produzido ou prestado?);
  - ✓ a unidade de medida (como é mensurado?);
  - ✓ subtítulo (onde é feito e onde está o beneficiário do gasto?).

Do ponto de vista quantitativo, o programa de trabalho deve identificar:

- a dimensão física, expressa na meta física ou quanto se pretende entregar no exercício;
- a dimensão financeira, que estima quanto é necessário para o desenvolvimento da ação orçamentária, compreendendo:
  - ✓ a natureza da despesa, que se desdobra em
    - categoria econômica da despesa (qual o efeito econômico da realização da despesa?);
    - grupo de natureza de despesa – GND (em que classe de gasto será realizada a despesa?);
    - modalidade de aplicação (de que forma serão aplicados os recursos?);
    - elemento de despesa (quais os insumos que se pretende utilizar ou adquirir?)
    - o identificador de uso – IDUSO (os recursos são destinados para contrapartida?);
    - a fonte de recursos (de onde virão os recursos para realizar as despesas?);
    - o identificador de doação e de operação de crédito – IDOC (a que operação de crédito ou doação os recursos se relacionam?);
    - o identificador de resultado primário (qual o efeito da despesa sobre o resultado primário da União?);
    - a dotação (qual o montante alocado?).

O Plano Plurianual em vigor para o período de 2016 a 2019 reflete as políticas públicas e orienta a atuação governamental por meio de programas.

Os programas temáticos, organizados por recortes selecionados de políticas públicas, expressam e orientam a ação governamental para a entrega de bens e serviços à sociedade.

Os programas de gestão, manutenção e serviços ao Estado expressam e orientam as ações destinadas ao apoio, à gestão e à manutenção da atuação governamental.

É por meio das ações orçamentárias que se geram os produtos (bens ou serviços) que contribuem para atender ao objetivo de um **programa**. Incluem-se também no conceito de **ação** as transferências obrigatórias ou voluntárias a outros Entes da Federação e a pessoas físicas e jurídicas, na forma de subsídios, subvenções, auxílios, contribuições, entre outros, e os financiamentos.

As ações orçamentárias serão discriminadas exclusivamente nas leis orçamentárias.

Nos programas temáticos, cada ação orçamentária estará vinculada a um único objetivo (exceto as ações padronizadas), que se constitui em um dos elementos do programa temático, e expressa as escolhas de políticas públicas para o alcance dos resultados almejados pela intervenção governamental.

As vinculações entre ações orçamentárias e objetivos do PPA constarão das leis orçamentárias anuais.

O processo orçamentário propriamente dito compreende, entre suas etapas: fixação das metas de resultado fiscal, previsão ou estimativa da receita, cálculo da necessidade de financiamento do Governo Central, fixação dos valores para despesas obrigatórias, determinação dos limites para despesas discricionárias, elaboração das propostas setoriais, análise e consolidação das propostas setoriais, processo legislativo e sanção da lei, execução orçamentária e alterações orçamentárias.

4.3 ETAPAS DO PROCESSO ORÇAMENTÁRIO

4.3.1 Fixação das metas de resultado fiscal

O estabelecimento da meta de resultado fiscal constitui a primeira etapa do processo de elaboração orçamentária, constante do Anexo de Metas Fiscais da Lei de Diretrizes Orçamentárias, e tem por finalidade assegurar a obtenção de superávit primário (ou reduzir o déficit primário) e garantir a redução gradual da relação dívida pública/Produto Interno Bruto (PIB). Desta forma, para fixação da meta de resultado primário, deveria ser levado em consideração o montante necessário para a recondução do endividamento público aos limites estabelecidos em Resolução do Senado Federal.[2] Assim, na forma do disposto no art. 30, § 3º, da Lei Complementar nº 101/00, o limite de endividamento corresponderá a um percentual da Receita Corrente Líquida.

Em relação aos orçamentos, os resultados fiscais podem ser equilibrados, deficitários ou superavitários. Mas, além disso, o governo busca resultados **primários** positivos (superávits), com o objetivo de, pelo menos, estabilizar a relação dívida pública/PIB, para o que seria necessário gerar um excedente (receitas menos despesas,

---

[2] Esse limite até hoje não foi fixado pelo Senado Federal para a União.

não computados os juros) que permitisse o **pagamento** dos juros da dívida sem a necessidade de rolá-los (isto é, de contrair novas dívidas). A exclusão ou não de investimentos, sobretudo via empresas estatais não dependentes – isto é, que, em princípio, não dependem de recursos do Tesouro, embora possam ser capitalizadas com tais recursos – tem sido objeto de seguidas controvérsias entre correntes de economistas.

Depois de estabelecida a meta fiscal, inicia-se a elaboração do orçamento com a estimativa da receita, possibilitando, a seguir, fixar o valor da despesa.

4.3.2 Previsão ou estimativa da receita

Historicamente, importância maior tem sido dada ao orçamento da despesa que ao da receita. O orçamento da receita representava a simples formalização dos recursos necessários ao financiamento das despesas orçamentárias. Até a Constituição Federal de 1967, um tributo só poderia ser lançado se constasse devidamente da lei orçamentária, o que dava ao orçamento da receita a característica de mera autorização. Na Constituição de 1988, foi mantido o entendimento dado pela Emenda Constitucional nº 1, de 1969, ou seja, a lei que houvesse instituído ou aumentado o tributo deveria estar aprovada antes do início do exercício. Atualmente, têm constado da lei orçamentária inclusive receitas condicionadas (dependentes da aprovação de lei instituindo ou majorando tributos).

Segundo Giacomoni,[3] "Em rigor, o orçamento de receita é constituído de apenas um quadro analítico com as estimativas da arrecadação de cada um dos tipos de receita da instituição, além de alguns poucos quadros sintéticos".

Cabe ressaltar, também, o ponto de vista de José Afonso da Silva (*apud* Giacomoni, p. 138) sobre a importância dada ao orçamento da receita:

> Hoje precisamos convir que o chamado orçamento das receitas não passa efetivamente de operação contábil e financeira, no sentido de se saber qual a estimativa das receitas disponíveis para a execução dos programas orçamentários. Essa parte não inovada não é lei, pois não mais se exige prévia autorização orçamentária para arrecadação das receitas tributárias e outras. (*sic*)

Porém, as informações sobre a receita assumiram importância fundamental com a edição da Lei de Responsabilidade Fiscal. Vários procedimentos de controle foram estabelecidos com base na previsão e arrecadação da receita pública.

De acordo com o disposto no art. 12 da LRF, as previsões de receita observarão as normas técnicas e legais, considerando os efeitos das alterações na legislação, da variação do índice de preços, do crescimento econômico ou de qualquer outro fator relevante, e serão acompanhadas de demonstrativo de sua evolução e da metodologia de cálculo e premissas utilizadas.

---

[3] GIACOMONI, James. *Orçamento público*. 14. ed. São Paulo: Atlas, 2007. p. 138.

Assim, a receita pública constitui um dos indicadores da política econômica, sendo necessário identificar o conjunto de fatores que afetam sua realização. São os chamados efeitos legislação, preço e renda, que se configuram como parâmetros fundamentais para estimativas das receitas. Além disso, as estimativas deverão ser feitas por tipos de receitas, dados os diferentes efeitos que cada um dos parâmetros mencionados produz em cada tipo de receita. Por exemplo, a receita decorrente do Imposto sobre Produtos Industrializados apresenta variações mais especificamente associadas ao nível da atividade industrial do que a receita do Imposto de Renda da Pessoa Jurídica, que depende mais do desempenho das empresas em geral, dos seus lucros. É extremamente importante a existência de um acompanhamento para cada tipo de receita, para o cálculo de sua estimativa, até porque existem vinculações e outras destinações constitucionais e legais.

Assim, quando se consideram as alterações da legislação tributária, devem levar-se em conta aspectos, tais como instituição de novos tributos, alteração de alíquotas e outras normas que afetam o nível de arrecadação.

Da mesma forma, para cada tipo de receitas (impostos, taxas, contribuições e de outras receitas) deve-se estar atento à variação do nível geral de preços e, com mais refinamento, às variações específicas de preços.

De um modo geral, as variações nas receitas públicas dependem do comportamento dos indicadores macroeconômicos, em particular do PIB (ou da renda ou ainda do dispêndio ou de outros agregados, de acordo com o critério de apuração adotado).

Ressalte-se que, nos termos do art. 11 da LRF, constituem requisitos essenciais da responsabilidade na gestão fiscal a **instituição, previsão e efetiva arrecadação de todos** os tributos da competência constitucional do Ente da Federação.

4.3.3 Cálculo da necessidade de financiamento do Governo Central[4]

As Necessidades de Financiamento do Setor Público (NFSP) correspondem aos diferentes conceitos de déficit – nominal, operacional e primário –, calculados pelo critério "acima da linha" (conforme definição nesta seção), que consistem, em última análise, na diferença entre despesas e receitas, sob composições diversas. Essas necessidades são apuradas nas três esferas de governo: federal, estadual e municipal. A partir da publicação da Lei Complementar nº 101/00, a chamada Lei de Responsabilidade Fiscal, cada Ente da Federação (União, Estados, DF e Municípios) deverá indicar os resultados fiscais pretendidos para o exercício financeiro a que a LDO se referir e os dois seguintes.

---

[4] No Orçamento da União, é considerado o conceito mais restrito de Governo Central, que corresponde à soma das contas do Tesouro Federal, do INSS e do próprio Banco Central, não incorporando os resultados dos Estados, Municípios e Empresas Estatais.

Na esfera federal, as NFSP são apuradas separadamente pelos orçamentos Fiscal e da Seguridade Social e pelo orçamento de investimentos das estatais (NFEE). As Necessidades de Financiamento do Governo Central (NFGC) correspondem ao resultado dos orçamentos Fiscal e da Seguridade Social (Tesouro, INSS, além do Banco Central). A soma das NFGC e das NFEE corresponde às Necessidades de Financiamento do Governo Federal (NFGF). As NFSP equivalem ao somatório das necessidades de financiamento das três esferas (incluindo, portanto, também as estatais de todas as esferas).

O resultado primário de determinado Ente representa a diferença entre receitas primárias (receitas de impostos, taxas e contribuições e demais receitas, excluindo-se operações de crédito, receitas de rendimentos de aplicações financeiras, recebimento de recursos oriundos de empréstimos concedidos, receitas de privatização e aquelas relativas aos superávits financeiros) e as despesas primárias (despesas orçamentárias do governo no período, excluindo-se as despesas com amortização, juros e encargos da dívida interna e externa, com a aquisição de títulos de capital integralizado e com a concessão de empréstimos).

A partir do conceito do resultado primário, os seguintes resultados podem ser obtidos:

- Receitas Primárias (Receitas não financeiras) > Despesas Primárias (Despesas não financeiras) = Superávit Primário
- Receitas Primárias (Receitas não financeiras) < Despesas Primárias (Despesas não financeiras) = Déficit Primário
- Receitas Primárias (Receitas não financeiras) = Despesas Primárias (Despesas não financeiras) = Resultado Primário Equilibrado ou Nulo

O resultado nominal é apurado acrescentando-se algebricamente ao resultado primário os juros nominais líquidos (juros recebidos menos juros pagos). Assim, o resultado nominal pode ser obtido:

- Resultado Nominal = +/– Resultado Primário +/– Juros Nominais Líquidos

Em caso de resultado primário positivo e juros nominais líquidos negativos – como ocorreu durante muito tempo no Brasil –, as diversas configurações do resultado nominal são as seguintes:

- Resultado Primário > Juros Nominais Líquidos = Superávit Nominal
- Resultado Primário < Juros Nominais Líquidos = Déficit Nominal
- Resultado Primário = Juros Nominais Líquidos = Resultado Nominal Equilibrado ou Nulo

A apuração desses resultados pode ser feita também pelo chamado critério "abaixo da linha".

O critério "acima da linha", oficialmente calculado e divulgado pelo Banco Central, apura o desempenho fiscal do governo mediante o confronto entre os fluxos de receitas e despesas orçamentárias (primárias ou não financeiras) em determinado período. Esse critério é fundamental para a elaboração dos orçamentos, pois possibilita o controle dos itens que compõem o resultado primário.

Já o critério "abaixo da linha", também calculado oficialmente pelo Banco Central, apura o desempenho fiscal do governo por meio do cálculo da variação do endividamento líquido em determinado período, ou seja, leva-se em consideração a diferença entre o saldo da dívida fiscal líquida no final do período de referência e o saldo da dívida fiscal líquida (saldo da dívida consolidada deduzido do saldo entre os passivos reconhecidos, decorrentes de déficits ocorridos em exercícios anteriores, e as receitas de privatização) no final do período anterior ao de referência.

Você sabia?

O acompanhamento das metas fiscais ocorre durante todo o processo de elaboração e seu cumprimento, ao longo da execução orçamentária. Quaisquer fatos supervenientes que provoquem alterações dos valores estimados repercutem em todo o processo alocativo, podendo levar, em alguns casos, a uma revisão do orçamento da despesa. Nesse contexto, o cálculo das necessidades serve como referência para evidenciar a trajetória dos principais itens de receita e despesa estabelecidas na LDO.

Caso venha a ocorrer uma redução da receita estimada ou aumento imprevisto de despesas obrigatórias, é necessário rever a despesa discricionária, sob pena de comprometer as metas.

Portanto, as Necessidades de Financiamento (resultado primário dos orçamentos Fiscal e da Seguridade) servem como orientação para acompanhamento dos principais agregados de receita e despesas públicas.

Assim, o orçamento está condicionado pela obtenção da meta de resultado primário, dada a previsão das receitas, que, por conseguinte, irá condicionar a fixação das despesas públicas.

4.3.4 Fixação dos valores para despesas obrigatórias

Com o levantamento da NFGC, é possível deduzir o total das despesas obrigatórias, apurando-se em seguida quanto se destina às demais despesas. A equação pode ser assim demonstrada:

Receita Primária (RP) – **Despesa Primária** (DP) = meta de **Resultado Primário** (mRP)

Também se pode afirmar que

$$RP - mRP = DP$$

Adotando que DP = Despesas Obrigatórias (DO) + Despesas Discricionárias (DD), tem-se:

RP – mRP = DO + DD, ou

RP – mRP – DO = DD

sendo que:

DD = Despesas Discricionárias Essenciais (DDE) +
Demais Despesas Discricionárias (DDD)

Assim, tem-se:

RP – mRP – DO = DDE + DDD

ou

RP – mRP – DO – DDE = DDD

Na elaboração do orçamento da União, são consideradas essencialmente como despesas obrigatórias: as transferências constitucionais (Fundo de Participação dos Estados, Fundo de Participação dos Municípios e programas de financiamento ao setor produtivo das Regiões Norte, Nordeste e Centro-Oeste), as despesas de pessoal e encargos sociais, benefícios previdenciários, as decorrentes de dívidas públicas, contratual e mobiliária, e as relacionadas com sentenças judiciais transitadas em julgado (precatórios). Entretanto, o rol de despesas a serem executadas mesmo na hipótese de atraso na aprovação do orçamento – em duodécimos ou não –, é mais extenso, conforme art. 60 da LDO/2019 – Lei nº 13.707/18. As despesas com obrigações constitucionais ou legais estão relacionadas no Anexo III da LDO/2019.

O acompanhamento e avaliação das despesas obrigatórias são realizados em função do total de recursos que representam e de forma individualizada.

4.3.5 Determinação dos limites para despesas discricionárias

Após estimadas todas as receitas, considerando-se a meta de resultado primário prevista na LDO, e fixadas as despesas obrigatórias (que têm seu montante determinado por disposições constitucionais e legais), o restante destina-se às despesas discricionárias (fixadas em conformidade com a disponibilidade de recursos financeiros). Classificam-se como despesas discricionárias as despesas primárias de execução não obrigatória no âmbito dos três Poderes, do Ministério Público da União e da Defensoria Pública da União. Por meio dessas despesas, o governo materializa as políticas setoriais, viabilizando sua plataforma de "campanha", pois possui a discricionariedade de alocação e execução das dotações orçamentárias de acordo com suas metas e prioridades.

Os recursos para essas despesas discricionárias são divididos nos seguintes tipos de ações: projetos, atividades e operações especiais. As atividades e operações especiais são consideradas como despesas discricionárias prioritárias (essenciais) e por isso têm preferência na alocação. Os projetos inserem-se nas demais despesas discricionárias.

A distribuição dos limites orçamentários para os respectivos órgãos responsáveis pelo desenvolvimento das ações ocorre com base na avaliação do montante dos recursos necessários para a manutenção das atividades e das operações especiais de caráter permanente. Assim, caso os recursos sejam insuficientes, os ajustes acabam sendo realizados nos projetos (e, consequentemente, em investimentos).

Ademais, a margem de manobra de alocação das despesas discricionárias sofre limitação também pela vinculação de determinadas receitas a áreas ou tipos de despesas específicas, como, por exemplo: os recursos destinados à Educação, conforme dispõe o art. 212 da Constituição Federal, o qual determina que no mínimo 18% das receitas dos impostos sejam destinados à manutenção e ao desenvolvimento do ensino; as contribuições sociais elencadas no art. 195 da CF, as quais são vinculadas ao financiamento do orçamento da Seguridade Social; os recursos aos Estados e Municípios, por intermédio de transferências constitucionais; a CPMF, vigente até 31-12-07, vinculada à Previdência Social, à Saúde e ao Fundo de Erradicação e Combate à Pobreza; a Contribuição de Intervenção no Domínio Econômico (CIDE) sobre Combustíveis, conforme Emenda Constitucional nº 33/2001; e a vinculação de percentual de arrecadação das receitas para as ações e serviços públicos de saúde, conforme Emenda Constitucional nº 29, de 2000.

O parágrafo único do art. 8º da Lei Complementar nº 101/00, reforça o preceito de que as receitas vinculadas serão utilizadas exclusivamente para atender ao objeto de sua vinculação, ainda que em exercício diverso daquele em que ocorrer o ingresso.

Para alguns especialistas, a administração orçamentária torna-se bastante rígida pela excessiva vinculação de receitas a certas despesas. Nesse sentido, a discussão sobre despesas obrigatórias/discricionárias está muito presente na política brasileira, podendo-se questionar se a garantia de recursos a determinadas áreas não poderia comprometer a gestão quanto à otimização no uso eficiente dos recursos, pela reduzida margem de manobra na sua (re)alocação. Não obstante, há muitas razões de ordem histórica que justificam uma certa obsessão pelas vinculações, dada a falta de garantia e de continuidade no suprimento de recursos para atividades essenciais e setores prioritários.

4.3.6 Elaboração das propostas setoriais

As diversas unidades elaboram simultaneamente as propostas e definem sua programação orçamentária, resultando em uma estrutura programática formada pelos programas e as respectivas ações (projetos, atividades e operações especiais) que pretendem realizar. Essas propostas formam o Cadastro de Programas e Ações.[5] É considerada a primeira fase da elaboração da proposta: a definição qualitativa do orçamento. Sob o ponto de vista operacional, o programa é composto das seguintes informações: classificação por esfera, classificação institucional, classificação funcional, estrutura programática e principais informações do programa e da ação.

O Cadastro de Programas e Ações é um banco de informações que registra e consolida as propostas de estrutura programática dos diversos atores que compõem o Sistema de Planejamento e Orçamento da União.

Após a definição da estrutura programática, é feito o detalhamento da proposta setorial. Este é o momento de se decidir questões, tais como "o que fazer, como fazer e onde fazer" (programas e ações) com o que pode ser utilizado (limites orçamentários). O estabelecimento dos parâmetros físicos e financeiros, com os valores de cada ação orçamentária, corresponde à segunda fase da elaboração da proposta – quantitativa. Dessa forma, inicia-se o processo de elaboração do orçamento considerando os dois enfoques: o programático e o fiscal.

Assim, no detalhamento da proposta, com base nos limites monetários, os órgãos poderão decidir "quanto será feito" (metas) em razão do custo previsto para cada ação.

As informações necessárias para a programação das despesas, já mencionadas na Introdução, constam de tabelas divulgadas pela Secretaria de Orçamento Federal (SOF).[6]

4.3.7 Análise e consolidação das propostas setoriais

Segundo o art. 27, *caput* e parágrafos, da LDO para o exercício de 2019 – Lei nº 13.707/18 –, para efeito de elaboração de suas respectivas propostas orçamentárias, os Poderes Legislativo e Judiciário, o Ministério Público da União e a Defensoria Pública da União terão como limites orçamentários para a despesa primária os valores constantes do projeto de lei orçamentária de 2018, excluídas as despesas não recorrentes da Justiça Eleitoral com a realização de eleições e as despesas com o Fundo Especial de Assistência Financeira aos Partidos Políticos – Fundo Partidário, corrigidos na forma estabelecida pela chamada PEC do Teto, nos termos do inc. II do § 1º do art. 107 do Ato das Disposições Constitucionais Transitórias.

A correção em tela se dá pela variação do IPCA, calculado pelo IBGE, para o período de 12 meses encerrado em junho do exercício anterior àquele a que se refere à lei orçamentária, entendendo-se que poderão ser acrescentadas, sem os limites impostos pela correção, as dotações destinadas às despesas não recorrentes da Justiça Eleitoral com a realização de eleições e ao Fundo Partidário, que, entre-

---

5 O Cadastro é consolidado no Ministério da Economia, por intermédio da Secretaria de Orçamento Federal e da Secretaria de Planejamento e Investimentos Estratégicos.

6 Fonte: MTO para 2018.

tanto, estarão, neste caso, limitadas ao valor pago no exercício de 2016 – incluídos os restos a pagar pagos –, corrigido em 7,2% (regra do inc. I do mesmo § 1º do art. 107 do ADCT, antes citado).

A utilização dos limites resultantes da aplicação do novo critério para o atendimento de despesas primárias discricionárias, classificadas nos grupos de natureza de despesa 3 – Outras Despesas Correntes, 4 – Investimentos e 5 – Inversões Financeiras, somente poderá ocorrer após o atendimento das despesas que não são objeto de limitação de empenho – obrigações constitucionais ou legais da União –, constantes da Seção I do Anexo III à LDO.

Os órgãos do Poder Executivo e demais Órgãos e Poderes enviam suas propostas para a Secretaria de Orçamento Federal, no Ministério da Economia, órgão central do sistema orçamentário, que consolida as propostas orçamentárias.

É nesse momento que o órgão central realiza os ajustes, que são negociados com os órgãos setoriais do Poder Executivo – na prática, as negociações não se restringem ao Poder Executivo –, decorrentes de revisão das estimativas de receitas e da fixação das despesas. Durante todo o processo de elaboração, como durante a execução orçamentária, a superveniência de fatos novos relevantes para as estimativas pode implicar revisões tanto da receita quanto das despesas obrigatórias e discricionárias, a fim de manter a meta de resultado fiscal fixada. A revisão da meta fiscal, embora possível, e às vezes inevitável, é evidentemente um processo político muito delicado.

A formalização da proposta de Lei Orçamentária Anual é concluída após compatibilizadas as classificações orçamentárias e incluídas as fontes de recursos.

4.3.8 Processo legislativo e sanção da lei

O projeto de lei orçamentária anual é encaminhado pelo Poder Executivo ao Congresso Nacional, com a chancela do Presidente da República, e compreende: o orçamento fiscal; o orçamento de investimento das empresas em que a União, direta ou indiretamente, detenha a maioria do capital social com direito a voto; e o orçamento da seguridade social.

O processo legislativo tem início com a apreciação dos projetos de lei relativos ao orçamento anual pelas duas Casas do Congresso Nacional, na forma do Regimento Comum, conforme estabelece o art. 166 da Constituição Federal.

Cabe à Comissão Mista de Planos, Orçamentos Públicos e Fiscalização – CMO (denominação regimental da Comissão Mista), composta de Senadores e Deputados, examinar e emitir parecer sobre o projeto referido no parágrafo anterior. As emendas serão apresentadas na Comissão Mista, que sobre elas emitirá parecer, e apreciadas, na forma regimental, pelas duas Casas do Congresso Nacional.

O Presidente da República poderá enviar mensagens ao Congresso Nacional para propor modificação no projeto de lei orçamentária enquanto não iniciada a votação, na Comissão Mista, da parte cuja alteração é proposta.

Recebida a proposta, a Comissão Mista, do Congresso Nacional, inicia seus trabalhos, conforme disciplinado na Resolução CN nº 1, de 2006, e respectivas alterações, compreendendo o exame da adequação orçamentária e financeira do Projeto, fundamentando-se no exame da conjuntura macroeconômica e do endividamento, na análise das metas fiscais, na evolução e avaliação das estimativas das receitas, na observância dos limites previstos na Lei Complementar nº 101, de 2000, na análise da programação das despesas e na comparação do projeto apresentado com a execução do exercício anterior e com a lei orçamentária em vigor. O resultado dessas análises fundamenta a emissão do Parecer Preliminar.

De acordo com o § 3º do art. 166 da Constituição Federal, as emendas ao projeto de lei do orçamento anual ou aos projetos que o modifiquem somente podem ser aprovadas caso:

> I – sejam compatíveis com o plano plurianual e com a lei de diretrizes orçamentárias;
>
> II – indiquem os recursos necessários, admitidos apenas os provenientes de anulação de despesa, excluídas as que incidam sobre:
>
> a) dotações para pessoal e seus encargos;
>
> b) serviços da dívida;
>
> c) transferências tributárias constitucionais para Estados, Municípios e o Distrito Federal; ou
>
> III – sejam relacionadas:
>
> a) com a correção de erros ou omissões; ou
>
> b) com dispositivos do texto do projeto de lei.

Os tipos de emendas ao texto do projeto de lei podem ser:

- emendas à receita: correção de erros ou omissões de ordem técnica ou legal nas estimativas de receita apresentadas pelo Relator-geral, que é assessorado pelo Comitê de Avaliação da Receita Orçamentária;
- emendas à despesa.

As emendas à despesa podem ser das seguintes modalidades:

- individual: de autoria de Senador ou Deputado;
- coletiva: de autoria de Comissão e das bancadas estadual e regional;
- de relator: de autoria do relator-geral e relatores setoriais, sendo decorrentes de erros e omissões de ordem técnica e legal.

Os Relatores Setoriais designados para as diferentes áreas temáticas farão a apreciação e sistematização das emendas apresentadas pelos parlamentares, emitindo parecer setorial, o qual será encaminhado ao Relator-geral designado pela Comissão Mista.

Essa Comissão vota e aprova o Parecer Preliminar, os Pareceres Setoriais e o Parecer Final elaborado pelo Relator-geral. Finalmente, o Projeto de Lei Orçamentária, já incluídas as emendas parlamentares, é encaminhado para votação em Plenário.

Esta etapa se encerra com a votação e aprovação do Projeto de Lei Orçamentária, o qual é encaminhado para a sanção do Presidente da República e posterior publicação da Lei Orçamentária.

4.3.9 Execução orçamentária

Após a publicação da Lei Orçamentária, o Poder Executivo dispõe de 30 dias para estabelecer a programação financeira e o cronograma de execução mensal de desembolso, de forma a cumprir as metas estabelecidas.

Com o advento da Lei Complementar nº 101, de 2000, passa-se a exigir maior disciplina na realização tanto da receita quanto da despesa.

Conforme citado, a LRF exige limitação de empenho e movimentação financeira, conforme dispositivos seguintes:

> Art. 9º Se verificado, ao final de um bimestre, que a realização da receita poderá não comportar o cumprimento das metas de resultado primário ou nominal estabelecidas no Anexo de Metas Fiscais, os Poderes e o Ministério Público promoverão, por ato próprio e nos montantes necessários, nos trinta dias subsequentes, limitação de empenho e movimentação financeira, segundo os critérios fixados pela lei de diretrizes orçamentárias.
>
> § 1º No caso de restabelecimento da receita prevista, ainda que parcial, a recomposição das dotações cujos empenhos foram limitados dar-se-á de forma proporcional às reduções efetivadas.
>
> § 2º Não serão objeto de limitação as despesas que constituam obrigações constitucionais e legais do ente, inclusive aquelas destinadas ao pagamento do serviço da dívida, e as ressalvadas pela lei de diretrizes orçamentárias.
>
> § 3º No caso de os Poderes Legislativo e Judiciário e o Ministério Público não promoverem a limitação no prazo estabelecido no *caput*, é o Poder Executivo autorizado a limitar os valores financeiros segundo os critérios fixados pela lei de diretrizes orçamentárias. (Medida cautelar suspendeu a eficácia deste dispositivo, por meio da ADIN nº 2.238/DF.)
>
> § 4º Até o final dos meses de maio, setembro e fevereiro, o Poder Executivo demonstrará e avaliará o cumprimento das metas fiscais de cada quadrimestre, em audiência pública na comissão referida no § 1º do art. 166 da Constituição ou equivalente nas Casas Legislativas estaduais e municipais.
>
> § 5º No prazo de noventa dias após o encerramento de cada semestre, o Banco Central do Brasil apresentará, em reunião conjunta das comissões temáticas pertinentes do Congresso Nacional, avaliação do cumprimento dos objetivos e metas das políticas monetária, creditícia e cambial, evidenciando o impacto e o custo fiscal de suas operações e os resultados demonstrados nos balanços.

Assim, de acordo com o texto da lei, não se confirmando as premissas desfavoráveis que tenham levado ao contingenciamento, cabe ao Poder Executivo determinar a recomposição proporcional das dotações (desbloqueio das dotações), uma vez que o contingenciamento não implica corte efetivo, mas apenas suspensão do crédito orçamentário.

Cabe assinalar que a frustração de arrecadação não é o único fator que pode levar à revisão na execução do orçamento; a superveniência ou o aumento de despesas consideradas obrigatórias também podem forçar a recomposição das próprias despesas.

De toda maneira, convém ressaltar que o cumprimento da meta fiscal passou a se constituir em parâmetro-chave como referência obrigatória durante toda a execução orçamentária.

4.3.10 Alterações orçamentárias

Durante o exercício, o Poder Executivo é obrigado a intervir na programação inicialmente fixada em decorrência de fatos supervenientes, mediante as alterações orçamentárias.

A Lei Orçamentária Anual já autoriza a abertura de créditos suplementares, nos limites por ela estabelecidos. Dessa forma, pode ser solicitada a abertura de créditos adicionais,[7] desde que não interfira na meta de resultado primário. Portarias da SOF, renovadas anualmente, têm estabelecido os procedimentos e prazos a serem observados para a abertura de créditos autorizados na lei orçamentária e demais créditos adicionais.

Este não é evidentemente o caso dos créditos extraordinários, que podem ser abertos mesmo em circunstâncias de não disponibilidade de recursos ou de dotações compensatórias.

RESUMO

A seguir, estão contemplados os principais assuntos discorridos no capítulo.

Fazem parte das etapas do processo de elaboração orçamentária:

- Fixação das metas de resultado fiscal.
- Previsão ou estimativa da receita.
- Cálculo da necessidade de financiamento do Governo Central.
- Fixação dos valores para despesas obrigatórias.
- Determinação dos limites para despesas discricionárias.

---

[7] Ver Seção 3.6 – Créditos ordinários e adicionais.

- Elaboração das propostas setoriais.
- Análise e consolidação das propostas setoriais.
- Processo legislativo e sanção da lei.
- Execução orçamentária.
- Alterações orçamentárias.

ATIVIDADES PARA SALA DE AULA

1) Discuta em sala de aula como se dá a interseção dos diversos Poderes e Órgãos nas diversas etapas do processo de elaboração orçamentária.
2) Discuta com seus colegas o que, na sua opinião, poderia ser aprimorado em relação às etapas do processo de elaboração orçamentária, particularmente no que diz respeito a um aumento da participação social.

5

ORÇAMENTO NA CONSTITUIÇÃO DE 1988 – ALTERAÇÕES POSTERIORES

OBJETIVOS DE APRENDIZAGEM
Ao final deste capítulo, o aluno deverá ser capaz de: • confrontar as diferenças existentes na abordagem do orçamento público nas duas últimas Constituições federais; • examinar as alterações subsequentes, até os dias atuais.

5.1 INTRODUÇÃO

Neste capítulo, será feita previamente uma comparação entre os textos das Constituições de 1988 e de 1967, com vistas a uma compreensão sobre as razões das modificações havidas, inclusive posteriormente à Constituição de 1988 (Seção 5.2); mais adiante, faz-se um comentário sucinto sobre cada dispositivo vigente (Seção 5.3).

No quadro comparativo, a sequência adotada é a do texto da Constituição vigente (Seção II do Capítulo II do Título VI); por conseguinte, o texto da Constituição de 1967 e emendas posteriores não obedecem à sequência dos respectivos artigos.

Procurou-se observar rigorosamente a existência ou não de correspondência do conteúdo de cada dispositivo (artigo, inciso, alínea, parágrafo); há várias situações de falta de correspondência entre um e outro texto.

No tocante aos comentários, aproveitou-se a apreciação resumida de cada dispositivo para assinalar as diferenças resultantes da comparação entre os textos das duas Constituições, chamando-se a atenção para os casos ainda pendentes de regulamentação; estabeleceram-se também as relações com outros dispositivos constitucionais, inclusive com referência ao Ato das Disposições Constitucionais Transitórias, buscando parâmetros para as inovações introduzidas, à luz da legislação preexistente – Lei nº 4.320/64 – e da superveniente – Lei Complementar nº 101/00 –, bem como avaliando o tratamento que a experiência mais recente vem adotando no encaminhamento e solução das questões mais relevantes a respeito do assunto.

Caberá examinar, em cada caso, as adaptações realizadas no âmbito dos Estados e Municípios, com vistas à adequação da matéria em suas respectivas Constituições e Leis Orgânicas.

5.2 QUADRO COMPARATIVO DO ORÇAMENTO PÚBLICO NAS DUAS ÚLTIMAS CONSTITUIÇÕES FEDERAIS E ALTERAÇÕES SUBSEQUENTES

A seguir, apresentamos um quadro comparativo entre as Constituições de 1988 e 1967.

Constituição – 5-10-88 e emendas subsequentes	**Constituição – 24-1-67 e emendas subsequentes**
CAPÍTULO II DAS FINANÇAS PÚBLICAS SEÇÃO II – DOS ORÇAMENTOS	CAPÍTULO VI DO PODER LEGISLATIVO SEÇÃO VI – DO ORÇAMENTO
Art. 165. Leis de iniciativa do Poder Executivo estabelecerão: **I** – o plano plurianual; **II** – as diretrizes orçamentárias; **III** – os orçamentos anuais.	**Art. 65.** É da competência do Poder Executivo a iniciativa das leis orçamentárias e das que abram créditos, fixem vencimentos e vantagens dos servidores públicos, concedam subvenção ou auxílio ou, de qualquer modo, autorizem, criem ou aumentem a despesa pública.
§ 1º A lei que instituir o plano plurianual estabelecerá, de forma regionalizada, as diretrizes, objetivos e metas da administração pública federal para as despesas de capital e outras delas decorrentes e para as relativas aos programas de duração continuada.	**Art. 60.** Parágrafo único. As despesas de capital obedecerão ainda a orçamentos plurianuais de investimento, na forma prevista em lei complementar.
§ 2º A lei de diretrizes orçamentárias compreenderá as metas e prioridades da administração pública federal, incluindo as despesas de capital para o exercício financeiro subsequente, orientará a elaboração da lei orçamentária anual, disporá sobre as alterações na legislação tributária e estabelecerá a política de aplicação das agências financeiras oficiais de fomento.	NÃO TEM CORRESPONDÊNCIA
§ 3º O Poder Executivo publicará, até trinta dias após o encerramento de cada bimestre, relatório resumido da execução orçamentária.	NÃO TEM CORRESPONDÊNCIA
§ 4º Os planos e programas nacionais, regionais e setoriais previstos nesta Constituição serão elaborados em consonância com o plano plurianual e apreciados pelo Congresso Nacional.	NÃO TEM CORRESPONDÊNCIA

(continua)

(*continuação*)

Constituição – 5-10-88 e emendas subsequentes	Constituição – 24-1-67 e emendas subsequentes
§ 5º A lei orçamentária anual compreenderá: **I** – o orçamento fiscal referente aos Poderes da União, seus fundos, órgãos e entidades da administração direta e indireta, inclusive fundações instituídas e mantidas pelo Poder Público;	**Art. 62**. O orçamento anual compreenderá obrigatoriamente as despesas e receitas relativas a todos os Poderes, órgãos e fundos, tanto da administração direta quanto da indireta, excluídas apenas as entidades que não recebam subvenções ou transferências à conta do orçamento.
Por II – o orçamento de investimento das empresas em que a União, direta ou indiretamente, detenha a maioria do capital social com direito a voto;	**§ 1º** A inclusão, no orçamento anual, da despesa e da receita dos órgãos da administração indireta será feita em dotações globais e não lhes prejudicará a autonomia na gestão legal dos seus recursos.
III – o orçamento da seguridade social, abrangendo todas as entidades e órgãos a ela vinculados, da administração direta ou indireta, bem como os fundos e fundações instituídos e mantidos pelo Poder Público.	NÃO TEM CORRESPONDÊNCIA
§ 6º O projeto de lei orçamentária será acompanhado de demonstrativo regionalizado do efeito, sobre as receitas e despesas, decorrente de isenções, anistias, remissões, subsídios e benefícios de natureza financeira, tributária e creditícia.	NÃO TEM CORRESPONDÊNCIA
§ 7º Os orçamentos previstos no § 5º, I e II, deste artigo, compatibilizados com o plano plurianual, terão entre suas funções a de reduzir desigualdades inter-regionais, segundo critério populacional.	**Art. 63**. O orçamento plurianual de investimento consignará dotações para a execução dos planos de valorização das regiões menos desenvolvidas do País.
§ 8º A lei orçamentária anual não conterá dispositivo estranho à previsão da receita e à fixação da despesa, não se incluindo na proibição a autorização para abertura de créditos suplementares e contratação de operações de crédito, ainda que por antecipação de receita, nos termos da lei.	**Art. 60**. A despesa pública obedecerá à lei orçamentária anual, que não conterá dispositivo estranho à fixação da despesa e à previsão da receita. Não se incluem na proibição: **I** – a autorização para abertura de créditos suplementares e operações de crédito por antecipação da receita; e
NÃO TEM CORRESPONDÊNCIA	**II** – as disposições sobre a aplicação do saldo que houver.
§ 9º Cabe à lei complementar: **I** – dispor sobre o exercício financeiro, a vigência, os prazos, a elaboração e a organização do plano plurianual, da lei de diretrizes orçamentárias e da lei orçamentária anual;	**Art. 61**. A lei federal disporá sobre o exercício financeiro, a elaboração e a organização dos orçamentos públicos.
II – estabelecer normas de gestão financeira e patrimonial da administração direta e indireta, bem como condições para a instituição e funcionamento de fundos.	NÃO TEM CORRESPONDÊNCIA

(*continua*)

(*continuação*)

Constituição – 5-10-88 e emendas subsequentes	Constituição – 24-1-67 e emendas subsequentes
III – dispor sobre critérios para a execução equitativa, além de procedimentos que serão adotados quando houver impedimentos legais e técnicos, cumprimento de restos a pagar e limitação das programações de caráter obrigatório, para a realização do disposto no § 11 do art. 166.[1]	NÃO TEM CORRESPONDÊNCIA
Art. 166. Os projetos de lei relativos ao plano plurianual, às diretrizes orçamentárias, ao orçamento anual e aos créditos adicionais serão apreciados pelas duas Casas do Congresso Nacional, na forma do regimento comum.	**Art. 66.** O projeto de lei orçamentária anual será enviado pelo Presidente da República ao Congresso Nacional, para votação conjunta das duas Casas, até quatro meses antes do início do exercício financeiro seguinte; se, até trinta dias antes do encerramento do exercício financeiro, o Poder Legislativo não o devolver para sanção será promulgado como lei.
§ 1º Caberá a uma Comissão mista permanente de Senadores e Deputados: **I** – examinar e emitir parecer sobre os projetos referidos neste artigo e sobre as contas apresentadas anualmente pelo Presidente da República;	**§ 1º** Organizar-se-á comissão mista de Senadores e Deputados para examinar o projeto de lei orçamentária e sobre ele emitir parecer.
II – examinar e emitir parecer sobre os planos e programas nacionais, regionais e setoriais previstos nesta Constituição e exercer o acompanhamento e a fiscalização orçamentária, sem prejuízo da atuação das demais comissões do Congresso Nacional e de suas Casas, criadas de acordo com o art. 58.	NÃO TEM CORRESPONDÊNCIA
§ 2º As emendas serão apresentadas na Comissão Mista, que sobre elas emitirá parecer, e apreciadas, na forma regimental, pelo Plenário das duas Casas do Congresso Nacional.	**§ 2º** Somente na Comissão Mista poderão ser oferecidas emendas.
NÃO TEM CORRESPONDÊNCIA	**§ 3º** O pronunciamento da Comissão sobre as emendas será conclusivo e final, salvo se um terço dos membros da Câmara dos Deputados e mais um terço dos membros do Senado Federal requererem a votação em plenário de emenda aprovada ou rejeitada na Comissão.
§ 3º As emendas ao projeto de lei do orçamento anual ou aos projetos que o modifiquem somente podem ser aprovadas caso: **I** – sejam compatíveis com o plano plurianual e com a lei de diretrizes orçamentárias;	**Art. 65.** **§ 1º** Não será objeto de deliberação a emenda de que decorra aumento de despesa global ou de cada órgão, fundo, projeto ou programa, ou que vise a modificar-lhe o montante, a natureza ou o objetivo. Obs.: este parágrafo foi alterado pela Emenda Constitucional nº 11, de 1978, vedando qualquer tipo de emenda.

(*continua*)

[1] Incluído pela Emenda Constitucional nº 86/15.

(*continuação*)

Constituição – 5-10-88 e emendas subsequentes	Constituição – 24-1-67 e emendas subsequentes
II – indiquem os recursos necessários, admitidos apenas os provenientes de anulação de despesa, excluídas as que incidam sobre: **a)** dotações para pessoal e seus encargos; **b)** serviço da dívida; **c)** transferências tributárias constitucionais para Estados, Municípios e o Distrito Federal; ou **III** – sejam relacionadas: **a)** com a correção de erros ou omissões; ou **b)** com os dispositivos do texto do projeto de lei.	**§ 2º** Observado, quanto ao projeto de lei orçamentária anual, o disposto nos §§ 1º, 2º e 3º do artigo seguinte, os projetos de lei mencionados neste artigo somente receberão emendas nas comissões do Congresso Nacional, sendo final o pronunciamento das comissões, salvo se um terço dos membros da Câmara respectiva pedir ao seu Presidente a votação em plenário, que se fará sem discussão, de emenda aprovada ou rejeitada nas comissões.
§ 4º As emendas ao projeto de lei de diretrizes orçamentárias não poderão ser aprovadas quando incompatíveis com o plano plurianual.	NÃO TEM CORRESPONDÊNCIA
§ 5º O Presidente da República poderá enviar mensagem ao Congresso Nacional para propor modificação nos projetos a que se refere este artigo enquanto não iniciada a votação, na comissão mista, da parte cuja alteração é proposta.	**Art. 66.** **§ 5º** O Presidente da República poderá enviar mensagem ao Congresso Nacional para propor a modificação do projeto de lei orçamentária, enquanto não estiver concluída a votação da parte cuja alteração é proposta.
§ 6º Os projetos de lei do plano plurianual, das diretrizes orçamentárias e do orçamento anual serão enviados pelo Presidente da República ao Congresso Nacional, nos termos da lei complementar a que se refere o art. 165, § 9º.	NÃO TEM CORRESPONDÊNCIA
§ 7º Aplicam-se aos projetos mencionados neste artigo, no que não contrariar o disposto nesta seção, as demais normas relativas ao processo legislativo.	**§ 4º** Aplicam-se ao projeto de lei orçamentária, no que não contrariem o disposto nesta Seção, as demais normas relativas à elaboração legislativa.
§ 8º Os recursos que, em decorrência de veto, emenda ou rejeição do projeto de lei orçamentária anual, ficarem sem despesas correspondentes poderão ser utilizados, conforme o caso, mediante créditos especiais ou suplementares, com prévia e específica autorização legislativa.	NÃO TEM CORRESPONDÊNCIA
§ 9º As emendas individuais ao projeto de lei orçamentária serão aprovadas no limite de 1,2% (um inteiro e dois décimos por cento) da receita corrente líquida prevista no projeto encaminhado pelo Poder Executivo, sendo que a metade deste percentual será destinada a ações e serviços públicos de saúde.[2]	NÃO TEM CORRESPONDÊNCIA
§ 10 A execução do montante destinado a ações e serviços públicos de saúde previsto no § 9º, inclusive custeio, será computada para fins do cumprimento do inciso I do § 2º do art. 198, vedada a destinação para pagamento de pessoal ou encargos sociais.	NÃO TEM CORRESPONDÊNCIA

(*continua*)

[2] Os §§ 9º a 18 foram incluídos pela Emenda Constitucional nº 86/15.

(*continuação*)

Constituição – 5-10-88 e emendas subsequentes	Constituição – 24-1-67 e emendas subsequentes
§ 11 É obrigatória a execução orçamentária e financeira das programações a que se refere o § 9º deste artigo, em montante correspondente a 1,2% (um inteiro e dois décimos por cento) da receita corrente líquida realizada no exercício anterior, conforme os critérios para a execução equitativa da programação definidos na lei complementar prevista no § 9º do art. 165.	NÃO TEM CORRESPONDÊNCIA
§ 12 As programações orçamentárias previstas no § 9º deste artigo não serão de execução obrigatória nos casos dos impedimentos de ordem técnica.	NÃO TEM CORRESPONDÊNCIA
§ 13 Quando a transferência obrigatória da União, para a execução da programação prevista no § 11 deste artigo, for destinada a Estados, ao Distrito Federal e a Municípios, independerá da adimplência do ente federativo destinatário e não integrará a base de cálculo da receita corrente líquida para fins de aplicação dos limites de despesa de pessoal de que trata o *caput* do art. 169.	NÃO TEM CORRESPONDÊNCIA
§ 14 No caso de impedimento de ordem técnica, no empenho de despesa que integre a programação, na forma do § 11 deste artigo, serão adotadas as seguintes medidas: **I** – até 120 (cento e vinte) dias após a publicação da lei orçamentária, o Poder Executivo, o Poder Legislativo, o Poder Judiciário, o Ministério Público e a Defensoria Pública enviarão ao Poder Legislativo as justificativas do impedimento; **II** – até 30 (trinta) dias após o término do prazo previsto no inciso I, o Poder Legislativo indicará ao Poder Executivo o remanejamento da programação cujo impedimento seja insuperável; **III** – até 30 de setembro ou até 30 (trinta) dias após o prazo previsto no inciso II, o Poder Executivo encaminhará projeto de lei sobre o remanejamento da programação cujo impedimento seja insuperável; **IV** – se, até 20 de novembro ou até 30 (trinta) dias após o término do prazo previsto no inciso III, o Congresso Nacional não deliberar sobre o projeto, o remanejamento será implementado por ato do Poder Executivo, nos termos previstos na lei orçamentária.	NÃO TEM CORRESPONDÊNCIA
§ 15 – Após o prazo previsto no inciso IV do § 14, as programações orçamentárias previstas no § 11 não serão de execução obrigatória nos casos dos impedimentos justificados na notificação prevista no inciso I do § 14.	NÃO TEM CORRESPONDÊNCIA

(*continua*)

(*continuação*)

Constituição – 5-10-88 e emendas subsequentes	Constituição – 24-1-67 e emendas subsequentes
§ 16 – Os restos a pagar poderão ser considerados para fins de cumprimento da execução financeira prevista no § 11 deste artigo, até o limite de 0,6% (seis décimos por cento) da receita corrente líquida realizada no exercício anterior.	NÃO TEM CORRESPONDÊNCIA
§ 17 – Se for verificado que a reestimativa da receita e da despesa poderá resultar no não cumprimento da meta de resultado fiscal estabelecida na lei de diretrizes orçamentárias, o montante previsto no § 11 deste artigo poderá ser reduzido em até a mesma proporção da limitação incidente sobre o conjunto das despesas discricionárias.	NÃO TEM CORRESPONDÊNCIA
§ 18 – Considera-se equitativa a execução das programações de caráter obrigatório que atenda de forma igualitária e impessoal às emendas apresentadas, independentemente da autoria.	NÃO TEM CORRESPONDÊNCIA
Art. 167. São vedados: **I** – o início de programas ou projetos não incluídos na lei orçamentária anual;	NÃO TEM CORRESPONDÊNCIA
II – a realização de despesas ou a assunção de obrigações diretas que excedam os créditos orçamentários ou adicionais;	**Art. 61**. **§ 1º** É vedada: [...] **d)** a realização, por qualquer dos Poderes, de despesas que excedam os créditos orçamentários ou adicionais.
III – a realização de operações de créditos que excedam o montante das despesas de capital, ressalvadas as autorizadas mediante créditos suplementares ou especiais com finalidade precisa, aprovados pelo Poder Legislativo por maioria absoluta;	NÃO TEM CORRESPONDÊNCIA
IV – a vinculação de receita de impostos a órgão, fundo ou despesa, ressalvadas a repartição do produto da arrecadação dos impostos a que se referem os arts. 158 e 159, a destinação de recursos **para as ações e serviços públicos de saúde**, para manutenção e desenvolvimento do ensino e **para realização de atividades da administração tributária**, como determinado, **respectivamente, pelos arts. 198, § 2º, 212 e 37, XXII**, e a prestação de garantias às operações de crédito por antecipação de receita, previstas no art. 165, § 8º, **bem como o disposto no § 4º deste artigo**; (redação dada pela Emenda Constitucional nº 42, de 19-12-03).	**Art. 62**. **§ 2º** Ressalvados os impostos mencionados nos itens VIII e IX do art. 21 e as disposições desta Constituição e de leis complementares, é vedada a vinculação do produto da arrecadação de qualquer tributo a determinado órgão, fundo ou despesa. A lei poderá, todavia, estabelecer que a arrecadação parcial ou total de certos tributos constitua receita do orçamento de capital, proibida sua aplicação no custeio de despesas correntes.

(*continua*)

(*continuação*)

Constituição – 5-10-88 e emendas subsequentes	Constituição – 24-1-67 e emendas subsequentes
V – a abertura de crédito suplementar ou especial sem prévia autorização legislativa e sem indicação dos recursos correspondentes;	**Art. 61.** **§ 1º** É vedada: [...] **c)** a abertura de crédito especial ou suplementar sem prévia autorização legislativa e sem indicação dos recursos correspondentes;
VI – a transposição, o remanejamento ou a transferência de recursos de uma categoria de programação para outra ou de um órgão para outro, sem prévia autorização legislativa;	**a)** a transposição, sem prévia autorização legal, de recursos de uma dotação orçamentária para outra;
VII – a concessão ou utilização de créditos ilimitados;	**b)** a concessão de créditos ilimitados;
VIII – a utilização, sem autorização legislativa específica, de recursos dos orçamentos fiscal e da seguridade social para suprir necessidade ou cobrir déficit de empresas, fundações e fundos, inclusive dos mencionados no art. 165, § 5º;	NÃO TEM CORRESPONDÊNCIA
IX – a instituição de fundos de qualquer natureza, sem prévia autorização legislativa.	NÃO TEM CORRESPONDÊNCIA
X – a transferência voluntária de recursos e a concessão de empréstimos, inclusive por antecipação de receita, pelos Governos Federal e Estaduais e suas instituições financeiras, para pagamento de despesas com pessoal ativo, inativo e pensionista, dos Estados, do Distrito Federal e dos Municípios.[3]	NÃO TEM CORRESPONDÊNCIA
XI – a utilização dos recursos provenientes das contribuições sociais de que trata o art. 195, I, *a*, e II, para a realização de despesas distintas do pagamento de benefícios do regime geral de previdência social de que trata o art. 201.[4]	NÃO TEM CORRESPONDÊNCIA
§ 1º Nenhum investimento cuja execução ultrapasse um exercício financeiro poderá ser iniciado sem prévia inclusão no plano plurianual, ou sem lei que autorize a inclusão, sob pena de crime de responsabilidade.	**Art. 62.** **§ 3º** Nenhum investimento, cuja execução ultrapasse um exercício financeiro, poderá ser iniciado sem prévia inclusão no orçamento plurianual de investimento ou sem prévia lei que o autorize e fixe o montante das dotações que anualmente constarão do orçamento, durante o prazo de sua execução.
§ 2º Os créditos especiais e extraordinários terão vigência no exercício financeiro em que forem autorizados, salvo se o ato de autorização for promulgado nos últimos quatro meses daquele exercício, caso em que, reabertos nos limites de seus saldos, serão incorporados ao orçamento do exercício financeiro subsequente.	**§ 4º** Os créditos especiais e extraordinários não poderão ter vigência além do exercício em que forem autorizados, salvo se o ato de autorização for promulgado nos últimos quatro meses daquele exercício, caso em que, reabertos nos limites dos seus saldos, poderão viger até o término do exercício financeiro subsequente.

(*continua*)

[3] Introduzido pela Emenda Constitucional nº 19/98.

[4] Introduzido pela Emenda Constitucional nº 20/98.

(*continuação*)

Constituição – 5-10-88 e emendas subsequentes	Constituição – 24-1-67 e emendas subsequentes
§ 3º A abertura de crédito extraordinário somente será admitida para atender a despesas imprevisíveis e urgentes, como as decorrentes de guerra, comoção interna ou calamidade pública, observado o disposto no art. 62.	**Art. 61.** **§ 2º** A abertura de crédito extraordinário somente será admitida para atender despesas imprevisíveis e urgentes, como as decorrentes de guerra, subversão interna ou calamidade pública.
§ 4º É permitida a vinculação de receitas próprias geradas pelos impostos a que se referem os arts. 155 e 156, e dos recursos de que tratam os arts. 157, 158 e 159, I, *a* e *b*, e II, para a prestação de garantia ou contragarantia à União e para pagamento de débitos para com esta.[5]	NÃO TEM CORRESPONDÊNCIA
§ 5º – A transposição, o remanejamento ou a transferência de recursos de uma categoria de programação para outra poderão ser admitidos, no âmbito das atividades de ciência, tecnologia e inovação, com o objetivo de viabilizar os resultados de projetos restritos a essas funções, mediante ato do Poder Executivo, sem necessidade da prévia autorização legislativa prevista no inciso VI deste artigo.[6]	**Art. 167.** São vedados: [...] **VI** – a transposição, o remanejamento ou a transferência de recursos de uma categoria de programação para outra ou de um órgão para outro, sem prévia autorização legislativa; [...]
Art. 168. Os recursos correspondentes às dotações orçamentárias, compreendidos os créditos suplementares e especiais, destinados aos órgãos dos Poderes Legislativo e Judiciário, do Ministério Público **e da Defensoria Pública**, ser-lhes-ão entregues até o dia vinte de cada mês, **em duodécimos**, na forma da lei complementar a que se refere o art. 165, § 9º.[7]	**Art. 68.** O numerário correspondente às dotações destinadas à Câmara dos Deputados, ao Senado Federal e aos Tribunais Federais será entregue no início de cada trimestre, em quotas estabelecidas na programação financeira do Tesouro Nacional, com participação percentual nunca inferior à estabelecida pelo Poder Executivo para os seus próprios órgãos.
Art. 169. A despesa com pessoal ativo e inativo da União, dos Estados, do Distrito Federal e dos Municípios não poderá exceder os limites estabelecidos em lei complementar.	**Art. 64.** Lei complementar estabelecerá os limites para as despesas de pessoal da União, dos Estados e dos Municípios.
§ 1º A concessão de qualquer vantagem ou aumento de remuneração, a criação de cargos, **empregos e funções** ou alteração de estrutura de carreiras, bem como a admissão **ou contratação** de pessoal, a qualquer título, pelos órgãos e entidades da administração direta ou indireta, inclusive fundações instituídas e mantidas pelo poder público, só poderão ser feitas:[8]	NÃO TEM CORRESPONDÊNCIA
I – se houver prévia dotação orçamentária suficiente para atender às projeções de despesa de pessoal e aos acréscimos dela decorrentes; **II** – se houver autorização específica na lei de diretrizes orçamentárias, ressalvadas as empresas públicas e as sociedades de economia mista.	NÃO TEM CORRESPONDÊNCIA

(*continua*)

5 Dispositivo incluído pela Emenda Constitucional nº 3/93.

6 Redação dada pela Emenda Constitucional nº 85/15.

7 Redação dada pela Emenda Constitucional nº 45/04.

8 Redação dada pela Emenda Constitucional nº 19/98, com a renumeração do parágrafo único.

(*continuação*)

Constituição – 5-10-88 e emendas subsequentes	Constituição – 24-1-67 e emendas subsequentes
§ 2º Decorrido o prazo estabelecido na lei complementar referida neste artigo para a adaptação aos parâmetros ali previstos, serão imediatamente suspensos todos os repasses de verbas federais ou estaduais aos Estados, ao Distrito Federal e aos Municípios que não observarem os referidos limites.[9]	NÃO TEM CORRESPONDÊNCIA
§ 3º Para o cumprimento dos limites estabelecidos com base neste artigo, durante o prazo fixado na lei complementar referida no *caput*, a União, os Estados, o Distrito Federal e os Municípios adotarão as seguintes providências: **I – redução em pelo menos vinte por cento das despesas com cargos em comissão e funções de confiança;** **II – exoneração dos servidores não estáveis.**	NÃO TEM CORRESPONDÊNCIA
§ 4º Se as medidas adotadas com base no parágrafo anterior não forem suficientes para assegurar o cumprimento da determinação da lei complementar referida neste artigo, o servidor estável poderá perder o cargo, desde que ato normativo motivado de cada um dos Poderes especifique a atividade funcional, o órgão ou unidade administrativa objeto da redução de pessoal.	NÃO TEM CORRESPONDÊNCIA
§ 5º O servidor que perder o cargo na forma do parágrafo anterior fará jus à indenização correspondente a um mês de remuneração por ano de serviço.	NÃO TEM CORRESPONDÊNCIA
§ 6º O cargo objeto da redução prevista nos parágrafos anteriores será considerado extinto, vedada a criação de cargo, emprego ou função com atribuições iguais ou assemelhadas pelo prazo de quatro anos.	NÃO TEM CORRESPONDÊNCIA
§ 7º Lei federal disporá sobre as normas gerais a serem obedecidas na efetivação do disposto no § 4º.	NÃO TEM CORRESPONDÊNCIA
NÃO TEM CORRESPONDÊNCIA	**Art. 67**. As operações de crédito para antecipação da receita autorizada no orçamento anual não excederão a quarta parte da receita total estimada para o exercício e, até trinta dias depois do encerramento deste, serão obrigatoriamente liquidadas.

(*continua*)

[9] Os §§ 2º a 7º são dispositivos incluídos pela Emenda Constitucional nº 19/98.

(*continuação*)

Constituição – 5-10-88 e emendas subsequentes	Constituição – 24-1-67 e emendas subsequentes
	Parágrafo único. Excetuadas as operações da dívida pública, a lei que autorizar operação de crédito, a qual deva ser liquidada em exercício financeiro subsequente, fixará desde logo as dotações que hajam de ser incluídas no orçamento anual, para os respectivos serviços de juros, amortização e resgate, durante o prazo para a sua liquidação.
SEÇÃO I NORMAS GERAIS **Art. 163.** Lei complementar disporá sobre: [...] **IV** – emissão e resgate de títulos da dívida pública;	**Art. 69.** As operações de resgate e de colocação de títulos do Tesouro Nacional, relativas à amortização de empréstimos internos, não atendidas pelo orçamento anual, serão reguladas em lei complementar.

5.3 COMENTÁRIOS DOS DISPOSITIVOS CONSTITUCIONAIS ORÇAMENTÁRIOS

Art. 165 – *caput* – Compete privativamente ao Presidente da República enviar ao Congresso Nacional o plano plurianual, o projeto de lei de diretrizes orçamentárias e as propostas de orçamento previstos na Constituição (art. 84, inc. XXIII). Ao Congresso Nacional cabe dispor sobre o plano plurianual, diretrizes orçamentárias, orçamento anual, operações de crédito, dívida pública e emissões de curso forçado (art. 48, inc. II), bem como sobre planos e programas nacionais, regionais e setoriais de desenvolvimento (arts. 48, inc. IV e 165, § 4º), cuja iniciativa também cabe ao Poder Executivo. Todas estas matérias dependem de sanção presidencial.

Além do exame e manifestação sobre todas as peças que compõem as diferentes etapas do processo de planejamento, a ampliação das prerrogativas do Congresso se traduziu substancialmente nas possibilidades de emendas em matéria orçamentária, como se verá mais adiante. Não houve alterações no tocante à iniciativa e à sanção presidenciais.

§ 1º A regionalização das diretrizes, objetivos e metas para as despesas de capital e seus desdobramentos e programas de longo prazo se compatibiliza com o § 7º, que prevê a redução das desigualdades inter-regionais. A orientação para as despesas de capital passou a figurar no próprio plano; na sistemática anterior, as despesas de capital eram discriminadas nos Orçamentos Plurianuais de Investimento (OPI). Pela experiência observada, os OPI tinham pouca importância prática; seus valores eram mera repetição (ou quase isso) durante os três exercícios que abrangiam. A falta de previsão constitucional de orçamentos plurianuais não elimina a possibilidade de se dispor dos mesmos, até para efeito de facilitar o acompanhamento e o controle dos projetos cuja execução ultrapassa o exercício financeiro, embora os planos possam discriminar as despesas previstas durante vários períodos; o plano, então, deixaria de discriminar ou detalhar valores. O plano, contudo, também continua tendo pouca utilidade prática, a ele superpondo-se vários planos específicos, em cada governo, como é o caso do chamado plano de aceleração do crescimento (com mais de uma versão).

§ 2º A Lei de Diretrizes Orçamentárias (LDO) foi a maior novidade no processo orçamentário trazida com a Constituição de 1988. Funciona como "ponte" entre o plano e o orçamento. Tem sido encarada por alguns como peça importante para racionalização, no disciplinamento das finanças públicas, e por outros como fator de esvaziamento do próprio orçamento. Pode-se entender, entretanto, que ela deve apenas nortear a elaboração dessa peça, assegurando coerência ao plano e sinalizando aos agentes econômicos sobre os rumos da política econômica, inclusive quanto às alterações na legislação tributária, que – mais que ao princípio da anterioridade (que diz respeito à cobrança do tributo instituído ou majorado somente no exercício (financeiro) subsequente) – estarão condicionadas à anualidade, isto é, à previsão orçamentária, permitindo aos contribuintes adaptarem-se oportunamente às circunstâncias.

As dificuldades que têm sido observadas em relação ao cumprimento da LDO dizem respeito muito mais à falta de determinação quanto à obediência às leis, assim como à precariedade no acompanhamento da execução orçamentária, aliadas à falta de rigor na utilização de parâmetros que definam com clareza os objetivos, metas e compromissos da programação, de que é exemplo a política de aplicação das agências financeiras oficiais de fomento, expressa por meio de generalidades. Na LDO para 2019, art. 112, *caput*, além da diretriz geral de preservação e geração do emprego, preveem-se as prioridades das agências de fomento – CEF, BB, BNB, BASA, BNDES, Finep –, com inclusão, no relatório de que trata o parágrafo a seguir (art. 165, § 3º), dos demonstrativos consolidados relativos a empréstimos e financiamentos, inclusive operações não reembolsáveis, discriminados por Região, unidade da Federação, setor de atividade, porte do tomador e origem dos recursos aplicados, além de audiências públicas – em maio e setembro – para prestação de contas, perante a Comissão Mista de Orçamento, do cumprimento da política estabelecida para essas agências na LDO.

Com a promulgação da Lei Complementar nº 101, de 2000, a LDO teve sua importância ampliada, em razão da exigência de informações e Anexos que passam a integrá-la (art. 4º da LC 101/2000). Ressalte-se, também, que o Anexo de Metas Fiscais, instruído com memória e metodologia de cálculo que justifiquem os resultados pretendidos, deve trazer as metas fixadas para o exercício a que se referir e para os dois seguintes, bem como a comparação com as metas fixadas nos três exercícios anteriores. Com isso, a LDO passou a ser o instrumento de planejamento de maior abrangência em número de exercícios financeiros.

É bom assinalar que a falta da lei complementar a que se refere o art. 165, § 9º, faz com que a LDO ratifique, a cada nova edição, um conjunto de disposições que seriam compatíveis e adequadas àquela lei complementar, destinada à inclusão de normas mais gerais e permanentes.

Apesar de todas essas diretrizes, há uma sensação muito difundida de que as operações realizadas por essas agências são pouco transparentes, para o que muito contribuem os critérios de escolha de seus dirigentes e a autonomia de que dispõem para financiar os mais diversos tipos de projetos. Particularmente, a atuação do BNDES tem sido bastante criticada, pelos financiamentos subsidiados – à conta do Tesouro, que emite títulos para prover os recursos necessários às operações do Banco – a empreendimentos de mérito discutível e com riscos consideráveis. O sigilo bancário continua a ser um pretexto para a falta de transparência dessas instituições.

§ 3º A publicação de um demonstrativo bimestral sobre a execução orçamentária foi uma inovação importante. A publicação dos relatórios tem sido mensal, e seu conteúdo se ampliou e diversificou consideravelmente. A LRF estabelece o conteúdo mínimo que permite maior evidenciação das informações. Tem-se de considerar, todavia, que a linguagem da Contabilidade Pública ainda é de conhecimento restrito a pequenos grupos, em particular de servidores da própria Administração, e a forma de apresentação dos relatórios não se tem caracterizado por uma preocupação primordial com o usuário. Tem-se insistido com vistas a permitir a "abertura" dos dados, de tal modo que qualquer interessado tenha acesso ao sistema de informações, até um nível de detalhamento que resguarde informações de natureza estritamente individual, privada. O público em geral poderia ter acesso ao sistema, inclusive a partir de terminais em locais públicos, de modo que estivessem disponíveis os dados sobre a execução orçamentária e financeira de qualquer órgão ou entidade da Administração Pública até o último nível de detalhamento que preservasse as informações de caráter pessoal. O *site* da STN exibe a oitava edição dos Manuais de demonstrativos fiscais, válidos para 2018 (Portaria nº 495, de 6-6-17), aplicável às três esferas da Administração: Anexos de Metas Fiscais e de Riscos Fiscais, Relatório Resumido da Execução Orçamentária e Relatório de Gestão Fiscal.

§ 4º Os planos e programas nacionais, regionais e setoriais foram institucionalizados e devem compatibilizar-se com o plurianual. Fundamental é a prerrogativa do Congresso de apreciá-los e votá-los, acentuando a tendência "parlamentarista" então atribuída ao texto constitucional de 1988. A matéria é inteiramente nova, tendo em vista a inexistência de legislação complementar relativa à matéria. Chama-se a atenção para a **compatibilização** entre os diversos planos e programas, em vez de uma **subordinação** um(uns) a outro(s); assinale-se, por exemplo, que, enquanto o plano plurianual tem prazos determinados, os demais podem ser de curto, médio ou longo prazo, intersecionando-se com o PPA.

§ 5º A lei orçamentária anual compõe-se dos orçamentos fiscal (que chegou a ser o único formalmente submetido ao Congresso e que, inclusive, até 1987, sequer incluía as operações de crédito), de investimento das estatais (empresas sob controle da União, mas não dependentes) e da seguridade social (das áreas de previdência, saúde e assistência social).

O princípio da universalidade já estava contido no art. 62 da antiga Constituição, mas era ignorado. O governo executava paralelamente um orçamento monetário, "aprovado" no âmbito do Conselho Monetário Nacional, por onde transitavam operações de crédito e subsídios, gerando grande descontrole financeiro e monetário. E as entidades que não recebiam recursos à conta do orçamento fiscal ficavam inteiramente à margem do processo legislativo-orçamentário, inclusive as da Seguridade Social. Mesmo quando recebiam subvenções ou transferências, a inclusão de suas receitas e despesas globalmente se destinava tão somente a atender o princípio da totalidade. Hoje, mesmo as empresas não dependendo do orçamento fiscal, terão seus investimentos incluídos no orçamento próprio, de investimento das estatais. Observe-se que a LDO (para 2019, art. 44, § 1º) define os investimentos como as despesas com: aquisição de ativo imobilizado, excetuadas as relativas a arrendamento mercantil para uso próprio da empresa ou de terceiros, os valores do custo dos empréstimos contabilizados no ativo imobilizado e as transferências de ativos entre empresas pertencentes ao mesmo grupo, controladas pela União, cuja aquisição tenha constado do orçamento de investimentos. São também considerados investimentos as despesas com benfeitorias realizadas em bens da União por empresas estatais e as benfeitorias necessárias à infraestrutura de serviços públicos concedidos pela União.

§ 6º Se a preocupação em reduzir as desigualdades regionais é um objetivo permanente, nada mais coerente que o projeto de lei orçamentária anual especifique não apenas as despesas a serem realizadas segundo esse critério, mas também que as renúncias de receitas sejam contempladas com tal discriminação: isenções, anistias, remissões, subsídios e benefícios de natureza financeira, tributária e creditícia. Na classificação orçamentária da despesa, a localização espacial – nacional, regional, estadual, municipal – é o menor nível de detalhamento na lei.

Você sabia?

O Brasil é hoje, seguramente, um dos países em que se registram as maiores transferências inter-regionais de renda do mundo, não só pela concentração de competências tributárias, como pela estrutura federativa tripartite. Distorções nos mecanismos de partilha e transferências, por um lado, e de atribuição de encargos, por outro, entretanto, impedem que seu efeito redistributivo seja percebido de forma mais efetiva. Outros programas, todavia, têm contribuído para amenização do quadro histórico de desigualdades, que ainda nos classifica em uma posição pouco honrosa no mundo. Muitas vezes, parecer ignorar-se o fato de que enormes disparidades se verificam no nível pessoal e ocorrem em todas as regiões do País. Neste sentido, a par das transferências constitucionais, as negociadas ainda ocupam papel de destaque, uma espécie de compensação à tendência secular à centralização decisória e à concentração de poderes, que cristalizam as seculares relações clientelísticas e a acomodação política características da vida brasileira.

É no mínimo discutível – para não dizer de pouca efetividade – a política apoiada em maciças transferências voluntárias e nas generosas renúncias de receitas;

por um lado, há um sistemático vazamento dos recursos destinados aos demais entes e às entidades não governamentais (objeto, inclusive, de diversos relatórios de instituições internacionais); de outro, o resultado prático das renúncias não se traduz em benefícios palpáveis para o conjunto da sociedade, além de provocar uma verdadeira sangria na arrecadação tributária.

A identificação e quantificação dos benefícios e a caracterização precisa dos beneficiários é essencial para uma maior transparência nas relações entre as diversas esferas de Poder Central, e entre o Estado e os cidadãos. E, sobretudo, é preciso definir objetivamente o que se espera de cada benefício concedido, e como se fará o acompanhamento e se exercerá o controle sobre a sua utilização, que deve ter caráter restrito, excepcional e transitório.

§ 7º Os recursos com vistas à redução das desigualdades passaram a ter como referência critérios mais específicos. Os orçamentos fiscal e de investimentos das estatais levam em conta a variável população.

De acordo com o art. 35, do Ato das Disposições Constitucionais Transitórias, o atendimento desse critério se daria de forma progressiva, em até dez anos, distribuindo-se os recursos entre as regiões macroeconômicas em razão proporcional à população, a partir da situação verificada no biênio 1986/1987.

Excluem-se das despesas totais as relativas:

- aos projetos considerados prioritários no plano plurianual;
- à segurança e defesa nacional;
- à manutenção dos órgãos federais no Distrito Federal;
- ao Congresso Nacional, ao Tribunal de Contas da União e ao Poder Judiciário;
- ao serviço da dívida da Administração Direta e Indireta da União, inclusive fundações instituídas e mantidas pelo Poder Público Federal.

Pelo menos dois questionamentos podem ser feitos:

1º) Sendo a função precípua das empresas estatais de natureza setorial, exceto no caso das agências (e bancos) regionais de desenvolvimento, como se poderá priorizar em todas as suas ações a tentativa de redução das desigualdades regionais?

2º) A manutenção da orientação de destinar recursos com base nos contingentes populacionais, dissociada de uma política global e, inclusive, demográfica, poderia reforçar uma concepção de caráter preponderantemente compensatório e até mesmo assistencialista, mediada pelas relações políticas subjacentes?

§ 8º Este dispositivo consagra o princípio da exclusividade, com as exceções expressas.

No texto constitucional de 1988, não há menção à limitação anteriormente consignada no art. 67, para as operações de crédito por antecipação da receita, de 25% da receita total estimada para o exercício, com obrigatoriedade de liquidação até 30 dias após o seu encerramento, e à fixação das dotações que atendessem ao respectivo serviço. Pela LRF, tais operações deverão ser liquidadas, com juros e outros encargos incidentes, até 10 de dezembro de cada ano, estando proibidas no último ano de mandato do Presidente, governador ou prefeito, bem como enquanto existir operação anterior da mesma natureza não integralmente resgatada.

Você sabia?

Antes da Constituição de 1988, a lei orçamentária podia conter autorização para operação de crédito somente **por antecipação de receita**. Hoje, referida autorização é indiscriminada.

As operações de crédito, a partir de 1988, têm disciplina genérica – art. 167, inciso III –, valendo lembrar que antes elas nem integravam o orçamento da União. Pela "regra de ouro", não podem exceder as despesas de capital. Também a LRF as disciplinou de forma abrangente.

É também restritiva a prerrogativa sobre a aplicação de saldos, exceto mediante prévia e específica autorização legislativa – art. 166, § 8º.

Tem sido autorizada a abertura de créditos suplementares, cujo limite vem sendo estabelecido na própria lei orçamentária anual, mediante compensação entre dotações, utilização de excesso de arrecadação, e até mesmo aumento de endividamento, o que, salvo melhor juízo, extrapola a competência própria do Poder Executivo. Em certas ocasiões, inclusive, já se admitiu a compensação entre unidades orçamentárias distintas (em flagrante conflito com a CF, art. 167, inc. VI), o que reforça a necessidade de um disciplinamento mais estrito da gestão orçamentária, por meio da lei complementar prevista no art. 165, § 9º, até hoje não editada.

§ 9º Dependerá da lei complementar – que substituirá a Lei nº 4.320/64 – a regulamentação do plano, da LDO e do orçamento anual, no tocante ao exercício financeiro, vigência, prazos, elaboração e organização. A referida lei deverá também estabelecer normas de gestão financeira e patrimonial da administração direta e indireta e condições para a instituição e funcionamento de fundos, o que – se não é propriamente uma novidade – só foi incluído expressamente na Constituição de 1988.

Enquanto isso, o § 2º do art. 35 do Ato das Disposições Constitucionais Provisórias (ADCT) estabeleceu os seguintes prazos:

a) para o plano (plurianual):
   - encaminhamento – até quatro meses antes do encerramento do primeiro exercício financeiro de cada mandato presidencial;
   - devolução para sanção – até o encerramento da respectiva sessão legislativa;

- período de execução – do início do segundo exercício financeiro do mandato presidencial até o final do primeiro exercício financeiro do mandato subsequente;

b) para as diretrizes orçamentárias (anual):
- encaminhamento – até oito meses e meio antes do encerramento de cada exercício financeiro;
- devolução para sanção – até o encerramento do primeiro período da correspondente sessão legislativa;
- período de aplicação específica – exercício financeiro correspondente ao do orçamento, que será elaborado e executado com base na respectiva lei de diretrizes orçamentárias;

c) para o orçamento (anual):
- encaminhamento – até quatro meses antes do encerramento de cada exercício financeiro;
- devolução para sanção – até o encerramento da correspondente sessão legislativa;
- período de execução – exercício financeiro relativo ao ano-calendário de sua respectiva execução.

Quanto aos fundos já existentes na data da promulgação da Constituição de 1988, o art. 36 do ADCT determinou sua extinção, se não fossem ratificados pelo Congresso em dois anos. Excetuou os resultantes de isenções fiscais que passem a integrar patrimônio privado e os que interessem à defesa nacional.

Entretanto, a maioria dos fundos continuou a existir – ou foi "recriada" – mediante artifício, pela inclusão de dispositivo na Lei nº 8.173/91, que aprovou o primeiro Plano Plurianual – 1991/95:

> Art. 6º. São recriados temporariamente, no período abrangido por esta Lei, todos os fundos constantes dos Orçamentos da União para 1990 e 1991, extintos nos termos do art. 36 do Ato das Disposições Constitucionais Transitórias, mantidas suas denominações e respectiva legislação em vigor na data de sua extinção.
>
> § 1º Os fundos recriados nos termos deste artigo serão extintos ao final do primeiro exercício financeiro subsequente à publicação da Lei Complementar de que trata o art. 165, § 9º, da Constituição Federal, caso não tenham sido ratificados pelo Congresso Nacional, através de lei, até o final do sexto mês anterior ao prazo de extinção estabelecido neste parágrafo.
>
> § 2º No prazo de três meses após a publicação da Lei Complementar de que trata o art. 165, § 9º, da Constituição Federal, o Poder Executivo encaminhará ao Congresso Nacional projeto de lei para tramitação em regime de urgência, definindo:
>
> I – todos os fundos a serem ratificados, bem como as alterações que se fizerem necessárias em sua legislação, tendo em vista a adequação à Lei Complementar de que trata este artigo;

II – todos os fundos que serão extintos nos termos deste artigo;

III – a destinação do patrimônio e dos recursos remanescentes dos fundos após sua extinção.

A inclusão da matéria no plano plurianual foi mais uma curiosa manifestação da "criatividade" brasileira no sentido de contornar as exigências da ordem legal vigente. A própria constitucionalidade deste dispositivo poderia ser questionada. Naturalmente, supunha-se a aprovação da nova legislação complementar nesse período. A vigência do primeiro plano plurianual extinguiu-se ao final de 1995, e, até hoje, como já assinalado, não foi editada a lei complementar que substituirá a atual Lei nº 4.320/64.

Com a aprovação do assim chamado **orçamento impositivo**, a nova lei deverá dispor também sobre a execução orçamentária e financeira **equitativa** da programação.

Art. 166 – *caput* – O plano e as diretrizes, além do orçamento e suas alterações, estão sujeitos à apreciação e votação conjunta das duas Casas do Congresso Nacional.

Pela legislação anterior, o Legislativo tinha o prazo de 30 de novembro para devolver o projeto ao Executivo, sob pena de ele ser promulgado como lei. Hoje, os prazos mencionam o encerramento da sessão legislativa – para o plano e o orçamento – ou o primeiro período dessa sessão – para as diretrizes orçamentárias – § 2º do art. 35 do ADCT. É lógico o entendimento de que a sessão ou seu primeiro período não podem ser encerrados antes da aprovação daqueles projetos, pois isto é incompatível com as prerrogativas e responsabilidades do Legislativo. Na prática, entretanto, o plano e o orçamento têm sido várias vezes votados no exercício subsequente, reduzindo ainda mais o seu horizonte, especialmente o plano, que já está previsto para ser adotado a partir do segundo ano do mandato de quatro anos dos Chefes do Executivo.

§ 1º A Comissão mista que examina e emite parecer sobre os projetos relativos ao plano plurianual, às diretrizes orçamentárias, ao orçamento anual e aos créditos adicionais é hoje permanente e tem competência extensiva aos planos e programas nacionais, regionais e setoriais. Além disso, está incumbida do acompanhamento e da fiscalização orçamentária e financeira e da gestão fiscal, devendo também pronunciar-se sobre as contas anuais dos dirigentes dos Três Poderes, do Ministério Público e do Tribunal de Contas, por meio de relatório e projeto de decreto legislativo. O julgamento das contas é matéria que compete exclusivamente ao Congresso Nacional (Res. nº 1/06-CN, art. 115, *caput*; CF, art. 49, inc. IX).

A existência e o funcionamento desta Comissão não colidem com a atuação das demais comissões permanentes e temporárias do Congresso e de cada uma de suas Casas, de resto indispensável ao trabalho de absorção das propostas e demandas provenientes de todos os setores do próprio Parlamento e da sociedade civil.

A Resolução nº 1, de 2006, do Congresso Nacional (que revogou as Resoluções nºs 01/2001 e 01, 02 e 03/2003-CN), que dispõe sobre a Comissão Mista, composta de 30 deputados e dez senadores, denominou-a Comissão Mista de Planos, Orçamentos Públicos e Fiscalização (CMO).

§ **2º** As emendas serão apresentadas e apreciadas na Comissão Mista, cabendo ao Plenário das duas Casas dar a palavra final sobre as propostas. Somente na Comissão Mista é que podem ser apresentadas emendas. Na sistemática anterior, o pronunciamento da Comissão era definitivo; uma emenda só iria à votação em plenário mediante requerimento de um terço dos membros da Câmara **e** um terço dos do Senado. Tais restrições se coadunavam com o papel passivo e limitado do Legislativo em matéria orçamentária no período do autoritarismo. Atualmente, e nos termos da Resolução nº 1/06, o parecer da Comissão sobre as emendas será conclusivo e final, salvo requerimento, para que a emenda seja submetida a votos, assinado por um décimo dos Congressistas, apresentado à Mesa do Congresso Nacional até o dia anterior ao estabelecido para a discussão da matéria em Plenário. As deliberações da Comissão iniciam-se pelos representantes da Câmara dos Deputados; o voto contrário da maioria dos representantes de uma das Casas importará em rejeição da matéria. O Plenário das duas Casas pode, também, rejeitar o projeto.

§ **3º** As hipóteses para apresentação de emendas ampliaram-se a partir da Constituição de 1988. Antes, não era passível de deliberação a emenda de que decorresse não só aumento da despesa global como também da de **cada** órgão, fundo, projeto ou programa, ou que lhe modificasse o montante, natureza ou objetivo; na prática, portanto, era quase inviável emendar o projeto de lei orçamentária. Nos demais casos, mesmo em projetos de que decorresse autorização, criação ou aumento da despesa (que não os da proposta orçamentária), as emendas só podiam ser recebidas e eram apreciadas definitivamente nas comissões do Congresso; a votação em plenário, sem discussão, precisava ser requerida por um terço dos membros da Câmara respectiva.

Hoje, as emendas à proposta orçamentária podem ser oferecidas mediante compensação de recursos; não podem ser oferecidas como compensação dotações para pessoal e seus encargos, serviço da dívida e transferências tributárias constitucionais para as demais esferas da Administração. Além do mais, obviamente devem ser compatíveis com o plano plurianual e a LDO, e com os dispositivos do texto do projeto de lei, objetivando-se, em princípio, evitar o atendimento de necessidades desconectadas da programação geral, ou seja, retalhar o orçamento ou retirar-lhe a consistência. É também vedada a apreciação de emendas que sejam constituídas de várias ações, que devam ser objeto de emendas distintas, bem como das que contrariem normas do Congresso Nacional e da própria CMO.

As emendas podem, ainda, corrigir erros ou omissões, entre os quais se compreende a estimativa da receita.

§ **4º** Mantida a "hierarquia", também as emendas ao projeto de LDO deverão ser compatíveis com o plano plurianual. Naturalmente, o mesmo se aplicaria aos planos nacionais, regionais e setoriais. Note-se que, embora todas estas leis sejam ordinárias, existe entre as mesmas uma dependência que condiciona a aprovação e as alterações de cada uma aos limites impostos pelas anteriores. À falta de lei complementar, inexiste uma disciplina específica que compatibilize os diversos tipos de planos, pois os nacionais, regionais e setoriais podem ser até bem mais longos que os plurianuais.

§ 5º Alterações sucessivas na proposta tumultuam seu processo de discussão e votação. Antes de 1988, o Executivo, que tudo podia, propunha alterações até a conclusão da votação da respectiva parte do projeto de lei orçamentária.

Atualmente, tais modificações só poderão ser encaminhadas até o **início** da votação, **na Comissão Mista, da parte cuja alteração é proposta**. É verdade que mudanças legislativas não são suficientes para modificar práticas arraigadas, mas não podem ser descartadas se a pretensão for a de conferir um mínimo de disciplina e responsabilidade ao processo orçamentário.

§ 6º Refere-se à lei complementar – a que deve substituir a Lei nº 4.320/64 –, com base na qual deverão ser enviados ao Congresso os projetos de lei do plano plurianual, das diretrizes orçamentárias e do orçamento anual (e suas alterações).

Convém assinalar que – nos termos do art. 66 da CF – o Presidente da República poderá vetar o texto aprovado, no todo ou em parte, se o considerar inconstitucional ou contrário ao interesse público, no prazo de 15 dias úteis, contados da data do recebimento. O silêncio importa sanção. O veto será apreciado em sessão conjunta, dentro de 30 dias a contar de seu recebimento, só podendo ser rejeitado pelo voto da maioria absoluta dos Deputados e Senadores, a partir da Emenda Constitucional nº 76, de 28-11-13, por voto aberto. Sendo o veto derrubado, o projeto será devolvido ao Presidente da República para promulgação; o Presidente, então, terá mais 48 horas – o mesmo prazo quando da aprovação inicial, pelo Legislativo, decorridos os primeiros 15 dias em silêncio. Se, ainda assim, não se der a promulgação, caberá ao Presidente do Senado fazê-lo ou, se este também não se manifestar, ao Vice-presidente do Senado.

§ 7º O texto de 1988 não apresentou modificações, exceto no que diz respeito ao fato de se tratar, hoje, de vários projetos de lei diferentes. No mais, o termo **processo** legislativo é mais abrangente que o anterior **elaboração**.

§ 8º Poderá ocorrer de sobrarem dotações, pois as próprias emendas podem suprimir ou reduzir rubricas, o que é também passível de ocorrer em caso de veto ou rejeição do projeto de lei orçamentária.

Neste caso – antes de 1988, passível de disciplinamento na própria lei orçamentária –, o Legislativo tem a faculdade de destinar as sobras, os saldos, mediante créditos suplementares ou especiais, sempre por iniciativa do Executivo. Pela Constituição vigente, a dotação remanescente, não tendo destinação específica, requer uma lei específica.

§§ 9º a 18 Estes parágrafos foram introduzidos pela Emenda Constitucional nº 86, de 2015, a do chamado **orçamento impositivo**. A expressão se contrapõe à concepção adotada no Brasil, do orçamento **autorizativo**, que se baseia na prática de considerar as dotações constantes da lei orçamentária anual como um teto para a sua execução, condicionados o montante e o ritmo à discricionariedade do Poder Executivo.

A proposta original teve o seu escopo sensivelmente restringido, aplicando-se a obrigatoriedade de execução apenas às emendas individuais dos parlamentares, limitadas a 1,2% da receita corrente líquida prevista no projeto de lei orçamentária anual – conforme definição da LRF, art. 2º, inciso IV –, assegurando-se à execução efetiva um piso de 1,2% da receita corrente líquida realizada no exercício anterior.

Metade das emendas se destina às ações e serviços públicos de saúde, já como parte do piso constitucional destinado à Saúde.

Como já mencionado, remeteu-se à legislação complementar – art. 165, § 9º – a definição dos critérios que obedeçam à diretriz de execução **equitativa** da programação, que, preliminarmente, contemple as emendas de forma igualitária e impessoal (pressupondo a adoção do critério de proporcionalidade).

Art. 167 – Inciso I. Tenta-se disciplinar o gasto público, condicionando o início dos programas à sua inclusão na lei orçamentária anual. A discussão da proposta de forma global e mais cuidadosa, uma vez por ano, é sempre preferível. Tal prática possibilitaria, por exemplo, evitar as obras inacabadas. Isto restringe também a proliferação de créditos especiais, que vão desfigurando o orçamento ao longo do exercício.

Inciso II. Trouxe alteração significativa, à medida que limitou não apenas a realização de despesas aos créditos orçamentários ou adicionais, mas também a assunção de obrigações diretas, entendendo-se como tais as que poderiam vir a exigir novos créditos ou ensejar obrigações futuras.

Inciso III. Trata-se de outro preceito disciplinador importante: limita o endividamento às despesas de capital (princípio reproduzido pela LRF, como a "regra de ouro" – art. 12, § 2º). Só se poderá recorrer a operações de crédito acima desse limite para despesas correntes se houver autorização específica do Legislativo, por maioria absoluta. E isso só poderá ocorrer durante o exercício – e não quando da aprovação da proposta inicial –, pois diz respeito a créditos suplementares ou especiais. Assim, o Legislativo assumiria a responsabilidade plena pelo endividamento de que não resulte reposição ou ampliação da capacidade instalada de fornecimento de bens e serviços ou resgate da própria dívida anterior.

Como a situação da maioria das administrações públicas era de elevado endividamento e limitada capacidade de geração de receitas à época da Constituição de 1988, o art. 37 do ADCT estabeleceu um prazo de cinco anos para o ajustamento, reduzindo-se o excesso – das operações de crédito em relação às despesas de capital – à base de, pelo menos, um quinto por ano, o que, portanto, já deve ter sido alcançado.

As operações de crédito por antecipação de receita não são computadas no limite a que se refere este inciso, desde que liquidadas – com juros e outros encargos incidentes – até 10 de dezembro de cada ano, conforme dispõe a LRF, que estabelece inúmeras outras condições e limites para o endividamento, em particular no que diz respeito ao seu **estoque** (montante). Como se pode observar, o limite de que aqui se comenta está relacionado com os **fluxos** anuais de receitas e despesas.

Inciso IV. O princípio geral, como se viu no Capítulo 3, é o da não vinculação dos impostos a quaisquer órgãos, fundos ou despesas, para dar mais flexibilidade ao orçamento. É bom notar que a proibição, antes referente a **tributo**, hoje é relativa apenas a **impostos**, que é o adequado, em face da destinação específica atribuída por definição às taxas e contribuições em geral.

Na Constituição anterior, ressalvavam-se expressamente da proibição os impostos únicos (hoje incorporados ao ICMS) e se previa a possibilidade de vinculações a orçamento de capital, isto é, à cobertura de despesas de capital.

Na atual Constituição, as ressalvas expressas (e exclusivas) ficaram por conta da repartição constitucional dos tributos entre União, Estados e Distrito Federal e Municípios (arts. 158 e 159), da destinação de recursos para manutenção e desenvolvimento do ensino (18% da receita da União e 25% da dos Estados, Distrito Federal e Municípios) e da prestação de garantias às operações de crédito por antecipação de receita, contidas na lei orçamentária anual. Ressalte-se que estas últimas operações não representam acréscimo, e sim antecipação na realização de despesas, sendo natural que, quando da realização da receita orçada, os recursos correspondentes sejam utilizados no resgate da própria operação de crédito que permitiu a efetivação prévia do dispêndio.

A Emenda Constitucional nº 3, de 1993, inseriu novas hipóteses de vinculação, aditando o § 4º a este artigo. Neste sentido, abriu-se a possibilidade de vinculação das receitas próprias – isto é, as não transferidas – dos impostos de competência dos Estados/DF e dos Municípios, e, do mesmo modo, dos recursos constitucionalmente partilhados em favor dessas unidades ou a elas transferidos, com a finalidade de prestação de garantia ou contragarantia à União e para pagamento de débitos para com esta.

Posteriormente, a Emenda Constitucional nº 14, de 1996, que criou os Fundos de Manutenção e Desenvolvimento do Ensino Fundamental e de Valorização do Magistério, vinculou-lhes 15% do ICMS dos Estados/DF e dos Municípios, bem como dos respectivos Fundos de Participação, inclusive do de Ressarcimento das Exportações de Manufaturados.

O antigo IPMF e os Fundos Social de Emergência e de Estabilização Fiscal – além da DRU – Desvinculação (*sic*) de Receitas da União – são outros exemplos de quebra desta regra constitucional e princípio orçamentário.

Mais adiante, a Emenda Constitucional nº 29, de 2000, trouxe mais novidades, ao vincular recursos também para as ações e serviços públicos de saúde, nos termos do art. 198, § 2º, da Constituição, em montantes e percentuais definidos em lei complementar que deveria ser reavaliada pelo menos a cada cinco anos. O art. 77 do ADCT fixou o piso de recursos até 2004 para as três esferas da Administração. A ausência da lei complementar regulamentadora da Emenda 29, aprovada somente em fins de 2011, manteve a destinação da União vinculada à variação nominal do PIB, a dos Estados e do Distrito Federal, no percentual de 12%, e a dos Municípios, em 15%. Vinculação específica da União foi discutida durante muito tempo, e constou tanto de projeto de lei complementar como de proposta de emenda à Constituição, sendo, enfim, implementada com a chamada PEC do Teto, de 15% da receita corrente líquida.

Anteriormente, a Emenda Constitucional nº 42, de 2003, havia criado mais uma vinculação, "para realização de atividades da administração tributária", em atendimento ao novo preceito constitucional – inserido no art. 37 – inciso XXII – de dotar as administrações tributárias de todas as esferas de recursos prioritários para a realização de suas atividades, de forma integrada, compreendendo, inclusive, o compartilhamento de cadastros e de informações fiscais.

Inciso V. Não trouxe nenhuma novidade; é uma exigência óbvia. A própria lei orçamentária, todavia, contém autorização, dentro de determinados limites e condições, para a abertura de créditos suplementares. Estes limites e condições são hoje definidos em cada lei orçamentária, mas seria mais razoável que houvesse alguns parâmetros estabelecidos em lei complementar, pois, em certos casos, têm havido autorizações praticamente ilimitadas e incondicionais, como foi mencionado no comentário ao § 8º do art. 165.

Inciso VI. A transposição, remanejamento ou transferência de recursos ficou menos restritiva a partir de 1988; depende de prévia autorização legislativa se for de uma categoria de programação para outra ou de um órgão para outro, não de uma dotação qualquer para outra, como anteriormente. Entende-se como "categoria de programação" o desdobramento da classificação funcional e programática, e o orçamento vem discriminando-a até seu menor nível (localização geográfica).

A nova lei complementar deverá definir precisamente cada um desses termos. Atualmente, muitas definições de Finanças Públicas defluem de autores ou da tradição em matéria orçamentária, ou da legislação de menor hierarquia, ditada pela burocracia, carecendo, com frequência, de consistência e estabilidade.

Ressalte-se, ainda, que, após a autorização contida na lei orçamentária, são abertos, por meio de decretos (do Executivo), os créditos orçamentários (não mais necessários nos casos de créditos adicionais resultantes de alterações encaminhadas ao Congresso Nacional durante o exercício). Antes, eram discriminados nos chamados quadros de detalhamento da despesa, nos quais se especificava a natureza dos gastos que poderiam ser efetuados pelos orçamentos Fiscal e da Seguridade Social, de acordo com as finalidades e responsabilidades previamente determinadas. A eliminação dos chamados Quadros de Detalhamento da Despesa (QDD) representou uma perda em termos do princípio da discriminação, de muita relevância para o planejamento e o controle, mas um ganho em termos de flexibilidade para a gestão orçamentária. A reabertura de créditos especiais está autorizada mediante ato próprio de cada Poder, do Ministério Público da União e da Defensoria Pública da União (no caso da LDO/2019, art. 52). Os créditos suplementares e especiais aprovados pelo Congresso Nacional são considerados automaticamente abertos com a sanção e publicação da respectiva lei (LDO/2019, art.46, § 10). No caso específico dos créditos suplementares autorizados já na lei orçamentária para os órgãos dos Poderes Legislativo e Judiciário, o Ministério Público da União e a Defensoria Pública da União, com recursos compensatórios dos próprios órgãos, serão abertos por ato do respectivo dirigente (LDO/2019, art. 47, *caput* e § 1º).

O nível de detalhamento da despesa hoje estabelecido para os orçamentos Fiscal, da Seguridade Social e de Investimentos compreende: unidade orçamentária, com suas categorias de programação detalhadas no menor nível, com as respectivas dotações, especificando a esfera orçamentária, o grupo de natureza de despesa (GND), o identificador de resultado primário, a modalidade de aplicação, o identificador de uso e a fonte de recursos (LDO/2019, art. 6º).

Inciso VII. Não trouxe novidades, pois continua não sendo possível a concessão de créditos ilimitados nem sua utilização sem concessão.

Inciso VIII. Visa coibir prática frequente no passado; utilizavam-se recursos – orçamentários ou não – para atender a órgãos ou entidades em dificuldades, sem autorização legislativa. Em outras palavras, só mediante autorização legislativa específica se poderá suprir necessidade ou cobrir déficit mesmo que de órgãos, entidades e fundos da Administração Pública constantes do orçamento. Quando for o caso, constarão do próprio orçamento os respectivos créditos, sob a forma de transferências ou subvenções. Quando a manutenção desses órgãos/entidades depender exclusivamente de recursos do Tesouro, figurarão referidos órgãos/entidades da mesma forma que as demais unidades orçamentárias.

Inciso IX. A instituição de quaisquer fundos depende de prévia autorização legislativa. A Constituição anterior era omissa; o Executivo decretava a criação de fundos, que proliferaram, direcionando boa parte das dotações orçamentárias, isto é, criando verdadeiros suborçamentos.

Os fundos existentes na data da promulgação da Constituição deveriam em dois anos ser ratificados pelo Congresso Nacional, sob pena de extinção, exceto os resultantes de isenções fiscais que passem a integrar patrimônio privado e os que interessem à defesa nacional (art. 36 do ADCT).

O assunto foi tratado nos comentários relativos ao § 9º do art. 165.

Inciso X. Foi introduzido pela chamada Reforma Administrativa. A clara intenção do Executivo federal foi restringir as despesas de pessoal nas demais esferas, forçando-as a assumir plenamente os respectivos encargos. No caso do Distrito Federal, foi criado um Fundo (CF, art. 21, inc. XIV), destinado basicamente ao custeio de seu pessoal nas áreas de Saúde e Educação, nos termos da assistência financeira devida pela União, que também tem a incumbência de organizar e manter a polícia civil, a polícia militar e o corpo de bombeiros na capital da República.

Inciso XI. Foi introduzido pela Emenda Constitucional nº 20/98. Fica vedada a utilização das contribuições destinadas à Seguridade Social, relativas ao empregador ou tomador de serviços – pela remuneração do trabalho – e ao trabalhador e demais segurados da previdência social, para despesas que não os benefícios do regime geral de previdência social (setor privado).

§ 1º A Constituição de 1988 praticamente não trouxe inovações. Os investimentos que ultrapassarem o exercício financeiro deverão estar previstos no plano (antes se tratava do orçamento) plurianual. É a garantia de que não serão interrompidos, de que só se deveria iniciar o que pudesse ter continuidade. O texto anterior era até mais explícito: deveriam estar previamente fixadas as dotações que constariam dos orçamentos anuais (o que hoje deve estar contido no plano). O desafio sempre foi o cumprimento do preceito; o próprio OPI era uma ficção.

§ 2º O texto atual tem praticamente a mesma redação anterior. Trata-se do revigoramento dos créditos especiais e extraordinários autorizados nos últimos quatro meses do exercício. A redação atual é enfática, no sentido de que os saldos reabertos **serão** incorporados ao orçamento do exercício subsequente; na redação anterior, **poderiam viger** até o término do exercício financeiro subsequente.

A autorização constitucional é recomendável: os créditos não devem ser "queimados" indiscriminadamente, apressadamente. A aplicação da medida até para outros créditos seria uma forma de não "punir" o administrador austero, com a anulação dos créditos ainda não utilizados, o que, muitas vezes, decorre do atraso na(s) respectiva(s) liberação(ões) financeira(s). Tal prerrogativa constituiria um abrandamento no princípio da anualidade.

§ 3º Não se alteraram as hipóteses para abertura de crédito extraordinário. Por uma questão de oportunidade, apenas, substituiu-se a expressão **subversão interna** por **comoção interna**.

A iniciativa tem sido acompanhada da adoção de medida provisória, justificada em casos de relevância e urgência (art. 62 da CF), mas até hoje não foram definidas as consequências de eventual rejeição da abertura do crédito extraordinário, utilizado quase instantaneamente. (É oportuno lembrar que o Legislativo pode sustar os atos normativos do Poder Executivo que exorbitem do poder regulamentar ou dos limites de delegação legislativa – CF, art. 49, inc. V.) Houve exemplos de reedições sucessivas de medidas provisórias, inclusive de um exercício financeiro para outro, contendo abertura de crédito extraordinário; ocorrendo de o crédito ter sido utilizado, a situação estaria consumada até o balanço, e as respectivas contas seriam, posteriormente, julgadas. Na sistemática atual, as medidas provisórias perdem a eficácia se não convertidas em lei em 60 dias, prorrogando-se, uma vez, por igual período. A Emenda Constitucional nº 32, de 2001, vedou a edição dessas medidas em matéria de planos plurianuais, diretrizes orçamentárias, orçamento e créditos adicionais, ressalvando justamente o art. 167, § 3º. Na prática, essas matérias têm sido tratadas em várias medidas provisórias, o que não chega a parecer estranho quando, por exemplo, se verifica que é até possível a aprovação do orçamento dar-se após o início de sua execução, como já ocorreu tantas vezes, com expressa autorização das LDOs. Tais distorções, entretanto, decorrem menos da legislação, existente ou não, que de seu descumprimento ou de uma interpretação **peculiar**, resultante muitas vezes de relações pouco **republicanas** entre o Legislativo e o Executivo. O próprio processo de discussão e aprovação das medidas provisórias se dá de forma tumultuada, reduzindo o papel da Comissão Mista, que, em caráter obrigatório, deveria manifestar-se previamente à decisão do Plenário.

Na ADI 4.048 MC/DF, deferiu-se cautelar para suspender a vigência de medida provisória que abriu crédito extraordinário, estendendo a decisão à respectiva lei de conversão. Afirmou-se, então, que, além dos requisitos de relevância e urgência, a abertura de crédito extraordinário só caberia em situações de risco não previsíveis, o que, com efeito, muitas vezes, está longe de se caracterizar.

§ 4º À União não bastou condicionar a entrega de recursos às demais esferas ao pagamento de seus créditos, inclusive os de suas autarquias (CF, art. 160 e parágrafo único). Permitiu-se também vincular as receitas próprias, partilhas e transferências constitucionais pertencentes aos Estados/DF e aos Municípios às suas dívidas com a União e às garantias ou contragarantias oferecidas a ela.

§ 5º A Emenda Constitucional nº 85, de 2015, flexibilizou a transposição, o remanejamento ou a transferência de recursos de uma categoria de programação para outra, ao permiti-los sem a manifestação prévia do Legislativo – conforme determina o inciso VI –, desde que no âmbito das atividades de Ciência, Tecnologia e Inovação, a título de viabilizar os resultados de projetos restritos a essas funções.

Art. 168. A Constituição de 1988 procurou assegurar mensalmente a entrega dos recursos correspondentes aos demais Poderes e ao Ministério Público, e, mais recentemente – EC nº 45/04 – à Defensoria Pública, reforçando-lhes a independência e autonomia. A matéria também deverá constar de regulamentação específica, nos termos da lei que substituir a atual nº 4.320/64.

A redação anterior era mais restrita; referia-se apenas à Câmara dos Deputados e ao Senado Federal (e não ao TCU, por exemplo), e aos Tribunais Federais. A entrega era trimestral. Em compensação, a participação percentual era fixada de modo a não ser inferior à estabelecida pelo Executivo para seus próprios órgãos.

Sempre houve quem pretendesse vincular parcelas do próprio orçamento a cada Poder, mas isto poderia tornar o orçamento ainda mais rígido, em razão das parcelas, hoje já substanciais, destinadas às transferências constitucionais e legais, ao ensino, ao serviço da dívida, a pessoal e encargos, aos benefícios previdenciários, além de outras vinculações criadas depois de 1988, como, por exemplo, à saúde.

Nos Estados e Municípios, sempre foram frequentes as denúncias de retenção dos recursos destinados aos Poderes Legislativo e Judiciário, coagindo-os e, de certo modo, subordinando-os aos interesses e desígnios dos Executivos. Em contrapartida, há registros de casos de vinculações orçamentárias, ainda que se reconheça que a sistemática fixação de limites para despesas acaba por engessar o orçamento, tendendo até a elevá-las e mantê-las próximas a seus tetos.

Deve-se salientar que a Emenda Constitucional nº 45, de 2004, também estabeleceu a entrega mensal dos recursos **em duodécimos**.

Art. 169 – ***caput*** – As despesas de pessoal estão sujeitas a limites estabelecidos em lei complementar, para todas as esferas da Administração (inclusive o Distrito

Federal). O art. 38 do ADCT, na Constituição de 1988, fixou previamente esse limite em 65% das respectivas receitas correntes; nos casos em que esse limite estivesse sendo excedido, haveria um período de cinco anos para o ajustamento, à razão de um quinto por ano. A lei complementar a que se refere o art. 165, § 9º, seria a mais apropriada para firmar estes conceitos e ratificar o significado de expressões utilizadas de forma não muito consistente, no jargão orçamentário e financeiro da burocracia federal.

A Lei Complementar nº 82/95, inicialmente, fixou o limite de 60% da receita corrente **líquida** para as despesas de pessoal. Essa Lei foi revogada pela Lei Complementar nº 96, de 31-5-99, que reduziu o limite para 50% no âmbito federal. A LRF, enfim, a par de especificar o que não se compreende nas despesas com pessoal, desdobrou os limites entre os Poderes e seus respectivos órgãos, mantendo-se em 50% para a União e fixando-se em 60% para os Estados e Municípios.

O limite pode ser salutar, mas, se for muito rígido, pode ser utilizado, paradoxalmente, com muita elasticidade para cima ou, de forma coercitiva, para baixo. Além do mais, a tentação de se aplicarem leis uniformes diante de situações tão díspares como as existentes no Brasil é quase incontrolável, e suas consequências têm revelado inadequação à realidade e, com frequência, ineficácia, haja vista a proliferação de situações de descumprimento da Lei de Responsabilidade Fiscal.

§ 1º Estão estabelecidas condições estritas para aumento das despesas com pessoal na Administração Pública. A menos que se trate de empresas públicas e sociedades de economia mista, a autorização deve constar da LDO (com uma antecedência, pois, de até um ano e meio) e estar especificada a dotação orçamentária correspondente. À época da promulgação da LRF, sobretudo no âmbito federal, as perdas salariais dos servidores eram expressivas,[10] situação que foi revertida a partir de meados da década passada. Mesmo com a redução da relação entre as despesas com pessoal e encargos, e quaisquer dos parâmetros geralmente adotados, como, por exemplo, total das receitas, total das despesas, receitas correntes, despesas correntes, a situação financeira de vários entes, nas diferentes esferas da Administração, revela muitas dificuldades, principalmente em virtude do aumento do endividamento e dos encargos da dívida.

A Reforma Administrativa incluiu no texto os termos **empregos** e **funções**, além dos **cargos** que vierem a ser criados, concomitantemente com a possibilidade de **contratação** – e não apenas de **admissão** de pessoal. Isto está compatível com a "flexibilização" do regime de pessoal na Administração Pública.

§ 2º O prazo para ajustamento ao limite das despesas de pessoal foi fixado em cinco anos pelo ADCT, não havendo, então, nenhuma sanção por seu descumprimento. Com a Reforma Administrativa, passou-se a considerar o prazo estabelecido pela Lei Complementar nº 96/99 (dois anos), estabelecendo-se como sanção a suspensão

---

[10] Ver, a propósito, LENO, Max. A questão salarial dos servidores públicos federais. *Revista de Conjuntura*, Corecon/Sindecon-DF, ano 2, n. 7, jul./set. 2001.

de todos os repasses de verbas da União e dos Estados, aos Estados, ao Distrito Federal e aos Municípios, além de vedação à concessão de garantia da União e à contratação de operação de crédito junto às instituições financeiras federais. Pela LRF, o prazo para ajustamento aos limites foi fixado em dois exercícios (art. 70, *caput*). Se, entretanto, sobrevier excesso, o ajustamento terá de ser feito nos dois quadrimestres seguintes. Preveem-se, como sanções administrativas, a suspensão de transferências voluntárias, a não obtenção de garantia e a vedação à contratação de operações de crédito (exceto para refinanciamento da dívida mobiliária e para redução das próprias despesas de pessoal). Há também um conjunto de providências restritivas, de caráter preventivo, quando a despesa total com pessoal exceder 95% do limite estabelecido (para o Poder ou órgão). Havia ainda um limite de acréscimo anual – de 10% – até o término do terceiro exercício financeiro seguinte à entrada em vigor da LRF, portanto, 31-12-03. Isso significava, a partir de 2004, uma espécie de "flexibilização geral", mais fácil ainda de ocorrer em se tratando de ano eleitoral em todos os Municípios brasileiros.

§ 3º A Emenda nº 19/98 determinou que o limite admitido das despesas de pessoal seja alcançado com a redução em pelo menos 20% **das despesas** com cargos em comissão e funções de confiança (e não na quantidade dos cargos e funções), e com exoneração dos servidores não estáveis. Como as duas situações foram enunciadas de forma independente, pode-se entender, por exemplo, que, reduzindo em 20% as despesas com aqueles cargos e funções, poder-se-á recorrer sem restrições à exoneração dos servidores.

§ 4º Se as providências adotadas nos termos do parágrafo anterior forem insuficientes para o atendimento ao disposto na Lei Complementar nº 101/00, poderão ser demitidos os servidores estáveis, concursados ou não. A condição é a edição de "ato normativo *motivado*" (*sic*) de cada um dos Poderes, especificando a atividade funcional e o órgão ou unidade administrativa objeto da redução de pessoal. A Lei nº 9.801, de 14-6-99, estabeleceu outras especificações que o referido ato deverá conter.

§ 5º Os servidores **estáveis** demitidos farão jus a uma indenização à razão de um mês de remuneração por ano de serviço, valendo lembrar que os servidores públicos não têm FGTS. Note-se também que não foi assegurada indenização aos não estáveis.

§ 6º Os cargos que forem extintos, em razão da exoneração ou demissão de servidores, não poderão ser substituídos por outros cargos, empregos ou funções com atribuições iguais ou assemelhadas durante quatro anos. Em outros termos, poderão ser criados **outros** cargos, empregos ou funções a qualquer momento, não se aplicando, então, o prazo de quatro anos, presumivelmente associado à duração dos mandatos de Chefes dos Executivos. De qualquer maneira, trata-se de dispositivo de difícil aplicação e controle, até porque haveria discussões intermináveis sobre o que se caracteriza como atribuições **assemelhadas** (ou mesmo iguais, quando a denominação for diferente).

§ 7º **Lei ordinária federal** – Lei nº 9.801, de 1999 – dispõe sobre a demissão dos servidores estáveis, o que significa enorme flexibilidade na regulação da matéria, por um lado, e, por outro, tendência à fixação de normas (ainda que gerais) uniformes para todas as esferas da Administração, cujas situações são muito diferentes, inclusive entre Municípios e entre Estados. Com efeito, a Lei nº 9.801/99 é genérica, para todas as esferas e todos os entes.

RESUMO

A seguir, estão contemplados os principais assuntos discorridos no capítulo.

- Compete privativamente ao Presidente da República enviar ao Congresso Nacional os projetos do plano plurianual, da lei de diretrizes orçamentárias, da lei orçamentária e suas alterações, além dos planos nacionais, setoriais e regionais.
- Ao Congresso Nacional cabe dispor sobre todas essas matérias, além de operações de crédito, dívida pública e emissões de curso forçado.
- A Lei de Diretrizes Orçamentárias (LDO) foi a maior novidade trazida ao processo orçamentário com a Constituição de 1988. Funciona como uma "ponte" entre o plano e os orçamentos.
- A LRF estabelece o conteúdo mínimo de informações, para permitir o máximo de evidenciação.
- As matérias orçamentárias – planos, programas, diretrizes, orçamentos – estão sujeitas à apreciação e votação conjunta das duas Casas do Congresso Nacional.

ATIVIDADES PARA SALA DE AULA

1) Avalie as principais modificações identificadas na legislação orçamentária desde a Constituição de 1988.
2) Na sua opinião, as mudanças ocorridas – e, em particular, a adoção do chamado **orçamento impositivo** – resultaram em melhorias no processo orçamentário?

6

PROCESSO DE ELABORAÇÃO E EXECUÇÃO ORÇAMENTÁRIAS NO BRASIL. UM POUCO DE SUA HISTÓRIA E PECULIARIDADES

OBJETIVOS DE APRENDIZAGEM
Ao final deste capítulo, o aluno deverá ser capaz de: • caracterizar o papel do orçamento dentro do planejamento; • examinar o comportamento da burocracia governamental na elaboração e execução dos orçamentos; • identificar as distorções resultantes de subestimativas e superestimativas de receitas e despesas.

6.1 INTRODUÇÃO

A abordagem crítica do processo de elaboração e execução orçamentárias no Brasil é indispensável à compreensão de sua utilização como instrumento de **planejamento**, definido como um dos princípios básicos da Administração, juntamente com a **coordenação**, a **descentralização**, a **delegação de competência** e o **controle**.

6.2 CONCEPÇÃO SISTÊMICA DE 1967 E SUA EVOLUÇÃO RECENTE

Partindo-se da Reforma Administrativa de 1967 no Brasil, percebe-se a instituição de dois sistemas basilares de apoio às ações ministeriais, interdependentes, complementares: um, o de planejamento e orçamento, configurado a partir da estrutura das antigas secretarias gerais; outro, de acompanhamento e controle interno, representado pelas antigas inspetorias gerais de finanças. Sua equidistância da autoridade superior e igual ***status*** constituiriam verdadeiro fator de equilíbrio. Os órgãos centrais dos respectivos sistemas se situavam respectivamente na Secretaria de Planejamento e Assuntos Econômicos (Seplan) e no Ministério da Fazenda (MF), embora isto não tivesse sido sempre assim (houve época em que os dois se localizavam na Seplan e, também, em que parte das funções do sistema de orçamento fora absorvida pelo MF).

A experiência que se seguiu adotou seu próprio "modelo", condicionado, naturalmente, pelas tendências políticas dominantes. Houve época em que se fortaleceram os órgãos de planejamento, função que se foi esvaziando com a gestão governamental cada vez mais concentrada no dia a dia. Já os órgãos de controle nunca foram efetivamente muito fortes, exceto nos discursos oficiais e nas tentativas de utilizá-los como instrumento de coerção circunstancial. Estas áreas permaneceram por muito tempo à margem de qualquer esforço de renovação e de modernização que se tentou implantar no Serviço Público, não apenas em termos de pessoal, mas também no que concerne a sistemas e métodos. Para o modelo de Administração Pública brasileiro, as atribuições de controle se revelaram algumas vezes desnecessárias, em outras inúteis e, até mesmo, incômodas. O resultado trouxe consequências no longo prazo; a insuficiente alocação de recursos negligenciou efetivas prioridades, contribuindo para desvios e desperdício tão frequentes em nossa Administração.

Por um lado, o sistema de planejamento e orçamento, centralizado em cada ministério e no nível do governo como um todo – hoje no Ministério da Economia –, se amoldou perfeitamente a um modelo de centralização de decisões e de concentração de poderes (e, por extensão, **seletivo**), inicialmente imposto pelo regime autoritário, cuja mobilização maciça de recursos era também requisito para o ambicioso projeto de "modernização", com estabelecimento de alianças e dependências que desembocariam no projeto do "Brasil Potência". Essa mesma tendência centralizadora e concentradora ainda é notória no relacionamento dos Três Poderes e das três esferas da administração brasileira, transformando o núcleo central do Poder Executivo federal no grande eixo de decisões sobre a alocação dos recursos públicos.

Por outro lado, o sistema de acompanhamento e controle, mais ou menos desvinculado da programação e em grande medida subordinado aos próprios responsáveis pela execução dos programas em cada órgão, esfera e Poder, exerce um papel preponderantemente **certificador**, sancionador dos fatos consumados, com uma visão muito mais voltada para o passado do que para o futuro, calcada com preponderância em aspectos orçamentários e financeiros formais, em detrimento da realização física, concreta dos serviços públicos.

A criação da Secretaria do Tesouro Nacional, depois Departamento do Tesouro Nacional, mais tarde novamente Secretaria e, finalmente, desmembrando-se com a Secretaria Federal de Controle (hoje Secretaria Federal de Controle Interno), foi uma tentativa (ou experiência) no sentido de estabelecer algum tipo de coordenação que até então não existira (além das tentativas de fundir múltiplas funções em um único Ministério). Assim é que chegou a atuar como órgão central dos subsistemas de programação e administração financeira, contabilidade e auditoria (no que, na opinião dos críticos, já seria uma enorme contradição: o tesoureiro programa, registra e verifica as operações), interpenetrando em áreas setoriais distintas e dissociadas, por meio de sistemas que durante muito tempo funcionaram de forma isolada e desarticulada, tanto em nível de cada ministério como nas relações entre os órgãos setoriais e os respectivos órgãos centrais dos sistemas, e também entre os próprios órgãos centrais.

O desafio continua sendo impedir que a criação, o fortalecimento, o esvaziamento, a migração e a extinção dos órgãos não sejam feitos no interesse de determinadas pessoas ou de circunstâncias eventuais, preservando-se o que cada função tem de essencial e permanente.

6.3 ORÇAMENTO "DENTRO" DO PLANEJAMENTO

Ao longo do tempo, um dos aspectos que parecem ter levado a um desvirtuamento da função orçamentária foi a perda de percepção, pelos próprios responsáveis pelas áreas setoriais de planejamento e orçamento, do papel que deveriam exercer, isto é, concentrar-se nos objetivos do que se pretende realizar; em sobreposição a **quanto** se quer ou pode gastar. A inversão de perspectiva leva ao risco de tornar o orçamento cada vez menos um meio para se atingirem objetivos, e cada vez mais um fim em si mesmo ou uma peça meramente formal, sem compromisso.

Para evitar isso, o orçamento-programa consagra o princípio de que o gasto está vinculado a uma finalidade, e a própria LDO estabelece que cada programa deve identificar as ações necessárias para atingir os seus objetivos – atividades, projetos ou operações especiais –, especificando os respectivos valores e metas, bem como as unidades orçamentárias responsáveis pela realização da ação. O desdobramento das categorias de programação – programas, atividades, projetos ou operações especiais – até os subtítulos leva à indicação do produto, da unidade de medida e da meta física.

Você sabia?

Ao longo do tempo verifica-se com frequência que os objetivos propostos em nada condizem com a realidade. Primeiro, porque não traduzem a execução prevista ou viável, para o que seria necessário uma consistente associação entre os recursos financeiros e as metas físicas. Segundo, porque muitas escolhas são evidentemente "arbitradas". E, enfim, os mecanismos de controle não estão preparados e talvez nem sejam apropriados para avaliar os resultados obtidos.

É até compreensível que os controladores, com o esvaziamento ou a falta de melhor definição para a sua função, tenham assumido uma postura de caráter repressor e deixado de valorizar os aspectos relacionados essencialmente com a verificação e apreciação da execução dos programas, no mérito da despesa, enfim; é, pois, importante responder não só às questões "em que" e "como" o recurso foi gasto, mas sobretudo "para quê", sob pena de se passar uma imagem de estorvo às iniciativas dos gestores.

Negligencia-se, muitas vezes, a relevância da quantificação de metas, a aferição do seu cumprimento e a constatação de por que foram ou não cumpridas, como fatores imprescindíveis que são às atividades de planejamento, coordenação e controle. Como planejar, se não se sabe bem o que foi feito – ou por que não o foi – em determinado período ou exercício?

Para que se possa ir mais longe nesta análise, entretanto, deve-se partir da constatação inicial de que o próprio instrumento "norteador" das ações de planejamento no Brasil (hoje o Plano Plurianual) tem sido muito mais um documento de retórica do que a efetiva concepção de um programa de governo (tanto na forma como – e mais ainda – no conteúdo). Se, algumas vezes, até já nos enredamos em planos e programas muito específicos, com metas rigidamente estabelecidas, e até fantasiosas, em geral tais documentos são meras declarações de intenções, sem um compromisso efetivo, e carecem de acompanhamento sistemático. Não existe, por exemplo, até hoje, um modelo de relatório gerencial de acompanhamento da execução do plano plurianual, de tal modo que se possa avaliar objetivamente o ritmo de realização das obras e serviços, e a compatibilização entre os respectivos fluxos financeiro e físico. Quase todos os planos são rapidamente ignorados, desvirtuados ou abandonados, mostrando-se irrealizáveis ou, simplesmente, deixando de servir como referencial. É evidente que, em boa parte, o descrédito do planejamento vem decorrendo do processo do qual ele é concebido e se implementa sem a participação efetiva dos interessados, dos envolvidos na execução e nos resultados, e, principalmente, dos possíveis beneficiários; descoordenação, descontinuidade, improvisação e imediatismo são características de nossa realidade. Estes são, aliás, pontos de vista perfilhados por inúmeros autores, bastante conhecidos e de diferentes tendências, tais como Celso Lafer, Roberto B. M. Macedo, José Roberto Mendonça de Barros, Fernando Henrique Cardoso, entre outros.

O primeiro plano plurianual (após a Constituição de 1988), que poderia ter revitalizado a ideia do planejamento, foi elaborado às pressas, praticamente com total desconhecimento da sociedade, em plena campanha eleitoral de 1990, e aprovado ao final de uma legislatura, quando a renovação do Congresso Nacional beirou dois terços das cadeiras em disputa. Os parlamentares não reeleitos foram os responsáveis pela aprovação do Plano. O segundo PPA também passou praticamente desconhecido, e não se tem ideia de sua execução. Mais recentemente, embora se venham aprimorando as técnicas de elaboração, os planos continuam distanciados da realidade, sua elaboração e discussão têm pouca participação dos segmentos diretamente afetados pelas ações que resultariam de sua implementação, sofrem os efeitos da descontinuidade e das indefinições na política econômica – apesar da estabilização monetária – e, sobretudo, carecem de acompanhamento e avaliação que possam realimentar o próprio planejamento. Hoje, mesmo formalmente articulado com o orçamento, o plano cai rapidamente no vazio e no esquecimento; o próprio orçamento "autorizativo" é só parcialmente executado.

O assunto, longamente examinado por um dos autores,[1] é adequadamente sintetizado em citação de Praxy J. Fernandes, quando afirma:

> A clareza na definição dos objetivos tem três nítidas vantagens:
>
> a) habilita os administradores a saberem exatamente aquilo que se espera que eles façam;
>
> b) habilita as autoridades responsáveis a julgarem os desempenhos em termos de objetivos predeterminados;
>
> c) dá clara informação ao público em geral, incluindo a imprensa e o Parlamento, sobre as finalidades de cada órgão e entidade e, consequentemente, habilita esses segmentos a efetuarem uma avaliação mais justa do desempenho dos próprios dirigentes.

Diante disso, a conclusão a que se chega é, por conseguinte, que o orçamento no Brasil tem sido de pouca utilidade e compreensão para efeito de operacionalizar, materializar, instrumentalizar o programa de ação do governo. O próprio orçamento em si pouco contribui para uma perspectiva sobre os rumos do País, que tem sido orientado por uma visão "curtoprazista", em que as ações estão voltadas para a gestão financeira, para o fluxo de caixa do Tesouro e, mais recentemente, para o atingimento precoce da meta de superávit primário ou o controle do déficit fiscal. Isso ajuda a entender, por exemplo, como é possível que o PPA, válido somente a partir do segundo ano de cada mandato, não seja às vezes aprovado sequer no primeiro ano desse mandato, e venha até sendo aprovado em meados do segundo ano do mandato. Note-se, nesse particular, que, em rigor, a primeira LDO elaborada com base no PPA do respectivo período de governo é a que se aplica ao terceiro exercício do mandato correspondente, no que o próprio calendário das matérias orçamentárias contribui um pouco para essa desconexão.

Um bom exemplo dessas distorções ocorreu em 1991, quando o Executivo, um dia após a publicação do orçamento, "bloqueou" até 100% de várias dotações, liberando-as a seu critério durante o exercício, prática que depois se tornou corrente, os famosos contingenciamentos. Se a razão fosse a superestimativa do orçamento – como muitas vezes se tem insinuado –, então houve, no mínimo, falha de articulação no planejamento, ou mesmo de responsabilidade dos intervenientes no processo, comprometendo irremediavelmente a execução. Mas ainda que as dificuldades decorram de inesperada frustração da arrecadação, haveria outros meios

---

[1] PISCITELLI, Roberto Bocaccio. *O controle interno na administração pública federal brasileira.* Brasília: ESAF, 1988.

de rever o orçamento, de forma mais ordenada, democrática e transparente do que mediante contingenciamentos decretados unilateralmente pelo Executivo. Em alguns anos, o próprio orçamento também foi aprovado tardiamente, institucionalizando como norma a realização das despesas por meio dos duodécimos previstos nas leis de diretrizes orçamentárias, no caso de despesas expressamente enumeradas. Contingenciamentos, de toda forma, se transformaram em rotina na atuação do Poder Executivo, que, além do mais, define o ritmo e a proporção da realização das obras e serviços, administrando as liberações de recursos, mesmo no caso das emendas parlamentares hoje de caráter compulsório, poderoso instrumento de barganha com o qual assegura a aprovação, ou melhor, negocia a aprovação das matérias de seu interesse.

A falta ou a perda da noção de conjunto, integrada, tornou-se evidente na constatação de que, nas discussões com os órgãos técnicos do governo, a composição dos elementos de despesa pode ter mais realce que a explicitação de objetivos e metas. A discriminação dos elementos de despesa, então publicada no Quadro de Detalhamento da Despesa (QDD) – hoje eliminado –, após a sanção da lei orçamentária anual (e suas alterações), tolhia a flexibilidade dos gestores,[2] o que em certo sentido não é muito diferente nos dias atuais, tendo em vista a estrutura orçamentária em vigor e a falta de autonomia dos gestores. Os limites por agregados de despesa já deveriam ser suficientes para a execução, pois sua contabilização analítica possibilita o adequado exercício do controle, de qualquer modo preservando a existência de memórias de cálculo, que explicitem as estimativas e autorizações, e que estejam facilmente acessíveis e disponíveis. Tais práticas remanescentes têm muito a ver com uma forte tradição cultural, de apego ao centralismo, formalismo e desconfiança mórbida (no dizer do saudoso Hélio Beltrão, então Ministro da Desburocratização), contrapartida da falta de visão e de definições, projeções e responsabilidades de médio e longo prazos. Essa rigidez contábil acaba tornando até mais **tranquila** a situação de qualquer administração ou administrador mais acomodado, para efeito de individualização de eventuais responsabilidades.

É inegável que ater-se a detalhes formais obscurece uma avaliação mais completa do desempenho do administrador, desviando, outrossim, o foco da atuação precípua do Sistema de Controle, ao colocar sempre em xeque a correção no modo de agir do agente público, e dando ensejo a uma farta exploração, pelos meios de comunicação, de uma suposta generalização e banalização das irregularidades. Em outras palavras, faltam parâmetros substantivos e a fixação de balizamentos, ainda que com ênfase em parâmetros de natureza qualitativa, para avaliar os resultados da gestão governamental e o desempenho dos agentes públicos. As cobranças constantes e as condenações sumárias por parte da imprensa acabam contribuindo para essa visão segmentada e particularista da realização das despesas públicas.

---

[2] Assim, ainda ocorre, por exemplo, de ter-se dotação para passagem, e não para diária (ou vice-versa), para alojamento, e não para transporte (ou vice-versa) etc. Ver ANGÉLICO, João. *Contabilidade pública*. 5. ed. São Paulo: Atlas, 1981.

Deste modo, como consequência óbvia, o Sistema de Controle não tem servido como realimentador de informações, nem mesmo no aspecto contábil, pois a geração de seus dados constitui uma espécie de ritual apoiado em uma "linguagem" que só serve aos que conceberam e operam – em escala maior – o sistema de apuração de dados; se não precisam ser compreensíveis para os operadores e são inúteis para os presumíveis usuários os produtos desse levantamento, carece, assim, o sistema de informações de um enfoque gerencial, que norteie as decisões do administrador – se ele tiver liberdade para tanto – e as avaliações dos analistas – se eles tiverem acesso a tanto.

Por outro lado, apesar de todos os discursos pela transparência, os setores responsáveis, os próprios órgãos centrais dos sistemas, continuam atuando dentro do velho estilo. O trabalho é "fechado", muito voltado para dentro, tanto no nível central como setorial, embora se saiba que as "caixas-pretas" estão presentes em quase todos os setores da Administração brasileira, cuja burocracia tende a se perpetuar.

O Prof. João Angélico[3] lembra que o

> orçamento-programa está institucionalizado no Brasil [...] Mas seu conteúdo é fictício, nada está programado. A execução orçamentária desenvolve-se ao sabor das necessidades (e – poder-se-ia dizer – das conveniências) emergentes [...] Na verdade, a execução orçamentária segue, ainda [...] os mesmos procedimentos adotados antigamente na execução do orçamento ortodoxo. A prova desse fato está na fartura de suplementações e reduções desenfreadas de créditos orçamentários, desfigurando totalmente o orçamento original.

Se causa espanto o número de alterações que se processam desde o início do exercício, mais inverossímeis ainda são as autorizações para modificações dos programas de dispêndios globais (das empresas estatais) de exercícios já encerrados (como já se pôde verificar em vários exercícios, nos Diários Oficiais dos primeiros meses de cada ano). Em cada exercício, na realidade, executam-se vários orçamentos; solicitações de crédito adicional são encaminhadas como se fossem novas propostas isoladas, o que reforça a afirmação anterior sobre a falta de visão continuada e conjunta do orçamento como instrumento de planejamento.

A institucionalização das medidas provisórias em matéria orçamentária, durante 13 anos – até a aprovação da Emenda Constitucional nº 32, de 2001 –, reforçou o caráter precário do orçamento: leis de **diretrizes** orçamentárias eram alteradas no próprio exercício de vigência do respectivo orçamento, reeditando-se medidas sucessivamente, mesmo após o encerramento do exercício; da mesma forma, alterações promovidas na própria lei orçamentária, ao arbítrio do Executivo, deixavam de ser apreciadas pelo Legislativo; o Executivo, além de "convalidar" o efeito das medidas, passou, pela sistemática então vigente, a revogá-las, substituindo-as por outras ou reinserindo-as em outras.

---

[3] *Op. cit.*

A bem da verdade, o Executivo tem o orçamento a seu dispor – e isso vale para todas as esferas da Administração –, e as possibilidades de alterá-lo sem a manifestação específica do Legislativo são, hoje, até maiores do que em períodos anteriores, haja vista a profusão de créditos extraordinários abertos, mediante compensação com dotações previamente aprovadas, sem falar nas autorizações prévias e incondicionais que os próprios legislativos conferem aos executivos, como, por exemplo, promover alterações em até 25% das dotações constantes das leis orçamentárias .

Não obstante a promulgação da antes mencionada Emenda Constitucional nº 32, de 2001, que veda a edição de medidas provisórias sobre matéria orçamentária, o Executivo continua a editá-las, com a omissão e conivência do Poder Legislativo, como se houvesse uma expressa delegação de competência ao Executivo. Vale assinalar, a propósito, que, mesmo na hipótese de lei delegada expressa – prevista no art. 68 da Constituição Federal –, uma das matérias cuja competência o Congresso Nacional não pode transferir é justamente a que trata de planos plurianuais, diretrizes orçamentárias e orçamentos. Mas estas questões não parecem incomodar a maioria dos legislativos na estrutura político-administrativa brasileira.

6.4 ORÇAMENTO E BUROCRACIA GOVERNAMENTAL

O exposto nos tópicos anteriores demonstra que os procedimentos adotados pela burocracia, nas discussões nas áreas técnicas, ainda estão condicionados, em grande medida, por questões do tipo:

- Qual é o teto?
- De quanto é o percentual (linear) de reajuste ou redução em relação aos valores aprovados para o exercício corrente?

Tais discussões, quando possíveis, se realizam em limites bastante estritos, e se circunscrevem a cada órgão, em cada solicitação específica.[4] A própria estrutura administrativa e de pessoal acaba contribuindo para levar à segmentação e descoordenação de objetivos e metas, dificultando o cumprimento do planejado e dispersando esforços e recursos. Cada área depende muito da habilidade (pessoal) e da influência (política) de seus representantes no encaminhamento das respectivas demandas. Claro está que, nas circunstâncias, "leva mais quem pode mais". Há falta de critérios programáticos bem definidos.

Isto explica a criação, manutenção e o superdimensionamento de programas que, muitas vezes, colocam em segundo plano o atendimento de necessidades prioritárias. Nos escalões intermediários, pode estar ocorrendo que quem discute

[4] O Congresso Nacional, por sua vez, ao examinar a proposta orçamentária, por meio da Comissão Mista, também fragmenta as diversas áreas, e cada relator setorial trabalha sobre sua parte destacada da proposta.

o orçamento, de um lado e de outro, não tem clareza sobre o que está pedindo e do que pode dispor. A falta de transparência leva a que se peça mais do que é preciso, para se obter menos do que é possível, ainda mais quando há incerteza e imprecisão nos dados e informações disponíveis.

Em outras palavras, há uma frágil vinculação entre o que se solicita e o que se concede, e, posteriormente, compromisso entre o que se aprova e o que se executa. Está mais ou menos convencionado que é preciso pedir 200 para conseguir 100, mesmo que só fosse necessário e possível ter 150. Quem sofre o corte em geral não é consultado; e a medida é sempre **financeira**. É bom lembrar, também, que, afinal, no Brasil, sempre se administraram pessoas, geriram recursos e definiram objetivos em função das próprias pessoas e de grupos específicos de interesses, com prejuízo do fortalecimento da burocracia no sentido weberiano.

É, então, de se perguntar como atingir objetivos predeterminados, fazendo do orçamento um mecanismo efetivo de planejamento, sem uma estrutura burocrática (profissional) forte, enquanto algumas pessoas ou grupos flutuam acima dessa estrutura. Aliás, cabe aqui ressaltar a importância crescente da atuação da área técnica do Congresso Nacional, embora ainda descartada do processo de elaboração orçamentária. A valorização desse trabalho combinado entre técnicos dos dois Poderes é um contraponto desejável ao peso dos centros de decisão política, que se articulam diretamente – e previamente – com os altos escalões do Executivo e com os grupos de interesse situados fora da burocracia oficial. Mesmo no âmbito estritamente político, seria necessário promover uma maior convergência entre as questões de interesse nacional e as (justas) reivindicações de caráter local, específico.

Já mencionamos entre os **vícios** do processo orçamentário a **linearidade**, em relativo confronto com o conceito de prioridades. Mas há também uma indisfarçável tendência à **inercialidade**, que se caracteriza por certa continuidade de tudo o que já se iniciou ou foi prioritário em certo momento (em oposição ao chamado orçamento base-zero). O ponto de partida de determinado programa pode constituir-se em patamar permanente – uma espécie de piso – a justificar, inclusive, a existência de um órgão ou entidade, até pela natureza dos gastos. Não é por outra razão que vários projetos se transformaram em atividades, **gerando**, a partir daí, uma fonte permanente de necessidades e recursos. A "janela" orçamentária pode se converter em "portal".

É interessante lembrar, por exemplo, como ministérios extraordinários se transformavam rapidamente em permanentes (por exemplo, Ministério da Reforma e do Desenvolvimento Agrário – Mirad) e programas sob a responsabilidade de ministros extraordinários tinham sua vigência prorrogada (por exemplo, Prouni), ou secretarias se transformavam em ministérios. Há uma tendência de setores da própria tecnocracia, aliada aos interesses dos segmentos diretamente beneficiados, em perpetuar o formalmente transitório. Afinal, sempre tivemos ministérios tratando de "reformas". "Reformas" são o que todos os governos tratam de promover, como indispensáveis, inadiáveis e intocáveis. Do ponto de vista administrativo, caracterizam-se, acima de tudo, pela criação, desdobramento e transposição de estruturas, mudanças de denominações e alterações nas relações de subordinação ou vinculação, práticas associadas à descontinuidade e à ausência de uma genuína concepção de Estado e de suas funções essenciais.

Ressalte-se que, ao insistir com a fixação de tetos, ou simplesmente estabelecer percentuais de acréscimo ou redução dos montantes de despesas, adota-se uma visão **mecânica** da Administração, ignorando-se as peculiaridades de cada situação, o papel de cada órgão/entidade como instância de política pública, a qualidade de sua atuação e o desempenho de seus agentes. Uma vez **contemplado** com uma dotação, cada segmento tratará de manter e ampliar seu espaço orçamentário; não consumir a totalidade de seus recursos no exercício financeiro passa a falsa imagem de ter pleiteado o que não era necessário ou não ter sido capaz de utilizar o que lhe foi destinado; nesse caso, os gestores tratarão de gastar tudo, mesmo que no atropelo ou sem necessidade, de modo a preservarem seu quinhão, evitando cortes nos exercícios subsequentes. É a antítese da busca pela eficiência. O que se deixou de perguntar, entretanto, foi "Atingiram seus objetivos?", "Cumpriram suas metas?". Aliás, um dos efeitos perniciosos dos tetos é esticar as despesas até atingi-los, e depois assegurá-los indefinidamente. Essa é também uma das possíveis consequências das vinculações, que, sem prejuízo de alguns benefícios, podem "congelar" uma parcela das receitas e levar a uma certa acomodação ou provocar ociosidade de recursos.

Todos esses aspectos ressaltados evidenciam o papel vital que a auditoria, em particular a partir do acompanhamento físico-financeiro, deveria desempenhar no decurso das ações governamentais, muito mais do que no exame formal da despesa, na apreciação de seu mérito, sua pertinência e da adequação, conveniência e oportunidade, como função retroalimentadora do planejamento e do processo orçamentário.

A visão limitada e distorcida da programação governamental representa uma perda evidente da substância da função de controle, como subsidiária da ação fiscalizadora do Legislativo e da própria coletividade, permitindo uma avaliação mais criteriosa da natureza e das dimensões das necessidades públicas, em comparação com a origem e o montante dos recursos necessários e suficientes para o seu atendimento.

6.5 SUBESTIMATIVAS E SUPERESTIMATIVAS DE RECEITAS E DESPESAS. SEUS EFEITOS NO COMPORTAMENTO DOS RESPONSÁVEIS E DOS USUÁRIOS

Tanto a receita como a despesa podem ser sub ou superestimadas. Cada uma dessas situações apresenta, naturalmente, efeitos diversos.

Durante muito tempo – principalmente nos períodos de inflação elevada –, a receita era flagrantemente subestimada.[5] Essa subestimativa decorria de um suposto "otimismo" em relação ao comportamento dos preços e tinha como foco produzir um efeito psicológico amortecedor de expectativas inflacionárias, por mais irrealista que se afigurasse essa perspectiva. Produz-se, além do mais, um efeito prático da maior importância para as autoridades responsáveis, conferindo maior elasticidade e – sobretudo – maior poder ao Executivo na realização (ou seja, na abrangência e na composição) da despesa, com sucessivas emendas ao orçamento, permitindo a utilização dos excessos de arrecadação. (Não se trata, aqui, obviamente, de reserva de contingência). "Ganha-se", ainda, com a imagem projetada de uma maior eficiência/eficácia do aparelho fiscalizador/arrecadador e de um melhor desempenho da economia.[6]

Na hipótese em questão, a subestimativa se reproduziria pelo lado da despesa. Uma das possíveis distorções residia na fixação das **bases** consideradas, tendo por referência os valores do último orçamento aprovado (do exercício em curso), às vezes sem levar em conta sequer os créditos adicionais (seguidamente bem superiores às dotações originais), aprovados até o final do exercício. A não ser que as dotações aprovadas não tivessem sido atribuídas segundo critérios realistas, já se iniciava o exercício sabendo que haveria necessidade de suplementação de créditos, fato que estimulava os gestores a entrar primeiro na fila.

Evidentemente, não é só a inflação que induz a esse tipo de procedimento. É relevante o fato de que a proposta é elaborada ainda no primeiro semestre, e consolidada no início do segundo. Assim, se não forem levados em conta vários outros fatores, a elaboração da peça orçamentária poderá estar impregnada de formalismo e ficção.

Essas questões suscitam as dúvidas sobre o calendário de tramitação dessas matérias, ainda mais com as (muitas) alterações efetuadas durante o exercício de execução do orçamento. O compromisso da despesa condicionado à efetiva disponibilidade financeira é uma forma de "controlar" melhor os gestores, de disciplinar o montante e o momento do gasto, embora não seja tecnicamente o mais indicado ou nem mesmo até, muitas vezes, necessário.

---

[5] A partir de 1991 começou a ocorrer também o inverso, o que torna inviável a realização das despesas autorizadas, ampliando as manipulações na execução do orçamento. Tornaram-se frequentes as receitas e despesas "condicionadas", por exemplo. Na prática, o Executivo acaba sendo o árbitro do processo sobre quais despesas realizar – e quando –, o que também aumenta sua barganha com os políticos.

[6] Tais distorções, no período inflacionário mais crítico, poderiam ter sido minimizadas mediante a utilização de índices apropriados e específicos, de modo que o orçamento inicialmente aprovado não ficasse desfigurado, nem se tivesse de aprovar suplementações que muitas vezes representavam meras atualizações de valor. Esses índices poderiam ter sido aplicados inclusive **durante** a execução do orçamento, valendo assinalar que isso seria normal em uma economia então totalmente indexada. Mas os críticos viam essa possibilidade também como um fator realimentador da inflação (como a indexação em geral).

No período mais recente, as subestimativas estão frequentemente associadas ao conservadorismo nas previsões decorrentes de alterações na legislação tributária e à tendência de, seguidamente, caracterizar-se como "extraordinária" ou "atípica" qualquer elevação de receita resultante dessas alterações ou mesmo simples recuperações de receitas (por exemplo, por solução de contencioso, acordos, mecanismos facilitadores da regularização de débitos etc.). Ainda que Executivo e Legislativo divirjam, frequentemente, quanto às (re)estimativas de arrecadação, de um modo geral, hoje em dia, as previsões das áreas técnicas do Legislativo vêm-se ajustando cada vez mais à receita efetivamente arrecadada.

Quando se percebe que o orçamento tem um caráter eminentemente formal e ficcional, os próprios gestores são levados a trabalhar mais "relaxados", habituando-se à prática de suplementações. Por outro lado, quanto mais estritamente a execução da despesa estiver subordinada ao fluxo de recursos financeiros, menos o administrador estará comprometido com o cumprimento das metas.

Há uma espécie de aposta em que o responsável pela realização das despesas pede o máximo para conseguir o "razoável", gastando-se o máximo obtido, para evitar a redução dos limites concedidos nos períodos subsequentes. A correção de tal distorção poderia se dar pelo reconhecimento da excelência da gestão, recompensando as boas práticas, como, por exemplo, gastar menos que o necessário ou em ritmo menos acelerado, cumprindo o programa de trabalho. Dada a existência do princípio da anualidade, deveria se possibilitar a prorrogação ou revigoramento do crédito não (totalmente) utilizado, evitando-se os atropelos tão comuns em final de exercício, quando se afrouxam as restrições relativas aos descontingenciamentos de dotações e às liberações de recursos.

As superestimativas são mais frequentes nos últimos exercícios, não só por efeito da estabilização monetária, como em função de sucessivas frustrações na arrecadação em consequência da crise econômica. O Executivo, por não ter um compromisso firme com a execução do orçamento, consagrou seu caráter meramente autorizativo, estipulando os contingenciamentos de dotações e restringindo as liberações de recursos, o que o torna árbitro de suas aplicações. O Legislativo, por seu turno, subordinou-se às diretrizes de política econômica e conformou-se às informações produzidas pela burocracia federal do Executivo, concentrando suas atenções na negociação acerca das emendas parlamentares e as respectivas liberações de recursos.

Saliente-se que as superestimativas acirram as disputas políticas em torno das despesas que não são obrigatórias. Mais uma vez, o Executivo assume a condição de árbitro, à medida que muitos interessados ficam de fora da repartição das dotações desbloqueadas e dos recursos liberados.

Para todos os efeitos, deve-se ter em mente que o orçamento anual é essencial para a programação de curto prazo. E, como não é uma peça isolada, deve integrar-se a um processo de planejamento mais amplo, condicionado hoje à existência do plano plurianual, secundado pelas diretrizes orçamentárias, e complementado pelos planos nacionais, setoriais e regionais.

6.6 PERSPECTIVAS/ALTERNATIVAS

A reversão do quadro apontado neste capítulo só se tornará possível à medida que as primeiras instâncias de decisão sobre alocação de recursos convirjam para um consenso político que incorpore a concepção de planejamento como algo inerente à atuação do Estado. Essa função deve abranger o conceito de integração entre os diversos Poderes e esferas da Administração, e incorporar a participação social sob várias vertentes. A materialização desse processo deveria ter como referência o modelo sistêmico que compreende o conjunto de planos, programas e orçamentos. A inserção desse novo padrão não pode prescindir de um mínimo de coerência e continuidade.

Partindo-se da premissa de que os recursos são sempre escassos e limitados, faz-se mister hierarquizar nossas necessidades e ter um cronograma para seu atendimento, sepultando de vez o discurso de que tudo é prioritário e urgente (e, portanto, nada o é). Melhores definições sobre os rumos pretendidos tornariam os administradores verdadeiramente responsáveis e o controle, exequível, inclusive e sobretudo o exercido diretamente pelos cidadãos, pelas organizações da sociedade civil, sem prejuízo da atuação que cabe às demais instâncias constituídas.

A revitalização do orçamento público no Brasil haverá de levar em conta que sua verdadeira dimensão, como expressão de objetivos e conjunto de metas, está no programa de trabalho e não no elemento de despesa. É também relevante assinalar que a existência de um déficit eventual não deve paralisar o País, cabendo, é claro, examinar com responsabilidade sua origem e respectivo financiamento, aspectos que podem até se sobrepor à dimensão de seu montante. Esse conjunto de fatores tem de ser compatível com o nível e a qualidade dos serviços exigidos pela coletividade e com os sacrifícios que ela esteja disposta a suportar e repartir com as futuras gerações.

O detalhamento do orçamento, questão tão cara à burocracia, é subsidiária, com as suas classificações e critérios que sirvam de parâmetro para acompanhamento e controle dos órgãos técnicos, e que assegure razoável compreensão de seu conteúdo para a população em geral ou, pelo menos, de suas representações.

É mais que desejável que Executivo e Legislativo interajam em todas as fases do processo orçamentário, desde a elaboração da proposta e em todo o acompanhamento de sua execução. Nesse sentido, não é crível o distanciamento que existe entre a proposta e o que é executado, e as modificações – inevitáveis – ao longo desse percurso não podem perder de vista o conjunto integrado da programação, até porque é inerente à sistemática do planejamento que o orçamento seja continuadamente coerente com os planos e programas.

A incorporação definitiva e abrangente do orçamento ao processo de planejamento evitará que muitas atividades e projetos sejam iniciados sem maiores preocupações com sua continuidade e conclusão.[7] Fazem parte do folclore "obras" que chegaram

---

[7] A LRF, no art. 45, determina que a inclusão de novos projetos só será feita após adequadamente atendidos os em andamento.

a ser inauguradas mais de uma vez (como é o caso do Teatro Nacional de Brasília); outras tantas se transformaram em "elefantes brancos" (como vários estádios da Copa); algumas, para serem retomadas e concluídas, requerem montantes superiores ao que seria originalmente necessário para a sua realização (seria o caso da Ferrovia do Aço ou das usinas nucleares?). O início de obras e serviços sem identificação e comprometimento das respectivas fontes de recursos tem sido responsável pela interrupção e cancelamento de várias iniciativas.

É também considerável o desperdício de recursos decorrentes da "execução" das mesmas coisas várias vezes e por meio de vários órgãos/entidades (até simultaneamente), fruto da descoordenação. Um caso muito frequente ocorre na área de assistência social, em que várias instâncias e programas se superpõem, **disputando** a preferência do eleitor. As chamadas transferências negociadas – objeto de convênios – são fartamente utilizadas em função de barganha política. Paralelamente, o comprometimento prematuro de dotações com obras e serviços que venham a ser realizados em exercício(s) subsequente(s), para não "perder" o que já foi consignado em orçamento, pode esterilizar recursos que teriam uma utilização mais eficiente se aplicados no curto prazo.

A correção de algumas dessas anomalias poderia passar por uma modificação da legislação, flexibilizando o rígido critério do exercício financeiro, que divide a gestão orçamentária em períodos independentes, descontinuados.

Mais especificamente quanto ao sistema orçamentário e financeiro, a acentuada redução do número de unidades nos ministérios e a redistribuição interna dos recursos, predominantes nas últimas décadas, deveriam ser revistas, pois levaram a uma ainda maior centralização de recursos e concentração de autoridade, esvaziando o papel dos antigos gestores e aumentando a competição interna. Talvez o mais racional teria sido restringir o número de unidades **gestoras** (**e não orçamentárias**), o que deveria facilitar o controle, desde que, evidentemente, assegurados os meios para identificar a destinação e a finalidade do gasto, de acordo com a programação aprovada.

A política fiscal é muito mais que assegurar superávits ou administrar déficits; o orçamento não se reduz a um mero instrumento para a realização de "ajustes".

O texto da Constituição de 1988, em matéria orçamentária, registrou avanços consideráveis, bastante satisfatórios, segundo a maioria dos especialistas, embora continue a não edição da lei complementar de que trata o art. 165, § 9º, da Constituição e ainda não tenha sido implementado o Conselho de Gestão Fiscal, previsto na Lei de Responsabilidade Fiscal. O fortalecimento da representação social, por meio de organizações próprias, é um atributo de cidadania. Neste sentido, a introdução do chamado orçamento participativo sinalizou para a recuperação do papel da democracia direta ou, pelo menos, mais **representativa**, sem prejuízo das prerrogativas parlamentares, aos quais cabe canalizar o encaminhamento das demandas da sociedade, como fiadores das suas aspirações.

Por fim, a adoção recente do chamado orçamento **impositivo** é um passo para um compromisso mais firme e responsável entre governo e cidadãos. O texto que acabou sendo aprovado, incorporado à Constituição, restringiu-se à obrigação de execução das emendas parlamentares, como um percentual máximo da receita corrente líquida (0,6%), ainda assim parcialmente vinculado ao piso previamente destinado à Saúde. Mesmo sendo bem pouco, oferece a perspectiva de que, pelo menos para a execução das emendas parlamentares – supostamente sintonizadas com as necessidades das populações mais distantes e dispersas –, os nossos representantes no Legislativo não estarão sujeitos a se tornarem reféns dos desígnios das autoridades do Poder Executivo.

RESUMO

A seguir, estão contemplados alguns dos principais assuntos abordados no capítulo.

- O orçamento-programa consagra o princípio de que o gasto está vinculado a uma finalidade; a própria LDO estabelece que cada programa deve identificar as ações necessárias para atingir os seus objetivos
- O orçamento no Brasil tem sido de pouca utilidade e compreensão para efeito de operacionalizar, materializar, instrumentalizar o programa de ação do governo.
- Entre as distorções apresentadas, a sub ou superestimativa tanto da receita como da despesa falseiam as expectativas dos agentes quanto às perspectivas da economia.
- O detalhamento do orçamento, ao ser flexibilizado, poderia ser tratado pela burocracia propriamente dita, a partir de limites, metas, critérios e condições gerais previamente estabelecidos e absolutamente transparentes para qualquer tipo de acompanhamento e controle.
- O controle social é uma prerrogativa da população, que, por intermédio de organizações próprias, deveria participar mais ativamente do processo de planejamento, em particular na fase de elaboração da proposta orçamentária e, a seguir, no acompanhamento de sua execução, fiscalizando a atuação dos responsáveis e dirigentes públicos.

ATIVIDADES PARA SALA DE AULA

1) Na sua opinião, a burocracia oferece maior segurança de que o orçamento está sendo elaborado com mais racionalidade?
2) Você acha viável a participação da população em geral no processo de planejamento e orçamentação? Quais seriam as formas mais apropriadas de operacionalizar essa participação?

7

CLASSIFICAÇÕES ORÇAMENTÁRIAS

OBJETIVOS DE APRENDIZAGEM
Ao final deste capítulo, o aluno deverá ser capaz de: • identificar os critérios de classificação das receitas e despesas orçamentárias; • interpretar o significado da codificação das estruturas de classificação orçamentária.

7.1 INTRODUÇÃO

As classificações orçamentárias são essenciais para programação, execução, acompanhamento, controle e avaliação da atividade financeira do Estado.

Segundo Sanches,[1] classificações orçamentárias são "recursos destinados à sistematização dos documentos orçamentários sob várias perspectivas, a fim de que estes cumpram as suas várias finalidades – de instrumentos de: formulação de políticas públicas, de planejamento e programação, de gerência e administração, de controle e avaliação etc. –, se revistam da maior transparência possível, permitam a comparação das programações de vários exercícios e definam responsabilidades e limites para atuação dos agentes envolvidos na execução das ações governamentais".

As receitas e despesas públicas podem ser classificadas de acordo com vários critérios. O objetivo desses critérios é permitir a compreensão da atuação governamental antes, durante e após a realização/execução dos serviços públicos. As classificações permitem um mínimo de padronização e de sistematização das contas públicas. A codificação adotada permite identificar a procedência e a destinação dos recursos, facilitando, assim, uma maior compreensão das Finanças Públicas.

As receitas podem ser classificadas especialmente quanto às fontes de recursos e segundo sua natureza.

---

[1] SANCHES, Osvaldo Maldonado. *Dicionário de orçamento, planejamento e áreas afins*. Brasília: Prisma, 1997. p. 53.

A classificação das despesas se dá especialmente pelos critérios institucional, funcional, e segundo sua natureza.

Podem-se citar, ainda, os seguintes critérios de classificação que constarão dos orçamentos: estrutura programática (programa, ação e localização de gasto – subtítulo), esfera orçamentária, identificador de uso (IDUSO), identificador de operação de crédito (IDOC) e identificador de resultado primário.

A evolução dos critérios de classificação favoreceu a homogeneização das estruturas de informação com vistas a atender simultaneamente às diversas necessidades dos usuários, e não apenas dos operadores.

Cada classificação está associada a uma função, ou finalidade específica, e um objetivo.

Dessa forma, a aplicação adequada da estrutura programática e das classificações orçamentárias tem como resultado a configuração de um orçamento, o qual evidenciará: **o que** será implementado; **para que** os recursos serão alocados; **qual** o produto (finalidade, resultados esperados, serviços e bens a serem obtidos); **quem**, na administração pública, é responsável pela programação; **quais** os insumos utilizados ou adquiridos na implantação; e **em que** área de ação governamental a despesa será realizada.

O Manual Técnico de Orçamento – MTO/2019, disponível no *site*: <https://www1.siop.planejamento.gov.br/mto/lib/exe/fetch.php/mto.pdf>, contém as instruções para a elaboração dos orçamentos Fiscal e da Seguridade Social, e, ainda, as relativas às classificações orçamentárias tratadas neste capítulo.

7.2 CRITÉRIOS DE CLASSIFICAÇÃO

7.2.1 Classificação institucional

No orçamento da receita, este critério apresenta-se apenas caracterizado em relação aos respectivos órgãos e entidades que arrecadam diretamente os recursos próprios financeiros e não financeiros, enquanto o orçamento da despesa compreende a totalidade dos órgãos e de suas despesas.

A Classificação Institucional representa a estrutura orgânica e administrativa governamental, correspondendo a dois níveis hierárquicos: órgão e unidade orçamentária. Cada Poder é dividido em órgãos, que, por sua vez, são subdivididos em unidades orçamentárias, estruturas administrativas às quais são consignadas as dotações orçamentárias, sendo, portanto, responsáveis pela execução das ações. No entanto, algumas codificações de órgão ou de unidade orçamentária, em casos especiais, não correspondem a uma estrutura administrativa, como é o caso, por exemplo, de vários fundos especiais ou de "Encargos Financeiros da União", "Operações Oficiais de Crédito", "Refinanciamento da Dívida Pública Mobiliária Federal" – este sob a supervisão exclusivamente do Ministério da Economia –, "Transferências a Estados, Distrito Federal e Municípios" e "Reserva de Contingência".

O código que identifica a Classificação Institucional é composto de cinco algarismos (dígitos ou caracteres), sendo que:

- 1º/2º dígitos: identificam o órgão orçamentário;
- 3º/4º/5º dígitos: determinam sua unidade orçamentária.

Assim, a Classificação Institucional indica **quem** é o responsável pela programação.

O Anexo I deste capítulo discrimina a Classificação Institucional por órgão orçamentário e alguns exemplos com as respectivas unidades orçamentárias.

7.2.2 Classificação funcional

Aplica-se exclusivamente à despesa.

A Classificação Funcional vigente foi instituída pela Portaria/SOF nº 42, de 14-4-99, e é composta de funções e subfunções prefixadas, destinada a agregar os gastos públicos por área de ação governamental, nas três esferas da Administração. Trata-se de uma classificação independente dos programas e, por ser de aplicação comum e obrigatória no âmbito de todos os entes da Federação, permite a consolidação nacional das despesas públicas. Cada **atividade, projeto** e **operação especial** identificará a **função** e a **subfunção** às quais se vinculam.

A função representa o maior nível de agregação das diversas áreas de atuação que competem ao setor público. Reflete a competência institucional do órgão, como, por exemplo, Cultura, Educação, Saúde, Defesa, guardando relação com os respectivos ministérios. Um órgão pode ter mais de uma função típica. A subfunção identifica a natureza básica das ações que se aglutinam em torno das funções. Entre estas, criou-se a função "Encargos Especiais", que engloba as despesas em relação às quais não se possa associar um bem ou serviço a ser gerado no processo produtivo corrente, como é o caso de dívidas, ressarcimentos, indenizações (agregação "neutra"). Existe a possibilidade de matricialidade na conexão entre função e subfunção, isto é, combinar qualquer função com qualquer subfunção.

As funções e subfunções – relacionadas no Anexo II deste capítulo –, são representadas por cinco dígitos, os dois primeiros para as funções, os três últimos para as subfunções.

A título ilustrativo, vejam-se os exemplos a seguir.

- Uma atividade de educação infantil, na Câmara dos Deputados, deve ser classificada na subfunção nº 365 – Educação Infantil – e na função nº 01 – Legislativa.

- Um projeto de habitação rural, do Ministério da Agricultura, Pecuária e Abastecimento, será classificado na subfunção nº 481 - Habitação Rural - e na função nº 20 - Agricultura.
- Uma operação especial de transferência para um Estado, por conta do combate a uma epidemia, é classificada na subfunção nº 845 - Outras Transferências - e na função nº 10 - Saúde.

A Classificação Funcional indica **em que área** de ação governamental a despesa será realizada. A ação, que era uma das categorias compartilhadas entre PPA e LOA, passou a integrar exclusivamente a LOA, diferentemente dos programas, que constam em ambos (exceto os compostos exclusivamente por Operações Especiais, que constam somente na LOA). As ações orçamentárias caracterizam a operação da qual resultam produtos (bens ou serviços) que contribuem para atender ao objetivo de um programa. Constituem também ações as transferências obrigatórias ou voluntárias a outros entes da Federação e a pessoas físicas e jurídicas, na forma de subsídios, subvenções, auxílios, contribuições, entre outros, e os financiamentos.

7.2.3 Estrutura programática

O Decreto nº 2.829, de 29-10-98, juntamente com a Portaria/SOF nº 42, de 1999, é o marco institucional para os novos critérios de classificação da despesa pública. Nesse sentido, o programa pode ser entendido como o instrumento de organização da atuação governamental, pois articula um conjunto de ações que concorrem para um objetivo comum preestabelecido, mensurado por indicadores fixados no Plano Plurianual.

Nos termos estabelecidos nessa legislação para a esfera federal, toda ação finalística deverá estar estruturada em programas orientados para a consecução dos objetivos estratégicos definidos, para o período, no PPA. Por ação finalística entende-se aquela que proporciona bem ou serviço para atendimento direto às demandas coletivas.

A partir da Portaria nº 42, de 1999, cada esfera de governo passou a ter sua estrutura própria de programas. Na esfera federal, a Lei do PPA 2016-2019 foi elaborada como um instrumento mais estratégico, no qual seja possível ver com clareza as principais diretrizes de governo, e a relação destas com os Objetivos a serem alcançados nos Programas Temáticos.

O PPA contempla, além dos programas temáticos, os de gestão, manutenção e serviços ao Estado; ambos constam do PPA e da LOA. Há outro tipo de programas, compostos exclusivamente por operações especiais, que constam somente da LOA. O programa temático é aquele que expressa e orienta a ação governamental para a entrega de bens e serviços à sociedade. O programa de gestão, manutenção e serviços ao Estado é o que expressa e orienta as ações destinadas ao apoio, à gestão e à manutenção da atuação governamental.

Em um programa temático, cada ação do orçamento está vinculada a uma única iniciativa do PPA e, em decorrência, ao objetivo e ao programa aos quais está ligada essa iniciativa. Dessa forma, o objetivo será o elo entre o plano e o orçamento quando se tratar de programas temáticos, para os quais se admite que ações padronizadas (que possuem o mesmo código) possam vincular-se a iniciativas diferentes.

Em um programa de gestão, manutenção e serviços ao Estado, o vínculo entre o plano e o orçamento se estabelece por meio do programa.

Os programas de operações especiais (por exemplo, serviço da dívida externa – juros e amortizações) não têm vínculo entre plano e orçamento; integram somente o orçamento.

A atividade envolve um conjunto de operações que se realizam de modo **contínuo e permanente**, das quais resulta um produto necessário à **manutenção** da ação de governo. Por exemplo, ação 4.339 – Qualificação da Regulação e Fiscalização da Saúde Suplementar. As ações do tipo Atividade mantêm o mesmo nível de produção pública, de prestação dos serviços públicos.

O projeto envolve um conjunto de operações **limitadas** no tempo, das quais resulta um produto que concorre para a **expansão** ou o **aperfeiçoamento** da ação de governo; é mais facilmente associado à quantificação de metas e, geralmente, dá origem a uma atividade ou concorre para a expansão e/ou aperfeiçoamento de atividades já existentes. Por exemplo, ação 7M64 Construção de Trecho Rodoviário – Entroncamento BR-472 – Fronteira Brasil/Argentina – na BR 468 – no estado do Rio Grande do Sul. As ações do tipo Projeto expandem a produção pública ou criam infraestrutura para novas atividades, ou, ainda, implementam ações inéditas em um prazo determinado.

Você sabia?

Os projetos e as atividades constituem o instrumento de realização dos programas aos quais está associada a ideia de produto (bens ou serviços). Além disso, existem as operações especiais. O enquadramento de uma ação em atividade, projeto ou operação especial depende do efeito gerado por sua implementação.

As operações especiais estão usualmente associadas à ideia de que **não** contribuem para a manutenção, expansão ou aperfeiçoamento das ações de governo, das quais **não** resulta um produto e **não** geram contraprestação direta sob a forma de bens ou serviços; entretanto, apesar de se caracterizarem por não retratar a atividade **produtiva**, podem contribuir para a produção de bens ou serviços quando se revestem da condição de transferência a outro ente. Em grande medida, as operações especiais estão associadas aos programas do tipo Operações Especiais, em que a Classificação Funcional corresponde a Encargos Especiais, com suas respectivas subfunções, sem a possibilidade de matricialidade. Como já mencionado, constam apenas do orçamento, não integrando o PPA.

Os atributos das ações orçamentárias são: título, descrição, tipo (com o subtipo de operação, quando for o caso), base legal, produto (que se desdobra em especificação do produto, unidade de medida, item de mensuração e especificação do item de mensuração), beneficiário da ação, forma de implementação, detalhamento da implementação, unidade responsável, custo total estimado do projeto, total físico do projeto, previsão de início e término (duração do projeto), marcador "regionalizar na execução", marcador "ação de insumo estratégico", marcador "detalhamento obrigatório em planos orçamentários" e plano orçamentário.

Cada ação é identificada por um código alfanumérico de oito dígitos:

- 1º dígito numérico;
- 2º ao 4º dígitos alfanuméricos;
- 5º ao 8º dígitos numéricos.

Sendo que:

- 1º/2º/3º/4º dígitos: determinam uma ação;
- 5º/6º/7º/8º dígitos: determinam um subtítulo (localizador do gasto).

Quando o 1º dígito da ação for:

- 1, 3, 5 ou 7: a ação corresponde a um projeto;
- 2, 4, 6, ou 8: trata-se de uma atividade;
- 0: refere-se a uma operação especial.

As categorias de programação serão identificadas no Projeto de Lei Orçamentária e na Lei Orçamentária por programas e respectivas atividades, projetos e operações especiais, os quais serão desdobrados em subtítulos, utilizados, especialmente, para especificar a localização física da ação orçamentária, não podendo haver alteração de sua finalidade, do produto e das metas estabelecidas. A localização do gasto (subtítulo) – no âmbito da União – representa o menor nível de categoria de programação.

A localização do gasto (subtítulo) poderá ser de abrangência nacional, no exterior, por Região (NO, NE, CO, SL, SD), por Estado ou Município ou, **excepcionalmente, por um critério** (recorte geográfico) **específico, quando necessário**. A regionalização baseia-se no código do IBGE – Região, Estado, Município. Não se especificando a regionalização, a ação será nacional.

No Anexo III deste capítulo encontra-se tabela de localizações padronizadas.

A Estrutura Programática indica **para que** os recursos serão alocados.

7.2.4 Classificação quanto à natureza

Este critério se aplica tanto à receita como à despesa.

No caso das receitas públicas, antes de abordá-las segundo a sua natureza, convém notar que, conforme a sua origem, ela pode ser originária ou derivada. Não se trata de uma normatização para efeito orçamentário, mas tem especial interesse do ponto de vista técnico e acadêmico. As receitas originárias provêm da exploração de atividades econômicas desenvolvidas pela Administração e, em rigor, são pautadas pelos mecanismos de mercado. As receitas derivadas, por outro lado, decorrem do caráter coercitivo de que dispõe o Estado para exigir dos cidadãos o pagamento de tributos e contribuições de um modo geral.

Adentrando especificamente no tópico em estudo, na estruturação dos orçamentos públicos brasileiros, em razão do disposto na Lei nº 4.320, de 1964, e da LDO, são utilizadas as classificações por natureza econômica e por fonte de recursos. (Há uma normatização específica para o âmbito da União – Portarias da SOF – e outra que abrange os demais entes – Portarias Interministeriais SOF e STN.)

A citada Lei nº 4.320, de 1964, deu ênfase ao critério econômico ao classificar a receita pública, conforme estabelece em seu art. 11: "A receita classificar-se-á nas seguintes categorias econômicas: Receitas Correntes e Receitas de Capital".

A natureza da receita representa o menor nível de detalhamento das informações orçamentárias sobre as receitas públicas. Essa classificação, utilizada por todos os entes da Federação – cuja estrutura de codificação permite associar, de forma imediata, a receita principal com aquelas dela originadas (por exemplo, multas, juros, dívida ativa) –, é expressa por um código numérico de oito dígitos em que:

- 1º dígito: categoria econômica (1 para a Receita Corrente e 2 para a Receita de Capital);
- 2º dígito: origem;
- 3º dígito: espécie;
- 4º, 5º, 6º e 7º dígitos: desdobramento para identificação de peculiaridades;
- 8º dígito: tipo.

Exemplificando:

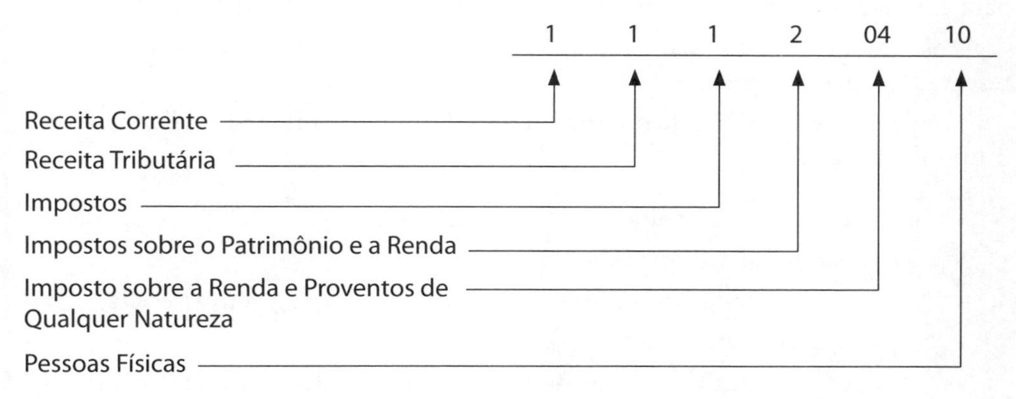

Uma diferença importante entre as receitas correntes e as de capital reside no caráter recorrente ou não do ingresso. Maiores considerações sobre o assunto serão feitas no Capítulo 8.

É relevante notar, para efeito de classificação das receitas, que há operações realizadas no âmbito da própria Administração, isto é, entre seus órgãos e entidades, denominadas intraorçamentárias. A particularidade é que não representam novos ingressos, senão remanejamentos internos. São contrapartida de despesas classificadas como "aplicação direta decorrente de operação entre órgãos, fundos e entidades integrantes do orçamento fiscal e do orçamento da Seguridade Social", que, devidamente identificadas, evitam a dupla contagem na consolidação das contas governamentais.

Os códigos de origem para as receitas estão discriminados a seguir.

Categoria econômica (1º dígito)	Origem (2º dígito)
1. Receitas Correntes 7. Receitas Correntes Intraorçamentárias	1. Impostos, Taxas e Contrib. de Melhoria 2. Contribuições 3. Receita Patrimonial 4. Receita Agropecuária 5. Receita Industrial 6. Receita de Serviços 7. Transferências Correntes 9. Outras Receitas Correntes
2. Receitas de Capital 8. Receitas de Capital Intraorçamentárias	1. Operações de Crédito 2. Alienação de Bens 3. Amortização de Empréstimos 4. Transferências de Capital 9. Outras Receitas de Capital

A espécie, terceiro nível de codificação, permite qualificar com maior detalhe o fato gerador das receitas. Por exemplo, dentro da origem "Contribuições", identificam-se as espécies Contribuições Sociais, Contribuições Econômicas e Contribuições para Entidades Privadas de Serviço Social e de Formação Profissional.

Aos desdobramentos para identificação de peculiaridades da receita, foram reservados quatro dígitos.

O tipo, a que corresponde o último dígito (5º), indica a finalidade de identificar o tipo de arrecadação:

- 0, para receita não valorizável ou agregadora;
- 1, para arrecadação **principal**;
- 2, quando se tratar de **multas e juros de mora** a respectiva receita;
- 3, para **dívida ativa** da respectiva receita;
- 4, no caso de **multas e juros de mora da dívida ativa** da respectiva receita.

A seguir, passa-se a tratar da classificação da despesa quanto à sua natureza, que compreende a categoria econômica, o grupo a que pertence, a modalidade de aplicação e o elemento de despesa. Na base de dados do sistema de orçamento, o campo que se refere à natureza da despesa abrange, ainda, o subelemento de despesa, como desdobramento facultativo do elemento.

Assim a natureza da despesa é representada por um código de seis (ou oito) algarismos, indicando:

- 1º dígito: categoria econômica da despesa;
- 2º dígito: grupo de natureza de despesa;
- 3º/4º dígitos: modalidade de aplicação;
- 5º/6º dígitos: elemento de despesa;
- 7º/8º dígitos: subelemento de despesa (facultativo).

Segundo o critério da **categoria econômica**, a despesa, nos termos do art. 12 da Lei nº 4.320/64, é dividida em Despesas Correntes e Despesas de Capital.

O algarismo 3 refere-se a Despesas Correntes, categoria na qual se classificam todas as despesas que não contribuem, diretamente, para a formação ou aquisição de um bem de capital.

O algarismo 4 refere-se a Despesas de Capital, categoria em que se classificam aquelas despesas que contribuem, diretamente, para a formação ou aquisição de um bem de capital.

A exemplo do que se mencionou em relação à receita, também as despesas correntes e de capital estão associadas ao caráter recorrente ou não do dispêndio. Maiores considerações sobre o assunto serão feitas no Capítulo 9.

Exemplificando:

	3	1	90	11	00
3 Despesa Corrente					
1 Pessoal e Encargos Sociais					
90 Aplicação Direta					
11 Venc. e Vantagens Fixas					
00 Subelemento					

Os códigos para a categoria econômica são 3, para as despesas correntes, e 4, para as despesas de capital.

Os **grupos de natureza da despesa** constituem agregação de elementos de despesa de mesmas características quanto ao objeto de gasto, e estão assim representados:

1 – Pessoal e Encargos Sociais;

2 – Juros e Encargos da Dívida;

3 – Outras Despesas Correntes;

4 – Investimentos;

5 – Inversões Financeiras; incluídas quaisquer despesas referentes à constituição, aumento ou simples aquisição de títulos representativos do capital de empresas (a Lei nº 4.320/64 faz distinção, a esse propósito, sobre a natureza da empresa e com relação à constituição/aumento e simples aquisição de capital);

6 – Amortização da Dívida (compreendendo o pagamento e/ou refinanciamento do principal e da atualização monetária ou cambial da dívida pública interna e externa, contratual ou mobiliária).

Aqui também, como se mencionou nos critérios de classificação das receitas, é relevante notar que há operações realizadas no âmbito da própria Administração, isto é, entre seus órgãos e entidades, denominadas intraorçamentárias. A particularidade é que não representam novos dispêndios, senão remanejamentos internos. São contrapartida de receitas que **circulam** nos orçamentos – Fiscal e da Seguridade Social – dos órgãos, fundos e entidades de uma mesma esfera da Administração (ou, dependendo da abrangência considerada, no conjunto das esferas da Administração). Tais operações, devidamente identificadas, evitam a dupla contagem na consolidação das contas governamentais.

A **modalidade de aplicação** destina-se a indicar se os recursos serão aplicados:

I – mediante transferência financeira:

a) decorrente de descentralização orçamentária para outras esferas de governo, seus órgãos ou entidades;

b) diretamente a entidades privadas sem fins lucrativos e outras instituições; ou

II – diretamente pela unidade detentora do crédito orçamentário, ou por outro órgão ou entidade no âmbito do mesmo nível[2] de governo.

A modalidade será especificada observando-se o detalhamento a seguir, objetivando, principalmente, eliminar a dupla contagem dos recursos transferidos ou descentralizados:

20 – transferências à União;

22 – execução orçamentária delegada à União;

30 – transferências a Estados e ao Distrito Federal;

31 – transferências a Estados e ao Distrito Federal – Fundo a Fundo;

---

[2] Entenda-se com o significado de mesma esfera da Administração.

32 – execução orçamentária delegada a Estados e ao Distrito Federal;

35 – transferências Fundo a Fundo aos Estados e ao Distrito Federal à conta de recursos de que tratam os §§ 1º e 2º do art. 24 da Lei Complementar nº 141, de 2012;

36 – transferências Fundo a Fundo aos Estados e ao Distrito Federal à conta de recursos de que trata o art. 25 da Lei Complementar nº 141, de 2012;

40 – transferências a Municípios;

41 – transferências a Municípios – Fundo a Fundo;

42 – execução orçamentária delegada a Municípios;

45 – transferências Fundo a Fundo aos Municípios à conta de recursos de que tratam os §§ 1º e 2º do art. 24 da Lei Complementar nº 141, de 2012;

46 – transferências Fundo a Fundo aos Municípios à conta de recursos de que trata o art. 25 da Lei Complementar nº 141, de 2012;

50 – transferências a instituições privadas sem fins lucrativos;

60 – transferências a instituições privadas com fins lucrativos;

70 – transferências a instituições multigovernamentais;

71 – transferências a consórcios públicos mediante contrato de rateio;

72 – execução orçamentária delegada a consórcios públicos;

73 – transferências a consórcios públicos mediante contrato de rateio à conta de recursos de que tratam os §§ 1º e 2º do art. 24 da Lei Complementar nº 141, de 2012;

74 – transferências a consórcios públicos mediante contrato de rateio à conta de recursos de que trata o art. 25 da Lei Complementar nº 141, de 2012;

75 – transferências a instituições multigovernamentais à conta de recursos de que tratam os §§ 1º e 2º do art. 24 da Lei Complementar nº 141, de 2012;

76 – transferências a instituições multigovernamentais à conta de recursos de que trata o art. 25 da Lei Complementar nº 141, de 2012;

80 – transferências ao exterior;

90 – aplicações diretas;

91 – aplicação direta decorrente de operação entre órgãos, fundos e entidades integrantes dos orçamentos Fiscal e da Seguridade Social;

93 – aplicação direta decorrente de operação entre órgãos, fundos e entidades integrantes dos orçamentos Fiscal e da Seguridade Social;

94 – aplicação direta decorrente de operação de órgãos, fundos e entidades integrantes dos orçamentos Fiscal e da Seguridade Social com consórcio público do qual o ente não participe;

95 – aplicação direta à conta de recursos de que tratam os §§ 1º e 2º do art. 24 da Lei Complementar nº 141, de 2012;

96 – aplicação direta à conta de recursos de que trata o art. 25 da Lei Complementar nº 141, de 2012;

99 – a definir.

O último item da classificação da despesa segundo sua natureza é o **elemento de despesa**, que identifica o objeto de gasto, tais como vencimentos e vantagens fixas, juros, diárias, material de consumo, serviços de terceiros prestados sob qualquer forma, subvenções sociais, obras e instalações, equipamentos e material permanente, auxílios, amortização e outros de que a Administração se utiliza para a consecução de seus fins. Como já citado anteriormente, o desdobramento referente ao subelemento é facultativo.

As tabelas de classificação da receita e da despesa segundo sua natureza encontram-se no Capítulo 8 – Receita e no Capítulo 9 – Despesa.

7.2.5 Classificação por esfera orçamentária

O critério de classificação por esfera orçamentária se aplica tanto à receita como à despesa, embora se refira, usualmente, apenas à despesa. Destina-se a identificar cada tipo de orçamento: Orçamento Fiscal (F), Orçamento da Seguridade Social (S) e Orçamento de Investimento das empresas estatais (I). A esfera orçamentária no Sistema Integrado de Planejamento e Orçamento (SIOP) é composta de dois dígitos, sendo associada à ação orçamentária da seguinte maneira:

10 – Orçamento Fiscal;

20 – Orçamento da Seguridade Social;

30 – Orçamento de Investimento.

7.2.6 Classificação por fontes/destinação de recursos

A classificação por fontes de recursos é utilizada no detalhamento da receita e despesa públicas, para assegurar, precipuamente, a exclusividade da destinação de determinados tipos de recursos a determinados tipos de aplicações. Identifica, por outro lado, a origem dos recursos (receita) e como se dá a sua arrecadação, ou seja, se a instituição detentora dos recursos é a mesma que os arrecadou para posterior aplicação.

Nas atividades de elaboração orçamentária, a classificação por fontes de recursos, em conjugação com a classificação econômica da receita, é utilizada na elaboração dos Demonstrativos de Receita dos fundos e das unidades da Administração Indireta, objetivando a compatibilidade entre as despesas e as receitas que as financiam. Por outro lado, nos quadros orçamentários da Receita apresenta-se a classificação econômica seguida do detalhamento da fonte, especificando o grupo de fontes (recursos do Tesouro, recursos de outras fontes e recursos condicionados) e sua especificação, por tipo de orçamento.

Enquanto a natureza da receita identifica a origem do recurso segundo seu fato gerador, a fonte/destinação tem como finalidade precípua identificar o destino desses recursos.

Como mecanismo integrador entre a receita e a despesa, o código de fonte/destinação de recursos exerce duplo papel no processo orçamentário: na receita, indica o destino de recursos para o financiamento de determinadas despesas; na despesa, identifica a origem dos recursos que estão sendo utilizados.

Em termos práticos, há destinações vinculadas e não vinculadas (ou ordinárias). No primeiro caso, há necessariamente normas legais que direcionam os recursos para determinados entes ou finalidades. No segundo caso, os recursos não estão **carimbados**, podendo, portanto, ser utilizados segundo as necessidades de cada ente.

Na composição do código de três dígitos, o primeiro determina o grupo e os dois seguintes, a especificação da fonte.

Os grupos de fontes de recursos são:

1 – recursos do Tesouro – exercício corrente;

2 – recursos de outras fontes – exercício corrente;

3 – recursos do Tesouro – exercícios anteriores;[3]

6 – recursos de outras fontes – exercícios anteriores;[3]

9 – recursos condicionados.

O 1º dígito do grupo de fontes de recursos indica o tipo de recursos:

- Recursos do Tesouro (1 e 3): consigna todos os recursos ordinários, tais como: impostos, taxas, contribuições; operações de crédito realizadas diretamente pelo Tesouro; recursos diretamente arrecadados pela administração pública direta; resultados do Bacen e outros;
- Recursos de outras fontes (2 e 6): consigna os recursos de incentivos fiscais, as operações de crédito realizadas pelas demais instituições, os recursos diretamente arrecadados pelas instituições da administração pública indireta ou fundacional;
- Recursos condicionados (9): são os recursos incluídos na previsão da receita orçamentária, mas que dependem da aprovação de alterações na legislação para se efetivarem. Os recursos devem ser destinados às finalidades para as quais foram propostas as referidas alterações.

---

[3] Os códigos 3 e 6 deverão ser utilizados para registro do superávit financeiro do exercício anterior que servirá de base para abertura de créditos adicionais, respeitando as especificações das destinações de recursos.

Seguem exemplos de especificações de Fontes de Recursos, as quais são determinadas pelos 2º e 3º dígitos.

Fonte 100:
 1 – Recursos do Tesouro – Exercício Corrente
 00 – Recursos Ordinários
Fonte 152:
 1 – Recursos do Tesouro – Exercício Corrente
 52 – Resultado do Banco Central
Fonte 150:
 1 – Recursos do Tesouro – Exercício Corrente
 50 – Recursos Próprios Não Financeiros

Fonte 250:
 2 – Recursos de Outras Fontes – Exercício Corrente
 50 – Recursos Próprios Não Financeiros

Fonte 300:
 3 – Recursos do Tesouro – Exercícios Anteriores
 00 – Recursos Ordinários

A tabela da especificação das fontes de recursos consta no Anexo II do Capítulo 8 – Receita.

7.2.7 Identificador de uso (IDUSO)

O identificador de uso é um critério auxiliar de classificação da despesa orçamentária e destina-se a indicar se os recursos correspondentes compõem contrapartida nacional de empréstimos ou de doações ou destinam-se a outras aplicações. Estão representados na lei orçamentária e em seus créditos adicionais pelos seguintes dígitos, que **antecederão o código das fontes de recursos**:

0 – recursos não destinados à contrapartida;

1 – contrapartida de empréstimos do Banco Internacional para Reconstrução e Desenvolvimento (BIRD);

2 – contrapartida de empréstimos do Banco Interamericano de Desenvolvimento (BID);

3 – contrapartida de empréstimos por desempenho ou com enfoque setorial amplo;

4 – contrapartida de outros empréstimos;

5 – contrapartida de doações;

6 – recursos não destinados à contrapartida, para identificação dos recursos destinados à aplicação mínima em ações e serviços públicos de saúde;

7 – recursos não destinados à contrapartida, para identificação dos recursos destinados à manutenção e desenvolvimento do ensino (Lei nº 9.394, de 20-12-96, arts. 70 e 71), no âmbito do Ministério da Educação.

7.2.8 Identificador de doação e de operação de crédito (IDOC)

Este é um critério de classificação da despesa que se destina a identificar as doações de entidades internacionais ou operações de crédito contratual alocadas nas ações orçamentárias, com ou sem contrapartida de recursos da União.

Os gastos referentes à contrapartida de empréstimos serão programados com o IDUSO igual a "1", "2", "3" ou "4", conforme item anterior, e o IDOC com o número da correspondente operação de crédito, sendo que, para as contrapartidas de doações, serão utilizados o IDUSO "5" e respectivo IDOC.

Nos casos de recursos que não se destinarem à contrapartida nem se referirem a doações internacionais ou operações de crédito, o IDOC será 9999. É o caso de doações de pessoas, de entidades privadas nacionais e as destinadas ao combate à fome.

Você sabia?

O número do IDOC também pode ser usado nas ações de pagamento de amortização, juros e encargos, para identificar a operação de crédito a que se referem os pagamentos.

7.2.9 Identificador de resultado primário

Desde a Lei nº 10.524, de 25-7-02 (LDO para 2003), foi estabelecido que os orçamentos Fiscal e da Seguridade Social especificarão, também, em todos os grupos de natureza de despesa, o identificador de resultado primário, de caráter indicativo. Esse identificador tem por finalidade auxiliar a apuração do resultado primário previsto na LDO, devendo constar também no PLOA e respectiva lei em todos os grupos de natureza de despesa, identificando, de acordo com a metodologia de cálculo das necessidades de financiamento (em demonstrativo anexo à LOA), se a despesa é:

0 – financeira;

1 – primária e considerada na apuração do resultado primário para cumprimento da meta, sendo obrigatória, constando na LDO, no anexo das obrigações constitucionais ou legais da União;

2 – discricionária não abrangida nas demais situações deste grupo;

3 – discricionária abrangida pelo Programa de Aceleração do Crescimento;

6 – discricionária decorrente de programações incluídas ou acrescidas por emendas individuais e de execução obrigatória (orçamento impositivo);

7 – discricionária decorrente de programações incluídas ou acrescidas por emendas de bancada estadual e de execução obrigatória (art. 68 da LDO/2019);

primária constante do Orçamento de Investimento e não considerada na apuração do resultado primário para cumprimento da meta, sendo

4 – discricionária e não abrangida pelo PAC;

5 – discricionária e abrangida pelo PAC.

Note-se que este critério de classificação se aplica também, obviamente, à receita.

Os conceitos de resultado primário, bem como os demais conceitos de superávit/ déficit, são examinados nas seções 4.3.9 e 17.6.

Nenhuma ação conterá, simultaneamente, dotações destinadas a despesas financeiras e primárias, ressalvada a Reserva de Contingência (LDO/2019, art. 6º, § 5º).

Os orçamentos Fiscal, da Seguridade Social e o de Investimentos discriminarão a **despesa** por unidade orçamentária, detalhada por categoria de programação em seu menor nível, com suas respectivas dotações, especificando a esfera orçamentária, o grupo de natureza de despesa, o identificador de resultado primário, a modalidade de aplicação, o identificador de uso e a fonte de recursos (LDO/2019, art. 6º, *caput*).

7.2.10 Outros critérios de classificação

Outros critérios podem ser mencionados, entre os quais se destacam:

a) no tocante às receitas, quanto às formas de captação dos recursos, podem as mesmas ser próprias ou de transferências (o que se combina, de certo modo, com o critério baseado na modalidade de despesa). Isto serve para evidenciar a distribuição dos recursos entre as diferentes esferas da Federação, segundo a competência para a instituição e cobrança dos respectivos tributos, e a sua disponibilidade efetiva, após as transferências;

b) no tocante às receitas e despesas, quanto à sua vinculação estrita à execução do orçamento, em que se podem distinguir as orçamentárias e extraorçamentárias, como será visto em mais detalhes nos Capítulos 8 e 9. São recursos que transitam financeiramente pelo caixa do Tesouro, têm caráter temporário e não integram a LOA. O Estado é depositante ou depositário desses valores, constituindo-se em ativos realizáveis e passivos exigíveis, e cuja devolução não se sujeita a autorização legislativa.

ANEXO I

Classificação Institucional

Código	Órgão/Unidade Orçamentária
01000	**CÂMARA DOS DEPUTADOS**
01101	Câmara dos Deputados
01901	Fundo Rotativo da Câmara dos Deputados

(continua)

(*continuação*)

Código	Órgão/Unidade Orçamentária
02000	**SENADO FEDERAL**
02101	Senado Federal
02901	Fundo Especial do Senado Federal
03000	**TRIBUNAL DE CONTAS DA UNIÃO**
03101	Tribunal de Contas da União
10000	**SUPREMO TRIBUNAL FEDERAL**
10101	Supremo Tribunal Federal
11000	**SUPERIOR TRIBUNAL DE JUSTIÇA**
11101	Superior Tribunal de Justiça
12000	**JUSTIÇA FEDERAL**
12101	Justiça Federal de Primeiro Grau
12102	Tribunal Regional Federal da 1ª Região
12103	Tribunal Regional Federal da 2ª Região
12104	Tribunal Regional Federal da 3ª Região
12105	Tribunal Regional Federal da 4ª Região
12106	Tribunal Regional Federal da 5ª Região
13000	**JUSTIÇA MILITAR DA UNIÃO**
13101	Justiça Militar da União
14000	**JUSTIÇA ELEITORAL**
14101	Tribunal Superior Eleitoral
14102	Tribunal Regional Eleitoral do Acre
14103	Tribunal Regional Eleitoral de Alagoas
14104	Tribunal Regional Eleitoral do Amazonas
14105	Tribunal Regional Eleitoral da Bahia
14106	Tribunal Regional Eleitoral do Ceará
14107	Tribunal Regional Eleitoral do Distrito Federal
14108	Tribunal Regional Eleitoral do Espírito Santo
14109	Tribunal Regional Eleitoral de Goiás
14110	Tribunal Regional Eleitoral do Maranhão
14111	Tribunal Regional Eleitoral de Mato Grosso
14112	Tribunal Regional Eleitoral de Mato Grosso do Sul

(*continua*)

(*continuação*)

Código	Órgão/Unidade Orçamentária
14113	Tribunal Regional Eleitoral de Minas Gerais
14114	Tribunal Regional Eleitoral do Pará
14115	Tribunal Regional Eleitoral da Paraíba
14116	Tribunal Regional Eleitoral do Paraná
14117	Tribunal Regional Eleitoral de Pernambuco
14118	Tribunal Regional Eleitoral do Piauí
14119	Tribunal Regional Eleitoral do Rio de Janeiro
14120	Tribunal Regional Eleitoral do Rio Grande do Norte
14121	Tribunal Regional Eleitoral do Rio Grande do Sul
14122	Tribunal Regional Eleitoral de Rondônia
14123	Tribunal Regional Eleitoral de Santa Catarina
14124	Tribunal Regional Eleitoral de São Paulo
14125	Tribunal Regional Eleitoral de Sergipe
14126	Tribunal Regional Eleitoral de Tocantins
14127	Tribunal Regional Eleitoral de Roraima
14128	Tribunal Regional Eleitoral do Amapá
14901	Fundo Partidário
15000	**JUSTIÇA DO TRABALHO**
15101	Tribunal Superior do Trabalho
15102	Tribunal Regional do Trabalho da 1ª Região – Rio de Janeiro
15103	Tribunal Regional do Trabalho da 2ª Região – São Paulo
15104	Tribunal Regional do Trabalho da 3ª Região – Minas Gerais
15105	Tribunal Regional do Trabalho da 4ª Região – Rio Grande do Sul
15106	Tribunal Regional do Trabalho da 5ª Região – Bahia
15107	Tribunal Regional do Trabalho da 6ª Região – Pernambuco
15108	Tribunal Regional do Trabalho da 7ª Região – Ceará
15109	Tribunal Regional do Trabalho da 8ª Região – Pará/Amapá
15110	Tribunal Regional do Trabalho da 9ª Região – Paraná
15111	Tribunal Regional do Trabalho da 10ª Região – Distrito Federal/Tocantins
15112	Tribunal Regional do Trabalho da 11ª Região – Amazonas/Roraima
15113	Tribunal Regional do Trabalho da 12ª Região – Santa Catarina

(*continua*)

(*continuação*)

Código	Órgão/Unidade Orçamentária
15114	Tribunal Regional do Trabalho da 13ª Região – Paraíba
15115	Tribunal Regional do Trabalho da 14ª Região – Rondônia/Acre
15116	Tribunal Regional do Trabalho da 15ª Região – Campinas/SP
15117	Tribunal Regional do Trabalho da 16ª Região – Maranhão
15118	Tribunal Regional do Trabalho da 17ª Região – Espírito Santo
15119	Tribunal Regional do Trabalho da 18ª Região – Goiás
15120	Tribunal Regional do Trabalho da 19ª Região – Alagoas
15121	Tribunal Regional do Trabalho da 20ª Região – Sergipe
15122	Tribunal Regional do Trabalho da 21ª Região – Rio Grande do Norte
15123	Tribunal Regional do Trabalho da 22ª Região – Piauí
15124	Tribunal Regional do Trabalho da 23ª Região – Mato Grosso
15125	Tribunal Regional do Trabalho da 24ª Região – Mato Grosso do Sul
15126	Conselho Superior da Justiça do Trabalho
16000	**JUSTIÇA DO DISTRITO FEDERAL E DOS TERRITÓRIOS**
16101	Tribunal de Justiça do Distrito Federal e dos Territórios
16103	Justiça da Infância e da Juventude
17000	**CONSELHO NACIONAL DE JUSTIÇA**
17101	Conselho Nacional de Justiça
20000	**PRESIDÊNCIA DA REPÚBLICA**
20101	Presidência da República
20118	Agência Brasileira de Inteligência (ABIN)
20204	Instituto Nacional de Tecnologia da Informação (ITI)
20415	Empresa Brasil de Comunicação S.A. (EBC)
20927	Fundo de Imprensa Nacional
22000	**MINISTÉRIO DA AGRICULTURA, PECUÁRIA E ABASTECIMENTO**
22101	Ministério da Agricultura, Pecuária e Abastecimento – Adm. Direta
22106	Serviço Florestal Brasileiro
22201	Instituto Nacional de Colonização e Reforma Agrária
22202	Empresa Brasileira de Pesquisa Agropecuária
22211	Companhia Nacional de Abastecimento
22906	Fundo de Defesa da Economia Cafeeira

(*continua*)

(*continuação*)

Código	Órgão/Unidade Orçamentária
24000	**MINISTÉRIO DA CIÊNCIA, TECNOLOGIA, INOVAÇÕES E COMUNICAÇÕES**
24101	Ministério da Ciência, Tecnologia, Inovações e Comunicações – Adm. Direta
24201	Conselho Nacional de Desenvolvimento Científico e Tecnológico
24204	Comissão Nacional de Energia Nuclear
24205	Agência Espacial Brasileira
24206	Indústrias Nucleares do Brasil S.A.
24207	Nuclebras Equipamentos Pesados S.A.
24209	Centro Nacional de Tecnologia Eletrônica Avançada S.A. (Ceitec)
24211	Agência Nacional de Telecomunicações (Anatel)
24901	Fundo Nacional de Desenvolvimento Científico e Tecnológico
24906	Fundo de Universalização dos Serviços de Telecomunicações (FUST)
24907	Fundo para o Desenvolvimento Tecnológico das Telecomunicações (Funttel)
25000	**MINISTÉRIO DA ECONOMIA**
25101	Ministério da Economia – Adm. Direta
25103	Secretaria Especial da Receita Federal do Brasil
25104	Procuradoria-Geral da Fazenda Nacional
25201	Banco Central do Brasil
25203	Comissão de Valores Mobiliários
25206	Superintendência Nacional de Previdência Complementar
25208	Superintendência de Seguros Privados
25296	Instituto Nacional de Metrologia, Qualidade e Tecnologia
25297	Instituto Nacional da Propriedade Industrial
25298	Superintendência da Zona Franca de Manaus
25299	Fundação Jorge Duprat Figueiredo de Segurança e Medicina do Trabalho
25300	Instituto de Pesquisa Econômica Aplicada
25301	Fundação Instituto Brasileiro de Geografia e Estatística
25302	Fundação Escola Nacional de Administração Pública
25303	Instituto Nacional do Seguro Social
25903	Fundo de Compensação e Variações Salariais
25915	Fundo de Amparo ao Trabalhador
25916	Fundo de Garantia para Promoção da Competitividade

(*continua*)

(*continuação*)

Código	Órgão/Unidade Orçamentária
25917	Fundo do Regime Geral da Previdência Social
26000	**MINISTÉRIO DA EDUCAÇÃO**
26101	Ministério da Educação – Adm. Direta
26104	Instituto Nacional de Educação de Surdos
26105	Instituto Benjamin Constant
26201	Colégio Pedro II
26230	Fundação Universidade Federal do Vale do São Francisco
26231	Universidade Federal de Alagoas
26232	Universidade Federal da Bahia
26233	Universidade Federal do Ceará
26234	Universidade Federal do Espírito Santo
26235	Universidade Federal de Goiás
26236	Universidade Federal Fluminense
26237	Universidade Federal de Juiz de Fora
26238	Universidade Federal de Minas Gerais
26239	Universidade Federal do Pará
26240	Universidade Federal da Paraíba
26241	Universidade Federal do Paraná
26242	Universidade Federal de Pernambuco
26243	Universidade Federal do Rio Grande do Norte
26244	Universidade Federal do Rio Grande do Sul
26245	Universidade Federal do Rio de Janeiro
26246	Universidade Federal de Santa Catarina
26247	Universidade Federal de Santa Maria
26248	Universidade Federal Rural de Pernambuco
26249	Universidade Federal Rural do Rio de Janeiro
26250	Fundação Universidade Federal de Roraima
26251	Fundação Universidade Federal do Tocantins
26252	Universidade Federal de Campina Grande
26253	Universidade Federal Rural da Amazônia
26254	Universidade Federal do Triângulo Mineiro (UFTM)

(*continua*)

(*continuação*)

Código	Órgão/Unidade Orçamentária
26255	Universidade Federal do Vale do Jequitinhonha e Mucuri (Ufvjm)
26256	Centro Federal de Educação Tecnológica Celso Suckow da Fonseca
26257	Centro Federal de Educação Tecnológica de Minas Gerais
26258	Universidade Tecnológica Federal do Paraná
26260	Universidade Federal de Alfenas (Unifal-MG)
26261	Universidade Federal de Itajubá
26262	Universidade Federal de São Paulo
26263	Universidade Federal de Lavras
26264	Universidade Federal Rural do Semiárido (Ufersa-RN)
26266	Fundação Universidade Federal do Pampa (Unila)
26267	Universidade Federal da Integração Latino-Americana (Unila)
26268	Fundação Universidade Federal de Rondônia
26269	Fundação Universidade do Rio de Janeiro
26270	Fundação Universidade do Amazonas
26271	Fundação Universidade de Brasília
26272	Fundação Universidade Federal do Maranhão
26273	Fundação Universidade Federal do Rio Grande
26274	Universidade Federal de Uberlândia
26275	Fundação Universidade Federal do Acre
26276	Fundação Universidade Federal de Mato Grosso
26277	Fundação Universidade Federal de Ouro Preto
26278	Fundação Universidade Federal de Pelotas
26279	Fundação Universidade Federal do Piauí
26280	Fundação Universidade Federal de São Carlos
26281	Fundação Universidade Federal de Sergipe
26282	Fundação Universidade Federal de Viçosa
26283	Fundação Universidade Federal de Mato Grosso do Sul
26284	Fundação Universidade Federal de Ciências da Saúde de Porto Alegre
26285	Fundação Universidade Federal de São João Del Rei
26286	Fundação Universidade Federal do Amapá
26290	Instituto Nacional de Estudos e Pesquisas Educacionais Anísio Teixeira

(*continua*)

(*continuação*)

Código	Órgão/Unidade Orçamentária
26291	Fundação Coordenação de Aperfeiçoamento de Pessoal de Nível Superior (Capes)
26292	Fundação Joaquim Nabuco
26294	Hospital de Clínicas de Porto Alegre
26298	Fundo Nacional de Desenvolvimento da Educação
26350	Fundação Universidade Federal da Grande Dourados (UFGD)
26351	Universidade Federal do Recôncavo da Bahia (UFRB)
26352	Fundação Universidade Federal do ABC (Ufabc)
26358	Hospital Universitário Prof. Alberto Antunes
26359	Complexo Hospitalar e da Saúde da Universidade Federal da Bahia
26362	Hospital Universitário Valter Cantídio
26363	Maternidade-Escola Assis Chateaubriand
26364	Hospital Universitário Cassiano Antonio Morais
26365	Hospital das Clínicas da Universidade Federal de Goiás
26366	Hospital Universitário Antonio Pedro
26367	Hospital Universitário da Universidade Federal de Juiz de Fora
26368	Hospital das Clínicas da Universidade Federal de Minas Gerais
26369	Hospital Universitário João de Barros Barreto
26370	Hospital Universitário Betina Ferro Souza
26371	Hospital Universitário Lauro Wanderley
26372	Hospital de Clínicas da Universidade Federal do Paraná
26373	Hospital das Clínicas da Universidade Federal de Pernambuco
26374	Complexo Hospitalar e de Saúde da Universidade Federal do Rio Grande do Norte
26378	Complexo Hospitalar e de Saúde da Universidade Federal do Rio de Janeiro
26385	Hospital Universitário da Universidade Federal da Grande Dourados
26386	Hospital Universitário Prof. Polydoro Ernani de São Thiago
26387	Hospital Universitário de Santa Maria
26388	Hospital Universitário Alcides Carneiro
26389	Hospital de Clínicas da Universidade Federal do Triângulo Mineiro
26391	Hospital Universitário Gaffrée e Guinle
26392	Hospital Getúlio Vargas
26393	Hospital Universitário de Brasília

(*continua*)

(*continuação*)

Código	Órgão/Unidade Orçamentária
26394	Hospital Universitário da Fundação Universidade do Maranhão
26395	Hospital Universitário Miguel Riet Corrêa Júnior
26396	Hospital das Clínicas da Universidade Federal de Uberlândia
26397	Hospital Júlio Müller
26398	Hospital das Clínicas da Fundação Universidade Federal de Pelotas
26399	Hospital Universitário da Fundação Universidade Federal do Piauí
26400	Hospital Universitário da Fundação Universidade Federal de Sergipe
26401	Hospital Universitário Maria Pedrossian
26402	Instituto Federal de Alagoas
26403	Instituto Federal do Amazonas
26404	Instituto Federal Baiano
26405	Instituto Federal do Ceará
26406	Instituto Federal do Espírito Santo
26407	Instituto Federal Goiano
26408	Instituto Federal do Maranhão
26409	Instituto Federal de Minas Gerais
26410	Instituto Federal do Norte de Minas Gerais
26411	Instituto Federal do Sudeste de Minas Gerais
26412	Instituto Federal do Sul de Minas Gerais
26413	Instituto Federal do Triângulo Mineiro
26414	Instituto Federal do Mato Grosso
26415	Instituto Federal do Mato Grosso do Sul
26416	Instituto Federal do Pará
26417	Instituto Federal da Paraíba
26418	Instituto Federal de Pernambuco
26419	Instituto Federal do Rio Grande do Sul
26420	Instituto Federal Farroupilha
26421	Instituto Federal de Rondônia
26422	Instituto Federal Catarinense
26423	Instituto Federal de Sergipe
26424	Instituto Federal do Tocantins

(*continua*)

(*continuação*)

Código	Órgão/Unidade Orçamentária
26425	Instituto Federal do Acre
26426	Instituto Federal do Amapá
26427	Instituto Federal da Bahia
26428	Instituto Federal de Brasília
26429	Instituto Federal de Goiás
26430	Instituto Federal do Sertão Pernambucano
26431	Instituto Federal do Piauí
26432	Instituto Federal do Paraná
26433	Instituto Federal do Rio de Janeiro
26434	Instituto Federal Fluminense
26435	Instituto Federal do Rio Grande do Norte
26436	Instituto Federal Sul-rio-grandense
26437	Instituto Federal de Roraima
26438	Instituto Federal de Santa Catarina
26439	Instituto Federal de São Paulo
26440	Universidade Federal da Fronteira Sul (UFFS)
26441	Universidade Federal do Oeste do Pará (Ufopa)
26442	Universidade da Integração Internacional da Lusofonia Afrobrasileira
26443	Empresa Brasileira de Serviços Hospitalares (Ebserh)
26444	Maternidade Victor Ferreira do Amaral
26445	Hospital Universitário da Unifesp
26447	Universidade Federal do Oeste da Bahia
26448	Universidade Federal do Sul e Sudeste do Pará
26449	Universidade Federal do Cariri
26450	Universidade Federal do Sul da Bahia
26451	Hospital Universitário da Universidade Federal do Vale do São Francisco
26452	Universidade Federal de Catalão
26453	Universidade Federal de Jataí
26454	Universidade Federal de Rondonópolis
26455	Universidade Federal do Delta do Parnaíba
26456	Universidade Federal do Agreste de Pernambuco

(*continua*)

(*continuação*)

Código	Órgão/Unidade Orçamentária
29000	**DEFENSORIA PÚBLICA DA UNIÃO**
29101	Defensoria Pública da União
30000	**MINISTÉRIO DA JUSTIÇA E SEGURANÇA PÚBLUCA**
30101	Ministério da Justiça e Segurança Pública – Adm. Direta
30103	Arquivo Nacional
30107	Departamento de Polícia Rodoviária Federal
30108	Departamento de Polícia Federal
30211	Conselho Administrativo de Defesa Econômica (Cade)
30905	Fundo de Defesa dos Direitos Difusos
30907	Fundo Penitenciário Nacional
30911	Fundo Nacional de Segurança Pública
30912	Fundo Nacional Antidrogas
32000	**MINISTÉRIO DE MINAS E ENERGIA**
32101	Ministério de Minas e Energia – Adm. Direta
32202	Companhia de Pesquisas de Recursos Minerais (CPRM)
32265	Agência Nacional de Petróleo, Gás Natural e Biocombustíveis (ANP)
32266	Agência Nacional de Energia Elétrica (Aneel)
2314	Empresa de Pesquisa Energética (EPE)
32396	Agência Nacional de Mineração (ANM)
32397	Indústrias Nucleares do Brasil S.A.
32398	Nuclebras Equipamentos Pesados S.A.
34000	**MINISTÉRIO PÚBLICO DA UNIÃO**
34101	Ministério Público Federal
34102	Ministério Público Militar
34103	Ministério Público do Distrito Federal e dos Territórios
34104	Ministério Público do Trabalho
34105	Escola Superior do Ministério Público da União
35000	**MINISTÉRIO DAS RELAÇÕES EXTERIORES**
35101	Ministério das Relações Exteriores – Adm. Direta
35201	Fundação Alexandre de Gusmão
36000	**MINISTÉRIO DA SAÚDE**

(*continua*)

(*continuação*)

Código	Órgão/Unidade Orçamentária
36201	Fundação Oswaldo Cruz
36210	Hospital Nossa Senhora da Conceição S.A.
36211	Fundação Nacional de Saúde
36212	Agência Nacional de Vigilância Sanitária (Anvisa)
36213	Agência Nacional de Saúde Suplementar
36901	Fundo Nacional de Saúde
37000	**CONTROLADORIA-GERAL DA UNIÃO**
37101	Controladoria-Geral da União – Adm. Direta
39000	**MINISTÉRIO DA INFRAESTRUTURA**
39101	Ministério dos Transportes, Portos e Aviação Civil – Adm. Direta
39207	Valec – Engenharia, Construções e Ferrovias S.A.
39250	Agência Nacional de Transportes Terrestres (ANTT)
39251	Agência Nacional de Transportes Aquático (Antaq)
39252	Departamento Nacional de Infraestrutura de Transportes (DNIT)
39254	Agência Nacional de Aviação Civil
39901	Fundo da Marinha Mercante (FMM)
39902	Fundo Nacional de Aviação Civil
39904	Fundo Nacional de Desenvolvimento Ferroviário
34905	Fundo Nacional de Segurança e Educação do Trânsito
44000	**MINISTÉRIO DO MEIO AMBIENTE**
44101	Ministério do Meio Ambiente – Adm. Direta
44102	Serviço Florestal Brasileiro (SFB)
44201	Instituto Brasileiro do Meio Ambiente e dos Recursos Naturais Renováveis (Ibama)
44205	Agência Nacional de Águas (ANA)
44206	Instituto de Pesquisas Jardim Botânico do Rio de Janeiro (JBRJ)
44207	Instituto Chico Mendes de Conservação da Biodiversidade (ICM Bio)
44901	Fundo Nacional de Meio Ambiente (FNMA)
44902	Fundo Nacional sobre Mudança do Clima
52000	**MINISTÉRIO DA DEFESA**
52101	Ministério da Defesa – Adm. Direta
52111	Comando da Aeronáutica

(*continua*)

(*continuação*)

Código	Órgão/Unidade Orçamentária
52121	Comando do Exército
52131	Comando da Marinha
52133	Secretaria da Comissão Interministerial para os Recursos do Mar
52211	Caixa de Financiamento Imobiliário da Aeronáutica
52221	Indústria de Material Bélico do Brasil (Imbel)
52222	Fundação Osório
52232	Caixa de Construções de Casas para o Pessoal da Marinha (Cccpm)
52233	Amazônia Azul Tecnologias de Defesa S.A. (Amazul)
52901	Fundo do Ministério da Defesa
52902	Fundo de Administração do Hospital das Forças Armadas
52903	Fundo do Serviço Militar
52911	Fundo Aeronáutico
52921	Fundo do Exército
52931	Fundo Naval
52932	Fundo de Desenvolvimento do Ensino Profissional Marítimo
53000	**MINISTÉRIO DO DESENVOLVIMENTO NACIONAL**
53101	Ministério do Desenvolvimento Nacional – Adm. Direta
53201	Companhia de Desenvolvimento dos Vales do São Francisco e do Parnaíba (Codevasf)
53202	Superintendência de Desenvolvimento da Amazônia (Sudam)
53203	Superintendência de Desenvolvimento do Nordeste (Sudene)
53204	Departamento Nacional de Obras Contra as Secas (Dnocs)
53207	Superintendência do Desenvolvimento do Centro-Oeste (Sudeco)
53208	Empresa de Trens Urbanos de Porto Alegre S.A.
53209	Companhia Brasileira de Trens Urbanos
53210	Agência Nacional de Águas
53906	Fundo Nacional de Habitação de Interesse Social
54000	**MINISTÉRIO DO TURISMO**
54101	Ministério do Turismo – Adm. Direta
54201	Embratur – Instituto Brasileiro de Turismo
55000	**MINISTÉRIO DA CIDADANIA**
55101	Ministério da Cidadania – Adm. Direta

(*continua*)

(*continuação*)

Código	Órgão/Unidade Orçamentária
55202	Autoridade de Governança do Legado Olímpico
55203	Fundação Casa de Rui Barbosa
55204	Fundação Biblioteca Nacional
55205	Fundação Cultural Palmares
55206	Fundação Nacional de Artes
55207	Instituto do Patrimônio Histórico e Artístico Nacional
55208	Agência Nacional do Cinema
55209	Instituto Brasileiro de Museus
55901	Fundo Nacional de Assistência Social
55903	Fundo Nacional da Cultura
59000	**CONSELHO NACIONAL DO MINISTÉRIO PÚBLICO**
59101	Conselho Nacional do Ministério Público
60000	**GABINETE DA VICE-PRESIDÊNCIA DA REPÚBLICA**
60101	Gabinete da Vice-Presidência da República
63000	**ADVOCACIA-GERAL DA UNIÃO**
63101	Advocacia-Geral da União
71000	**ENCARGOS FINANCEIROS DA UNIÃO**
71101	Recursos sob Supervisão do Ministério da Economia
71103	Encargos Financeiros da União – Pagamento de Sentenças Judiciais
71104	Remuneração de Agentes Financeiros – Recursos sob Supervisão do Ministério da Economia
71118	Recursos sob Supervisão do Ministério de Minas e Energia
71903	Fundo Social
71904	Fundo de Estabilidade do Seguro Rural – Recursos sob Supervisão do Ministério da Economia
71905	Fundo de Garantia à Exportação – Recursos sob Supervisão do Ministério da Economia
73000	**TRANSFERÊNCIAS A ESTADOS, DISTRITO FEDERAL E MUNICÍPIOS**
73101	Recursos sob Supervisão do Ministério da Economia
73104	Recursos sob Supervisão do Ministério de Minas e Energia
73107	Recursos sob Supervisão do Ministério da Educação
73108	Transferências Constitucionais – Recursos sob Supervisão do Ministério da Economia
73109	Recursos sob Supervisão do Ministério do Esporte

(*continua*)

(*continuação*)

Código	Órgão/Unidade Orçamentária
73111	Recursos sob Supervisão do Ministério do Meio Ambiente
73901	Fundo Constitucional do Distrito Federal (FCDF)
74000	**OPERAÇÕES OFICIAIS DE CRÉDITO**
74101	Recursos sob Supervisão da Secretaria do Tesouro Nacional - Ministério da Economia
74102	Recursos sob Supervisão do Ministério da Economia
74201	Recursos sob Supervisão da Superintendência de Seguros Privados/Susep - Ministério da Economia
74202	Recursos sob Supervisão da Agência Nacional de Saúde Suplementar/ANS - Ministério da Saúde
74203	Recursos sob Supervisão do Instituto Nacional de Colonização e Reforma Agrária/ Incra - MAPA
74204	Recursos sob Supervisão da Caixa de Construções de Casas para o Pessoal da Marinha - Cccpm
74205	Recursos sob a Supervisão da Caixa de Financiamento Imobiliário da Aeronáutica
74901	Recursos sob Supervisão do Fundo de Defesa da Economia Cafeeira/Funcafé - Ministério da Agricultura Pecuária e Abastecimento
74902	Recursos sob Supervisão do Fundo de Financiamento ao Estudante do Ensino Superior/Fiees - Min. da Educação
74904	Recursos sob Supervisão do Fundo da Marinha Mercante/FMM - Ministério da Infraestrutura
74905	Recursos sob Supervisão do Fundo para o Desenv. Tecnol. das Telecomunicações/ Funttel - Min. da Ciência, Tecnologia, Inovação e Comunicações
74906	Recursos sob Supervisão do Fundo de Terras e da Reforma Agrária/Banco da Terra - MAPA
74908	Recursos sob Supervisão do Fundo Geral de Turismo/Fungetur - Ministério do Turismo
74910	Recursos sob Supervisão do Fundo Nacional de Desenv. Científico e Tecnológico/ Fndct - Min. da Ciência, Tecnologia, Inovação e Comunicações
74912	Recursos sob a Supervisão do Fundo Nacional de Cultura
74913	Recursos sob Supervisão do Fundo Constitucional de Financiamento do Norte/FNO - Min. Desenvolvimento Regional
74914	Recursos sob Supervisão do Fundo Constitucional de Financiamento do Centro-Oeste/ FCO - Min. Desenvolvimento Regional
74915	Recursos sob Supervisão do Fundo Constitucional de Financiamento do Nordeste/ FNE - Min. Desenvolvimento Regional
74916	Recursos sob Supervisão do Fundo Nacional sobre Mudanças do Clima - Ministério do Meio Ambiente

(*continua*)

(*continuação*)

Código	Órgão/Unidade Orçamentária
74917	Recursos sob Supervisão do Fundo de Desenvolvimento da Amazônia/FGA – Ministério do Desenvolvimento Regional
74918	Recursos sob Supervisão do Fundo de Desenvolvimento do Nordeste/FDNE – Ministério do Desenvolvimento Regional
74919	Recursos sob Supervisão do Fundo de Desenvolvimento do Centro-Oeste/FDCO – Ministério do Desenvolvimento Regional
75000	**DÍVIDA PÚBLICA FEDERAL**
75101	Recursos sob Supervisão do Ministério da Economia
81000	**MINISTÉRIO DA MULHER DA FAMILIA E DOS DIREITOS HUMANOS**
81101	Ministério da Mulher da Família e dos Direitos Humanos – Adm. Direta
81201	Fundação Nacional do Índio
81901	Fundo Nacional para a Criança e o Adolescente
81902	Fundo Nacional do Idoso
82000	**MINISTÉRIO EXTRAORDINÁRIO DA SEGURANÇA PÚBLICA**
82101	Ministério Extraordinário da Segurança Pública – Adm. Direta
82102	Departamento de Polícia Federal
82103	Departamento de Polícia Rodoviária Federal
82901	Fundo Penitenciário Nacional
82902	Fundo Nacional de Segurança Pública
90000	Reserva de Contingência
93000	Programações Condicionadas à Aprovação Legislativa Presente no Inciso III do art. 167 da Constituição

Fonte: https://www1.siop.planejamento.gov.br/mto/doku.php/mto2019:cap8. Acesso em: 10 fev. 2019.

ANEXO II

Funções e Subfunções de Governo Portaria SOF nº 42/99 (Aplicável a partir do Exercício Financeiro de 2000)

Funções	Subfunções
01 – Legislativa	031 – Ação Legislativa 032 – Controle Externo

(*continua*)

(*continuação*)

Funções	Subfunções
02 - Judiciária	061 – Ação Judiciária 062 – Defesa do Interesse Público no Processo Judiciário
03 - Essencial à Justiça	091 – Defesa da Ordem Jurídica 092 – Representação Judicial e Extrajudicial
04 - Administração	121 – Planejamento e Orçamento 122 – Administração Geral 123 – Administração Financeira 124 – Controle Interno 125 – Normatização e Fiscalização 126 – Tecnologia da Informação 127 – Ordenamento Territorial 128 – Formação de Recursos Humanos 129 – Administração de Receitas 130 – Administração de Concessões 131 – Comunicação Social
05 - Defesa Nacional	151 – Defesa Aérea 152 – Defesa Naval 153 – Defesa Terrestre
06 - Segurança Pública	181 – Policiamento 182 – Defesa Civil 183 – Informação e Inteligência
07 - Relações Exteriores	211 – Relações Diplomáticas 212 – Cooperação Internacional
08 - Assistência Social	241 – Assistência ao Idoso 242 – Assistência ao Portador de Deficiência 243 – Assistência à Criança e ao Adolescente 244 – Assistência Comunitária
09 - Previdência Social	271 – Previdência Básica 272 – Previdência do Regime Estatutário 273 – Previdência Complementar 274 – Previdência Especial
10 - Saúde	301 – Atenção Básica 302 – Assistência Hospitalar e Ambulatorial 303 – Suporte Profilático e Terapêutico 304 – Vigilância Sanitária 305 – Vigilância Epidemiológica 306 – Alimentação e Nutrição
11 - Trabalho	331 – Proteção e Benefícios ao Trabalhador 332 – Relações de Trabalho 333 – Empregabilidade 334 – Fomento ao Trabalho

(*continua*)

(*continuação*)

Funções	Subfunções
12 – Educação	361 – Ensino Fundamental 362 – Ensino Médio 363 – Ensino Profissional 364 – Ensino Superior 365 – Educação Infantil 366 – Educação de Jovens e Adultos 367 – Educação Especial 368 – Educação Básica
13 – Cultura	391 – Patrimônio Histórico, Artístico e Arqueológico 392 – Difusão Cultural
14 – Direito da Cidadania	421 – Custódia e Reintegração Social 422 – Direitos Individuais, Coletivos e Difusos 423 – Assistência aos Povos Indígenas
15 – Urbanismo	451 – Infraestrutura Urbana 452 – Serviços Urbanos 453 – Transportes Coletivos Urbanos
16 – Habitação	481 – Habitação Rural 482 – Habitação Urbana
17 – Saneamento	511 – Saneamento Básico Rural 512 – Saneamento Básico Urbano
18 – Gestão Ambiental	541 – Preservação e Conservação Ambiental 542 – Controle Ambiental 543 – Recuperação de Áreas Degradadas 544 – Recursos Hídricos 545 – Meteorologia
19 – Ciência e Tecnologia	571 – Desenvolvimento Científico 572 – Desenvolvimento Tecnológico e Engenharia 573 – Difusão do Conhecimento Científico e Tecnológico
20 – Agricultura	605 – Abastecimento 606 – Extensão Rural 607 – Irrigação 608 – Promoção da Produção Agropecuária 609 – Defesa Agropecuária
21 – Organização Agrária	631 – Reforma Agrária 632 – Colonização
22 – Indústria	661 – Promoção Industrial 662 – Produção Industrial 663 – Mineração 664 – Propriedade Industrial 665 – Normalização e Qualidade

(*continua*)

(*continuação*)

Funções	Subfunções
23 - Comércio e Serviços	691 - Promoção Comercial 692 - Comercialização 693 - Comércio Exterior 694 - Serviços Financeiros 695 - Turismo
24 - Comunicações	721 - Comunicações Postais 722 - Telecomunicações
25 - Energia	751 - Conservação de Energia 752 - Energia Elétrica 753 - Combustíveis Minerais 754 - Biocombustíveis
26 - Transporte	781 - Transporte Aéreo 782 - Transporte Rodoviário 783 - Transporte Ferroviário 784 - Transporte Hidroviário 785 - Transportes Especiais
27 - Desporto e Lazer	811 - Desporto de Rendimento 812 - Desporto Comunitário 813 - Lazer
28 - Encargos Especiais	841 - Refinanciamento da Dívida Interna 842 - Refinanciamento da Dívida Externa 843 - Serviços da Dívida Interna 844 - Serviços da Dívida Externa 845 - Outras Transferências 846 - Outros Encargos Especiais 847 - Transferências para a Educação Básica

ANEXO III

Localização Espacial - Regionalização

Localizações Padronizadas (uso SOF)

Código	Título	Sigla
0001	Nacional	NA
0002	No Exterior	EX

(*continua*)

(continuação)

Regiões Geográficas (baseada no padrão IBGE)

Código	Título	Sigla
0010	Na Região Norte	NO
0020	Na Região Nordeste	NE
0030	Na Região Sudeste	SD
0040	Na Região Sul	SL
0050	Na Região Centro-Oeste	CO

Estados da Federação (baseada no padrão IBGE)

Código	Título	Sigla
0011	No Estado de Rondônia	RO
0012	No Estado do Acre	AC
0013	No Estado do Amazonas	AM
0014	No Estado de Roraima	RR
0015	No Estado do Pará	PA
0016	No Estado do Amapá	AP
0017	No Estado de Tocantins	TO
0021	No Estado do Maranhão	MA
0022	No Estado do Piauí	PI
0023	No Estado do Ceará	CE
0024	No Estado do Rio Grande do Norte	RN
0025	No Estado da Paraíba	PB
0026	No Estado de Pernambuco	PE
0027	No Estado de Alagoas	AL
0028	No Estado de Sergipe	SE
0029	No Estado da Bahia	BA
0031	No Estado de Minas Gerais	MG
0032	No Estado do Espírito Santo	ES
0033	No Estado do Rio de Janeiro	RJ
0034	No Estado de São Paulo	SP

(continua)

(*continuação*)

Código	Título	Sigla
0041	No Estado do Paraná	PR
0042	No Estado de Santa Catarina	SC
0043	No Estado do Rio Grande do Sul	RS
0051	No Estado do Mato Grosso	MT
0052	No Estado de Goiás	GO
0053	No Distrito Federal	DF
0054	No Estado do Mato Grosso do Sul	MS

Para os Municípios, o código vai de 0101 a 5999, também de acordo com a tabela do IBGE.

Para recortes geográficos específicos – por exemplo, Amazônia Legal, Amazônia Ocidental, biomas, bacias hidrográficas, semiárido, territórios da cidadania –, de 6000 a 6499.

Para localizadores de gasto não padronizados, de 6500 a 9999.

RESUMO

A seguir, estão contemplados os principais assuntos discorridos no capítulo.

- As classificações orçamentárias são essenciais para programação, execução, acompanhamento, controle e avaliação da atividade financeira do Estado.
- Classificações orçamentárias são recursos destinados à sistematização dos documentos orçamentários sob várias perspectivas, a fim de que estes cumpram suas várias finalidades.
- As receitas podem ser classificadas especialmente quanto às fontes de recursos e segundo sua natureza.
- A classificação das despesas dá-se especialmente pelos critérios institucional, funcional e segundo sua natureza.
- A Classificação Institucional representa a estrutura orgânica e administrativa governamental, correspondendo a dois níveis hierárquicos: órgão e unidade orçamentária.
- A Classificação Funcional indica em que área de ação governamental a despesa será realizada.
- O programa pode ser entendido como o instrumento de organização da atuação governamental, pois articula um conjunto de ações que concorrem para um objetivo comum preestabelecido, mensurado por indicadores fixados no Plano Plurianual.

- A classificação por fontes de recursos é utilizada no detalhamento da receita e despesa públicas, para assegurar, precipuamente, a exclusividade da destinação de determinados tipos de recursos a determinados tipos de aplicações.

ATIVIDADES PARA SALA DE AULA

1) Discuta em sala de aula a importância da classificação orçamentária ao longo de sua programação e execução.
2) Na sua opinião, qual a importância de uma padronização contábil? Discuta com seus colegas.

8

RECEITA

OBJETIVOS DE APRENDIZAGEM
Ao final deste capítulo, o aluno deverá ser capaz de: • definir e classificar a receita; • identificar os estágios da receita; • caracterizar a dívida ativa.

8.1 INTRODUÇÃO

Receita pública, em sentido amplo, caracteriza-se como o ingresso de recursos ao patrimônio público, mais especificamente como uma entrada de recursos financeiros que se reflete no aumento das disponibilidades.

Diversos são os critérios adotados para sua classificação, como assinalado no Capítulo 7. Os tributaristas, em particular, têm interesse em distinguir as receitas originárias das derivadas. As primeiras provêm da exploração do patrimônio da pessoa jurídica de Direito Público, como em qualquer empresa. Já as segundas resultam do poder que tem o Estado, como mandatário da coletividade, para exigir dos cidadãos prestações pecuniárias necessárias ao custeio das necessidades públicas, pelo cumprimento de suas funções.

Pode-se dizer que este primeiro critério é de enfoque predominantemente jurídico. Já do ponto de vista econômico – o que vai interessar mais de perto neste capítulo –, dar-se-á ênfase ao critério baseado em categorias, como será examinado a seguir, sem prejuízo de outras abordagens.

8.2 CATEGORIAS ECONÔMICAS

No orçamento público, os recursos, as origens, correspondem à receita prevista (estimada ou orçada). A parcela efetivamente arrecadada denomina-se receita realizada. Obviamente, pode-se verificar excesso ou insuficiência de arrecadação.

São consideradas Receitas Correntes a(s):

- tributária;
- de contribuições;
- patrimonial;
- agropecuária;
- industrial;
- de serviços e outras provenientes de recursos financeiros recebidos de outras pessoas de Direito Público ou Privado, quando destinadas a atender a despesas classificáveis em Despesas Correntes (§ 1º do art. 11 da Lei nº 4.320/64).

São consideradas Receitas de Capital a(s):

- provenientes da realização de recursos financeiros oriundos de constituição de dívidas;
- da conversão, em espécie, de bens e direitos;
- de amortização de empréstimos anteriormente concedidos e outras;
- dos recursos recebidos de outras pessoas de Direito Público ou Privado, destinados a atender a despesas classificáveis em Despesas de Capital;
- do superávit do Orçamento Corrente – diferença entre receitas e despesas correntes (§§ 2º e 3º do art. 11 da Lei nº 4.320/64).

Você sabia?

Essa estrutura básica é a que corresponde à classificação adotada para as três esferas da Administração, periodicamente atualizada, em função de seus desdobramentos, e que constitui o Anexo I ao capítulo. Note-se que este modelo é o mais abrangente, por aplicar-se às três esferas, sendo indispensável para efeito de padronização, comparação e consolidação. Outros mais detalhados, para quaisquer das esferas, aplicam-se no âmbito respectivo a cada uma delas. O detalhamento atualizado da receita da União pode ser obtido no site do Ministério do Planejamento, Desenvolvimento e Gestão, consultando o Manual Técnico de Orçamento na página: <https://www1.siop.planejamento.gov.br/siopdoc/doku.php/mto:mto_inicial>.

Essa classificação demonstra, de pronto, que as Receitas Correntes estão associadas ao que na Contabilidade Empresarial corresponde às receitas propriamente ditas, ou fatos modificativos aumentativos (inclusive, no caso das transferências, às doações e subvenções). Há autores que as denominam efetivas; provêm essencialmente tanto do poder tributante do Estado como da renda de fatores, neste caso como em qualquer atividade econômica. Representam um aumento do ativo sem redução concomitante do mesmo ou sem aumento do passivo.

As receitas de capital, por seu turno – receitas por mutação patrimonial, no dizer de alguns autores –, constituem, em princípio, fatos meramente permutativos, de que resulta aumento de um item do ativo (por ingresso de recursos) com redução de outro, ou com aumento simultâneo do passivo.

É oportuno assinalar que certas variações que alteram o saldo patrimonial são independentes da execução orçamentária, não afetando disponibilidades.

É de se notar que a Contabilidade Pública não faz o registro nem o reconhecimento explícito dos fatos mistos (simultaneamente permutativos e modificativos) como tais, isto é, em um único lançamento. Para se ter uma ideia, exemplifique-se com a alienação de um bem do ativo permanente, por valor diferente daquele pelo qual o mesmo está registrado; a contabilização se fará em lançamentos distintos: pelo valor da alienação, classificando-se o ingresso correspondente como receita de capital, e pelo valor de aquisição (custo), para que se proceda à respectiva baixa.

As transferências são recursos de outras esferas ou órgãos/entidades, que não exigem contraprestação, mas estão vinculadas a despesas da respectiva categoria econômica, tanto do(a) transferidor(a) como do(a) beneficiário(a). É como se o titular da dotação a transferisse para aplicação por meio de outro órgão ou entidade.

8.3 FONTE/DESTINAÇÃO DE RECURSOS

Este é outro critério específico de classificação dos recursos no orçamento público, conforme visto no capítulo anterior. As receitas, segundo suas fontes – grupo fonte (GFT) –, são indicadas por um conjunto de três dígitos. Entende-se por fonte a origem, a procedência do recurso, e é utilizada para indicar a sua finalidade precípua, isto é, como são financiadas as despesas. Ressalte-se que a legislação – e a própria Constituição – vinculam determinados tipos de recursos a certos tipos de aplicações; e, ao mesmo tempo, a realização de determinadas despesas fica condicionada à realização de receitas cuja destinação é específica. Quando não houver vinculação (recursos ordinários), a alocação dos recursos dar-se-á livremente, desde que no âmbito das competências de cada órgão/entidade.

Regra geral, as receitas provêm propriamente do Tesouro ou de outras fontes, e podem ser utilizadas diretamente pelo órgão/entidade titular das respectivas dotações orçamentárias, ou mediante transferência entre órgãos/entidades.[1] Já os recursos condicionados são aqueles de arrecadação incerta, dependendo de aprovação legislativa, o que, em consequência, transforma as respectivas despesas também em condicionadas, procedimento questionável do ponto de vista técnico e doutrinário, mas utilizado com frequência. Nos termos das LDOs, se as alterações legislativas que viabilizariam a arrecadação da receita condicionada não forem

---

1 O que corresponde, na classificação da despesa, ao critério baseado na modalidade de aplicação.

aprovadas, haverá cancelamento da despesa correspondente ou utilização de outras fontes, quando possível.

A classificação por fontes específica para a União consta do Anexo II deste capítulo, sendo pertinente destacar a importância da segregação entre fontes primárias e não primárias, em função da ênfase atribuída ao cálculo e acompanhamento do superávit (ou déficit) primário, valendo lembrar que também a despesa é identificada segundo o seu impacto na formação do superávit/déficit (primário) e seu caráter obrigatório ou discricionário.

É oportuno assinalar que há uma forte contradição entre as tendências de vinculação e desvinculação de receitas. Sucessivos governos, alegando engessamento dos orçamentos públicos com as vinculações e com as despesas formalmente ou efetivamente obrigatórias, vêm adotando mecanismos de desvinculação, cujo caminho, na órbita federal, começou com o Fundo Social de Emergência – FSE (Emenda Constitucional nº 27, de 2000), que liberava de vinculação 20% das contribuições sociais; prosseguiu com o Fundo de Estabilização Fiscal (FEF); hoje, está representado pela Desvinculação de Receitas da União (DRU), prorrogada sucessivamente. A Emenda Constitucional nº 93, de 2016, elevou o percentual de desvinculação para 30%, incluindo taxas e Contribuição de Intervenção no Domínio Econômico (CIDE), além das contribuições sociais (exceto a contribuição social do salário-educação), tratamento que se estendeu aos demais entes, em relação a seus impostos, taxas e multas.

8.4 VINCULAÇÃO DA RECEITA AO ORÇAMENTO

Um critério sob o qual também é possível fazer a abordagem da classificação da receita diz respeito a sua condição de estar prevista no orçamento – orçamentária – ou não – extraorçamentária. Esta última afeta a execução financeira, mas não pode ser computada para efeito de programação das despesas. Trata-se de um recurso transitoriamente disponível, embora possa vir a integrar-se definitivamente ao patrimônio público em virtude de fatos supervenientes. Por exemplo, salários de servidores não reclamados; depósitos revertidos, efetuados por contratados inadimplentes; sentenças desfavoráveis a contribuintes tendo efetuado depósitos em garantia etc. No caso de depósitos judiciais e extrajudiciais, a Lei nº 9.703/98 permitiu à União apropriar-se imediatamente dos mesmos, embora constituam exigibilidade potencial; é, para todos os efeitos, uma espécie de "empréstimo compulsório".[2] A restituição desses valores não está sujeita à autorização legislativa.

---

[2] Ver, a propósito, excelente artigo: FERREIRA SOBRINHO, José Wilson. Transferência de depósitos judiciais e extrajudiciais para o Tesouro Nacional. *Repertório IOB de Jurisprudência*, n. 24, caderno 1, p. 634-636, dez. 1998.

Outro enfoque segundo o qual é possível abordar o assunto consiste em considerar como receita extraorçamentária o excesso de arrecadação, enquanto não for incorporado ao orçamento, estando, portanto, disponível apenas financeiramente.

A Lei nº 4.320/64 também se vale do artifício de denominar ingressos extraorçamentários (no balanço financeiro) a despesa computada orçamentariamente pelo regime de competência e não paga no exercício (anulando, assim, seu efeito para fins de apuração do fluxo do disponível).

São, ainda, mencionados como exemplos de ingressos extraorçamentários as operações de crédito por Antecipação de Receita Orçamentária (ARO), por não representarem receitas adicionais ao orçamento, assim como a emissão de moeda.

Atente-se para o fato de que, nas operações **internas** – realizadas no âmbito dos órgãos e entidades integrantes dos orçamentos Fiscal e da Seguridade Social de um mesmo Ente (o conceito pode ser ampliado para o conjunto dos Entes, dependendo de sua abrangência) –, as receitas (e despesas) são consideradas intraorçamentárias, pois se compensam. Sua identificação é relevante, para que se evite a dupla contagem na consolidação das contas governamentais.

8.5 ESFERAS ORÇAMENTÁRIAS

Resta, ainda, mencionar que a receita também pode ser considerada vinculada a cada um dos três tipos de orçamento – Fiscal, da Seguridade Social e de Investimento –, convindo lembrar, por exemplo, a existência de tributos expressamente destinados a determinadas finalidades, do âmbito próprio de cada um desses orçamentos (por exemplo, contribuições sociais para financiamento da Seguridade Social). Este tipo de classificação está em coerência com a sistemática adotada pela Constituição – art. 165, § 5º –, que **subdivide** o orçamento (geral) da União naqueles três tipos.

Enquanto o orçamento Fiscal tem um caráter (mais) geral, o da Seguridade Social compreende as áreas de saúde, previdência social e assistência social. O orçamento de Investimento das empresas estatais se restringe às estatais não dependentes (ou seja, as que se mantêm com seus recursos próprios), em relação aos seus investimentos propriamente ditos. As estatais dependentes (LRF, art. 2º, inc. III) já compõem os outros orçamentos, a exemplo dos demais órgãos e entidades da Administração.

8.6 ESTÁGIOS

Estágios da receita são etapas, períodos, operações, classificados para efeitos didáticos, que guardam relação com definições legais específicas e com a sistemática adotada pela administração financeira pública.

O art. 139 do Regulamento de Contabilidade Pública (Decreto Federal nº 15.783, de 8-11-22, que regulamentou o Código de Contabilidade Pública baixado pelo Decreto Legislativo nº 4.536, de 28-1-22), revogado em 1991, dispunha que a receita percorre três estágios: fixação, arrecadação e recolhimento.

A fixação começa pelas estimativas, passa pela discussão e aprovação do orçamento e termina pelo lançamento, que permite a identificação, a individualização do contribuinte, do devedor.

Na acepção do Prof. João Angélico,[3] seria mais apropriado distinguirem-se as atividades de estimação (que não é sinônimo de fixação) das de realização da receita; esta, por sua vez – a realização da receita –, se desdobraria em lançamento, arrecadação e recolhimento (os dois últimos, como se viu, expressamente citados como estágios). Dependendo das circunstâncias, não ocorre propriamente lançamento (que é uma espécie de interseção entre estimação e realização); e em outros casos, arrecadação e recolhimento se confundem.

O Manual Técnico de Orçamento (MTO) para 2019 especifica como etapas da receita orçamentária a previsão – que corresponde ao planejamento –, e o lançamento, a arrecadação e o recolhimento – que correspondem à execução.

Nem todas as etapas citadas ocorrem para todos os tipos de receitas orçamentárias. Pode ocorrer, por exemplo, arrecadação de receitas não previstas e também das que não foram lançadas.

A previsão implica planejar e estimar a arrecadação das receitas que constará na proposta orçamentária. Segundo a LRF – art. 12 –, as previsões de receita observarão as normas técnicas e legais, e considerarão os efeitos das alterações na legislação, da variação do índice de preços, do crescimento econômico ou de qualquer outro fator relevante.

O lançamento – que é um conceito do Direito, pois não enseja sequer registro na Contabilidade Pública, **precedendo** o reconhecimento da receita –, como ensina Nilton Latorraca,[4] compete privativamente à autoridade administrativa, preenchendo as finalidades de:

- verificar a ocorrência do fato gerador da obrigação e identificar o sujeito passivo;
- determinar a matéria tributável, analisar seus elementos e calcular o montante do tributo devido;
- propor a aplicação da penalidade cabível, quando for o caso.

Há três espécies de lançamento: direto ou de ofício, por declaração e por homologação (autolançamento).

---

[3] *Op. cit.*, p. 47-52.

[4] LATORRACA, Nilton. *Direito tributário:* imposto de renda das empresas. 13. ed. São Paulo: Atlas, 1992.

Segundo o art. 52 da Lei nº 4.320/64, "são objeto de lançamento os impostos diretos e quaisquer outras rendas com vencimento determinado em lei, regulamento ou contrato". E, pelo art. 53, "o lançamento da receita é ato da repartição competente, que verifica a procedência do crédito fiscal e a pessoa que lhe é devedora e inscreve o débito desta".

A falta de controle contábil do lançamento pode ser considerada uma das grandes limitações dos sistemas contábeis adotados pelo nosso Setor Público. Há estimativas de valores consideráveis lançados – espontaneamente ou de ofício – nas diferentes esferas e relativos aos diversos tributos, sem que se disponha de informações seguras a seu respeito. É interessante que se utilize a palavra **esqueletos** para vários tipos de passivos ainda não formalmente reconhecidos, mas não se mencione a existência de "esqueletos" também nos ativos dos Entes públicos. Um bom controle contábil deveria, inclusive, contribuir para um melhor equacionamento das pendências do setor privado com a Administração, demonstrando, por exemplo, a situação das cobranças, autuações, julgamentos em sucessivas instâncias. Só em dívida ativa, a União teria, nos dias atuais, algo superior a R$ 2 trilhões, mas é bom lembrar que essa é a etapa final do processo de apuração, cobrança e execução dos débitos, tampouco inclui os parcelamentos referentes aos sucessivos programas lançados pelo governo. Há muito tempo a Receita Federal deixou de divulgar os chamados **passivos tributários**, compreendendo saldos de parcelamentos, débitos em cobrança na Secretaria Especial da Receita Federal do Brasil e débitos com exigibilidade suspensa (em julgamento e *subjudice*).

A arrecadação caracteriza-se pela transferência, pelo depósito (geralmente pela rede bancária, inclusive oficial) em favor, em nome do Tesouro, das obrigações dos contribuintes – das pessoas físicas e jurídicas – perante o Poder Público. Muitas vezes, tais compromissos são saldados por meio de depositários, quando estes – comumente órgãos e entidades – retêm, descontam de outras pessoas tributos e contribuições devidos. De acordo com a Lei nº 4.320, de 1964, art. 35, pertencem ao exercício financeiro as receitas nele arrecadadas, o que se traduz na adoção do regime de caixa para o ingresso das receitas públicas.

O recolhimento caracteriza-se pela transferência do produto da arrecadação diretamente ao caixa do Tesouro. Só pelo recolhimento, à conta específica do Tesouro Nacional, é que se pode dizer que os recursos estarão efetivamente disponíveis para utilização pelos gestores financeiros, de acordo com a programação que for estabelecida. Vale assinalar que o recolhimento de todas as receitas se fará em estrita observância ao princípio de unidade de tesouraria, vedada qualquer fragmentação para criação de caixas especiais, conforme já estabelecido pela Lei nº 4.320, de 1964, art. 56 –, preceito, portanto, muito anterior à adoção do caixa único. Esse princípio fora ratificado pelo art. 92 do Decreto-lei nº 200, de 25-2-67.

Na prática, entretanto, houve gradual afastamento do mesmo, com uma incalculável multiplicidade de contas (milhares – fala-se em 4.000 –, dispersas) dos diversos órgãos e entidades da Administração, tudo isso combinado com consideráveis defasagens entre os prazos de arrecadação e os de recolhimento, comprometendo a programação e execução financeira do governo.

Arrecadação e recolhimento se confundem nos pagamentos efetuados pelos órgãos/entidades públicos(as) com recursos orçamentários, em que os tributos e contribuições devidos pelos beneficiários são descontados e (re)incorporados às disponibilidades, ao caixa único do Tesouro; isto é, na prática não chegam a transitar pelo fluxo financeiro.

Pela Lei nº 4.595, de 31-12-64, que dispôs sobre a Política e as Instituições Monetárias, Bancárias e Creditícias, criou o Conselho Monetário Nacional e deu outras providências, ficou estabelecido que o Banco do Brasil S.A., na qualidade de agente financeiro do Tesouro Nacional, deveria receber, a crédito do Tesouro Nacional, as importâncias provenientes da arrecadação de tributos ou rendas federais e realizar os pagamentos e suprimentos necessários à execução do Orçamento Geral da União.

O princípio de unidade de caixa, no âmbito da União, foi um dos pontos centrais da criação do Sistema Integrado de Administração Financeira do Governo Federal (Siafi), como se depreende da leitura do Decreto nº 93.872/86. O princípio é hoje adotado nas diversas esferas da Administração, de modo geral.

Segundo o art. 4º do já citado Decreto nº 93.872/86, ato regulamentador da matéria, "os recursos de caixa do Tesouro Nacional serão mantidos no Banco do Brasil S.A., somente sendo permitidos saques para o pagamento de despesas formalmente processadas e dentro dos limites estabelecidos na programação financeira". E, pelo art. 5º, "o pagamento da despesa, obedecidas as normas reguladas neste decreto, será feito mediante saques contra a conta do Tesouro Nacional (DL nº 200/67, art. 92, parágrafo único)". A chamada "conta única" do Tesouro é mantida originariamente no Banco Central, mas o agente financeiro é o Banco do Brasil.

Posteriormente, a Constituição Federal – art. 164, § 3º – determinou que: "As disponibilidades de caixa da União serão depositadas no Banco Central; as dos Estados, do Distrito Federal, dos Municípios e dos órgãos ou entidades do Poder Público e das empresas por ele controladas, em instituições financeiras oficiais, ressalvados os casos previstos em lei". Essa disposição consta também do art. 43, *caput*, da Lei de Responsabilidade Fiscal (LRF).

O § 1º do art. 43 da LRF determina que as disponibilidades de caixa dos regimes de previdência social, geral e próprio dos servidores públicos, ainda que vinculados a fundos específicos, devem ficar depositadas em conta separada das demais disponibilidades de cada ente e aplicadas nas condições de mercado, com observância dos limites e condições de proteção e prudência financeira. E o § 2º do mesmo artigo veda a aplicação destas disponibilidades em: "I – títulos da dívida pública estadual e municipal, bem como em ações e outros papéis relativos às empresas controladas pelo respectivo ente da Federação; e II – empréstimos, de qualquer natureza, aos segurados e ao Poder Público, inclusive a suas empresas controladas".

8.7 DÍVIDA ATIVA

Dívida ativa constitui-se nos créditos da Fazenda Pública, tributários ou não, que – não pagos no vencimento – são inscritos em registro próprio, após apurada sua liquidez e certeza, de acordo com legislação específica (Lei nº 4.320/64, art. 39, § 1º). A dívida ativa da União deve ser apurada e inscrita na Procuradoria-Geral da Fazenda Nacional. (Os Estados, DF e Municípios dispõem dos órgãos correspondentes.)

Não se deve confundir dívida ativa com dívida passiva, em Contabilidade Pública. Dívida ativa compõe o ativo da União (ou Estados/DF ou Municípios), são créditos que ela tem contra terceiros; dívida passiva é a que constitui seu passivo, seus débitos com terceiros, cuja terminologia – dívida – é a usual em Contabilidade Empresarial.

A inscrição, isto é, a constituição, a formalização, o reconhecimento da obrigação perante o Tesouro, na Procuradoria, é condição necessária para seu encaminhamento à cobrança judicial, à execução. A inscrição se poderia fazer, teoricamente, logo após o vencimento. Na prática, entretanto, tais procedimentos são demorados, realizando-se, às vezes, só no exercício seguinte àquele do vencimento da obrigação. A praxe, todavia, é a de se conceder 30 dias ao devedor, a partir do vencimento da obrigação (cobrança amigável); daí, seriam concedidos mais 30 dias para o encaminhamento à cobrança judicial, isto é, para o início dos respectivos procedimentos requeridos, mediante o encaminhamento à Procuradoria, órgão jurídico da Fazenda Pública.

Com a inscrição em dívida ativa é que se registra, reconhece-se a receita, o que atende melhor ao regime de competência. Este tratamento constitui uma exceção, pois o critério para o reconhecimento da receita é ditado pelo regime de caixa. Isto reforça o que foi mencionado anteriormente: o reconhecimento formal do crédito, no mundo contábil do Poder Público, só se dá quando ocorre a inscrição em dívida ativa, ou seja, o desencadeamento do processo para a cobrança judicial, o que também é revelador do caráter frágil de realização da receita via administrativa. Pela aplicação estrita do regime de competência, o reconhecimento da receita deveria dar-se, pelo menos, a partir do lançamento, mas poderia ocorrer até independentemente dele, à vista das estimativas e informações disponíveis pela Administração. O fato contábil, patrimonial, estaria reconhecido e não compromete a execução orçamentária responsável. São sistemas paralelos e complementares. É ínfima a arrecadação que vem sendo realizada com a execução das dívidas. A Contabilidade Pública, no Brasil, precisa ir muito além da programação e execução orçamentária e financeira, e incorporar plenamente a condição de um sistema de informações abrangente, que dê suporte às ações de planejamento, acompanhamento, análise, controle e avaliação.

ANEXO I

Classificação da Receita
(Válida para as Três Esferas da Administração)

Código	Descrição
1.0.0.0.00.0.0	Receitas Correntes
1.1.0.0.00.0.0	Impostos, Taxas e Contribuições de Melhoria
1.1.1.0.00.0.0	Impostos
1.1.2.0.00.0.0	Taxas
1.1.3.0.00.0.0	Contribuição de Melhoria
1.2.0.0.00.0.0	Contribuições
1.2.1.0.00.0.0	Contribuições Sociais
1.2.2.0.00.0.0	Contribuições Econômicas
1.2.3.0.00.0.0	Contribuições para Entidades Privadas de Serviço Social e de Formação Profissional
1.2.4.0.00.0.0	Contribuição para Custeio do Serviço da Iluminação Pública
1.3.0.0.00.0.0	Receita Patrimonial
1.3.1.0.00.0.0	Exploração do Patrimônio Imobiliário do Estado
1.3.2.0.00.0.0	Valores Mobiliários
1.3.3.0.00.0.0	Delegação de Serviços Públicos Mediante Concessão, Permissão, Autorização ou Licença
1.3.4.0.00.0.0	Exploração de Recursos Naturais
1.3.5.0.00.0.0	Exploração do Patrimônio Intangível
1.3.6.0.00.0.0	Cessão de Direitos
1.3.9.0.00.0.0	Demais Receitas Patrimoniais
1.4.0.0.00.0.0	Receita Agropecuária
1.5.0.0.00.0.0	Receita Industrial
1.6.0.0.00.0.0	Receita de Serviços
1.6.1.0.00.0.0	Serviços Administrativos e Comerciais Gerais
1.6.2.0.00.0.0	Serviços e Atividades Referentes à Navegação e ao Transporte
1.6.3.0.00.0.0	Serviços e Atividades Referentes à Saúde
1.6.4.0.00.0.0	Serviços e Atividades Financeiras
1.6.9.0.00.0.0	Outros Serviços

(*continua*)

(*continuação*)

Código	Descrição
1.7.0.0.00.0.0	Transferências Correntes
1.7.1.0.00.0.0	Transferências da União e de suas Entidades
1.7.2.0.00.0.0	Transferências dos Estados e do Distrito Federal e de suas Entidades
1.7.3.0.00.0.0	Transferência dos Municípios e suas Entidades
1.7.4.0.00.0.0	Transferências de Instituições Privadas
1.7.5.0.00.0.0	Transferências de Outras Instituições Públicas
1.7.6.0.00.0.0	Transferências do Exterior
1.7.7.0.00.0.0	Transferência de Pessoas Físicas
1.7.8.0.00.0.0	Transferências Provenientes de Depósitos Não Identificados
1.9.0.0.00.0.0	Outras Receitas Correntes
1.9.1.0.00.0.0	Multas Administrativas Contratuais e Judiciais
1.9.2.0.00.0.0	Indenizações, Restituições e Ressarcimentos
1.9.3.0.00.0.0	Bens, Direitos e Valores Incorporados ao Patrimônio Público
1.9.9.0.00.0.0	Demais Receitas Correntes
2.0.0.0.00.0.0	Receitas de Capital
2.1.0.0.00.0.0	Operações de Crédito
2.1.1.0.00.0.0	Operações de Crédito – Mercado Interno
2.1.2.0.00.0.0	Operações de Crédito – Mercado Externo
2.2.0.0.00.0.0	Alienação de Bens
2.2.1.0.00.0.0	Alienação de Bens Móveis
2.2.3.0.00.0.0	Alienação de Bens Intangíveis
2.3.0.0.00.0.0	Amortização de Empréstimos
2.4.0.0.00.0.0	Transferências de Capital
2.4.1.0.00.0.0	Transferências da União e de suas Entidades
2.4.2.0.00.0.0	Transferências dos Estados e do Distrito Federal e de suas Entidades
2.4.3.0.00.0.0	Transferências dos Municípios e de suas Entidades
2.4.4.0.00.0.0	Transferências de Instituições Privadas
2.4.5.0.00.0.0	Transferências de Outras Instituições Públicas
2.4.6.0.00.0.0	Transferências do Exterior

(*continua*)

(*continuação*)

Código	Descrição
2.4.7.0.00.0.0	Transferências de Pessoas Físicas
2.4.8.0.00.0.0	Transferências Provenientes de Depósitos Não Identificados
2.9.0.0.00.0.0	Outras Receitas de Capital
2.9.1.0.00.0.0	Integralização de Capital Social
2.9.2.0.00.0.0	Resultado do Banco Central
2.9.3.0.00.0.0	Remuneração das Disponibilidades do Tesouro
2.9.4.0.00.0.0	Resgate de Títulos do Tesouro
2.9.9.0.00.0.0	Demais Receitas de Capital
7.0.0.0.00.0.0	Receitas Correntes Intraorçamentárias
8.0.0.0.00.0.0	Receitas de Capital Intraorçamentárias

ANEXO II

Classificação da Receita por Fontes de Recursos

1º Dígito: Grupo de Fontes de Recursos
1 – Recursos do Tesouro – Exercício Corrente 2 – Recursos de Outras Fontes – Exercício Corrente 3 – Recursos do Tesouro – Exercícios Anteriores 6 – Recursos de Outras Fontes – Exercícios Anteriores 9 – Recursos Condicionados

Código	2º e 3º Dígitos: Especificação das Fontes de Recursos
00	Recursos Ordinários
01	Transferências do Imposto sobre a Renda e sobre Produtos Industrializados
02	Transferência do Imposto Territorial Rural
04	Retorno do Fundo Social
06	Contribuição para o Fundo de Saúde dos Policiais Militares e Bombeiros Militares do Distrito Federal
07	Compensações Financeiras pela Exploração de Recursos Florestais
08	Fundo Social – Parcela Destinada à Educação Pública e à Saúde
11	Contribuição de Intervenção no Domínio Econômico – CIDE Combustíveis

(*continua*)

(*continuação*)

Código	2º e 3º Dígitos: Especificação das Fontes de Recursos
13	Contribuição do Salário-Educação
15	Contribuição para os Programas Especiais (PIN e Proterra)
16	Recursos de Outorga de Direitos de Uso de Recursos Hídricos
17	Recursos Oriundos das Contribuições Voluntárias para o Montepio Civil
18	Contribuições sobre Concursos de Prognósticos
19	Imposto sobre Operações Financeiras – Ouro
20	Contribuições sobre a Arrecadação dos Fundos de Investimentos Regionais
22	Contribuição sobre a Receita de Concursos de Prognósticos
23	Contribuição para o Custeio das Pensões Militares
27	Custas Judiciais
29	Recursos de Concessões e Permissões
30	Contribuição para o Desenvolvimento da Indústria Cinematográfica Nacional
32	Recursos Destinados ao Fundaf
33	Recursos do Programa de Administração Patrimonial Imobiliário
34	Compensações Financeiras pela Utilização de Recursos Hídricos
35	Cota-parte do Adicional ao Frete para Renovação da Marinha Mercante
36	Recursos Vinculados a Aplicações em Outras Políticas Públicas
39	Alienação de Bens Apreendidos
40	Contribuições para os Programas PIS/Pasep
41	Compensações Financeiras pela Exploração de Recursos Minerais
42	Compensações Financeiras pela Produção de Petróleo, Gás Natural e Outros Hidrocarbonetos Fluidos
43	Títulos de Responsabilidade do Tesouro Nacional – Refinanciamento da Dívida Pública Federal
44	Títulos de Responsabilidade do Tesouro Nacional – Outras Aplicações
46	Operações de Crédito Internas – em Moeda
47	Operações de Crédito Internas – em Bens e/ou Serviços
48	Operações de Crédito Externas – em Moeda
49	Operações de Crédito Externas – em Bens e/ou Serviços
50	Recursos Próprios Não Financeiros

(*continua*)

(*continuação*)

Código	2º e 3º Dígitos: Especificação das Fontes de Recursos
51	Contribuição Social sobre o Lucro Líquido das Pessoas Jurídicas
52	Resultado do Banco Central
53	Contribuição para Financiamento da Seguridade Social (Cofins)
54	Contribuições Previdenciárias para o Regime Geral de Previdência Social
55	Contribuição sobre Movimentação Financeira
56	Contribuição do Servidor para o Plano de Seguridade Social do Servidor Público
57	Receitas de Honorários de Advogados
59	Recursos das Operações Oficiais de Crédito – Retorno de Refinanciamento de Dívidas de Médio e Longo Prazos
60	Recursos das Operações Oficiais de Crédito
62	Recursos Primários para Amortização da Dívida Pública
63	Recursos Próprios Decorrentes da Alienação de Bens e Direitos do Patrimônio Público
64	Títulos da Dívida Agrária
66	Recursos Financeiros de Aplicação Vinculada
67	Notas do Tesouro Nacional – Série "P"
68	Desvinculação de Recursos da Contribuição Social da Saúde
69	Contribuição Patronal para o Plano de Seguridade Social do Servidor Público
71	Recursos das Operações Oficiais de Crédito – Retorno de Operações de Crédito – BEA/BIB
72	Outras Contribuições Econômicas
73	Recursos das Operações Oficiais de Crédito – Retorno de Operações de Crédito – Estados e Municípios
74	Taxas e Multas pelo Exercício do Poder de Polícia e Multas Provenientes de Processos Judiciais
75	Taxas por Serviços Públicos
76	Outras Contribuições Sociais
78	Fundo de Fiscalização das Telecomunicações (Fistel)
79	Fundo de Combate e Erradicação da Pobreza
80	Recursos Próprios Financeiros
81	Recursos de Convênios

(*continua*)

(*continuação*)

Código	2º e 3º Dígitos: Especificação das Fontes de Recursos
83	Pagamento pelo Uso de Recursos Hídricos
84	Contribuições sobre a Remuneração Devida ao Trabalhador e Relativa à Despedida de Empregado sem Justa Causa
86	Recursos Vinculados a Aplicações em Políticas Públicas Específicas
87	Alienação de Títulos e Valores Mobiliários
88	Remuneração das Disponibilidades do Tesouro Nacional
93	Produto da Aplicação dos Recursos à Conta do Salário-Educação
94	Doações para o Combate à Fome
95	Doações de Entidades Internacionais
96	Doações de Pessoas Físicas e Instituições Públicas e Privadas Nacionais
97	Dividendos da União
99	Recursos do Fundo de Estabilização Fiscal

Atualizado até a Portaria SOF nº 7.237, de 16-7-18.
Fonte: extraído de MTO 2019 – Tabela 8.1.4.

RESUMO

A seguir, estão contemplados os principais assuntos discorridos no capítulo.

- Receita pública, em sentido amplo, caracteriza-se como o ingresso de recursos financeiros ao patrimônio público.
- No orçamento público, os recursos, as origens, correspondem à receita prevista (estimada ou orçada). A parcela efetivamente arrecadada denomina-se receita realizada. Obviamente, pode-se verificar excesso ou insuficiência de arrecadação.
- Entende-se por fonte a origem, a procedência do recurso, e sua destinação pode estar ou não vinculada a determinado tipo de despesa.
- Um critério sob o qual também é possível classificar a receita – como orçamentária ou extraorçamentária – diz respeito a sua condição de estar prevista ou não no orçamento, ou de estar disponível ou não para a programação de despesas.
- Estágios da receita são etapas, períodos, que correspondem a fases de sua estimação e execução.
- A previsão começa pelas estimativas, passa pela discussão e aprovação do orçamento, e termina pelo lançamento, que permite a identificação, a individualização do contribuinte, do devedor.
- A execução, a partir do lançamento, passa pela arrecadação e se conclui com o recolhimento.

- Há três espécies de lançamento: direto ou de ofício, por declaração e por homologação (autolançamento).
- Dívida ativa constitui-se nos créditos da Fazenda Pública, tributários ou não, que – não pagos no vencimento – são inscritos em registro próprio, após apurada sua liquidez e certeza,

ATIVIDADES PARA SALA DE AULA

1) Discuta com seus colegas de que forma o governo pode ser mais preciso nas estimativas de receita. Como evitar as insuficiências de arrecadação?
2) Discuta também as principais diferenças entre receita orçamentária e extraorçamentária e dê exemplos.

9

DESPESA

OBJETIVOS DE APRENDIZAGEM
Ao final deste capítulo, o aluno deverá ser capaz de: • classificar a despesa por categorias e distinguir seus estágios; • identificar as situações que caracterizam a existência de Restos a Pagar e Despesas de Exercícios Anteriores; • caracterizar a utilização de suprimento de fundos.

9.1 INTRODUÇÃO

Despesa pública caracteriza um dispêndio de recursos do patrimônio público, representado essencialmente por uma saída de recursos financeiros, imediata – com redução de disponibilidades – ou mediata – com reconhecimento dessa obrigação.

Diversos são os critérios adotados para sua classificação. No Capítulo 7 já foram abordadas as classificações institucional, funcional, segundo estrutura programática, quanto à natureza e por fontes/destinação de recursos, além de outras. Do ponto de vista econômico, a exemplo do que já foi comentado no capítulo referente à Receita, importa dar ênfase ao critério baseado na categoria econômica, que será examinado a seguir.

9.2 CATEGORIAS ECONÔMICAS

No orçamento público, as aplicações correspondem às despesas classificadas segundo categorias econômicas (arts. 12 e 13 da Lei nº 4.320/64), ou seja: corrente e de capital.

De acordo com a Lei nº 4.320/64, são consideradas

Despesas Correntes as:

De Custeio:

- pessoal civil;
- pessoal militar;
- material de consumo;
- serviços de terceiros;
- encargos diversos.

Transferências Correntes:

- subvenções sociais;
- subvenções econômicas;
- inativos;
- pensionistas;
- salário-família e abono familiar;
- juros da dívida pública;
- contribuições de previdência social;
- diversas transferências correntes.

Despesas de Capital o(a)s:

Investimentos:

- obras públicas;
- serviços em regime de programação especial;
- equipamentos e instalações;
- material permanente;
- participação em constituição ou aumento de capital de empresas ou entidades industriais ou agrícolas.

Inversões Financeiras:

- aquisição de imóveis;
- participação em constituição ou aumento de capital de empresas ou entidades comerciais ou financeiras;
- aquisição de títulos representativos de capital de empresas em funcionamento;
- constituição de fundos rotativos;
- concessão de empréstimos;
- diversas inversões financeiras.

Transferências de Capital:

- amortização da dívida pública;
- auxílios para obras públicas;
- auxílios para equipamentos e instalações;
- auxílios para inversões financeiras;
- outras contribuições.

É de notar a correspondência entre as classificações da receita e da despesa. As Despesas Correntes, também chamadas de efetivas, ou despesas propriamente ditas, correspondem a fatos modificativos (diminutivos) na Contabilidade Empresarial, com diminuição de ativo sem concomitante diminuição de passivo ou aumento de ativo, ou com aumento de passivo sem concomitante aumento de ativo ou diminuição de passivo. As Despesas de Capital, também chamadas **por mutação** patrimonial, correspondem a fatos permutativos. É também usual considerar que as Despesas Correntes, diferentemente das de Capital, não contribuem, diretamente, para a formação ou aquisição de um bem de capital.

Ressalte-se, quanto às transferências, que estão associadas às correspondentes receitas. As Transferências Correntes não correspondem à contraprestação direta em bens ou serviços (§ 2º do art. 12); como subvenções, são destinações para a cobertura de despesas de custeio das entidades beneficiadas (§ 3º), e, por conseguinte, constituem receita propriamente dita dessas entidades, na Contabilidade Empresarial. As Transferências de Capital são destinadas a investimentos ou Inversões Financeiras a serem efetuados pelos beneficiários (de Direito Público ou Privado), também independentemente de contraprestação direta em bens ou serviços (§ 6º), estando associadas ao que se classificava como reserva de capital pela legislação societária, até 2007.

A citada Lei estabeleceu que a cooperação financeira da União com entidade ou empresa pública ou privada poderá ser feita por meio de:

- subvenção social: quando se destinar a entidade de assistência social, médica e educacional sem fins lucrativos, independentemente de legislação especial;
- subvenção econômica: quando se destinar a empresa agrícola, pastoril, industrial ou comercial, mediante expressa autorização em lei especial;
- auxílio: quando se destinar a entidade sem fins lucrativos, independentemente de legislação especial;
- contribuição: quando se destinar a entidade sem fins lucrativos, para atender a ônus ou encargo assumido pela União, mediante expressa autorização em lei especial.

Segundo essa mesma Lei, serão concedidas sob a modalidade de subvenção econômica aquelas destinadas a:

- cobrir déficit de manutenção das empresas públicas, desde que expressamente autorizada na Lei de Orçamento ou em crédito adicional;
- cobrir a diferença entre os preços de mercado e os preços de revenda, pelo governo, de gêneros alimentícios ou de outros materiais;
- pagar bonificação a produtores de determinados gêneros ou materiais.

O caráter unilateral, incondicional, das transferências fica bem evidenciado nos pagamentos a inativos e pensionistas, em comparação com a remuneração do pessoal ativo – civil e militar –, que constitui despesa de custeio, ou seja, com contrapartida na prestação dos serviços.

Observe-se, outrossim, a importante distinção que deve ser feita entre Investimentos e Inversões Financeiras, em que, no primeiro caso, haverá acréscimo e, no segundo, mera transferência de capital. Por exemplo, quando se trata de aplicação em participação no capital, o investimento requer aumento efetivo de recursos à disposição do beneficiário (mediante subscrição e integralização), exceto se for o caso de entidades ou empresas comerciais ou financeiras, quando se terá, em qualquer hipótese, inversão financeira. Se há mera negociação de participações (ações, quotas) já existentes, o tratamento será o de inversão financeira. Da mesma forma, em relação a imóveis, quando há investimentos, constrói-se o imóvel; há inversão financeira quando se adquire simplesmente o imóvel.

Veja-se agora o caso dos empréstimos, que também é ilustrativo. Se a União concede empréstimo (fato permutativo: troca de um ativo por outro), está fazendo uma inversão financeira. Se está amortizando um empréstimo que havia obtido, e que constituíra receita de capital (fato permutativo: troca de um passivo por um ativo), está efetuando uma transferência de capital. Ambos os casos são de Despesas de Capital. Se, entretanto, está pagando encargos sobre o empréstimo obtido (fato modificativo: redução do ativo), está efetuando uma transferência corrente e, portanto, uma despesa corrente. O pagamento dos juros é a remuneração do capital, tem caráter recorrente (enquanto o empréstimo não é resgatado); a amortização do empréstimo é a devolução do principal, do capital.

Vale notar que a realização de despesas está muitas vezes condicionada à licitação, às vezes, também, à execução da receita. Em face, entretanto, da complexidade da matéria referente à licitação, optou-se por incluí-la em capítulo próprio (Capítulo 11).

É relevante assinalar que, desde a primeira Lei de Diretrizes Orçamentárias – Lei nº 7.800/89 –, as subcategorias de despesas – Lei nº 4.320/64 – foram reestruturadas nos chamados grupos de natureza de despesas, que, segundo a LDO para o exercício de 2019 (art. 6º, § 2º), constituem agregação de elementos de despesa de mesmas características quanto ao objeto do gasto, consoante a seguinte classificação:

I – pessoal e encargos sociais – 1;

II – juros e encargos da dívida – 2;

III – outras despesas correntes – 3;

IV – investimentos – 4;

V – inversões financeiras, incluídas quaisquer despesas referentes à constituição ou ao aumento de capital de empresas – 5;

VI – amortização da dívida – 6.

Essa mesma Lei estabeleceu o dígito 9 no que se refere ao grupo de natureza de despesa para identificar a Reserva de Contingência, que corresponde à dotação global não destinada especificamente a determinado órgão, unidade orçamentária, programa ou categoria econômica.

Como se pode constatar, o conceito adotado para "Inversões Financeiras" – GND 5 –, no tocante à constituição ou aumento de capital das empresas, não coincide com o descrito na Lei nº 4.320/64, que, no caso de empresas industriais ou agrícolas, corresponde a "investimentos".

Mediante a Portaria Interministerial nº 163, de 4-5-01, da Secretaria de Orçamento Federal (SOF) e da Secretaria do Tesouro Nacional (STN), e alterações posteriores, foi atualizada a classificação econômica da despesa, quanto a sua natureza, inclusive as respectivas definições. Os códigos desta classificação deverão ser utilizados, no âmbito da União, Estados, DF e Municípios, para a elaboração das propostas orçamentárias e para a execução e controle da programação orçamentária, bem como para consolidação das contas públicas.

A especificação da despesa será feita mediante agregação de seus dígitos, na forma indicada no Capítulo 7.

A Tabela para Classificação das Despesas (Anexo I deste capítulo), quanto à sua Natureza, procurou dar ênfase ao serviço da dívida, "Juros e Encargos da Dívida" e "Amortização da Dívida", destacando, também, "Pessoal e Encargos Sociais", rubrica antes englobada em Despesas de Custeio, segundo a Lei nº 4.320/64.[1]

Note-se, ainda, que a classificação ficou mais flexível, podendo estabelecer-se qualquer combinação (pelo menos teoricamente) de categoria econômica, com grupo de natureza de despesa, modalidade de aplicação e elemento de despesa.

9.3 ESTÁGIOS

A exemplo da receita, a despesa também apresenta diferentes estágios, que compreendem procedimentos, operações com finalidade específica. De acordo com

[1] Para a realização de despesa com Pessoal e Encargos Sociais, a Lei Complementar nº 101, de 2000, estabeleceu controles e limites que são verificados quadrimestralmente. Faz-se necessário, assim, que tais despesas sejam, de fato, destacadas das demais.

o art. 227 do Regulamento de Contabilidade Pública,[2] tais estágios são o empenho, a liquidação e o pagamento.

O Prof. João Angélico,[3] entretanto, distingue o período de estimação do de realização da despesa. O primeiro, que chamou de fixação (por analogia à receita), corresponde à organização das estimativas e à conversão da proposta no orçamento. O segundo, por seu turno, em vez dos três estágios tradicionalmente descritos, compreenderia, na realidade, programação, licitação, empenho, liquidação, suprimento e pagamento.

Das etapas não mencionadas expressamente na legislação originária, a programação consiste no estabelecimento do cronograma de desembolso, de acordo com as necessidades, que se distribuem ao longo do exercício, e com as possibilidades condicionadas ao comportamento da receita. Este tema é objeto do Capítulo 10 deste livro. A licitação não é obrigatória em todos os casos e só pode ser feita em função da própria programação financeira. E o suprimento caracteriza-se pela entrega, transferência às unidades responsáveis pelas operações financeiras, dos recursos para pagamento, e realiza-se pela liberação de cotas, repasses, sub-repasses e, inclusive, suprimentos de fundos propriamente ditos.

O Manual de Contabilidade Aplicada ao Setor Público (MCASP), editado pela STN, destaca os três estágios da execução da despesa – empenho, liquidação e pagamento –, de acordo com o antigo Regulamento de Contabilidade Pública.

Passa-se, agora, a analisar esses três estágios.

9.3.1 Empenho

O empenho da despesa, na definição do art. 58 da Lei nº 4.320/64, "é o ato emanado de autoridade competente que cria para o Estado obrigação de pagamento pendente ou não de implemento de condição". Obviamente, os valores empenhados não poderão exceder o limite dos créditos concedidos (art. 59, *caput*), na dotação própria, não se admitindo, outrossim, a realização de despesa sem prévio empenho (art. 60, *caput*). O Decreto nº 93.872/86 fez inserir, no parágrafo único do art. 24, disposição segundo a qual, "em caso de urgência caracterizada na legislação em vigor, admitir-se-á que o ato do empenho seja contemporâneo à realização da despesa"; referida disposição é bastante vaga, pois não foram definidos os casos de urgência, nem se sabe especificamente de que legislação se trata, assim como parece inócuo admitir a contemporaneidade com a realização da despesa.

---

[2] Revogado em 1991.

[3] *Op. cit.*

Assim, o empenho da despesa, na definição do art. 58 da Lei nº 4.320/64, possui as seguintes características:

- é um **ato administrativo** emanado de autoridade competente;[4]
- cria para o Estado obrigação de pagamento;
- a obrigação de pagamento pode ser pendente ou não de implemento de condição.

Na realidade, o empenho é apenas um ato de ordenamento da despesa autorizada em lei.

Você sabia?

Operacionalmente, para cada empenho, ou seja, para cada **ato** emanado de autoridade competente, será extraído um **documento** denominado "nota de empenho", que indicará o nome do credor, a especificação e a importância da despesa, bem como a dedução desta do saldo da dotação própria, segundo o disposto no art. 61 da Lei nº 4.320/64.

Acrescente-se que, no momento em que se emite a **nota de empenho** no Sistema Integrado de Administração Financeira do Governo Federal (Siafi), é efetuado o registro contábil, em contas de controle do sistema orçamentário, e procedida à dedução do valor da despesa na dotação orçamentária própria, correspondente ao ato da autoridade competente. Considera-se, portanto, empenhada a despesa somente após a emissão da nota de empenho.

Observe-se que é por meio da nota de empenho que se "reserva" a dotação orçamentária para garantir a legalidade do pagamento estabelecido na relação contratual existente entre o Estado e seus fornecedores e prestadores de serviços. As obrigações do Estado resultam não só dos contratos, convênios, acordos e ajustes, mas também das leis e regulamentos que devem ser cumpridos.

Essa "reserva" ou garantia é dada ao fornecedor ou prestador de serviço, de que o fornecimento ou o serviço será pago, desde que as condições contratuais sejam cumpridas.

A nota de empenho pode substituir o termo de contrato, em consonância com o art. 62 da Lei nº 8.666/93. Far-se-á, então, nela constar as cláusulas contratuais (direitos, obrigações e responsabilidades das partes) necessárias a todo contrato, como disposto no art. 55 da mesma Lei.

9.3.1.1 Regime de competência

De acordo com o art. 35, inciso II, da Lei nº 4.320/64, pertencem ao exercício financeiro "as despesas nele legalmente empenhadas". É o princípio da competência

[4] Aquela autoridade investida no poder de autorizar despesa.

ou o pressuposto de sua aplicação no sistema orçamentário: as despesas **pertencem ao exercício** quando **legalmente** empenhadas. Assim, a condição aqui registrada é considerar despesas **legalmente** empenhadas as que sejam:

- previamente autorizadas no orçamento;
- autorizadas ou previstas na legislação vigente;
- submetidas ao processo licitatório, ou que tenham sido dispensadas desta obrigação;
- ordenadas por agente legalmente investido no poder de autorizar despesa;[5]
- previamente empenhadas.

Ressalte-se que o citado dispositivo (art. 35, inc. II) consigna também o princípio da legalidade, pois as despesas deverão ser autorizadas ou previstas em lei.

Em relação ao princípio da competência, a Resolução CFC nº 1.111, de 29-11-07, posteriormente revogada, quando aprovou o Apêndice II da Resolução CFC nº 750/93, sobre os Princípios de Contabilidade, ao tratar de sua interpretação sob as **perspectivas do setor público**, dispôs que:

> Art. 9º. O Princípio da COMPETÊNCIA determina que os efeitos das transações e outros eventos sejam reconhecidos nos períodos a que se referem, independentemente do recebimento ou pagamento.
>
> Parágrafo único. O princípio da competência pressupõe a simultaneidade da confrontação de receitas e de despesas correlatas. (Redação dada pela Resolução CFC nº 1.367/11.)

O princípio da competência aplica-se integralmente ao Setor Público.

Nesse primeiro estágio – empenho –, as despesas não foram efetivamente incorridas, não ocorreu ainda o fato gerador propriamente dito, caracterizado pelo surgimento de uma obrigação líquida e certa. Como se verá mais adiante, o princípio da competência irá materializar-se no segundo estágio, pelo surgimento do passivo, sem o correspondente ativo, quando o registro orçamentário será complementado pelo financeiro, e os seus efeitos evidenciados nas Demonstrações Contábeis do exercício. Por outro lado, nas hipóteses em que despesas empenhadas e não liquidadas forem inscritas em Restos a Pagar – como se verá posteriormente –, haverá o reconhecimento patrimonial da obrigação e, consequentemente, de seus efeitos no resultado do exercício, ainda que passível de cancelamento.

Cabe observar, em obediência ao princípio orçamentário da anualidade, que essas despesas não devem onerar o exercício seguinte, pois, caso assim acontecesse, a Administração não teria a informação correta do que efetivamente executou ou do que comprometeu.

---

[5] A Lei nº 10.028, de 19-10-00, que alterou o Código Penal, passou a considerar crime a ordenação de despesa não autorizada por lei, conforme transcrito: "Ordenação de despesa não autorizada. Art. 359-D. Ordenar despesa não autorizada por lei: Pena – reclusão, de 1 (um) a 4 (quatro) anos".

Esse entendimento é corroborado pelo disposto nos arts. 27, 30, §§ 1º e 2º do Decreto nº 93.872/86, que rezam:

> Art. 27. As despesas relativas a contratos, convênios, acordos ou ajustes de vigência plurianual, serão empenhadas em cada exercício financeiro pela parte nele a ser executada.
>
> [...]
>
> Art. 30. [...]
>
> § 1º Nos contratos, convênios, acordos ou ajustes, cuja duração ultrapasse um exercício financeiro, indicar-se-á o crédito e respectivo empenho para atender à despesa no exercício em curso, bem assim cada parcela da despesa relativa à parte a ser executada em exercício futuro, com a declaração de que, em termos aditivos, indicar-se-ão os créditos e empenhos para sua cobertura.
>
> § 2º Somente poderão ser firmados contratos à conta de crédito do orçamento vigente, para liquidação em exercício seguinte, se o empenho satisfizer às condições estabelecidas para o relacionamento da despesa como Restos a Pagar.

O MCASP destaca que o registro orçamentário reconhece a despesa orçamentária no exercício financeiro da emissão do empenho e a receita orçamentária pela arrecadação. Assim, o art. 35 da Lei nº 4.320/64 refere-se ao regime orçamentário e não ao regime contábil (patrimonial) aplicável ao Setor Público para reconhecimento de ativos e passivos. Já o § 1º do art. 105 da mesma Lei conceitua o ativo financeiro sob a ótica orçamentária, caracterizando-o como o ativo independente da execução do orçamento.

"O Ativo Financeiro compreenderá os créditos e valores realizáveis independentemente da autorização orçamentária e os valores numerários."

Dessa forma, a Lei nº 4.320/64, nos arts. 85, 89, 100 e 104, determina que as variações patrimoniais devem ser evidenciadas, sejam elas independentes ou resultantes da execução orçamentária.

Por conseguinte, além do registro dos fatos ligados à execução orçamentária, é obrigatória a evidenciação dos fatos ligados à execução financeira e patrimonial, com os fatos modificativos sendo levados à conta de resultado e permitindo o conhecimento da composição patrimonial e dos resultados econômicos e financeiros de determinado exercício, com observância dos princípios da competência e da oportunidade.

9.3.1.2 Modalidades de empenho

O empenho pode ser efetuado sob três modalidades:

- ordinário, quando o montante a ser pago for previamente conhecido e deva ocorrer de uma só vez;
- global, quando o montante a ser pago também for previamente conhecido, mas deva ocorrer parceladamente, comum nos casos de contratos;

- por estimativa (estimativo), quando não se possa determinar previamente o montante exato a ser pago, por não ser a respectiva base periódica homogênea, como ocorre, em particular, com as contas de água, luz, gás, telefone etc.

A nota de empenho poderá ser anulada **parcialmente** quando seu valor exceder o montante da despesa realizada e **totalmente** nos casos em que:

- o serviço contratado não tiver sido prestado;
- o material encomendado não tiver sido entregue;
- a obra não tenha sido executada; ou
- a emissão tiver sido feita incorretamente.

Inversamente, o empenho poderá ser reforçado.

Quando, dentro do exercício, houver redução ou cancelamento do compromisso que originou o empenho, este será anulado, e a importância correspondente reverterá à respectiva dotação.

9.3.2 Liquidação

A segunda fase do estágio da despesa é a liquidação, ou seja, é a verificação do implemento de condição.

A liquidação da despesa, segundo o disposto nos arts. 63, da Lei nº 4.320/64, e 36, do Decreto nº 93.872/86, consiste na verificação do direito adquirido pelo credor ou entidade beneficiária, tendo por base os títulos e documentos comprobatórios do respectivo crédito ou da habilitação ao benefício.

Referida verificação tem por fim apurar:

- a origem e o objeto do que se deve pagar;
- a importância exata a pagar;
- a quem se deve pagar a importância para extinguir a obrigação.

A liquidação da despesa por fornecimentos feitos, obras executadas ou serviços prestados terá por base:

- contrato, ajuste ou acordo respectivo;
- nota de empenho ou documento de efeito equivalente;
- documento fiscal pertinente;
- comprovantes da entrega do material ou da prestação do serviço (que pode ser até um "recibo" ou "atesto" às vezes aposto no próprio documento fis-

cal, identificando o responsável e a data correspondente,[6] exigindo a atual legislação "termo circunstanciado" do recebimento provisório ou definitivo de obras, serviços e equipamentos de grande vulto.[7]

É bom enfatizar que o agente responsável pelo recebimento e verificação também responde pelos prejuízos que acarretar à Fazenda Nacional (Decreto nº 93.872/86, art. 39), no que se ampliou a abrangência da responsabilidade prevista no art. 90 do Decreto-lei nº 200/67.

Você sabia?

Na Contabilidade Pública, é nesta segunda fase ou estágio da despesa – a da liquidação – que ocorre o reconhecimento da despesa efetivamente incorrida, mediante registro contábil, apropriando-se a despesa orçamentária (débito) em contrapartida com a obrigação (crédito), no **sistema financeiro**, caracterizando a adoção plena do regime de competência e seus efeitos no patrimônio público.

9.3.3 Pagamento

O terceiro estágio corresponde ao pagamento da despesa.

O pagamento da despesa só será efetuado quando ordenado após sua regular liquidação (art. 62 da Lei nº 4.320/64).

"A ordem de pagamento será dada em documento próprio, assinado pelo ordenador de despesa e pelo agente responsável pelo setor financeiro", de acordo com o art. 43, do Decreto nº 93.872/86.

A competência para autorizar pagamento decorre da lei ou de atos regimentais, podendo ser delegada (§ 1º); a descentralização de crédito e a fixação de limite de saques à unidade gestora importam mandato para a ordenação do pagamento (§ 2º).

Segundo o art. 44 do Decreto nº 93.872/86, "O pagamento da despesa será feito mediante saque contra o agente financeiro, para crédito em conta bancária do credor, no banco por ele indicado, podendo o agente financeiro fazer o pagamento em espécie, quando autorizado".

9.3.4 Exercício financeiro e ciclo da despesa

Em resumo, para uma mesma despesa, nem todos os estágios ocorrerão necessariamente durante o exercício, pois nem todas as despesas empenhadas poderão

[6] "A assinatura, firma ou rubrica em documentos e processos deverá ser seguida da repetição completa do nome do signatário e indicação da respectiva função ou cargo, por meio de carimbo, do qual constará, precedendo espaço destinado à data e sigla da unidade na qual o servidor esteja exercendo suas funções ou cargo" (Decreto nº 93.872/86, art. 40).

[7] Não há definição para o que seja "de grande vulto", o que é muito frequente em nossa legislação, até como um traço cultural. Isto enseja interpretações diversas, segundo as conveniências, dificultando a própria verificação do cumprimento das normas legais.

ser liquidadas **efetivamente**, bem como nem todas as liquidadas poderão ser pagas no mesmo exercício, surgindo, assim, o relacionamento dessas despesas como Restos a Pagar.

A esse respeito, o § 2º do art. 30 do Decreto nº 93.872, de 1986, fixa que somente poderão ser firmados contratos à conta de crédito do orçamento vigente, para liquidação em exercício seguinte, se o empenho satisfizer às condições estabelecidas para o relacionamento da despesa como Restos a Pagar.

Dentro deste contexto, as despesas empenhadas, liquidadas e não pagas são escrituradas nas contas do Passivo Financeiro do órgão ou entidade, como obrigações processadas, intituladas como Restos a Pagar Processados, e as despesas empenhadas e não liquidadas, em que esteja em curso a liquidação, ou se enquadrem nas condições estabelecidas no art. 35 do Decreto nº 93.872, de 1986, serão inscritas como "Restos a Pagar Não Processados", ambas em contrapartida, conforme o caso, com as contas de Despesas Correntes ou de Despesas de Capital, no sistema financeiro.

A liquidação **efetiva** da despesa inscrita em Restos a Pagar Não Processados se dará quando do recebimento do material, da execução da obra ou da prestação do serviço, **ainda que ocorram depois do encerramento do exercício financeiro** (Decreto-lei nº 200, de 1967, art. 76, parágrafo único).

Os aspectos atinentes aos Restos a Pagar serão tratados na seção seguinte, e os relativos à programação e administração financeira serão tratados no Capítulo 10.

9.4 RESTOS A PAGAR

Restos a Pagar são as despesas empenhadas, pendentes de pagamento na data de encerramento do exercício financeiro, inscritas contabilmente como obrigações a pagar no exercício subsequente, constituindo a chamada dívida flutuante.

Você sabia?

De acordo com a Lei nº 4.320/64, art. 36, e o Decreto nº 93.872/86, art. 67, "consideram-se Restos a Pagar as despesas empenhadas e não pagas até 31 de dezembro, distinguindo-se as despesas processadas das não processadas".

Diz-se que a despesa está processada quando já transcorreu o estágio da liquidação. Neste caso, não pode haver cancelamento da obrigação.

São consideradas não processadas as despesas cujos serviços encontram-se em execução, não existindo ainda o direito líquido e certo do credor. Pode ocorrer de estar em fase de verificação o direito adquirido pelo credor, ou o prazo para cumprimento da obrigação estar em vigência.

A inscrição em Restos a Pagar é feita na data do encerramento do exercício financeiro de emissão da nota de empenho, mediante registros contábeis; nessa mesma data, processa-se também a baixa da inscrição realizada no encerramento do exercício anterior. A inscrição feita terá validade até 31 de dezembro do ano subsequente, período no qual o credor deverá habilitar-se ao recebimento do que lhe é devido. É vedada a reinscrição. Não raras vezes ocorre que o pagamento só vem a ser reclamado após o cancelamento da inscrição; nestes casos, reconhecido o direito do credor, o pagamento deverá ser efetuado à conta do orçamento vigente, na rubrica Despesas de Exercícios Anteriores, o que é bem diferente da situação que se está examinando, pois, quando há inscrição em Restos a Pagar, a despesa corre à conta do orçamento em que estava autorizada; no exercício do pagamento, o desembolso afetará apenas o fluxo de recursos financeiros do Tesouro.

A prescrição relativa ao direito do credor ocorre em cinco anos, contados a partir da data da inscrição, excetuando-se os casos em que haja interrupções decorrentes de atos judiciais.

Mesmo não estando expressamente previstas as situações passíveis de inscrição de despesas em Restos a Pagar, o Decreto nº 93.872/86, em seu art. 35, faz menção às hipóteses nas quais o empenho de despesa não liquidada não deva ser considerado anulado, sendo, portanto, passível de inscrição. Conclui-se, por conseguinte, que toda a despesa empenhada e liquidada é passível de inscrição em Restos a Pagar (processados), bem como as não liquidadas (Restos a Pagar Não Processados), desde que nas condições do art. 35 do mencionado Decreto.

Nos termos do art. 35 do Decreto nº 93.872/86, o empenho de despesa não liquidada será considerado anulado em 31 de dezembro, para todos os fins, salvo quando:

- vigente o prazo para cumprimento da obrigação assumida pelo credor, nele estabelecida;
- vencido o prazo mencionado, estando em curso a liquidação da despesa, ou seja, de interesse da Administração exigir o cumprimento da obrigação assumida pelo credor;
- destinar-se a atender a transferências a instituições públicas ou privadas;
- corresponder a compromisso assumido no exterior.

Observa-se que uma das condições ressalvadas no art. 35 do citado Decreto, com vistas à não anulação de empenho de despesa não liquidada, é estar "vigente o prazo para cumprimento da obrigação assumida pelo credor, nele estabelecida", o que torna passível, portanto, a inscrição da nota de empenho em "Restos a Pagar Não Processados". Nesta condição, entende-se que, na hipótese do art. 64, *caput* e §§ 1º e 2º da Lei nº 8.666/93, por exemplo, quando a Administração convoca um interessado para assinatura de termo de contrato, o credor assume a obrigação quando assina o termo do contrato; nesse caso, não é suficiente para a inscrição em

Restos a Pagar apenas a emissão da nota de empenho para "reserva" das dotações orçamentárias: é indispensável também a assinatura do termo contratual.

Ademais, para efeito do disposto no art. 42, c/c o inciso III do art. 55 da Lei Complementar nº 101/00 (LRF), nosso entendimento é no sentido de ser necessário que haja suficiente disponibilidade de caixa **no final de cada exercício**, e não apenas do relativo ao último ano de mandato do titular de Poder ou Órgão, para cobertura da obrigação (despesa empenhada e não liquidada), a qual se considera contraída no momento da formalização do contrato administrativo ou instrumento congênere, nos termos, aliás, do que dispõe o art. 146, *caput*, da Lei nº 13.707/18 (LDO/2019).

No entanto, ainda é comum o comprometimento indiscriminado das dotações, mediante o empenho da despesa e consequente emissão da nota de empenho, com saldo inscrito em Restos a Pagar, ao final do exercício, para evitar-se a suposta "perda" da dotação disponível, mesmo quando a execução do objeto do contrato se dará notoriamente no exercício subsequente, ainda que não existindo cronograma físico-financeiro e, às vezes, até sem ter-se firmado termo contratual, não concretizando, portanto, a existência da obrigação contraída ou compromissada. Trata-se de um procedimento inadequado na execução orçamentária, onerando o orçamento vigente de forma inapropriada e pressionando a execução financeira do exercício subsequente.

Um questionamento que se poderia fazer à figura dos Restos a Pagar Não Processados é de que o disposto no art. 35, inciso II, combinado com o disposto no art. 36 da Lei nº 4.320/64, permite o registro da despesa orçamentária no exercício em que a obrigação ainda não foi efetivamente constituída, porquanto não existe o direito líquido e certo do credor, o que poderia levar o órgão/entidade a apresentar um resultado patrimonial inapropriado. Isso representaria quebra do princípio da competência, visto que o fato gerador da despesa ainda não ocorreu. Finalmente, entretanto, estes aspectos – ou, mais precisamente, as diferenças entre a "Contabilidade Orçamentária" e a "Contabilidade Patrimonial" – começam a merecer maior atenção e tratamento próprio pelos órgãos oficiais de Contabilidade Pública no Brasil.

Os Restos a Pagar ou Resíduos Passivos figuram no passivo do balanço patrimonial; Restos a Receber, ou Resíduos Ativos – onde se inclui a Dívida Ativa –, no ativo.

É oportuno destacar que o valor dos Restos a Pagar de anos anteriores, não cancelados, tem contribuído para uma restrição crescente à execução da lei orçamentária do ano em curso, pois os valores inscritos são transferidos para pagamento em outros exercícios, e pressionam os limites financeiros estabelecidos pelos decretos de programação financeira.

Sistematicamente, o Poder Executivo tem prorrogado o prazo de vigência de Restos a Pagar além do exercício subsequente a sua inscrição, infringindo o disposto no art. 68 do Decreto nº 93.872/86, competindo com os créditos próprios desses exercícios. Entretanto, o Decreto nº 7.654, de 23-12-11, alterou substancialmente as concepções adotadas em relação ao assunto, do que destacamos:

- os Restos a Pagar não processados e não liquidados posteriormente terão validade até 30 de junho do segundo ano subsequente ao de sua inscrição;
- após essa data, continuarão válidos os que:
  1. refiram-se às despesas executadas diretamente pelos órgãos e entidades da União ou mediante transferência ou descentralização aos demais Entes, como execução **iniciada** até aquela data;
  2. correspondam às despesas do PAC, do Ministério da Saúde ou do Ministério da Educação (financiadas com recursos da Manutenção e Desenvolvimento do Ensino).

O referido Decreto esclareceu que se considera iniciada a execução:

- nos casos de aquisição de bens, pela entrega parcial, atestada e aferida; e
- nos casos de realização de serviços e obras, pela realização parcial, com a medição correspondente atestada e aferida.

Como se pode constatar, na prática, os Restos a Pagar continuam tendendo a acumular-se indefinidamente.

No tocante aos órgãos dos demais Poderes, estes têm garantido, com fundamento no art. 168 da Constituição Federal, os recursos correspondentes às dotações orçamentárias, compreendidos os créditos suplementares e especiais. Dessa forma, as receitas arrecadadas no exercício destinam-se ao pagamento das despesas do exercício, incluindo os Restos a Pagar.

Por todo o exposto, é, portanto, compreensível que o legislador tenha estabelecido como um dos requisitos para a responsabilidade fiscal restrições à inscrição em Restos a Pagar e seu controle.

Com a edição da Lei Complementar nº 101, de 4-5-00, quando da inscrição em Restos a Pagar, deverá ser observado o disposto no art. 42, transcrito a seguir:

> Art. 42. É vedado ao titular de Poder ou órgão referido no art. 20, nos últimos dois quadrimestres do seu mandato, contrair obrigação de despesa que não possa ser cumprida integralmente dentro dele, ou que tenha parcelas a serem pagas no exercício seguinte sem que haja suficiente disponibilidade de caixa para este efeito.
>
> Parágrafo único. Na determinação da disponibilidade de caixa serão considerados os encargos e despesas compromissadas a pagar até o final do exercício.

Posteriormente, como já mencionado, desde a edição da Lei nº 10.266, de 24-7-01 (LDO para 2002), foi estabelecido, em seu art. 71, incisos I e II, o entendimento para efeito da aplicação do art. 42 da LC nº 101/00, ratificado pelo art. 146 – já citado – da Lei nº 13.707/18 (LDO/2019):

> Art. 102. Para efeito do disposto no art. 42 da Lei de Responsabilidade Fiscal, considera-se contraída a obrigação no momento da formalização do contrato administrativo ou do instrumento congênere.
>
> Parágrafo único. No caso de despesas relativas à prestação de serviços já existentes e destinados à manutenção da Administração Pública federal, consideram-se compromissadas apenas as prestações cujos pagamentos devam ser realizados no exercício financeiro, observado o cronograma pactuado.

Esses dispositivos citados buscam reforçar o entendimento de que a assunção de obrigações deve limitar-se ao total da disponibilidade de caixa. E que a disponibilidade existente deve ser suficiente também para cobrir parcelas remanescentes a serem pagas no exercício subsequente.

Embora a Lei de Responsabilidade Fiscal faça referência expressa apenas aos Restos a Pagar relativos às despesas dos dois últimos quadrimestres do último ano de mandato, o art. 55 da citada Lei estabelece as informações que deverão constar do Relatório de Gestão Fiscal em cada exercício. De acordo com o inciso III do art. 55, o Demonstrativo, no último quadrimestre,[8] conterá informação da inscrição em Restos a Pagar das despesas empenhadas e não liquidadas, inscritas **até o limite do saldo da disponibilidade de caixa**.

Mesmo atribuindo-se alcance restritivo ao disposto no art. 42 da LRF, pode-se, pois, questionar o fato de estabelecer um prazo determinado para efeito de assunção de compromissos sem cobertura financeira aplicável somente ao final dos mandatos: tal preocupação deve ser permanente.

9.5 DESPESAS DE EXERCÍCIOS ANTERIORES

O orçamento anual consigna dotação específica destinada a fazer frente aos pagamentos de despesas resultantes de compromissos gerados em exercícios financeiros já encerrados.

A legislação enquadra tais compromissos como "despesas de exercícios anteriores", e são (art. 37 da Lei nº 4.320/64):

- as despesas de exercícios encerrados, para as quais o orçamento respectivo consignava crédito próprio com saldo suficiente para atendê-las, que não se tenham processado na época própria, assim entendidas aquelas cujo empenho tenha sido considerado insubsistente e anulado no encerramento do exercício correspondente, mas cuja obrigação tenha sido cumprida pelo credor no prazo estabelecido;
- os restos a pagar com prescrição interrompida, assim considerada a despesa cuja inscrição em restos a pagar tenha sido cancelada, ainda vigendo o direito do credor;

[8] Refere-se ao último quadrimestre de cada ano e não apenas do último ano de mandato.

- os compromissos decorrentes de obrigação de pagamento criada em virtude de lei e reconhecidos após o encerramento do exercício.

O ordenador de despesas, no exercício em que tais despesas devam ser pagas, é a autoridade competente para, mediante pronunciamento expresso, reconhecer a dívida.

A autorização de pagamento de Despesas de Exercícios Anteriores deverá ser feita no próprio processo de reconhecimento da dívida, devendo conter os seguintes elementos:

- importância a pagar;
- nome, CPF ou CNPJ e endereço do credor;
- data do vencimento do compromisso;
- causa da inexistência de empenho, no elemento próprio, à conta do orçamento vigente.

A prescrição das dívidas que dependam de requerimento ocorre em cinco anos contados da data do ato ou fato que tiver dado origem ao respectivo direito.

Observa-se que Despesas de Exercícios Anteriores têm relação com o que na Contabilidade Societária é considerado como ajustes de exercícios anteriores.

9.6 SUPRIMENTO DE FUNDOS

É a modalidade de realização de despesa, efetuada diretamente por servidor – no âmbito federal, mediante utilização de Cartão de Pagamento do Governo Federal (CPGF) –, para prestação de contas posterior, sempre precedida de empenho na dotação própria, quando não for possível atender ao processo normal de utilização dos recursos. Para tanto, devem ser caracterizadas a urgência e a excepcionalidade dos gastos. A utilização do cartão ou a realização de saque em dinheiro é permitida, em situações específicas, e desde que sejam cumpridas as formalidades existentes nos atos que regulam a matéria.

O ordenador de despesa é autoridade competente para conceder suprimento de fundos, fixando-lhe o valor.

O Decreto nº 93.872/86, em seu art. 45, especifica os casos em que o ordenador pode conceder suprimentos:

> I – para atender despesas eventuais, inclusive em viagens e com serviços especiais, que exijam pronto pagamento (redação dada pelo Decreto nº 6.370, de 1º-2-08);
>
> II – quando a despesa deva ser feita em caráter sigiloso, conforme se classificar em regulamento; e
>
> III – para atender despesas de pequeno vulto, assim entendidas aquelas cujo valor, em cada caso, não ultrapassar limite estabelecido em Portaria do Ministro da Fazenda [ou "em ato normativo próprio", em cada ente].

O Decreto nº 6.370, de 1º-2-08, cuja vigência teve início em 3-3-08, acrescentou o § 5º ao art. 45 do Decreto nº 93.872/86, com o objetivo de definir que as despesas com suprimento de fundos serão efetivadas por meio do Cartão de Pagamento do Governo Federal (CPGF). O citado Decreto determinou, no art. 3º, que as contas bancárias destinadas à movimentação de suprimento de fundos seriam encerradas, pela Secretaria do Tesouro Nacional do Ministério da Fazenda, até 2-6-08. Essa exigência, entretanto, não se aplica aos órgãos dos Poderes Legislativo e Judiciário, do Ministério Público da União e dos comandos militares, em razão do disposto no Decreto nº 6.467, de 30-5-08. Além disso, este Decreto permite a esses órgãos a abertura de novas contas destinadas à movimentação de suprimento de fundos.

Mediante a Portaria nº 95, de 19-4-02, o Ministro da Fazenda fixou limites para a concessão de suprimento de fundos, inclusive para o que se define como despesas de pequeno vulto (em consonância com o disposto no Decreto nº 1.672, de 11-10-95), valores fixados em percentuais dos limites utilizados para modalidades de licitação.

Merece, a propósito, atenção especial o disposto no parágrafo único do art. 60 da Lei nº 8.666/93, que considera nulo e de nenhum efeito o contrato verbal com a Administração, salvo o de pequenas compras de pronto pagamento, assim entendidas aquelas de valor não superior a 5% do limite estabelecido no art. 23, inciso II, alínea *a* da Lei (limite para realização de compras e serviços outros que não os de engenharia sob a modalidade **convite**), feitas em regime de adiantamento.

Nesse contexto, nos casos dos incisos I e II, do art. 45 do Decreto nº 93.872/86 – suprimentos em geral, excetuados os relativos a despesas de pequeno vulto –, a concessão de suprimento também deverá obedecer ao limite de 5% do estabelecido no art. 23, inciso II, alínea *a*, da Lei nº 8.666/93, a fim de a despesa não ser considerada nula.

Isso equivale a dizer que, para a concessão de suprimentos em geral, salvo excepcionalidade a critério da autoridade de nível ministerial, desde que devidamente caracterizada, os limites são os mesmos que os de dispensa de licitação, fixados pela Lei nº 8.666, de 21-6-93, alterada pela Lei nº 9.648, de 27-5-98:

- 5% do valor fixado na alínea *a* do inciso I do art. 23, para execução de obras e serviços de engenharia – R$ 16.500,00 (dezesseis mil e quinhentos reais);
- 5% do valor fixado na alínea *a* do inciso II do art. 23, para outros serviços e compras em geral – R$ 8.800,00 (oito mil e oitocentos reais).

Já como despesas de pequeno vulto, os limites são de 1/20 dos de dispensa de licitação:

- 0,25% do valor constante da alínea *a* do inciso I do art. 23, no caso de execução de obras e serviços de engenharia – R$ 825,00 (oitocentos e vinte e cinco reais);

- 0,25% do valor constante da alínea *a* do inciso II do art. 23, para outros serviços e compras em geral – R$ 440,00 (quatrocentos e quarenta reais).

A mesma Portaria nº 95, de 19-4-02, do Ministro da Fazenda, determinou que os limites para movimentação de suprimento de fundos, antes mencionados, quando realizados por meio do CPGF, ficam alterados de 5% para 10%, e de 0,25% para 1%, respectivamente.

O CPGF, definido pelo Decreto nº 5.355/05, de 25-1-05, alterado pelo Decreto nº 6.370, de 1º-2-08, define o CPGF como o instrumento de pagamento, emitido em nome da unidade gestora, operacionalizado por instituição financeira autorizada, utilizado exclusivamente pelo portador nele identificado, nos casos indicados em ato próprio da autoridade competente, respeitados os limites daquele Decreto.

O suprido é obrigado a apresentar a prestação de contas do recurso aplicado pelo suprimento, inclusive comprovante de recolhimento do saldo não utilizado, se for o caso, dentro do prazo estabelecido pelo ordenador, sob pena de sujeitar-se à tomada de contas (parágrafo único do art. 81 do Decreto-lei nº 200/67). Nesta hipótese e nos casos de impugnação de despesas, deverá o ordenador tomar providências administrativas para a apuração da responsabilidade e imposição das penalidades cabíveis, sem prejuízo do julgamento da regularidade das contas pelo Tribunal de Contas (§ 2º do art. 45 do Decreto nº 93.872/86, e § 3º do art. 80 do Decreto-lei nº 200/67).

Integrarão a prestação de contas:

- cópia do ato de concessão do suprimento;
- primeira via da nota de empenho da despesa;
- demonstração de receitas e despesas;
- comprovantes, em original, das despesas realizadas, devidamente atestados e emitidos em data igual ou posterior à da entrega do numerário e dentro do período fixado para aplicação, em nome do órgão emissor do empenho; no caso de compra de material e de prestação de serviços/pessoa jurídica – nota fiscal de venda ao consumidor e de prestação de serviços, respectivamente; ou no caso de prestação de serviços/pessoa física – recibo comum ou recibo de pagamento a autônomo (RPA);
- comprovante de recolhimento do saldo, se for o caso.

Ao suprido é reconhecida a condição de preposto da autoridade que conceder o suprimento, e a esta, a de responsável pela aplicação, após sua aprovação na prestação de contas do suprimento. No caso de haver impugnação total ou parcial da citada prestação de contas, a autoridade ordenadora adotará, de imediato, as providências administrativas para apuração da responsabilidade e imposição das penalidades cabíveis.

A legislação proíbe, expressamente, a concessão de suprimentos (§ 3º do art. 45 do Decreto nº 93.872/86):

> a) a responsável por dois suprimentos;
>
> b) a servidor que tenha a seu cargo a guarda ou a utilização do material a adquirir, salvo quando não houver na repartição outro servidor;
>
> c) a responsável por suprimento de fundos que, esgotado o prazo, não tenha prestado contas de sua aplicação; e
>
> d) a servidor declarado em alcance.[9]

Apesar de as regras gerais da Lei nº 4.320/64 (arts. 68 e 69) se aplicarem a todos os entes da Federação, cada um deles deverá regulamentar seu próprio regime de adiantamento.

No âmbito da Administração Pública federal, aplicam-se as orientações contidas no Manual Siafi, na macrofunção 021121, acessível em: <http://manualsiafi.tesouro.fazenda.gov.br/>.

9.7 DÍVIDA FLUTUANTE E DÍVIDA FUNDADA

De acordo com o art. 115 do Decreto nº 93.872/86, a dívida pública compreende a dívida flutuante e a fundada ou consolidada.

A dívida flutuante corresponde aos compromissos cujo pagamento independe de autorização orçamentária:

- restos a pagar;
- serviços da dívida;
- depósitos (de terceiros), inclusive consignações em folha;
- operações de crédito por antecipação de receita (o mesmo que os débitos de tesouraria);
- papel-moeda ou moeda fiduciária (inovação em relação ao art. 92 da Lei nº 4.320/64).

Vê-se que se trata de situações que já afetaram a execução do orçamento – como no caso dos valores inscritos em Restos a Pagar – ou que têm natureza extraorçamentária – como é o caso das consignações em folha.

A dívida fundada ou consolidada refere-se às exigibilidades de prazo superior a 12 meses, contraídas mediante emissão de títulos ou celebração de contratos

---

9 O alcance se caracteriza por apropriação, extravio, desvio ou falta verificada na prestação de contas, de dinheiro ou valores confiados à guarda de alguém em razão de cargo ou função. Em suma, está em alcance quem não cumpriu o prazo da prestação de contas ou quem tenha tido essa prestação impugnada total ou parcialmente.

para atender a desequilíbrio orçamentário, ou a financiamento de obras e serviços públicos, e que dependem de autorização legislativa para amortização ou resgate. Obviamente, as (parcelas de) amortizações e resgates previstos para o exercício correspondente ao da execução do orçamento aprovado já não constituem mais exigibilidades de prazo superior a 12 meses. Note-se que, em qualquer caso, o endividamento requer autorização legal, ainda que seja apenas para regular o fluxo de caixa do Tesouro, valendo ressaltar que nem toda a dívida se destina ao pagamento de despesas **adicionais**, constituindo, às vezes, mera alternativa para a **antecipação** da efetivação de despesas, quando há **atrasos** na arrecadação prevista.

De acordo com a LC nº 101, de 2000 (art. 29, §§ 2º e 3º), os títulos emitidos pelo Banco Central do Brasil e as operações de crédito de prazo inferior a 12 meses, cujas receitas tenham constado do orçamento, integram, também, a dívida pública consolidada. Ressalte-se que o Banco Central do Brasil não poderia mais emitir títulos da dívida pública a partir de 5-5-02 em razão de proibição expressa na LC nº 101, de 2000. É, portanto, de se enfatizar o tratamento adotado pela LRF, que incluiu na dívida pública consolidada operações de crédito de prazo **inferior** a 12 meses. (Os juros e a amortização da dívida passaram a ser incorporados ao orçamento anual a partir de 1981 e de 1988, respectivamente, como já assinalado na Seção 3.4.)

Os compromissos a serem escriturados incluem os de caráter contingencial (conservadorismo): quaisquer garantias concedidas diretamente pelo Tesouro ou por intermédio de seus agentes financeiros, embora o fato em si, em sua origem, caracterize-se como de compensação. Aliás, é nesta linha de argumentação que tem sentido classificar até a moeda emitida como dívida flutuante; paralelamente, o depósito de parte dessas emissões é um ativo nas contas do Tesouro. Sua inclusão no balanço da União ou do Banco Central é outra questão, que não cabe ser aqui discutida, embora seja relevante e até controversa.

9.8 RECEITAS × DESPESAS NO ORÇAMENTO PÚBLICO

Do confronto entre receitas e despesas se poderão analisar a estrutura do orçamento público e a composição da execução financeira do Tesouro.

No orçamento público, as aplicações correspondem à despesa fixada, autorizada, e que, portanto, não pode ser ultrapassada. A utilização ou comprometimento dos recursos caracteriza a despesa realizada (que não equivale necessariamente apenas à despesa paga). Economia orçamentária é o saldo não utilizado de uma dotação. O orçamento, no confronto das receitas e despesas, pode ser equilibrado, deficitário (despesa autorizada > receita orçada) ou superavitário (receita estimada > despesa fixada). Formalmente, entretanto, sempre existe equilíbrio, pois o superávit pode ficar esterilizado e o déficit tem de ser coberto. Obviamente, a execução pode não coincidir com a previsão inicial; neste caso, poderá ocorrer superávit ou déficit efetivo, e não programado.

Mesmo que o orçamento seja superavitário ou deficitário, ele estará formalmente equilibrado, pois se trata de uma demonstração contábil, em que as origens se igualam às aplicações, computadas sobras e faltas. Assim, um orçamento deficitário, por conter autorizações de despesas acima dos recursos previstos, tem de estabelecer as modalidades de financiamento desse déficit. Já o orçamento superavitário, em rigor, não tem razão de ser, pois receita estimada superior à despesa autorizada implicaria uma exigência desnecessária da sociedade ou solicitações de contribuições sem nenhuma justificativa, como argumenta De Plácido e Silva,[10] embora sempre possam existir razões macroeconômicas que fundamentem tal opção.

O que se precisa levar em conta é que, com o orçamento, o governo trata de cobrir as necessidades da população, transferindo ou não sacrifícios para o futuro, ou resgatando os compromissos assumidos no passado. No caso específico do orçamento superavitário, entretanto, é até admissível sua adoção como um mecanismo de política fiscal, destinado a frear o nível da atividade econômica, atuando, portanto, com finalidade contracionista, da mesma forma que um orçamento deficitário pode ser utilizado com função expansionista.

ANEXO I

Classificação das Despesas Quanto a sua Natureza

A – CATEGORIAS ECONÔMICAS
3 – Despesas Correntes
4 – Despesas de Capital
B – GRUPOS DE NATUREZA DE DESPESA
1 – Pessoal e Encargos Sociais
2 – Juros e Encargos da Dívida
3 – Outras Despesas Correntes
4 – Investimentos
5 – Inversões Financeiras
6 – Amortização da Dívida
C – MODALIDADES DE APLICAÇÃO
~~10 – Transferências Intragovernamentais~~ (8)(I) (válida só em 2002)
20 – Transferências à União
22 – Execução Orçamentária Delegada à União (43)(I)
30 – Transferências a Estados e ao Distrito Federal
31 – Transferências a Estados e ao Distrito Federal – Fundo a Fundo (40)(I)
32 – Execução Orçamentária Delegada a Estados e ao Distrito Federal (43)(I)

(*continua*)

[10] SILVA, De Plácido e. *Noções de finanças e direito fiscal*. 2. ed. Curitiba: Guaíra, 1946.

(*continuação*)

35 – Transferências Fundo a Fundo aos Estados e ao Distrito Federal à conta de recursos de que tratam os §§ 1º e 2º do art. 24 da Lei Complementar nº 141, de 2012 (58)(I)

36 – Transferências Fundo a Fundo aos Estados e ao Distrito Federal à conta de recursos de que trata o art. 25 da Lei Complementar nº 141, de 2012 (58)(I)

40 – Transferências a Municípios

41 – Transferências a Municípios – Fundo a Fundo (40)(I)

42 – Execução Orçamentária Delegada a Municípios (43)(I)

45 – Transferências Fundo a Fundo aos Municípios à conta de recursos de que tratam os §§ 1º e 2º do art. 24 da Lei Complementar nº 141, de 2012 (58)(I)

46 – Transferências Fundo a Fundo aos Municípios à conta de recursos de que trata o art. 25 da Lei Complementar nº 141, de 2012 (58)(I)

50 – Transferências a Instituições Privadas sem Fins Lucrativos

60 – Transferências a Instituições Privadas com Fins Lucrativos

67 – Execução de Contrato de Parceria Público-Privada (PPP) (66)(I)

70 – Transferências a Instituições Multigovernamentais (1)(A)

71 – Transferências a Consórcios Públicos mediante contrato de rateio (22)(I) (58)(A)

72 – Execução Orçamentária Delegada a Consórcios Públicos (43)(I)

73 – Transferências a Consórcios Públicos mediante contrato de rateio à conta de recursos de que tratam os §§ 1º e 2º do art. 24 da Lei Complementar nº 141, de 2012 (58)(I)

74 – Transferências a Consórcios Públicos mediante contrato de rateio à conta de recursos de que trata o art. 25 da Lei Complementar nº 141, de 2012 (58)(I)

75 – Transferências a Instituições Multigovernamentais à conta de recursos de que tratam os §§ 1º e 2º do art. 24 da Lei Complementar nº 141, de 2012 (58)(I)

76 – Transferências a Instituições Multigovernamentais à conta de recursos de que trata o art. 25 da Lei Complementar nº 141, de 2012 (58)(I)

80 – Transferências ao Exterior

90 – Aplicações Diretas

91 – Aplicação Direta Decorrente de Operação entre Órgãos, Fundos e Entidades Integrantes dos Orçamentos Fiscal e da Seguridade Social (22)(I)

93 – Aplicação Direta Decorrente de Operação de Órgãos, Fundos e Entidades Integrantes dos Orçamentos Fiscal e da Seguridade Social com Consórcio Público do qual o Ente Participe (52)(I)

94 – Aplicação Direta Decorrente de Operação de Órgãos, Fundos e Entidades Integrantes dos Orçamentos Fiscal e da Seguridade Social com Consórcio Público do qual o Ente Não Participe (52)(I)

95 – Aplicação Direta à conta de recursos de que tratam os §§ 1º e 2º do art. 24 da Lei Complementar nº 141, de 2012 (58)(I)

96 – Aplicação Direta à conta de recursos de que trata o art. 25 da Lei Complementar nº 141, de 2012 (58)(I)

99 – A Definir

D – ELEMENTOS DE DESPESA

01 – Aposentadorias do RPPS, Reserva Remunerada e Reformas dos Militares (40)(A) (52)(A)

03 – Pensões do RPPS e do militar (52)(A) (58)(A)

04 – Contratação por Tempo Determinado

05 – Outros Benefícios Previdenciários do servidor ou do militar (52)(A) (58)(A)

06 – Benefício Mensal ao Deficiente e ao Idoso

07 – Contribuição a Entidades Fechadas de Previdência

08 – Outros Benefícios Assistenciais do servidor e do militar (58)(A)

~~09 – Salário-Família~~ (58)(E)

10 – Seguro-Desemprego e Abono Salarial (52)(A)

(*continua*)

(*continuação*)

11 – Vencimentos e Vantagens Fixas – Pessoal Civil
12 – Vencimentos e Vantagens Fixas – Pessoal Militar
13 – Obrigações Patronais
14 – Diárias – Civil
15 – Diárias – Militar
16 – Outras Despesas Variáveis – Pessoal Civil
17 – Outras Despesas Variáveis – Pessoal Militar
18 – Auxílio Financeiro a Estudantes
19 – Auxílio-Fardamento
20 – Auxílio Financeiro a Pesquisadores
21 – Juros sobre a Dívida por Contrato
22 – Outros Encargos sobre a Dívida por Contrato
23 – Juros, Deságios e Descontos da Dívida Mobiliária
24 – Outros Encargos sobre a Dívida Mobiliária
25 – Encargos sobre Operações de Crédito por Antecipação da Receita
26 – Obrigações decorrentes de Política Monetária
27 – Encargos pela Honra de Avais, Garantias, Seguros e Similares
28 – Remuneração de Cotas de Fundos Autárquicos
29 – Distribuição de Resultado de Empresas Estatais Dependentes (43)(I)
30 – Material de Consumo
31 – Premiações Culturais, Artísticas, Científicas, Desportivas e Outras (1)(I)
32 – Material, Bem ou Serviço para Distribuição Gratuita (40)(A)
33 – Passagens e Despesas com Locomoção
34 – Outras Despesas de Pessoal decorrentes de Contratos de Terceirização
35 – Serviços de Consultoria
36 – Outros Serviços de Terceiros – Pessoa Física
37 – Locação de Mão de Obra
38 – Arrendamento Mercantil
39 – Outros Serviços de Terceiros – Pessoa Jurídica
41 – Contribuições
42 – Auxílios
43 – Subvenções Sociais
45 – Subvenções Econômicas (43)(A)
46 – Auxílio-alimentação
47 – Obrigações Tributárias e Contributivas
48 – Outros Auxílios Financeiros a Pessoas Físicas
49 – Auxílio-transporte
51 – Obras e Instalações
52 – Equipamentos e Material Permanente
53 – Aposentadorias do RGPS – Área Rural (52)(I)
54 – Aposentadorias do RGPS – Área Urbana (52)(I)
55 – Pensões do RGPS – Área Rural (52)(I)
56 – Pensões do RGPS – Área Urbana (52)(I)
57 – Outros Benefícios do RGPS – Área Rural (52)(I)
58 – Outros Benefícios do RGPS – Área Urbana (52)(I)
59 – Pensões Especiais (58)(I)
61 – Aquisição de Imóveis
62 – Aquisição de Produtos para Revenda

(*continua*)

(*continuação*)

63 – Aquisição de Títulos de Crédito
64 – Aquisição de Títulos Representativos de Capital já Integralizado
65 – Constituição ou Aumento de Capital de Empresas
66 – Concessão de Empréstimos e Financiamentos
67 – Depósitos Compulsórios
70 – Rateio pela Participação em Consórcio Público (49)(I)
71 – Principal da Dívida Contratual Resgatado
72 – Principal da Dívida Mobiliária Resgatado
73 – Correção Monetária ou Cambial da Dívida Contratual Resgatada
74 – Correção Monetária ou Cambial da Dívida Mobiliária Resgatada
75 – Correção Monetária da Dívida de Operações de Crédito por Antecipação da Receita
76 – Principal Corrigido da Dívida Mobiliária Refinanciado
77 – Principal Corrigido da Dívida Contratual Refinanciado
81 – Distribuição Constitucional ou Legal de Receitas (1)(A)
82 – Aporte de Recursos pelo Parceiro Público em Favor do Parceiro Privado Decorrente de Contrato de Parceria Público-Privada – PPP (66)(I)
83 – Despesas Decorrentes de Contrato de Parceria Público-Privada (PPP), exceto Subvenções Econômicas, Aporte e Fundo Garantidor (66)(I)
84 – Despesas Decorrentes da Participação em Fundos, Organismos, ou Entidades Assemelhadas, Nacionais e Internacionais (66)(I)
91 – Sentenças Judiciais
92 – Despesas de Exercícios Anteriores
93 – Indenizações e Restituições
94 – Indenizações e Restituições Trabalhistas
95 – Indenização pela Execução de Trabalhos de Campo
96 – Ressarcimento de Despesas de Pessoal Requisitado
97 – Aporte para Cobertura do Déficit Atuarial do RPPS (43)(I)
98 – Compensações ao RGPS (58)(I)
99 – A Classificar

Fonte: Extraído do Anexo II da Portaria Interministerial SOF/STN nº 163/2001.

RESUMO

A seguir, estão contemplados os principais assuntos discorridos no capítulo.

- Despesa pública caracteriza um dispêndio de recursos do patrimônio público, representado essencialmente por uma saída de recursos financeiros, imediata – com redução de disponibilidades – ou mediata – com reconhecimento dessa obrigação.
- No orçamento público, as aplicações correspondem às despesas classificadas segundo categorias econômicas (arts. 12 e 13 da Lei nº 4.320/64), ou seja: correntes e de capital.
- Há uma correspondência entre as classificações da receita e da despesa. As Despesas Correntes, também chamadas de efetivas, ou despesas propriamente ditas, correspondem a fatos modificativos (diminutivos) na Contabilidade

Empresarial, com diminuição de ativo sem concomitante diminuição de passivo ou aumento de ativo, ou com aumento de passivo sem concomitante aumento de ativo ou diminuição de passivo. As Despesas de Capital, também chamadas por mutação patrimonial, correspondem a fatos permutativos, mediante simples trocas entre ativos e/ou passivos, sem alteração do patrimônio líquido.

- A despesa, a exemplo da receita, também apresenta diferentes estágios, que são, simplificadamente, o empenho, a liquidação e o pagamento.
- O empenho é o ato de ordenamento da despesa autorizada em lei.
- A liquidação é a verificação do cumprimento da obrigação do fornecedor ou prestador de serviços.
- O pagamento da despesa só será efetuado quando regularmente ordenada a despesa e verificada a entrega do bem ou a prestação do serviço.
- Restos a Pagar são as despesas empenhadas, processadas ou não, pendentes de pagamento na data de encerramento do exercício financeiro, inscritas contabilmente como obrigações a pagar no exercício subsequente, constituindo a chamada dívida flutuante.
- Suprimento de fundos é a modalidade de realização de despesa efetuada diretamente por servidor, no âmbito federal mediante utilização de Cartão de Pagamento do Governo Federal (CPGF), para prestação de contas posterior, sempre precedida de empenho na dotação própria, quando não é possível adotar o processo normal de utilização dos recursos.
- A dívida pública compreende a dívida flutuante e a fundada ou consolidada.

ATIVIDADES PARA SALA DE AULA

1) Faça um paralelo entre as receitas e despesas da Contabilidade Pública com a Contabilidade Empresarial. Aponte as semelhanças e diferenças na sua conceituação e classificação.
2) Analise as diversas situações em que pode ocorrer superávit ou déficit na elaboração e na execução orçamentárias.

10

PROGRAMAÇÃO E EXECUÇÃO FINANCEIRA

OBJETIVOS DE APRENDIZAGEM
Ao final deste capítulo, o aluno deverá ser capaz de: • evidenciar o processo de programação financeira e sua execução; • indicar as finalidades e a abrangência do Sistema Integrado de Administração Financeira do Governo Federal (Siafi); • descrever a utilização da Conta Única do Tesouro Nacional.

10.1 INTRODUÇÃO

A administração financeira compreende a gestão das disponibilidades de uma maneira geral, visando otimizar a utilização dos recursos financeiros, compatibilizando recebimentos e pagamentos.

Segundo o disposto nos arts. 30 do Decreto-lei nº 200/67 e 1º da Lei nº 10.180, de 2001, as atividades de administração financeira serão organizadas sob a forma de um Sistema que opera buscando o equilíbrio financeiro do Governo Federal, dentro dos limites da receita e despesa públicas. (Essas atividades são comuns aos demais Entes, com as suas respectivas estruturas.)

Integram o Sistema de Administração Financeira Federal: a Secretaria do Tesouro Nacional, como **órgão central**, e as unidades de programação financeira dos Ministérios, da Advocacia-geral da União, da Vice-presidência e da Casa Civil da Presidência da República, como **órgãos setoriais**. Estes ficam sujeitos à orientação normativa e à supervisão técnica do órgão central do Sistema, sem prejuízo da subordinação ao órgão em cuja estrutura administrativa estiverem integrados.

O Sistema de Administração Financeira Federal compreende as atividades de programação financeira da União, de administração de direitos e haveres, garantias e obrigações de responsabilidade do Tesouro Nacional, e de orientação técnico-normativa referente à execução orçamentária e financeira.

10.2 COMPETÊNCIAS DO SISTEMA DE ADMINISTRAÇÃO FINANCEIRA FEDERAL

A Lei nº 10.180/01, que organiza e disciplina os Sistemas de Planejamento e de Orçamento Federal, de Administração Financeira Federal, de Contabilidade Federal e de Controle Interno do Poder Executivo Federal, e dá outras providências, estabelece, em seu art. 12, que compete às unidades responsáveis pelas atividades do Sistema de Administração Financeira Federal enumeradas a seguir:

> I – zelar pelo equilíbrio financeiro do Tesouro Nacional;
>
> II – administrar os haveres financeiros e mobiliários do Tesouro Nacional;
>
> III – **elaborar a programação financeira do Tesouro Nacional**, gerenciar a Conta Única do Tesouro Nacional e subsidiar a formulação da política de financiamento da despesa pública;
>
> IV – gerir a dívida pública mobiliária federal e a dívida externa de responsabilidade do Tesouro Nacional;
>
> V – controlar a dívida decorrente de operações de crédito de responsabilidade, direta e indireta, do Tesouro Nacional;
>
> VI – administrar as operações de crédito sob a responsabilidade do Tesouro Nacional;
>
> VII – manter controle dos compromissos que onerem, direta ou indiretamente, a União junto a entidades ou organismos internacionais;
>
> VIII – **editar normas sobre a programação financeira e a execução orçamentária e financeira**, bem como promover o acompanhamento, a sistematização e a padronização da execução da despesa pública;
>
> IX – **promover a integração com os demais Poderes e esferas de governo em assuntos de administração e programação financeira**. (Grifo dos autores.)

10.3 DIRETRIZES GERAIS

A programação financeira deriva de disposição legal, tendo como fundamento o contido nos arts. 47 a 50 da Lei nº 4.320/64, nos arts. 17, 18, 30 e 72 do Decreto-lei nº 200/67 e nos arts. 8º e 9º da Lei Complementar nº 101, de 4-5-00.

A Lei nº 4.320/64 introduziu o sistema de programação da execução orçamentária. A programação é um processo contínuo em administração. Aprovado o orçamento, inicia-se a tarefa de operacionalizá-lo. Para isso, é necessária a programação do fluxo de caixa do governo, que deveria ocorrer mediante o estabelecimento, a cada exercício, de um quadro de cotas trimestrais de despesa que cada unidade orçamentária ficasse autorizada a utilizar, para atendimento dos seguintes objetivos:

- assegurar às unidades orçamentárias, em tempo oportuno, a soma de recursos necessários e suficientes à melhor execução de seu programa anual de trabalho;
- manter, durante o exercício, na medida do possível, o equilíbrio entre a receita arrecadada e a despesa realizada, de modo a reduzir ao mínimo eventuais insuficiências financeiras.

No âmbito do governo federal, o Decreto-lei nº 200/67 instituiu a programação financeira de desembolso, a ser elaborada em conjunto pelo Ministério do Planejamento e pelo Ministério da Fazenda (hoje "englobados" no Ministério da Economia), com o objetivo de ajustar o ritmo da execução do orçamento ao fluxo provável de recursos.

Com a edição da Lei Complementar nº 101/00, que estabelece normas de finanças públicas voltadas para a responsabilidade na gestão fiscal, é fixado, ao Poder Executivo, prazo para estabelecer a programação financeira e o cronograma de execução mensal de desembolso.

Assim, dispõe o art. 8º da Lei Complementar nº 101/00:

> Até trinta dias após a publicação dos orçamentos, nos termos em que dispuser a Lei de Diretrizes Orçamentárias e observado o disposto na alínea *c* do inciso I do art. 4º, o Poder Executivo estabelecerá a programação financeira e o cronograma de execução mensal de desembolso.

Além disso, essa lei reconhece que o planejamento e as ações do governo não terminam com o orçamento aprovado, mas devem ser continuamente reavaliados e ajustados à efetiva capacidade financeira do Estado. Nesse sentido, nos termos do disposto no seu art. 9º, a LRF instituiu procedimentos com vistas à avaliação periódica da expectativa de arrecadação, com a adoção de mecanismo de ajuste da execução orçamentária e financeira do exercício para manutenção do resultado fiscal estabelecido.

Após a aprovação e publicação da Lei Orçamentária, o Poder Executivo inicia a elaboração da programação financeira anual, expressa em vários demonstrativos que especificam os valores que cada órgão poderá empenhar durante o exercício e os valores dos pagamentos (desembolsos financeiros) que poderá realizar a cada mês. Esses limites se apoiam na previsão da arrecadação bimestral.

Os demonstrativos deverão ser atualizados durante o exercício, de acordo com a arrecadação efetivamente realizada e a reestimativa do ingresso de cada uma das receitas, para efeito de reprogramação dos empenhos e dos pagamentos, compreendendo tanto os valores empenhados no exercício como os restos a pagar.

O Poder Executivo, para elaborar a programação financeira, leva em consideração os seguintes critérios:

- política fiscal estabelecida para o período (meta fiscal);
- volume de arrecadação dos recursos, compatibilizando o montante a ser desembolsado com o volume de recursos arrecadados;

- existência de dotação orçamentária nas categorias de gastos;
- vinculações constitucionais e legais das receitas arrecadadas;
- demanda dos órgãos e entidades;
- sazonalidade de alguns gastos;
- prioridade de gasto, previamente estabelecida no Decreto de Programação Financeira.

As diretrizes gerais da programação financeira da despesa autorizada na Lei Orçamentária serão fixadas em Decreto.

Serão objeto de programação financeira todas as receitas com trânsito pelo órgão central do Sistema de Programação Financeira do Governo Federal.

Nos termos do Decreto nº 4.950, de 9-1-04, será objeto de programação financeira a totalidade da arrecadação das receitas realizadas pelos órgãos, fundos, autarquias, fundações e demais entidades integrantes dos orçamentos Fiscal e da Seguridade Social. O produto dessa arrecadação será recolhido, por meio do Siafi, à conta do órgão central do Sistema de Programação Financeira do Governo Federal.

A título de ilustração, para o exercício de 2018, foi publicado o Decreto nº 9.276, em 2-2-18, que dispôs sobre a programação orçamentária e financeira, e estabeleceu o cronograma mensal de desembolso do Poder Executivo federal, em Anexos, como forma de compatibilizar a realização da receita e a execução da despesa.

O citado Decreto fixou, no § 1º do art. 1º, que os limites nele estabelecidos não se aplicam:

> I – aos grupos de natureza de despesa: Pessoal e Encargos Sociais; Juros e Encargos da Dívida; e Amortização da Dívida;
>
> II – às despesas financeiras, tais como Encargos Financeiros da União, Operações Oficiais de Crédito e outras;
>
> III – às despesas obrigatórias elencadas na LDO para 2018, na Seção I do Anexo III à Lei nº 13.473/17, que não serão objeto de limitação de empenho (LDO/19 – Lei nº 13.707/18).

O pagamento de despesas no exercício de 2018, inclusive dos Restos a Pagar de exercícios anteriores, dos créditos suplementares e especiais abertos e dos créditos especiais reabertos, deveria observar os limites fixados no Decreto.

Após aprovada a lei do orçamento, o Poder Executivo estabelece as diretrizes acerca da execução orçamentária e financeira, nos termos do art. 8º da Lei Complementar nº 101, de 2000.

Você sabia?

Os limites orçamentários e financeiros estabelecidos, que impedem parcialmente a movimentação e o empenho da despesa e, também, a movimentação financeira (pagamento de despesas empenhadas e as inscritas em Restos a Pagar), com bloqueio de dotações, é o que se conhece por **contingenciamento**, que se apoia no art. 9º da Lei Complementar nº 101/00. Tem sido efetuado com base em presumível frustração da arrecadação, mas também como "antecipação" à obtenção da meta do resultado fiscal.

Como se pode observar, na prática, a limitação de empenho e movimentação financeira está sendo adotada antes mesmo de decorrido o primeiro bimestre, período mínimo necessário para uma avaliação mais criteriosa da evolução da receita pelo Poder Executivo.

A Lei Complementar nº 101/00 dispõe, *in verbis*:

> Art. 9º. Se verificado, ao final de um bimestre, que a realização da receita poderá não comportar o cumprimento das metas de resultado primário ou nominal estabelecidas no Anexo de Metas Fiscais, os Poderes e o Ministério Público promoverão, por ato próprio e nos montantes necessários, nos trinta dias subsequentes, limitação de empenho e movimentação financeira, segundo os critérios fixados pela lei de diretrizes orçamentárias.

Para esse fim, e nos termos do art. 9º, § 2º, da LC nº 101/00, não serão objeto de limitação as despesas que constituam obrigações constitucionais e legais do ente, inclusive aquelas destinadas ao pagamento do serviço da dívida, e as ressalvadas pela Lei de Diretrizes Orçamentárias.

Ainda de acordo com o texto da Lei Complementar, cabe ao Poder Executivo determinar a recomposição proporcional das dotações (desbloqueio das dotações), caso não se confirmem as premissas em termos de receita e despesa, uma vez que o contingenciamento não implica corte efetivo, mas apenas suspensão do crédito orçamentário.

A Lei nº 13.707, de 14-8-18, ao dispor sobre as diretrizes para a elaboração da Lei Orçamentária de 2019, estabeleceu, em seu art. 58, *caput*, a obrigatoriedade de elaboração e publicação pelos Poderes, pelo Ministério Público da União (MPU) e pela Defensoria Pública da União do cronograma anual de desembolso mensal por órgão, compatibilizando-o com a meta de resultado primário, até 30 dias após a publicação de Lei Orçamentária de 2019.

No caso do Poder Executivo, a publicação deve conter (LDO/19, art. 58, § 1º):

> I – metas quadrimestrais para o resultado primário dos orçamentos Fiscal e da Seguridade Social, demonstrando que a programação atende à meta inicial estabelecida para o exercício de 2019, fixada no art. 2º [em R$ 132.000 milhões para os orçamentos Fiscal e da Seguridade Social e para o programa de dispêndios globais do Governo Central];

> II – metas bimestrais de realização de receitas primárias, em atendimento ao disposto no art. 13 da Lei de Responsabilidade Fiscal, discriminadas pelos principais tributos administrados pela Secretaria da Receita Federal do Brasil, as contribuições previdenciárias para o Regime Geral de Previdência Social e para o Regime Próprio de Previdência do Servidor Público, a contribuição para o salário-educação, as concessões e permissões, as compensações financeiras, as receitas próprias das fontes 50 [recursos próprios não financeiros] e 81 [recursos de convênios] e as demais receitas, identificando-se separadamente, quando cabível, as resultantes de medidas de combate à evasão e à sonegação fiscal, da cobrança da dívida ativa e da cobrança administrativa;
>
> III – cronograma de pagamentos mensais de despesas primárias discricionárias à conta de recursos do Tesouro Nacional e de outras fontes, incluídos os Restos a Pagar, que deverão ser demonstrados à parte, por órgão, distinguindo-se os processados dos não processados;
>
> IV – metas quadrimestrais para o resultado primário das empresas estatais federais, com as estimativas de receitas e despesas que o compõem, destacando as principais empresas e separando-se, nas despesas, os investimentos;
>
> V – quadro geral da programação financeira, detalhado em demonstrativos distintos segundo a classificação da despesa em financeira, primária discricionária e primária obrigatória. evidenciando-se por órgão.

Para os Poderes Legislativo e Judiciário, o Ministério Público da União e a Defensoria Pública da União, excetuadas as despesas com pessoal e encargos sociais, precatórios e sentenças judiciais, os cronogramas anuais de desembolso mensal terão como referencial o repasse previsto no art. 168 da Constituição, isto é, até o dia 20 de cada mês, na forma de duodécimos (LDO/19, art. 58, § 3º).

Os cronogramas de desembolsos mensais levarão em conta as expectativas e o comportamento do fluxo de caixa do Tesouro, e deverão conter os valores programados dos pagamentos relativos aos principais itens de despesa por cada órgão, distinguindo-se as despesas de pessoal, outros custeios e investimentos.

10.4 PROCESSO DE PROGRAMAÇÃO FINANCEIRA

A programação financeira se realiza em três níveis: Órgão Central de Programação Financeira (STN), Órgãos Setoriais de Programação Financeira (OSPF) e Unidades Gestoras (UG).

A macrofunção 020303 contida no Manual Siafi, acessível no *site* <http://manualsiafi.tesouro.fazenda.gov.br>, detalha os procedimentos relativos à programação e execução orçamentária e financeira, de que trata a IN STN nº 2, de 26-4-99, incluindo o acompanhamento e controle do processo mediante os registros contábeis.

A Secretaria do Tesouro Nacional (STN), após aprovação e publicação da Lei Orçamentária anual, registra, com base na fita magnética elaborada pela Secretaria de Orçamento Federal (SOF), os créditos orçamentários iniciais no Siafi, em contas do sistema orçamentário e financeiro dos órgãos integrantes de programação financeira. Também são registrados os subtetos fixados pelo Decreto de Programação Financeira do exercício.

Os OSPF solicitam ao Órgão Central os recursos financeiros para pagamento de despesas das suas Unidades Gestoras, mediante o registro no Siafi da Proposta de Programação Financeira (PPF), por meio da Nota de Programação Financeira.

De acordo com a IN STN nº 2, de 26-4-99, as PPF apresentarão as seguintes informações:

- categoria de gasto;
- tipo de despesa;
- código de vinculação de pagamento;
- fonte de recursos;
- mês de referência;
- valor.

As PPF apresentam as seguintes categorias de gastos:

A – Pessoal e Encargos Sociais;

B – Juros e Encargos da Dívida;

C – Outras Despesas Correntes;

D – Investimentos;

E – Inversões Financeiras;

F – Amortização da Dívida;

P – Passivos Financeiros;

R – Reservas de Contingência.

A STN/MF, no início de cada mês, considerando o volume de arrecadação dos recursos, a existência de dotação orçamentária nas categorias de gastos, as vinculações constitucionais e legais das receitas arrecadadas, a prioridade de gasto, a demanda dos órgãos e entidades, a sazonalidade de alguns gastos e a política fiscal estabelecida para o período, ajusta os valores propostos pelos OSPF e emite a Programação Financeira Aprovada (PFA)[1] aprovando o montante de recursos financeiros a serem liberados para cada OSPF.

---

[1] Para emissão da PPF e PFA será utilizado o subsistema intitulado Contas a Pagar e a Receber (CPR). É um subsistema do Siafi, desenvolvido de forma a otimizar o processo de programação financeira dos órgãos e entidades ligadas ao sistema, proporcionando informações no âmbito analítico e gerencial do fluxo de caixa.

Em função do teto fixado na PFA pela Secretaria do Tesouro Nacional, os OSPF repassarão os limites de saques para suas Unidades Gestoras, em até dois dias úteis do lançamento da PFA pela STN.

Finalizando, a STN/MF transfere os recursos (limites de saque) para os Órgãos Setoriais de Programação Financeira (OSPF), emitindo uma Nota de Sistema (NS), por meio do subsistema CPR, e os OSPF fazem a transferência para cada uma de suas Unidades Gestoras.

O fluxo das etapas da programação financeira pode ser assim representado:

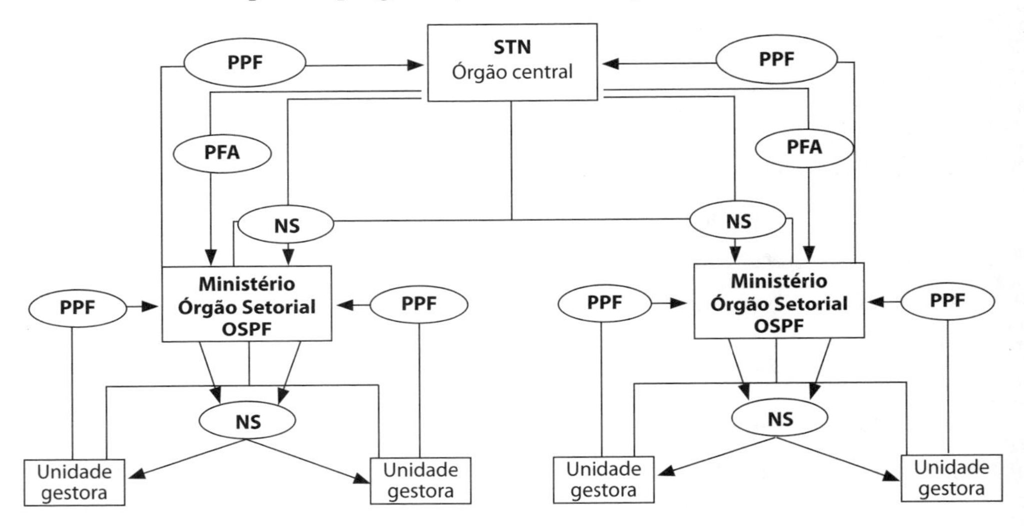

10.5 EXECUÇÃO FINANCEIRA

A movimentação dos recursos entre as unidades do Sistema de Programação Financeira é executada por meio de:

- **Cota**: primeira fase da movimentação dos recursos, realizada em consonância com o Cronograma de Desembolso aprovado pela STN. Esses recursos são colocados à disposição dos Órgãos Setoriais de Programação Financeira (OSPF) mediante movimentação intra-Siafi dos recursos da Conta Única do Tesouro Nacional.
- **Repasse**: é a liberação de recursos pelos Órgãos Setoriais de Programação Financeira para entidades da administração indireta, e entre estas; e, ainda, das entidades da administração indireta para órgão da administração direta, ou entre estes, se de diferentes órgãos ou Ministérios;
- **Sub-repasse**: é a liberação de recursos dos Órgãos Setoriais de Programação Financeira para as Unidades Gestoras de um mesmo Ministério, órgão ou entidade.

Existe, ainda, a transferência de recursos financeiros para atender ao pagamento de Restos a Pagar, denominada Ordem de Transferência Concedida (OTC) ou

Ordem de Transferência Recebida (OTR). É classificada como uma transferência extraorçamentária.

Essa movimentação de recursos[2] pode ser assim representada:

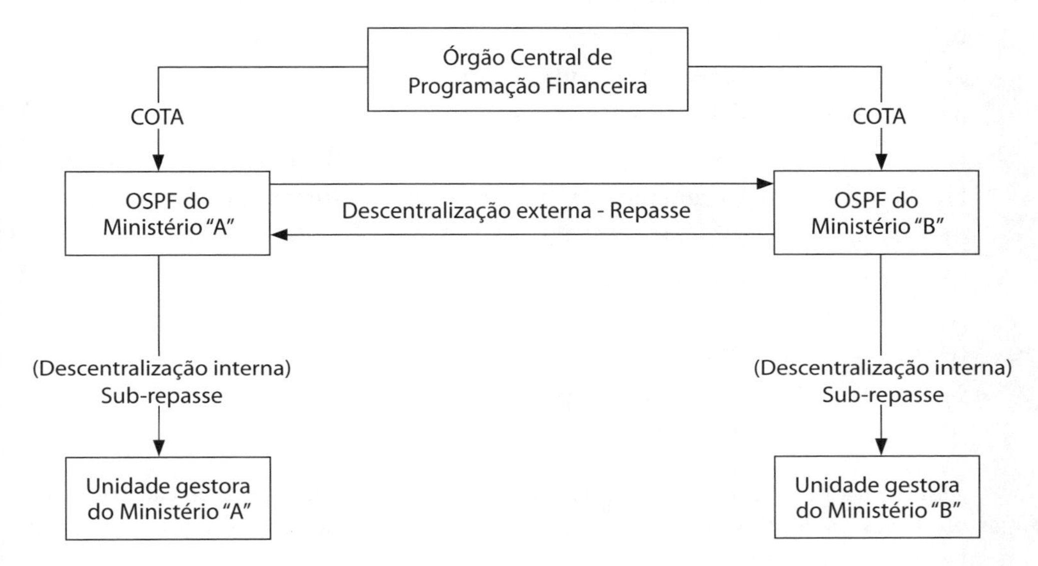

As liberações de recursos pelo Órgão Central de Programação Financeira ocorrerão da seguinte maneira:

- com estabelecimento de Limite de Saque com Vinculação de Pagamento, para atender a despesas com fontes do Tesouro, com observância das categorias de gastos previamente especificadas;
- com estabelecimento de Limite de Saque para atender a despesas empenhadas com garantia de pagamento contra entrega;
- com recursos da Conta Única do Tesouro Nacional.

A STN limita e controla os pagamentos dentro de cada fonte de recursos do Tesouro Nacional, na forma 01XX, combinada com a codificação de cada tipo de pagamento, de forma a vincular a liberação à respectiva despesa. Este processo denomina-se Vinculação de Pagamento. Nele, não ocorre a transferência de recursos da Conta Única, mas o estabelecimento de limite de saque pela STN para os OSPF e destes para as Unidades Gestoras/entidades. No pagamento das despesas, pelas Unidades Gestoras, com recursos do Tesouro mediante Vinculação de Pagamento, o sistema registrará a baixa na conta "Limite de Saque com Vinculação de Pagamento" e retirará os recursos da Conta Única do Tesouro Nacional.

[2] A cota, repasse e sub-repasse são figuras de descentralização financeira, sendo a liberação dos recursos efetuada por meio da Nota de Programação Financeira (PF) ou por meio da Nota de Sistema (NS), quando utilizado o subsistema CPR.

As vinculações de pagamento relacionadas com a categoria de gastos "A" – Pessoal e Encargos Sociais são as seguintes:

a) 130 = Pessoal – Sentenças Judiciais;
b) 140 = Pessoal – Precatórios;
c) 141 = Pessoal – Sentenças Judiciais de Pequeno Valor;
d) 142 = Pessoal – Precatórios Descentralizados;
e) 306 = CPSSS – Contribuição Patronal Seguridade Servidor Público Federal;
f) 307 = Outros Pagamentos de Pessoal – Órgãos Integrantes do Siape;
g) 308 = Pessoal – Contribuição à Previdência Fechada;
h) 309 = Pessoal – Requisitado;
i) 310 = Pagamento Pessoal;
j) 311 = INSS – EPU Pessoal;
k) 390 = Pessoal – Fundo Constitucional do GDF;
l) 551 = Restituição – GRU.

Assim, nas liberações, são consideradas as fontes de recursos e as categorias de gastos. Essas categorias de gastos consideram a categoria econômica e os grupos de despesas, conforme correlação discriminada a seguir:

Categoria de Gasto	Categoria Econômica	Grupo de Despesa
A – Pessoal	3 – Despesa Corrente	1 – Pessoal
B – Dívida	3 – Despesa Corrente	2 – Juros
	4 – Despesa de Capital	6 – Amortização
C – Outras Despesas	3 – Despesa Corrente	3 – Outras Despesas Correntes
	4 – Despesa de Capital	4 – Investimento
	4 – Despesa de Capital	5 – Inversão Financeira[3]
D – Outros Gastos		9 – Reserva de Contingência[33]

[3] De acordo com o art. 8º da Portaria Interministerial nº 163, de 4-5-01, denomina-se Reserva de Contingência a dotação global, permitida para a União no art. 91 do Decreto-lei nº 200, de 25-2-67, ou em atos das demais esferas de Governo. Será utilizada como fonte de recursos para a abertura de créditos adicionais e para o atendimento ao disposto no art. 5º, inciso III, da Lei Complementar nº 101/00, sob coordenação do órgão responsável pela sua destinação. Será identificada nos orçamentos de todas as esferas de Governo pelo código "**99.999.9999.xxxx.xxxx**", no que se refere às classificações por **função e subfunção e estrutura programática**, em que o "x" representa a codificação da ação e o detalhamento.
O art. 5º, inciso III, da LC nº 101/00 refere-se ao atendimento de passivos contingentes e outros riscos e eventos fiscais imprevistos.
A reserva de contingência será constituída, exclusivamente, com recursos do orçamento fiscal, equivalendo, no projeto e na Lei Orçamentária de 2019, a, no mínimo, dois décimos por cento da receita corrente líquida constante do referido projeto, nos termos do art. 12 da Lei nº 13.707 (LDO para 2019).

Os recursos financeiros relativos às categorias de gastos "A – Pessoal" e "C – Outras Despesas", correspondentes aos créditos orçamentários consignados na Lei Orçamentária e seus créditos adicionais, para os órgãos do Legislativo, Judiciário e Ministério Público da União, serão liberados até o dia 20 de cada mês, em valores correspondentes aos duodécimos.

A liberação dos recursos financeiros relativos a despesas do exercício e as inscritas em Restos a Pagar do Poder Executivo será feita de acordo com o limite fixado em Decreto que estabelece a programação financeira e o cronograma de desembolso.

10.6 SISTEMA INTEGRADO DE ADMINISTRAÇÃO FINANCEIRA DO GOVERNO FEDERAL (SIAFI)

Em decorrência da implantação do Sistema Integrado de Administração Financeira do Governo Federal (Siafi), cujas atividades tiveram início no exercício de 1987, foi publicado o Decreto nº 93.872, de 23-12-86, que dispõe sobre a unificação dos recursos de caixa do Tesouro Nacional, o que constitui um dos principais objetivos do referido Sistema.

É conveniente destacar alguns pontos estabelecidos no Decreto nº 93.872/86, que dizem respeito ao funcionamento do caixa único:

- a realização da receita e da despesa da União será feita por via bancária em estrita observância ao princípio da unidade de caixa, e o produto da arrecadação de todas as receitas da União será obrigatoriamente recolhido à conta do Tesouro Nacional, no Banco do Brasil;
- esses recursos serão mantidos no Banco do Brasil, somente sendo permitidos saques para o pagamento de despesas formalmente processadas e dentro dos limites estabelecidos na programação financeira;
- compete à STN aprovar, em ato próprio, o **limite global de saques** de cada Ministério ou Órgão, obedecendo ao montante das dotações e à previsão do fluxo de caixa do Tesouro Nacional;
- os Ministérios, Órgãos da Presidência da República e dos Poderes Legislativo e Judiciário, com base no limite global de saques fixado e no fluxo dos recursos do Tesouro Nacional, aprovarão o limite de saques de cada unidade orçamentária, considerando o cronograma de execução dos projetos e atividades a seu cargo. Dessa forma, a unidade orçamentária poderá dividir seu limite de saque entre unidades administrativas gestoras, quando for o caso;
- as transferências às entidades supervisionadas, inclusive quando decorrentes de receitas vinculadas ou com destinação especificada na legislação vigente, constarão de limites de saques aprovados para a unidade orçamentária à qual os créditos sejam atribuídos, em conformidade, também, com o

cronograma previamente aprovado. Os saques para atender às despesas com as transferências anteriormente citadas, bem como para as de fundos especiais custeadas com o produto de receitas próprias, somente poderão ser realizados após a arrecadação da respectiva receita e de seu recolhimento à conta do Tesouro Nacional;

- só poderá ser contemplado na programação financeira o fundo especial devidamente cadastrado pela STN;
- os limites financeiros para atender às despesas no exterior constarão da programação financeira de desembolso de forma destacada.

10.7 "CONTA ÚNICA" DO TESOURO NACIONAL

Pela IN/STN nº 10, de 6-9-88 (atualmente, IN/STN nº 05, de 6-7-90), foi implantada a "Conta Única" do Tesouro Nacional, mantida no Banco Central do Brasil (Bacen), tendo por finalidade acolher as disponibilidades financeiras da União, movimentáveis pelas Unidades Gestoras da Administração Federal, Direta e Indireta, participantes do Siafi, na modalidade *on-line*.

A operacionalização da "Conta Única" do Tesouro Nacional é efetuada por intermédio do Banco do Brasil S.A., ou, excepcionalmente, por outros agentes financeiros autorizados pelo Ministério da Economia, conforme dispõe o art. 2º da IN/STN nº 4, de 30-8-04.

A consolidação das instruções para movimentação e aplicação dos recursos financeiros da Conta Única do Tesouro Nacional, a abertura e manutenção de contas-correntes bancárias e outras normas afetas à administração financeira dos órgãos e entidades da Administração Pública Federal foram feitas pela IN/STN nº 4, de 30-8-04.

Os recursos da Conta Única são movimentados mediante fluxos de informação específicos para as receitas e para as despesas. As disponibilidades de caixa da União, depositadas no Banco Central do Brasil, são remuneradas[4] pelo Bacen, da seguinte forma (art. 19 da IN/STN nº 4, de 30-8-04):

> I – para as aplicações diárias, a remuneração será calculada após cada decêndio e creditada no último dia do decêndio seguinte; e
>
> II – para as aplicações a prazo fixo (permitidas somente para as disponibilidades financeiras decorrentes de arrecadação própria dos órgãos/entidades), serão observadas as mesmas condições estabelecidas para a remuneração dos saldos da Conta Única do Tesouro Nacional, sendo vedados resgates antes do prazo estabelecido.

---

[4] Remuneração da Conta Única é classificada como receita de capital, na fonte de recursos "88 – Remuneração de Disponibilidades do Tesouro Nacional" e destina-se a pagamentos da dívida pública, exclusivamente.

O art. 164 da Constituição Federal, no seu § 2º, estabelece que o Banco Central poderá comprar e vender títulos de emissão do Tesouro Nacional, com o objetivo de regular a oferta de moeda ou a taxa de juros. Em razão disso, o Bacen possui no seu Ativo uma carteira de títulos do Tesouro Nacional, a qual é remunerada pelo Tesouro Nacional.

Com a edição da Lei Complementar nº 101/00, foi disciplinada a destinação do resultado do Bacen, nos termos transcritos a seguir:

> Art. 7º. O resultado do Banco Central do Brasil, apurado após a constituição ou reversão de reservas, constitui receita do Tesouro Nacional, e será transferido até o décimo dia útil subsequente à aprovação dos balanços semestrais.
>
> § 1º O resultado negativo constituirá obrigação do Tesouro para com o Banco Central do Brasil e será consignado em dotação específica no orçamento.

10.8 INGRESSOS NA CONTA ÚNICA

No caso das receitas federais, os recursos são depositados na Conta Única quando os contribuintes pagam seus tributos por meio dos Documentos de Arrecadação de Receitas Federais (DARF) junto à rede bancária, que, por sua vez, efetua o recolhimento dos valores arrecadados em nome do Governo Federal à Conta Única, mantida no Bacen, no prazo de até dois dias. As informações constantes dos DARF são encaminhadas ao Serviço Federal de Processamento de Dados (Serpro), que processa, decendialmente, a classificação das receitas arrecadadas por tributo e por fonte de recursos, em nome da Secretaria da Receita Federal do Brasil. Por conseguinte, é gerado o registro dos valores arrecadados nas contas contábeis no Siafi, o que irá permitir a execução da programação financeira do Tesouro e, assim, a realização da despesa pública.

No tocante à arrecadação da Contribuição Previdenciária, os contribuintes pagam a contribuição por meio da Guia de Previdência Social (GPS). A receita do INSS, que compreende as contribuições previdenciárias, as parcelas sob a sistemática do "Simples" e demais receitas do INSS, passou a ingressar diretamente na Conta Única do Tesouro Nacional sob a gestão do INSS, em 19-10-98, em cumprimento à Recomendação nº 13, de 29-9-98, da Comissão de Controle e Gestão Fiscal (CGF). Esse procedimento foi ratificado com a edição da Medida Provisória nº 1.782, de 14-12-98, atualmente MP nº 2.170-36, de 23-8-01, que proibiu a manutenção das disponibilidades das Autarquias, Fundos e Fundações fora da Conta Única do Tesouro Nacional.

O processamento da classificação da receita é feito mensalmente pela Dataprev. Os recursos são creditados junto ao Banco Central do Brasil, na subconta do INSS. É também remunerada pelos mesmos critérios da Conta Única.

Outra forma de ingressos de recursos decorre da remuneração das aplicações financeiras feitas com os recursos na Conta Única do Tesouro Nacional, mecanismo implantado por meio da Medida Provisória nº 1.782, de 14-12-98. Assim, nos termos dessa MP, a partir de 1999, as Autarquias, Fundações Públicas e os Fundos por elas administrados, além dos órgãos da Administração Pública Federal Direta, poderão manter na Conta Única em aplicações a prazo fixo disponibilidades financeiras decorrentes da arrecadação de receitas próprias, na forma regulamentada pelo Ministério da Economia.

De acordo com a IN/STN nº 04/04, poderão ser efetuadas as seguintes modalidades de aplicações financeiras: aplicação financeira diária e aplicação financeira a prazo fixo.[5]

10.9 SAÍDAS DA CONTA ÚNICA

No caso das saídas (transferências/despesas), é possível observar as movimentações de recursos por meio da "Conta Única", efetuadas pelos seguintes documentos: Ordem Bancária (OB), Guia de Recolhimento da União (GRU), Documento de Arrecadação das Receitas Federais (DARF), Guia da Previdência Social (GPS), Documentos de Receita de Estados e/ou Municípios (DAR), Guia do Salário-educação (GSE), Guia de Recolhimento do FGTS e de informações da Previdência Social (GFIP), Nota de Sistema (NS) e Nota de Lançamento (NL), de acordo com as respectivas finalidades.

A emissão de Ordem Bancária será precedida de autorização do ordenador de despesa, em documento próprio da Unidade, podendo ocorrer nas seguintes modalidades:

a) Ordem Bancária de Crédito (OBC), utilizada para pagamentos por meio de crédito em conta-corrente do favorecido na rede bancária e para saque de recursos em conta bancária, para crédito na Conta Única da Unidade Gestora;
b) Ordem Bancária de Pagamento (OBP), utilizada para pagamento diretamente ao credor, em espécie, junto à agência de domicílio bancário da Unidade Gestora, quando for comprovada a inexistência de domicílio bancário do credor ou quando for necessária a disponibilização imediata dos recursos correspondentes;
c) Ordem Bancária para Banco (OBB), utilizada para pagamentos a diversos credores, por meio de lista eletrônica, para pagamentos de documentos em

---

[5] De acordo com a IN/STN nº 4/04, as Autarquias, Fundos, Fundações Públicas que contarem com autorização legislativa específica poderão efetuar aplicações financeiras diárias, não se admitindo aplicações por parte de entidades não integrantes do orçamento Fiscal e da Seguridade Social. As Autarquias, Fundos, Fundações Públicas e os órgãos da Administração Pública direta integrantes dos orçamentos Fiscal e da Seguridade Social somente poderão aplicar, na modalidade de prazo fixo, as disponibilidades financeiras de suas receitas próprias.

que o agente financeiro deva dar quitação ou para pagamento da folha de pessoal com lista de credores;

d) Ordem Bancária de Sistema (OBS), utilizada para cancelamento de OB pelo agente financeiro, com devolução dos recursos correspondentes, bem como pela STN, para regularização das remessas não efetivadas;

e) Ordem Bancária de Aplicação (OBA), utilizada pelos órgãos autorizados, para aplicações financeiras de recursos disponíveis na Conta Única;

f) Ordem Bancária de Câmbio (OBK), utilizada para pagamentos de operações de contratação de câmbio, no mesmo dia de sua emissão;

g) Ordem Bancária para pagamentos da STN (OBSTN), utilizada pelas Unidades Gestoras da Secretaria do Tesouro Nacional, e por outras por ela autorizadas para pagamentos específicos de responsabilidade do Tesouro Nacional, no mesmo dia de sua emissão;

h) Ordem Bancária de Depósito Judicial (OBJ), utilizada para atendimento a determinações judiciais específicas, não transitadas em julgado, na mesma data de sua emissão;

i) Ordem Bancária para Crédito de Reservas Bancárias (OBR), utilizada pelas Unidades Gestoras autorizadas pela Secretaria do Tesouro Nacional para pagamento por meio de crédito às contas Reservas Bancárias dos bancos, bem como outras contas mantidas no Banco Central do Brasil;

j) Ordem Bancária de Cartão (OBCartão), utilizada para registro de saque, efetuado pelo portador do Cartão Corporativo do Governo Federal, em moeda corrente, observado o limite estipulado pelo Ordenador de Despesas;

k) Ordem Bancária de Processo Judicial (OBH), utilizada para pagamento parcial ou integral de precatórios judiciais, Requisições de Pequeno Valor (RPV) e sentenças judiciais transitadas em julgado;

l) Ordem Bancária de Folha de Pagamento (OBF), utilizada para pagamento de folha de pessoal sem lista de credores;

m) Ordem Bancária SPB (OBSPB), utilizada para pagamento de despesas diretamente na conta-corrente do beneficiário, em finalidade específica autorizada pela STN, por meio do Sistema de Pagamentos Brasileiro (SPB);

n) Ordem bancária de fatura (OBD), utilizada para pagamentos de título de cobrança/boletos bancários. Por exemplo, boletos emitidos para pagamento de fatura de concessionárias de água, energia e telefone ou para quitação de tributos estaduais (IPVA) e municipais (ISS), junto aos respectivos governos.

As GRU podem ser do tipo simples, cobrança, depósito, DOC/TED, intra-Siafi, judicial ou SPB, cada uma com características e modelos próprios. Todas as instruções para uso da GRU estão disponíveis na macrofunção 020331 do Manual Siafi.

O DARF, a GPS, a GSE e a GFIP serão emitidos, obrigatoriamente, por todas as Unidades Gestoras participantes da Conta Única que recolham receitas federais e contribuições da previdência social por meio do Siafi.

A Nota de Lançamento de Sistema (NS) e a Nota de Lançamento por Evento (NL) serão utilizadas para registro no Siafi dos movimentos financeiros efetuados pelo Banco Central do Brasil na Conta Única, mediante autorização da Secretaria do Tesouro Nacional, bem como para registro da aplicação financeira e do depósito na Conta Única.

10.10 CONTAS-CORRENTES BANCÁRIAS

Nos termos da Instrução Normativa/STN nº 4/04, os órgãos e entidades da Administração Pública poderão movimentar recursos financeiros em contas bancárias no Banco do Brasil S.A., para atender a casos em que os recursos não possam ser sacados diretamente na Conta Única, nas seguintes situações:

a) **contas das Unidades Gestoras** *off-line*: para movimentação das disponibilidades financeiras das Unidades Gestoras que utilizam o Siafi, na modalidade *off-line*, destinadas à realização de suas despesas;
b) **contas em moeda estrangeira**: utilizadas pelas Unidades Gestoras autorizadas a abrigar as disponibilidades financeiras em moeda estrangeira, para pagamento de despesas no exterior, nos termos do Decreto nº 94.007, de 9-2-87;
c) **contas especiais**: utilizadas para movimentação dos recursos vinculados a empréstimos concedidos por organismos internacionais e agências governamentais estrangeiras, nos termos do Decreto nº 890, de 9-8-93;
d) **contas de fomento**: utilizadas por Unidades Gestoras para movimentação de recursos vinculados a operações oficiais de crédito;
e) **contas de suprimento de fundos**: utilizadas em caráter excepcional para movimentação de suprimento de fundos, onde, comprovadamente, não seja possível utilizar o Cartão Corporativo do Governo Federal;
f) **contas de execução de programas sociais**: utilizadas, exclusivamente, para a movimentação de recursos destinados à execução de programas sociais do Governo Federal;
g) **contas de recursos de apoio à pesquisa**: utilizadas em caráter excepcional, exclusivamente para movimentação, por meio de cartão, de recursos concedidos a pessoas físicas para realização de pesquisas.

Além desses casos, a referida Instrução prevê que poderão ser abertas contas-correntes bancárias por solicitação da STN, em caráter excepcional.

RESUMO

A seguir, estão contemplados os principais assuntos discorridos no capítulo.

- Segundo o disposto nos arts. 30 do Decreto-lei nº 200/67 e 1º da Lei nº 10.180, de 2001, as atividades de administração financeira serão organizadas sob a forma de um Sistema, que opera buscando o equilíbrio financeiro do Governo Federal, dentro dos limites da receita e despesa públicas.
- A Lei nº 4.320/64 introduziu o sistema de programação da execução orçamentária. A programação é um processo contínuo em administração.
- Aprovado o orçamento, inicia-se a tarefa de operacionalizá-lo. Para isso, é necessária a programação do fluxo de caixa do governo.
- A programação financeira se realiza em três níveis: Órgão Central de Programação Financeira (STN), Órgãos Setoriais de Programação Financeira (OSPF) e Unidades Gestoras (UG).
- A movimentação dos recursos entre as unidades do Sistema de Programação Financeira é executada por meio de: cota, repasse e sub-repasse.
- A Conta Única tem como finalidade acolher as disponibilidades financeiras da União, movimentáveis pelas Unidades Gestoras da Administração Federal, Direta e Indireta, participantes do Siafi, na modalidade *on-line*.

ATIVIDADES PARA SALA DE AULA

1) Discuta a eficácia da imposição de limites aos gastos: se é necessária e suficiente para uma boa gestão (do ponto de vista estritamente financeiro).
2) Impor limites aos gastos contribui na melhoria da qualidade dos serviços para a população?
3) Qual é, na sua opinião, o futuro da chamada PEC do Teto? Qual será a posição dos governos que se sucederem, uma vez que o horizonte de vigência da referida PEC corresponde a um período de 20 anos?

11

LICITAÇÕES

OBJETIVOS DE APRENDIZAGEM
Ao final deste capítulo, o aluno deverá ser capaz de: • definir licitação, situações a que se aplica, suas modalidades, tipos e regimes; • descrever o processo de licitação.

11.1 INTRODUÇÃO

Licitação é o conjunto de procedimentos administrativos, legalmente estabelecidos, por meio do qual a Administração Pública viabiliza a verificação, entre os interessados habilitados, de quem oferece melhores condições para a realização de obras, serviços, inclusive de publicidade, compras, alienações, concessões, permissões e locações.[1]

A licitação destina-se a garantir a observância do princípio constitucional da isonomia e a seleção da proposta mais vantajosa para a Administração, além da promoção do desenvolvimento nacional sustentável.

No processamento e julgamento da licitação, constituirão princípios básicos: a legalidade, a impessoalidade, a moralidade, a igualdade, a publicidade, a probidade administrativa, a vinculação ao instrumento convocatório, o julgamento objetivo e os que lhes são correlatos.

Entretanto, em igualdade de condições, como critério de desempate, será assegurada preferência, sucessivamente, aos bens e serviços:

---

[1] As concessões e permissões, tratadas no art. 175 da Constituição Federal, passaram a ser reguladas expressamente pela Lei nº 8.987, de 13-2-95.

I – produzidos no País;

II – produzidos ou prestados por empresas brasileiras;[2]

III – produzidos ou prestados por empresas que invistam em pesquisa e no desenvolvimento de tecnologia no País;[3]

IV – produzidos ou prestados por empresas que comprovem cumprimento de reserva de cargos prevista em lei para pessoa com deficiência ou para reabilitado da Previdência Social e que atendam às regras de acessibilidade previstas na legislação (situação introduzida pela Lei nº 13.146/15).

Com relação ao princípio da publicidade, cabe destacar a inovação trazida pela Lei nº 8.666/93 sobre a obrigatoriedade de divulgar, em órgão oficial ou em quadro de aviso de amplo acesso público, mensalmente, a relação de todas as compras feitas pela Administração, com detalhamento de preço unitário, quantidade, nome do vendedor e valor total da operação, independentemente de a aquisição ter sido feita a partir de qualquer tipo de licitação, dispensa ou inexigibilidade, excetuadas apenas as dispensas nos casos estabelecidos em decreto do Presidente da República, quando houver possibilidade de comprometimento da segurança nacional.

11.2 ABRANGÊNCIA DA APLICAÇÃO

A legislação vigente, no âmbito dos Poderes da União, dos Estados, do DF e dos Municípios – Lei nº 8.666, de 21-6-93, republicada em 6-7-94, contendo as alterações efetuadas pela Lei nº 8.883, de 8-6-94, e posteriores alterações –, aplica-se aos órgãos da Administração Direta, aos fundos especiais, às autarquias, às fundações públicas, às empresas públicas, às sociedades de economia mista e demais entidades controladas direta ou indiretamente por qualquer dessas esferas (art. 1º, *caput* e parágrafo único). O art. 117 se refere especificamente às obras, serviços, compras e alienações realizados pelos órgãos dos Poderes Legislativo e Judiciário e pelo Tribunal de Contas: no que couber, nas três esferas administrativas, regem-se, também, pelas mesmas normas.

---

2 A Emenda Constitucional nº 6, de 1995, revogou o art. 171 da Constituição Federal. Referido artigo definia "empresa brasileira" e "empresa brasileira de capital nacional"; e determinava ao Poder Público atribuir, na aquisição de bens e serviços, tratamento preferencial à empresa brasileira de capital nacional. A menção a este tratamento preferencial só foi excluída das normas sobre licitações pela Lei nº 12.349, de 15-12-10. Pela mesma Emenda foi incluído o inciso IX no art. 170 da Constituição, que estabelece como princípio geral da atividade econômica tratamento favorecido para as empresas de pequeno porte constituídas sob as leis brasileiras e que tenham sua sede e administração no País.

3 Esta hipótese foi incluída pela Lei nº 11.196, de 21-11-05, portanto posterior à Emenda Constitucional nº 6. Esta Lei manteve íntegras todas as demais hipóteses de critérios de desempate originalmente previstas na Lei nº 8.666, de 1993.

A citada Lei determinou, também, que:

- os Estados, o Distrito Federal, os Municípios e as entidades da Administração Indireta adaptassem suas normas sobre licitações e contratos ao disposto naquele diploma legal;
- as sociedades de economia mista, empresas e fundações públicas, e demais entidades controladas direta ou indiretamente pela União e pelas entidades da Administração Indireta editassem regulamentos próprios, sujeitos às suas disposições, devendo os mesmos ser aprovados pela autoridade de nível superior a que estiverem vinculados e publicados na imprensa oficial.

O procedimento licitatório caracteriza ato administrativo formal, qualquer que seja a esfera da Administração Pública em que ele seja praticado.

11.3 MODALIDADES DE LICITAÇÃO

São modalidades de licitação, de acordo com o art. 22 da Lei nº 8.666/93: a concorrência, a tomada de preços, o convite, o concurso e o leilão.

No âmbito da União, foi instituída, pela Medida Provisória nº 2.026, de 2000, e suas reedições, a modalidade de licitação denominada **pregão**.

A Lei nº 10.520, de 17-7-02, resultante da Medida Provisória nº 2.026, de 2000, cuja última reedição se deu com a MP nº 2.182-18, de 2001, estende para os Estados, o Distrito Federal e os Municípios esta modalidade de licitação para aquisição de bens e serviços comuns. Em razão de suas peculiaridades, a matéria será tratada na Seção 11.7 deste capítulo.

Concorrência é a modalidade envolvendo quaisquer interessados que, na fase inicial de habilitação preliminar, comprovem possuir os requisitos mínimos de qualificação exigidos no edital para execução de seu objeto.

A modalidade da concorrência é cabível, qualquer que seja o valor de seu objeto, na compra ou alienação de bens imóveis, ressalvando os casos de aquisição derivada de procedimentos judiciais ou de dação em pagamento, em que poderão ser alienados por ato de autoridade competente, observadas as seguintes regras:

- avaliação dos bens;
- comprovação da necessidade ou utilidade da alienação;
- adoção de concorrência ou leilão.

Aplica-se, ainda, nas concessões de direito real de uso e nas licitações internacionais, admitindo-se, neste último caso, observados os limites de licitações, a tomada de preços, quando o órgão ou entidade dispuser de cadastro internacional de fornecedores, ou convite, quando não houver fornecedor do bem ou serviço no País.

Tomada de preços é a modalidade entre interessados devidamente cadastrados, observada a necessária qualificação. Para fins de registro cadastral, o interessado deverá apresentar documentação relativa à habilitação jurídica, qualificação técnica, qualificação econômico-financeira, e regularidade fiscal e trabalhista, bem como comprovar que não se utiliza de trabalho noturno, perigoso ou insalubre de menores de 18 anos e de qualquer trabalho de menores de 16 anos, salvo na condição de aprendiz, a partir de 14 anos.[4]

Poderão participar, também, os interessados que atenderem a todas as condições exigidas para cadastramento até o terceiro dia anterior à data do recebimento das propostas.

Convite é a modalidade, entre interessados do ramo pertinente ao seu objeto, cadastrados ou não, no Sistema de Cadastramento Unificado de Fornecedores (Sicaf), escolhidos e convidados em número mínimo de três, pela unidade administrativa, a qual afixará cópia do instrumento convocatório em local apropriado e o estenderá aos demais cadastrados na especialidade correspondente que manifestarem seu interesse com antecedência de até 24 horas da apresentação das propostas.

Torna-se obrigatório o convite, quando realizado para objeto idêntico ou assemelhado, a no mínimo mais um interessado enquanto existirem na praça mais de três possíveis interessados cadastrados, não convidados nas últimas licitações.

Você sabia?

O Sicaf constitui o sistema de cadastro do Poder Executivo Federal mantido pelos órgãos e entidades que integram o Sistema de Serviços Gerais (SISG), nos termos do Decreto nº 3.722, de 9-1-01, e suas alterações.

Na impossibilidade de se obter o número mínimo de licitantes nesta modalidade, seja por limitações do mercado ou manifesto desinteresse dos convidados, essas circunstâncias deverão ser devidamente justificadas no processo, sob pena de repetição do convite.

O Tribunal de Contas da União, em suas Decisões, tem reiterado o entendimento de que se deve proceder à repetição do convite sempre que não for atingido o número mínimo de três propostas válidas, consoante o disposto nos §§ 3º e 7º do art. 22 da Lei nº 8.666, de 1993.

É vedada a utilização de convite ou tomada de preços para parcelas de uma mesma obra ou serviço ou, ainda, para obras e serviços da mesma natureza e no mesmo local, que possam ser realizadas em conjunto e na mesma época, quando o somatório de seus valores corresponder àquele que exigiria tomada de preços

---

[4] A Lei nº 12.440, de 7-7-11, instituiu a Certidão Negativa de Débitos Trabalhistas (CNDT). O cumprimento das disposições de natureza trabalhista atende ao inciso XXXIII do art. 7º da Constituição Federal.

ou concorrência, respectivamente, salvo para as parcelas de natureza específica que possam ser executadas por pessoas ou empresas de especialidades diversas daquelas do executor da obra ou serviço.

Na licitação em que for cabível o convite, a Administração poderá utilizar a tomada de preços e, em qualquer caso, a concorrência.

A Lei nº 8.666, de 1993, em seu art. 23, § 5º, veda o fracionamento de despesas, ou seja, a divisão destas utilizando modalidade de licitação não compatível com a estabelecida pela legislação para o total da despesa. Atente-se, também, para o fato de que, uma vez atingido o limite legalmente fixado para dispensa de licitação, as demais contratações para compras ou serviços da mesma natureza deverão observar a obrigatoriedade da realização de licitação, sob pena de ser caracterizado o fracionamento de despesas.

Concurso é a modalidade de licitação entre quaisquer interessados para escolha de trabalho técnico, científico ou artístico, mediante a instituição de prêmios ou remuneração aos vencedores, conforme critérios constantes de edital, publicado na imprensa oficial com antecedência mínima de 45 dias.

Leilão é a modalidade de licitação entre quaisquer interessados, para a venda a quem oferecer o maior lance, igual ou superior ao valor da avaliação, nos casos de:

- venda de bens móveis inservíveis para a Administração ou de produtos legalmente apreendidos ou penhorados; ou
- alienação de bens imóveis, cuja aquisição haja derivado de procedimentos judiciais ou de dação em pagamento.

As modalidades de licitação por convite, tomada de preços e concorrência serão determinadas em função de limites, tendo em vista o valor estimado da contratação. A título ilustrativo, o Anexo I neste capítulo traz a última tabela atualizada de acordo com a Lei nº 9.648, de 27-5-98.

Os valores constantes da citada tabela podem ser revistos pelo Poder Executivo.

É vedada a criação de outras modalidades de licitação ou a combinação de quaisquer delas (Lei nº 8.666/93, art. 22, § 8º). Não obstante, conforme citado anteriormente, a modalidade denominada **pregão** foi instituída pela Medida Provisória nº 2.026, de 2000, sucessivamente reeditada, até a MP nº 2.182/18, de 2001, transformada na Lei nº 10.520, de 17-7-02.

A licitação pode ser dispensada, dispensável e inexigível, como se verá nas três seções a seguir.

11.3.1 Dispensa de licitação

Aplica-se aos casos de alienação de bens da Administração Pública, subordinada à existência de interesse público devidamente justificado, e estará condicionada à avaliação prévia. A Lei nº 8.666/93 enumera, em seu art. 17, *caput*, essas situações.

No caso de imóveis, a alienação dependerá de autorização legislativa para órgãos da administração direta, autarquias e fundações públicas, e, para todos, inclusive entidades paraestatais, além de avaliação prévia, será obrigatória a concorrência, dispensada em caso de:

a) dação em pagamento;

b) doação, permitida exclusivamente para outro órgão ou entidade da Administração Pública, de qualquer esfera de governo ressalvado o disposto nas alíneas "f", "h" e "i";

c) permuta, por outro imóvel destinado ao atendimento das finalidades precípuas da administração, cujas necessidades de instalação e localização condicionem a sua escolha, desde que o preço seja compatível com o valor de mercado, segundo avaliação prévia;

d) investidura;

e) venda a outro órgão ou entidade da Administração Pública, de qualquer esfera de governo;

f) alienação, gratuita ou onerosa, aforamento, concessão de direito real de uso, locação ou permissão de uso de bens imóveis residenciais construídos, destinados ou efetivamente utilizados no âmbito de programas habitacionais ou de regularização fundiária de interesse social desenvolvidos por órgãos ou entidades da Administração Pública;

g) procedimentos de legitimação de posse de que trata o art. 29 da Lei nº 6.383, de 7-12-76 (de área contínua até 100 ha, do ocupante de terras públicas que as tenha tornado produtivas com o seu trabalho e o de sua família), mediante iniciativa e deliberação dos órgãos da Administração Pública em cuja competência legal inclua-se tal atribuição;

h) alienação gratuita ou onerosa, aforamento, concessão de direito real de uso, locação ou permissão de uso de bens imóveis de uso comercial de âmbito local, com área de até 250 metros quadrados, e inseridos no âmbito de programas de regularização fundiária de interesse social, desenvolvidos por órgãos ou entidades da Administração Pública;

i) alienação e concessão de direito real de uso, gratuita ou onerosa, de terras públicas rurais da União na Amazônia Legal onde incidam ocupações até o limite de 15 módulos fiscais ou 1.500 ha, para fins de regularização fundiária, atendidos os requisitos legais.

Para o caso de móveis, a única condição é a avaliação prévia, dispensada a licitação nas situações de:

a) doação, permitida exclusivamente para fins e uso de interesse social, após avaliação de sua oportunidade e conveniência socioeconômica, relativamente à escolha de outra forma de alienação;

b) permuta, permitida exclusivamente entre órgãos ou entidades da Administração Pública;

c) venda de ações, que poderão ser negociadas em bolsa, observada a legislação específica;

d) venda de títulos, na forma da legislação pertinente;

e) venda de bens produzidos ou comercializados por órgãos ou entidades da Administração Pública, em virtude de suas finalidades;

f) venda de materiais e equipamentos para outros órgãos ou entidades da Administração Pública, sem utilização previsível por quem deles dispõe.

Será também dispensada a licitação na concessão de título de propriedade ou de direito real de uso de imóveis que se destinarem a outros órgãos ou entidades da Administração Pública, qualquer que seja sua localização, bem como a pessoas físicas que hajam implementado os requisitos mínimos de cultura, ocupação mansa e pacífica e exploração direta sobre área rural de até 15 módulos fiscais e não superiores a 1.500 ha, respeitada fração mínima de parcelamento.

11.3.2 Dispensabilidade de licitação

A licitação pode ser dispensada, a critério da Administração, nos casos especificados no art. 24 da Lei nº 8.666/93, que são:

> I – para obras e serviços de engenharia de valor até dez por cento do limite para a sua realização através de convite – R$ 330.000,00 (alínea *a* do inc. I do art. 23), desde que não se refiram a parcelas de uma mesma obra ou serviço ou ainda para obras e serviços da mesma natureza e no mesmo local, que possam ser realizadas conjunta e concomitantemente;
>
> II – para outros serviços e compras de valor até dez por cento do limite para sua realização através de convite – R$ 176.000,00 (alínea *a* do inc. II do art. 23), e para alienações, nos casos previstos na Lei, desde que não se refiram a parcelas de um mesmo serviço, compra ou alienação de maior vulto, que possa ser realizada de uma só vez;
>
> III – nos casos de guerra ou grave perturbação da ordem;
>
> IV – nos casos de emergência ou de calamidade pública, quando caracterizada urgência de atendimento de situação que possa ocasionar prejuízo ou comprometer a segurança de pessoas, obras, serviços, equipamentos e outros bens, públicos ou particulares, e somente para os bens necessários ao atendimento da situação emergencial ou calamitosa e para as parcelas de obras e serviços que possam ser concluídas no prazo máximo de cento e oitenta dias consecutivos e ininterruptos, contados da ocorrência da emergência ou calamidade, vedada a prorrogação dos respectivos contratos;
>
> V – quando não acudirem interessados à licitação anterior e esta, justificadamente, não puder ser repetida sem prejuízo para a Administração, mantidas, neste caso, todas as condições preestabelecidas;
>
> VI – quando a União tiver que intervir no domínio econômico para regular preços ou normalizar o abastecimento;
>
> VII – quando as propostas apresentadas consignarem preços manifestamente superiores aos praticados no mercado nacional, ou forem incompatíveis com os fixados pelos órgãos oficiais competentes, casos em que, persistindo a situação, será admitida a adjudicação direta dos bens ou serviços, por valor não superior ao constante do registro de preços, ou dos serviços, valendo notar que, quando todos forem inabilitados ou todas as propostas forem desclassificadas, a Administração poderá fixar aos licitantes prazos adicionais para a apresentação de nova documentação ou de outras propostas;
>
> VIII – para a aquisição, por pessoa jurídica de direito público interno, de bens produzidos ou serviços prestados por órgão ou entidade que integre a Administração Pública e que tenha sido criado para esse fim específico em data anterior à vigência da Lei, desde que o preço contratado seja compatível com o praticado no mercado;

IX – quando houver possibilidade de comprometimento da segurança nacional, nos casos estabelecidos em decreto do Presidente da República, ouvido o Conselho de Defesa Nacional;[5]

X – para compra ou locação de imóvel destinado ao atendimento das finalidades precípuas da Administração, cujas necessidades de instalação e localização condicionem sua escolha, desde que o preço seja compatível com o valor de mercado, segundo avaliação prévia;

XI – na contratação de remanescente de obra, serviço ou fornecimento, em consequência de rescisão contratual, desde que atendida a ordem de classificação da licitação anterior e aceitas as mesmas condições oferecidas pelo licitante vencedor, inclusive quanto ao preço, devidamente corrigido;

XII – nas compras de hortifrutigranjeiros, pão e outros gêneros perecíveis, no tempo necessário para a realização dos processos licitatórios correspondentes, realizadas diretamente com base no preço do dia;

XIII – na contratação de instituição brasileira incumbida regimental ou estatutariamente da pesquisa, do ensino ou do desenvolvimento institucional, ou de instituição dedicada à recuperação social do preso, desde que a contratada detenha inquestionável reputação ético-profissional e não tenha fins lucrativos;

XIV – para aquisição de bens ou serviços nos termos de acordo internacional específico aprovado pelo Congresso Nacional, quando as condições ofertadas forem manifestamente vantajosas para o Poder Público;

XV – para a aquisição ou restauração de obras de arte e objetos históricos, de autenticidade certificada, desde que compatíveis ou inerentes às finalidades do órgão ou entidade;

XVI – para a impressão dos diários oficiais, de formulários padronizados de uso da Administração, e de edições técnicas oficiais, bem como para a prestação de serviços de informática a pessoa jurídica de direito público interno, por órgãos ou entidades que integrem a Administração Pública, criados para esse fim específico;

XVII – para a aquisição de componentes ou peças de origem nacional ou estrangeira, necessários à manutenção de equipamentos durante o período de garantia técnica, junto ao fornecedor original desses equipamentos, quando tal condição de exclusividade for indispensável para a vigência da garantia;

XVIII – nas compras ou contratações de serviços para o abastecimento de navios, embarcações, unidades aéreas ou tropas e seus meios de deslocamento, quando em estada eventual de curta duração em portos, aeroportos ou localidades diferentes de suas sedes, por motivo de movimentação operacional ou de adestramento, quando a exiguidade dos prazos legais puder comprometer a normalidade e os propósitos das operações e desde que seu valor não exceda ao limite para a realização de compras e serviços através de convite – R$ 176.000,00 (alínea *a* do inc. II do art. 23 da Lei);

XIX – para as compras de materiais de uso pelas Forças Armadas, com exceção de materiais de uso pessoal e administrativo, quando houver necessidade de manter a padronização requerida pela estrutura de apoio logístico dos meios navais, aéreos e terrestres, mediante parecer de comissão instituída por decreto;

---

[5] A propósito do assunto foi publicado o Decreto nº 2.295, de 4-8-97 (*DOU* de 5-8-97).

XX – na contratação de associação de portadores de deficiência física, sem fins lucrativos e de comprovada idoneidade, por órgãos ou entidades da Administração Pública, para a prestação de serviços ou fornecimento de mão de obra, desde que o preço contratado seja compatível com o praticado no mercado;

XXI – para a aquisição ou contratação de produto para pesquisa e desenvolvimento, com recursos concedidos pela Capes, Finep e CNPq, ou outras instituições de fomento à pesquisa credenciadas pelo CNPq para esse fim específico, limitada, no caso de obras e serviços de engenharia, a 20% de R$ 3.300.000,00 (art. 23, *caput*, inc. I, *b*); (Lei nº 13.243/16.)

XXII – na contratação do fornecimento ou suprimento de energia elétrica e gás natural com concessionário, permissionário ou autorizado, segundo as normas da legislação específica;

XXIII – na contratação realizada por empresa pública ou sociedade de economia mista com suas subsidiárias e controladas, para a aquisição ou alienação de bens, prestação ou obtenção de serviços, desde que o preço contratado seja compatível com o praticado no mercado;

XXIV – para a celebração de contratos de prestação de serviços com as organizações sociais, qualificadas no âmbito das respectivas esferas de governo, para atividades contempladas no contrato de gestão;

XXV – na contratação realizada por Instituição Científica e Tecnológica (ICT) ou por agência de fomento para a transferência de tecnologia e para o licenciamento de direito de uso ou de exploração de criação protegida;

XXVI – na celebração de contrato de programa com ente da Federação ou com entidade de sua Administração Indireta, para a prestação de serviços públicos de forma associada nos termos do autorizado em contrato de consórcio público ou em convênio de cooperação;

XXVII – na contratação de coleta, processamento e comercialização de resíduos sólidos urbanos recicláveis ou reutilizáveis, em áreas com sistema de coleta seletiva de lixo, efetuados por associações ou cooperativas formadas exclusivamente por pessoas físicas de baixa renda reconhecidas pelo poder público como catadores de materiais recicláveis, com o uso de equipamentos compatíveis com as normas técnicas, ambientais e de saúde pública;

XXVIII – para o fornecimento de bens e serviços, produzidos ou prestados no País, que envolvam, cumulativamente, alta complexidade tecnológica e defesa nacional, mediante parecer de comissão especialmente designada pela autoridade máxima do órgão;

XXIX – na aquisição de bens e contratação de serviços para atender aos contingentes militares das Forças Singulares brasileiras empregadas em operações de paz no exterior, necessariamente justificadas quanto ao preço e à escolha do fornecedor ou executante e ratificadas pelo Comandante da Força;

XXX – na contratação de instituição ou organização, pública ou privada, com ou sem fins lucrativos, para a prestação de serviços de assistência técnica e extensão rural no âmbito do Programa Nacional de Assistência Técnica e Extensão Rural na Agricultura Familiar e na Reforma Agrária, instituído por lei federal;

XXXI – nas contratações visando ao cumprimento do disposto nos arts. 3º, 4º, 5º e 20 da Lei nº 10.973, de 2004, a qual dispõe sobre incentivos à inovação e à pesquisa científica e tecnológica no ambiente produtivo, observados os princípios gerais de contratação dela constantes;

XXXII – na contratação em que houver transferência de tecnologia de produtos estratégicos para o Sistema Único de Saúde – SUS, no âmbito da Lei nº 8.080, de 19-9-90, conforme elencados em ato da direção nacional do SUS, inclusive por ocasião da aquisição destes produtos durante as etapas de absorção tecnológica;

XXXIII – na contratação de entidades privadas sem fins lucrativos, para a implementação de cisternas ou outras tecnologias sociais de acesso à água para consumo humano e produção de alimentos, para beneficiar as famílias rurais de baixa renda atingidas pela seca ou falta regular de água.

XXXIV – para a aquisição por pessoa jurídica de direito público interno de insumos estratégicos para a saúde produzidos ou distribuídos por fundação que, regimental ou estatutariamente, tenha por finalidade apoiar órgão da administração pública direta, sua autarquia ou fundação em projetos de ensino, pesquisa, extensão, desenvolvimento institucional, científico e tecnológico e estímulo à inovação, inclusive na gestão administrativa e financeira necessária à execução desses projetos, ou em parcerias que envolvam transferência de tecnologia de produtos estratégicos para o Sistema Único de Saúde (SUS), nos termos do inciso XXXII deste artigo, e que tenha sido criada para esse fim específico em data anterior à vigência da Lei, desde que o preço contratado seja compatível com o praticado no mercado;

XXXV – para a construção, a ampliação, a reforma e o aprimoramento de estabelecimentos penais, desde que configurada situação de grave e iminente risco à segurança pública.

Para as dispensas enquadradas no inciso IV – emergência ou calamidade pública, quando caracterizada urgência de atendimento de situação – a Administração deverá avaliar criteriosamente a condição que permita caracterizá-las como tal, uma vez que essas situações não poderão ter sido originadas total ou parcialmente da falta de planejamento ou de negligência administrativa de agente público, cuja obrigação era de agir, na época devida, para preveni-la.

Se o fato ocorrer de forma imprevisível, as providências deverão ser adotadas, de imediato, visando, de fato, ao atendimento da situação calamitosa que possa causar dano ou comprometer a segurança de bens e pessoas, sem prejuízo da apuração das responsabilidades, se houver.

Serão de 20% os percentuais referidos nos incisos I e II, quando se tratar de compras, obras e serviços contratados por consórcios públicos, sociedade de economia mista, empresa pública, bem como autarquia e fundação qualificadas como agências executivas.

Todas estas situações, salvo as referidas nos incisos I e II, deverão ser justificadas e comunicadas, dentro de três dias, à autoridade superior, para ratificação e publicação na imprensa oficial, dentro de cinco dias, sem o que o ato não tem eficácia.

Note-se que a Lei, no art. 17, se refere expressamente a licitação **dispensada**, e, no art. 24, a licitação **dispensável**. Portanto, esta última poderá ser realizada, a critério da Administração, valendo-se de seu poder discricionário.

Com relação à aplicabilidade do disposto no inciso XXIII, faz-se necessário que o contratante observe o disposto na Súmula 265/2011, do Tribunal de Contas da

União (TCU), pela qual somente é admitida a dispensa da licitação nas hipóteses em que houver, simultaneamente, compatibilidade com os preços de mercado e pertinência entre o serviço a ser prestado ou os bens a serem alienados ou adquiridos e o objeto social da entidade a ser contratada.

11.3.3 Inexigibilidade de licitação

De acordo com o art. 25 da Lei nº 8.666/93, é inexigível a licitação quando houver inviabilidade de competição, em especial:

> I – para aquisição de materiais, equipamentos, ou gêneros que só possam ser fornecidos por produtor, empresa ou representante comercial exclusivo, vedada a preferência de marca, devendo a comprovação de exclusividade ser feita através de atestado fornecido pelo órgão de registro do comércio do local em que se realizaria a licitação ou a obra ou o serviço, pelo Sindicato, Federação ou Confederação Patronal, ou, ainda, pelas entidades equivalentes;
>
> II – para a contratação de serviços técnicos (enumerados no art. 13), de natureza singular, com profissionais ou empresas de notória especialização, vedada a inexigibilidade para serviços de publicidade e divulgação;
>
> III – para contratação de profissional de qualquer setor artístico, diretamente ou através de empresário exclusivo, desde que consagrado pela crítica especializada ou pela opinião pública.

Consideram-se serviços técnicos profissionais especializados os trabalhos relativos a (art. 13 da Lei nº 8.666/93):

> I – estudos técnicos, planejamentos e projetos básicos ou executivos;
>
> II – pareceres, perícias e avaliações em geral;
>
> III – assessorias ou consultorias técnicas e auditorias financeiras ou tributárias;
>
> IV – fiscalização, supervisão ou gerenciamento de obras ou serviços;
>
> V – patrocínio ou defesa de causas judiciais ou administrativas;
>
> VI – treinamento e aperfeiçoamento de pessoal;
>
> VII – restauração de obras de arte e bens de valor histórico.

Com a publicação da Súmula 252/2010, o TCU firmou jurisprudência acerca da inviabilidade de competição para a contratação desses serviços. Deverão ser observados simultaneamente a existência de três requisitos: (i) serviço técnico especializado entre os elencados nos itens I a VII; (ii) natureza singular do serviço; e (iii) notória especialização.

Como de notória especialização é considerado o profissional ou empresa cujo conceito no campo de sua especialidade, decorrente de desempenho anterior, estudos, experiências, publicações, organização, aparelhamento, equipe técnica, ou de outros requisitos relacionados com suas atividades, permita concluir que seu trabalho é essencial e indiscutivelmente o mais adequado à plena satisfação do objeto do contrato.

Observe-se que, mesmo entre profissionais ou empresas de notória especialização, somente é inexigível licitar quando houver inviabilidade de **competição**, o que não é sinônimo de inviabilidade de **licitação**.

Também nas situações de inexigibilidade, faz-se necessário que as mesmas sejam justificadas e comunicadas, dentro de três dias, à autoridade superior, para ratificação e publicação na imprensa oficial, no prazo de cinco dias, como condição para sua eficácia.

11.4 TIPOS DE LICITAÇÃO

A definição do tipo de licitação é essencial para que o julgamento das propostas seja objetivo.

Os tipos de licitação a seguir explicitados são cabíveis para obras, serviços e compras, exceto nas modalidades de concurso e leilão:

- **Menor preço**. Aplica-se quando o critério de seleção da proposta mais vantajosa para a Administração determinar que o licitante vencedor seja o que ofertar o menor preço.
- **Melhor técnica**. Utiliza-se, exclusivamente, para serviços de natureza predominantemente intelectual, como: elaboração de projetos, cálculos, fiscalização, supervisão e gerenciamento e de engenharia consultiva em geral, e, em particular, para a elaboração de estudos técnicos preliminares e projetos básicos e executivos (não compreendida a contratação de bens e serviços de Informática).

Na adoção da melhor técnica, o instrumento convocatório fixará o preço máximo que a Administração se propõe a pagar, bem como estabelecerá os critérios de avaliação e classificação das propostas, considerando a capacitação e a experiência do proponente, a qualidade técnica da proposta e a qualificação das equipes técnicas a serem utilizadas para a execução do objeto licitado. Após a classificação das propostas técnicas, procede-se à abertura das de preço. Tendo, então, como referência a proposta de menor preço entre os licitantes classificados, será feita a negociação das condições propostas (orçamentos detalhados e respectivos preços unitários) com os referidos licitantes, pela ordem de classificação, até a obtenção do acordo para contratação.

- **Técnica e preço**. Neste caso, aplicável exclusivamente aos mesmos serviços relacionados com a melhor técnica, as propostas serão avaliadas também segundo os critérios já citados, de capacitação e experiência do proponente, qualidade técnica da proposta e qualificação das equipes técnicas, e classificadas de acordo com a média ponderada das valorizações das propostas "técnicas" e de "preços" mediante a utilização de "pesos" constantes do instrumento convocatório. Em princípio, é o tipo de licitação que se aplica à contratação de bens e serviços de Informática.

- **Maior lance ou oferta**. Aplicável aos casos de alienação de bens ou concessão de direito real de uso.

Não é prevista a utilização de outro tipo de licitação além dos citados.

11.5 FASES DA LICITAÇÃO

A realização de uma licitação deve desenvolver-se em uma sequência lógica a partir da existência de uma necessidade a ser atendida. A Administração deve definir, com precisão, **o quê**, **para quê** e o **porquê** de toda e qualquer aquisição a ser feita. O procedimento tem início com o planejamento e prossegue até a assinatura do contrato ou a emissão de outro documento que o substitua, distinguindo-se duas fases.

11.5.1 Fase interna ou preparatória

Nesta fase a Administração tomará todas as providências internas para a preparação do ato convocatório, evitando posteriormente a anulação dos atos praticados. Poderão ser corrigidas falhas, estudadas e estabelecidas outras ou novas condições restritivas, complementadas as informações já existentes, entre outras. Na fase externa, qualquer falha ou irregularidade constatada, se insanável, implicará a anulação do edital.

Destacam-se entre os atos preparatórios para a realização de uma licitação na fase interna:

- o pedido do setor requisitante, com a justificativa fundamentada de sua necessidade, contendo a especificação do objeto, de forma precisa, clara e sucinta;
- a aprovação da autoridade competente para o início do processo licitatório que dará ensejo à sua autuação;
- a estimativa do valor da contratação, mediante comprovada pesquisa de preços no mercado;
- a indicação da disponibilidade de dotações orçamentárias para fazer face à despesa;
- a verificação da adequação orçamentária e financeira, em conformidade com a Lei Complementar nº 101, de 2000, quando for o caso;
- a elaboração de projeto básico, obrigatório, quando se tratar de licitação para obras e serviços;
- a definição da modalidade e do tipo de licitação a serem adotados.

Ainda nesta fase, cabe observar as disposições contidas no art. 39 da Lei nº 8.666, de 1993, o qual determina a realização de audiência pública, promovida pela autoridade responsável pela licitação, divulgada com antecedência mínima de dez dias úteis, da mesma forma prevista para a publicidade do edital – 15 dias úteis –, sempre que o valor estimado do objeto for superior a 100 vezes o limite previsto na alínea *c* do inciso I do art. 23 da Lei nº 8.666, de 1993, atualmente acima de R$ 3.300.000,00. A mesma exigência é feita nos casos de licitações **simultâneas e sucessivas.**

O parágrafo único do citado artigo considera "licitações simultâneas aquelas com objetos similares e com realização prevista para intervalos não superiores a 30 (trinta) dias, e licitações sucessivas aquelas em que, também com objetos similares, o edital subsequente tenha uma data anterior a 120 (cento e vinte) dias após o término do contrato resultante da licitação antecedente".

A audiência pública é o procedimento utilizado pela Administração Pública para possibilitar a participação da sociedade, mediante a solicitação de esclarecimentos e a apresentação de sugestões e críticas, até mesmo sobre a conveniência da licitação. Por esta razão, este evento está inserido na fase interna da licitação. O cidadão que comparecer ao evento, interessado ou não no objeto da licitação, terá acesso e direito a todas as informações pertinentes.

11.5.2 Fase externa ou executória

A fase externa de uma licitação inicia-se com a publicação do ato convocatório ou com a entrega do convite e termina com a contratação do objeto da licitação.

11.5.3 Edital

O edital é o documento elaborado pela Administração Pública, por meio do qual a autoridade administrativa torna públicos todos os requisitos, critérios e condições essenciais à realização de uma licitação. As minutas de editais devem ser previamente examinadas e aprovadas por assessoria jurídica da Administração.

Em conformidade com o art. 40 da Lei nº 8.666/93, o edital deverá conter os seguintes elementos:

I – no preâmbulo:

- o número de ordem em série anual;
- o nome da repartição interessada e de seu setor;
- a modalidade, o regime de execução[6] e o tipo de licitação;
- a menção da legislação que regulamenta a matéria (Lei nº 8.666/93);

[6] Ver seção 11.6 – Regimes ou Formas de Execução.

- o local, dia e hora para recebimento da documentação e propostas;
- o local, dia e hora para início da abertura dos envelopes (documentação e propostas);

II – no restante do texto:

- objeto da licitação, em descrição sucinta e clara;
- prazo e condições para assinatura do contrato ou retirada dos instrumentos, para execução do contrato e para entrega do objeto da licitação;
- sanções para o caso de inadimplemento;
- local onde poderá ser examinado e adquirido o projeto básico;
- se há projeto executivo disponível na data da publicação do edital de licitação e o local onde possa ser examinado e adquirido;
- condições para participação na licitação e forma de apresentação das propostas;
- critério para julgamento, com disposições claras e parâmetros objetivos;
- locais, horários e códigos de acesso dos meios de comunicação à distância em que serão fornecidos elementos, informações e esclarecimentos relativos à licitação e às condições para atendimento das obrigações necessárias ao cumprimento de seu objeto;
- condições equivalentes de pagamento entre empresas brasileiras e estrangeiras, no caso de licitações internacionais;
- critério de aceitabilidade dos preços unitário e global, conforme o caso, permitida a fixação de preços máximos e vedados a fixação de preços mínimos, os critérios estatísticos ou faixas de variação em relação a preços de referência;
- critério de reajuste, que deverá retratar a variação efetiva do custo de produção, admitida a adoção de índices específicos ou setoriais, desde a data prevista para apresentação da proposta, ou do orçamento a que essa proposta se referir, até a data do adimplemento de cada parcela;
- limites para pagamento de instalação e mobilização para execução de obras ou serviços que serão obrigatoriamente previstos em separado das demais parcelas, etapas ou tarefas;
- condições de pagamento, prevendo:
  a) prazo de pagamento não superior a trinta dias, contado a partir da data final do período de adimplemento de cada parcela;
  b) cronograma de desembolso máximo por período, em conformidade com a disponibilidade de recursos financeiros;

c) critério de atualização financeira dos valores a serem pagos, desde a data final do período de adimplemento de cada parcela até a data do efetivo pagamento;
d) compensações financeiras e penalizações, por eventuais atrasos, e descontos, por eventuais antecipações de pagamento;
e) exigência de seguros, quando for o caso;

- instruções e normas para os recursos previstos na Lei nº 8.666/93;
- condições de recebimento do objeto da licitação;
- outras indicações específicas ou peculiares da licitação.

A Lei nº 8.666/93, art. 6º, IX e X, estabeleceu definição específica para projetos básico e executivo:

- **Projeto Básico**. É o conjunto de elementos necessários e suficientes, com nível de precisão adequado, para caracterizar a obra ou serviço, ou complexo de obras ou serviços objeto da licitação, elaborado com base nas indicações dos estudos técnicos preliminares, que assegurem a viabilidade técnica e o adequado tratamento do impacto ambiental do empreendimento, e que possibilite a avaliação do custo da obra e a definição dos métodos e do prazo de execução, devendo conter os seguintes elementos:
  a) desenvolvimento da solução escolhida de forma a fornecer visão global da obra e identificar todos os seus elementos constitutivos com clareza;
  b) soluções técnicas globais e localizadas, suficientemente detalhadas, de forma a minimizar a necessidade de reformulação ou de variantes durante as fases de elaboração do projeto executivo e de realização das obras e montagem;
  c) identificação dos tipos de serviços a executar e de materiais e equipamentos a incorporar à obra, bem como suas especificações, que assegurem os melhores resultados para o empreendimento, sem frustrar o caráter competitivo para a sua execução;
  d) informações que possibilitem o estudo e a dedução de métodos construtivos, instalações provisórias e condições organizacionais para a obra, sem frustrar o caráter competitivo para sua execução;
  e) subsídios para montagem do plano de licitação e gestão da obra, compreendendo a sua programação, a estratégia de suprimentos, as normas de fiscalização e outros dados necessários em cada caso;
  f) orçamento detalhado do custo global da obra, fundamentado em quantitativos de serviços e fornecimentos propriamente avaliados.
- **Projeto Executivo**. É o conjunto dos elementos necessários e suficientes à execução completa da obra, de acordo com as normas pertinentes da Associação Brasileira de Normas Técnicas (ABNT).

11.5.4 Anexos do edital

Fazem parte do edital os seguintes anexos:

- o projeto básico e/ou executivo, com todas as suas partes, desenhos, especificações e outros complementos;
- o orçamento estimado em planilhas de quantitativos e preços unitários;
- a minuta do contrato a ser firmado entre a Administração e o licitante vencedor;
- as especificações complementares e as normas de execução pertinentes à licitação.

Os avisos contendo os resumos dos editais das concorrências, tomadas de preços, concursos e leilões deverão ser publicados com antecedência, no mínimo por uma vez, nos (em):

- **Diário Oficial da União** – para as licitações realizadas no âmbito da Administração Federal ou mesmo com financiamento ou garantia de instituições federais;
- **Diário Oficial do Estado ou do Distrito Federal** – quando a licitação for realizada no âmbito das respectivas Administrações. No caso dos Municípios, a publicação se fará no DOE;
- Jornal diário de grande circulação no Estado e também, se houver, do Município ou região a que se referir o objeto da licitação, e, conforme o seu vulto, em outros meios de divulgação para ampliar a área de competição.

O prazo mínimo para a realização de uma licitação, contado a partir da última publicação do edital resumido, ou da expedição do convite, ou ainda da efetiva disponibilidade do edital ou convite, prevalecendo a data que ocorrer mais tarde, será:

I – quarenta e cinco dias para:

a) concurso;

b) concorrência, quando o contrato a ser celebrado contemplar o regime de empreitada integral ou quando a licitação for do tipo "melhor técnica" ou "técnica e preço";

II – trinta dias para:

a) concorrência, nos casos não especificados na letra "b" do item I;

b) tomada de preços, quando a licitação for do tipo "melhor técnica" ou "técnica e preço";

III – quinze dias para tomada de preços, nos casos não especificados na letra "b" do item II, ou leilão;

IV – cinco dias úteis para convite.

11.5.5 Procedimento e julgamento

A providência para iniciar-se uma licitação é a abertura de processo administrativo, autuado, protocolado e numerado, contendo a autorização, o resumo do objeto e a indicação da dotação orçamentária pela qual correrá a despesa.

Todos os documentos relativos à licitação deverão integrar o referido processo, à medida que os fatos forem ocorrendo, podendo-se dizer, portanto, em ordem cronológica.

Em condições normais, deverão ser juntados ao processo, oportunamente:

- edital ou convite e respectivos anexos, quando for o caso;
- comprovante das publicações do edital resumido, ou da entrega do convite;
- ato de designação da comissão de licitação, do leiloeiro administrativo ou oficial, ou do responsável pelo convite;
- original das propostas e dos documentos que as instruírem;
- atas, relatórios e deliberações da Comissão Julgadora;
- pareceres técnicos ou jurídicos emitidos sobre a licitação, dispensa ou inexigibilidade;
- atos de adjudicação do objeto da licitação ou de sua homologação;
- recursos eventualmente apresentados pelos licitantes e respectivas manifestações e decisões;
- despacho de anulação ou de revogação da licitação, quando for o caso, fundamentado circunstanciadamente;
- termo de contrato ou instrumento equivalente, conforme o caso;
- outros comprovantes de publicações;
- demais documentos relativos à licitação.

O julgamento das propostas, de forma objetiva, em conformidade com os tipos de licitação, critérios previamente estabelecidos no ato convocatório e fatores exclusivamente nele referidos, assegura sua aferição pelos licitantes e pelos órgãos de controle.

Deverão ser observados, pela comissão de licitação ou pelo responsável pelo convite, os seguintes procedimentos:

- abertura dos envelopes contendo a documentação relativa à habilitação dos concorrentes e sua apreciação;
- devolução dos envelopes fechados aos concorrentes inabilitados, contendo as respectivas propostas, desde que não tenha havido recurso ou após sua denegação;
- abertura dos envelopes contendo as propostas dos concorrentes habilitados, desde que transcorrido o prazo sem interposição de recurso, ou tenha havido desistência expressa, ou após o julgamento dos recursos interpostos;

- verificação da conformidade de cada proposta com os requisitos do edital e, conforme o caso, com os preços correntes no mercado ou fixados por órgão oficial competente, ou ainda com os constantes do sistema de registro de preços, os quais deverão ser devidamente registrados na ata de julgamento, promovendo-se a desclassificação das propostas desconformes ou incompatíveis;
- julgamento e classificação das propostas de acordo com os critérios de avaliação constantes do edital;
- deliberação da autoridade competente quanto à homologação e adjudicação do objeto da licitação.

Para habilitação[7] do interessado, a lei previu, exclusivamente, documentação relativa à(ao):

I – habilitação jurídica;

II – qualificação técnica;

III – qualificação econômico-financeira;

IV – regularidade fiscal e trabalhista;

V – cumprimento do que dispõe o inciso XXXIII do art. 7º da Constituição Federal[8] (inciso acrescido ao art. 27 da Lei nº 8.666/93 pelo art. 1º da Lei nº 9.854, de 27-10-99).

A lei determina que a abertura dos envelopes contendo a documentação para a habilitação e as propostas seja realizada em ato público do qual se lavrará ata circunstanciada.

A citada ata deverá ser assinada pelos licitantes presentes e pela comissão, que deverão rubricar ainda todos os documentos e propostas.

Uma vez habilitado – e abertas as propostas –, o candidato não pode mais ser desclassificado por motivo relacionado com a habilitação, salvo em razão de fatos supervenientes ou só conhecidos após o julgamento, assim como não lhe é permitido desistir da participação, exceto por fato superveniente que deverá ser aceito pela comissão.

---

[7] A habilitação dos licitantes poderá, desde que previsto no edital, ser comprovada por meio de prévia e regular inscrição cadastral no Sistema de Cadastramento Unificado de Fornecedores (Sicaf), até o terceiro dia útil anterior à data fixada para o recebimento das propostas.

[8] Constituição Federal:

"Art. 7º São direitos dos trabalhadores urbanos e rurais, além de outros que visem à melhoria de sua condição social:

I – [...].

XXXIII – proibição de trabalho noturno, perigoso ou insalubre a menores de dezoito e de qualquer trabalho a menores de dezesseis anos, salvo na condição de aprendiz, a partir de quatorze anos."

Os procedimentos e o julgamento da forma exposta são obrigatórios nas licitações por concorrência; no entanto, aplicam-se, no que couber, ao concurso, ao leilão, à tomada de preços e ao convite (§ 4º do art. 43).

Ressalte-se que a Administração, em cumprimento ao princípio da igualdade, não poderá criar condições restritivas ao caráter de competição da licitação, nem estabelecer preferências ou distinções em razão da naturalidade ou domicílio dos licitantes, tampouco fixar tratamento diferenciado entre empresas brasileiras e estrangeiras, ressalvado o disposto no inciso IX do art. 170 da Constituição Federal, que atribui tratamento favorecido para empresas de pequeno porte, constituídas sob leis brasileiras e que tenham sua sede e administração no País. Este dispositivo constitucional foi regulamentado pela Lei Complementar nº 123, de 14-12-2006 (Estatuto Nacional da Microempresa e da Empresa de Pequeno Porte). O tratamento diferenciado e favorecido, no caso, se refere especialmente ao acesso ao crédito e ao mercado, inclusive quanto à preferência nas aquisições de bens e serviços pelos Poderes Públicos, à tecnologia, ao associativismo e às regras de inclusão (art. 1º, inc. III).

11.6 REGIMES OU FORMAS DE EXECUÇÃO

A lei estabeleceu os regimes ou formas de execução das obras e serviços, dando-lhes definições próprias, como sendo de:

a) execução direta – a que é feita pelos meios próprios disponíveis dos órgãos e entidades da Administração;

b) execução indireta – a que é feita mediante contratação com terceiros pelos órgãos e entidades da Administração, sob qualquer dos seguintes regimes:

   - empreitada por preço global – quando se contrata a execução da obra ou do serviço por preço certo e total;
   - empreitada por preço unitário – quando se contrata a execução da obra ou do serviço por preço certo de unidades determinadas;
   - tarefa – quando se ajusta mão de obra para pequenos trabalhos por preço certo, com ou sem fornecimento de material;
   - empreitada integral – quando se contrata um empreendimento em sua integralidade, compreendendo todas as etapas das obras, serviços e instalações necessárias, sob inteira responsabilidade da contratada até sua entrega ao contratante em condições de entrada em operação, atendidos os requisitos técnicos e legais para sua utilização em condições de segurança estrutural e operacional e com as características adequadas às finalidades para que foi contratada.

11.7 PREGÃO

É a modalidade de licitação utilizada para aquisição de bens e serviços comuns, assim considerados "aqueles cujos padrões de desempenho e qualidade possam ser objetivamente definidos pelo edital, por meio de especificações usuais praticadas no mercado".[9]

A regulamentação da matéria foi feita pelo Decreto nº 3.555, de 8-8-00, e alterações posteriores. Pelo mencionado diploma legal, além dos órgãos da Administração Pública Federal direta, os fundos especiais, as autarquias, as fundações, as empresas públicas, as sociedades de economia mista e as demais entidades controladas direta ou indiretamente pela União também estão subordinadas a essa modalidade de licitação.

O art. 4º do Anexo I do Decreto nº 3.555, de 8-8-00, enumera como princípios básicos do pregão: a legalidade, a impessoalidade, a moralidade, a igualdade, a publicidade, a probidade administrativa, a vinculação ao instrumento convocatório, o julgamento objetivo, assim como a celeridade, a finalidade, a razoabilidade, a proporcionalidade, a competitividade, o justo preço, a seletividade e a comparação objetiva das propostas.

Pode-se distinguir, no processo de realização de uma licitação por pregão, esta sequência: as fases preparatórias e convocatória, o julgamento, a habilitação, a homologação e a contratação.

Você sabia?

A autoridade competente a quem cabe decidir os recursos contra atos do pregoeiro, homologar o resultado da licitação e promover a celebração do contrato determinará a abertura da licitação e designará o pregoeiro e a equipe de apoio. Para atuar como pregoeiro, o servidor deverá ter "capacitação específica para exercer a atribuição".

Como toda licitação, a realizada na modalidade de pregão segue rito próprio estabelecido na legislação citada.

Na fase preparatória devem ser estudados e definidos, de forma clara e detalhada, todos os procedimentos a serem adotados.

A autoridade competente justificará a necessidade da contratação, definirá o objeto do certame – de forma precisa, suficiente e clara, vedadas as especificações que limitem a competição –, as exigências para a habilitação, os critérios de aceitação das propostas, as sanções por inadimplemento e as cláusulas do contrato a ser celebrado.

Deverá, também, nessa fase, ser elaborado o termo de referência – documento que deverá conter elementos que possibilitem a avaliação do custo da Administração,

---

[9] A palavra **praticadas** foi incluída pelo Decreto nº 7.174, de 12-5-10.

mediante orçamento detalhado, com base nos preços do mercado, na definição dos métodos, na estratégia de suprimentos e no prazo de execução do contrato. Faz-se necessária, ainda, a observância de que a despesa a ser realizada tem adequação orçamentária e financeira com a lei orçamentária anual e compatibilidade com o Plano Plurianual e com a Lei de Diretrizes Orçamentárias, como determina o inc. II do art. 16 da Lei Complementar nº 101, de 2000.

Feita a convocação pelo aviso do edital, no prazo fixado, que não será inferior a oito dias úteis, será realizada sessão pública para recebimento e abertura das propostas. Para o julgamento e classificação das propostas serão adotados o critério de menor preço e as demais condições definidas no edital. Não havendo interposição de recursos, considera-se encerrada a licitação com a assinatura do contrato.

A legislação permite a interposição de recursos nas fases a seguir especificadas.

11.7.1 Na publicação do edital

Qualquer pessoa pode solicitar esclarecimentos, providências ou impugnar o ato convocatório do pregão, até dois dias úteis da data fixada para recebimento das propostas. Cabe ao pregoeiro decidir sobre a petição no prazo de 24 horas. Acolhida a petição, contra o ato convocatório, será suspensa a realização da sessão e estabelecida nova data para a realização do certame (§§ 1º e 2º do art. 12 do Decreto nº 3.555, de 8-8-00).

11.7.2 Na sessão do pregão

Após declarado o vencedor, qualquer licitante pode manifestar intenção de interpor recurso, com registro em ata da síntese das suas razões, podendo os interessados juntar memórias no prazo de três dias úteis. Havendo recursos, os demais licitantes ficam intimados a apresentar contrarrazões em três dias contados do término do prazo dos recorrentes. A vista imediata do processo é assegurada a todos os participantes. Essa manifestação será acatada ou não pelo pregoeiro. O recurso contra a decisão do pregoeiro, de não acatar as razões expostas, não tem efeito suspensivo. O acolhimento dos recursos importará a invalidação apenas dos atos impugnados. Uma vez decididos os recursos, a autoridade competente homologará a adjudicação feita pelo pregoeiro, determinando a contratação.

A prática tem demonstrado que esta modalidade de licitação vem atendendo o interesse da Administração, principalmente pelas razões que se seguem:

- agilidade na contratação, pois o prazo para a apresentação das propostas é de apenas oito dias;
- possibilidade de designação de mais de um pregoeiro, tendo em vista o conhecimento que o servidor deve ter sobre o objeto da licitação;
- transparência do processo, pois o vencedor do certame é conhecido ao final da sessão pública do pregão;

- possibilidade de negociar preços mais vantajosos para a Administração;
- possibilidade de contratação parcial do objeto licitado, sobre a qual não recaiu interposição de recursos;
- simplificação dos procedimentos na fase de habilitação, pois somente é examinada a documentação do licitante vencedor.

Outra vantagem que o pregão oferece é a permissão para que a Administração possa realizar várias licitações para a aquisição de bens ou serviços da mesma natureza sem incidir em fracionamento de despesa. Essa facilidade possibilita ao gestor público, que nem sempre dispõe de elementos que lhe permitam a elaboração de um planejamento adequado, a condição de suprir a necessidade da aquisição de bens e serviços comuns, necessários ao funcionamento da máquina administrativa.

11.7.3 Pregão eletrônico

O pregão, que se trata de uma modalidade de licitação do tipo menor preço e se destina à aquisição de bens e serviços comuns, também pode ser realizado de forma eletrônica, de acordo com o disposto no § 1º do art. 2º da Lei nº 10.520, de 17-7-02, regulamentado, no âmbito da União, pelo Decreto nº 5.450, de 31-5-05. Deverá ser realizado, preferencialmente, na forma eletrônica, permitindo que a disputa pelo fornecimento do objeto da licitação seja feita à distância, em sessão pública, por meio de sistema que promova a comunicação pela Internet e seja dotado de recursos de criptografia e de autenticação que garantam condições de segurança em todas as etapas do certame. De acordo com o § 1º do art. 4º do Decreto nº 5.450, de 31-5-05, a forma eletrônica só deixará de ser adotada nos casos de comprovada inviabilidade, a ser justificada pela autoridade competente.

A condução do processo é feita por órgão ou entidade promotora da licitação, com o apoio técnico e operacional do Ministério do Planejamento, Desenvolvimento e Gestão (hoje integrante da estrutura do Ministério da Economia), que atua como provedor do sistema eletrônico para os órgãos integrantes do Sistema de Serviços Gerais (SISG).

O aviso do edital conterá a definição precisa, suficiente e clara do objeto licitado, a indicação dos locais, dias e horários em que poderá ser obtida a íntegra do edital de convocação, o endereço eletrônico onde ocorrerá a sessão pública, a data e hora de sua realização, bem como a indicação de que o pregão será realizado, por meio da Internet, de forma eletrônica.

Deverão ser previamente credenciados perante o provedor do sistema eletrônico, mediante atribuição de chave de identificação e de senha, pessoal e intransferível, a autoridade competente do órgão responsável pela licitação, o pregoeiro, os membros da equipe de apoio e os licitantes.

O desenrolar do processo ocorre de forma semelhante ao pregão não eletrônico, sendo que arquivos e registros digitais serão válidos para todos os efeitos legais, inclusive para comprovação e prestação de contas aos órgãos de controle.

A forma eletrônica do pregão imprime maior transparência e agilidade aos atos do pregoeiro, uma vez que todo o procedimento é feito *on-line*, permitindo que a sociedade tome conhecimento, em tempo real, de todos os detalhes da negociação, ou seja, da apresentação dos lances e escolha, pelo pregoeiro, do lance de menor preço.

11.7.4 Formalização do pregão eletrônico

Todo o processo licitatório, de acordo com o art. 30 do Decreto nº 5.450/05, deverá ser instruído com os seguintes documentos e informações, entre os quais os constantes dos arquivos e registros digitais, que serão válidos para todos os efeitos legais, inclusive para comprovação e prestação de contas:

> I – justificativa da contratação;
> II – termo de referência;
> III – planilhas de custo, quando for o caso;
> IV – previsão de recursos orçamentários, com a indicação das respectivas rubricas;
> V – autorização de abertura da licitação;
> VI – designação do pregoeiro e equipe de apoio;
> VII – edital e respectivos anexos, quando for o caso;
> VIII – minuta do termo do contrato ou instrumento equivalente, ou minuta da ata de registro de preços, conforme o caso;
> IX – parecer jurídico;
> X – documentação exigida para a habilitação;
> XI – ata contendo os seguintes registros:
> a) licitantes participantes;
> b) propostas apresentadas;
> c) lances ofertados na ordem de classificação;
> d) aceitabilidade da proposta de preço;
> e) habilitação; e
> f) recursos interpostos, respectivas análises e decisões;
> XII – comprovantes das publicações:
> a) do aviso do edital;
> b) do resultado da licitação;
> c) do extrato do contrato; e
> d) dos demais atos em que seja exigida a publicidade, conforme o caso.

11.8 REGIME DIFERENCIADO DE CONTRATAÇÕES PÚBLICAS (RDC)

Instituído pela Lei nº 12.462, de 4-8-11, e regulamentado pelo Decreto nº 7.581, de 11-10-11, este regime foi inicialmente concebido para as obras e serviços destinados ao atendimento das condições necessárias à realização das competições internacionais sediadas no Brasil, mas se transformou posteriormente em uma espécie de imenso guarda-chuva para as mais diversas situações, um sistema paralelo à sistemática convencional do regime de licitações e contratos. Aplica-se **exclusivamente** às licitações e contratos necessários à realização (art. 1º, Lei nº 12.462/11):

> I – dos jogos olímpicos e paraolímpicos de 2016;
>
> II – da Copa das Confederações da Federação Internacional de Futebol Associação – FIFA 2013 e da Copa do Mundo FIFA 2014;
>
> III – de obras de infraestrutura e de serviços para os aeroportos das capitais dos Estados distantes até trezentos e cinquenta quilômetros das cidades sedes das competições;
>
> IV – das ações integrantes do Programa de Aceleração do Crescimento – PAC; (Incluído pela Lei nº 12.688/12.)
>
> V – das obras e serviços de engenharia no âmbito do Sistema Único de Saúde – SUS; (Incluído pela Lei nº 12.745/12.)
>
> VI – das obras e serviços de engenharia para construção, ampliação e reforma e administração de estabelecimentos penais e das unidades de atendimento socioeducativo; (Incluído pela Lei nº 13.190/15.)
>
> VII – das ações no âmbito da segurança pública; (Incluído pela Lei nº 13.190/15.)
>
> VIII – das obras e serviços de engenharia, relacionadas a melhorias na mobilidade urbana ou ampliação de infraestrutura logística; (Incluído pela Lei nº 13.190/15.)
>
> IX – dos contratos que a Administração Pública poderá firmar para locação de bens móveis e imóveis, nos quais o locador realiza prévia aquisição, construção ou reforma substancial do bem especificado pela administração; (Incluído pela Lei nº 13.190/15.)
>
> X – das ações em órgãos e entidades dedicados à ciência, tecnologia e à inovação. (Incluído pela Lei nº 13.243/16.)

O RDC também é aplicável às licitações e contratos necessários à realização de obras e serviços de engenharia no âmbito dos sistemas públicos de ensino e de pesquisa, ciência e tecnologia, nos termos do art. 1º, § 3º.

A duração dos contratos de prestação de serviços de forma continuada (inc. II do art. 57 da Lei nº 8.666/93), celebrados pelos entes públicos responsáveis pelas atividades descritas nos incisos I a III, poderão ter sua vigência estabelecida até a data da extinção da Autoridade Pública Olímpica (APO).

São objetivos declarados do RDC (art. 1º, § 1º, Lei nº 12.462/11):

> I – ampliar a eficiência nas contratações públicas e a competitividade entre os licitantes;
>
> II – promover a troca de experiências e tecnologias em busca da melhor relação entre custos e benefícios para o setor público;
>
> III – incentivar a inovação tecnológica; e
>
> IV – assegurar tratamento isonômico entre os licitantes e a seleção da proposta mais vantajosa para a Administração Pública.

São considerados procedimentos auxiliares aplicáveis às licitações realizadas no âmbito do RDC (art. 29, Lei nº 12.462/11):

> I – pré-qualificação permanente;
>
> II – cadastramento;

> III – sistema de registro de preços; e
>
> IV – catálogo eletrônico de padronização.

Pré-qualificação permanente é o procedimento destinado a identificar fornecedores que reúnam condições de habilitação exigidas para o fornecimento de bens ou a execução de serviço ou obra nos prazos, locais e condições previamente estabelecidos pela Administração. Ficará permanentemente aberto para inscrição dos interessados.

O cadastramento compreende os registros desta natureza, que também ficam abertos permanentemente para a inscrição dos interessados.

O sistema de registro de preços deverá ser específico para as licitações do RDC e será regido por regulamento.

O catálogo eletrônico de padronização de compras, serviços e obras consiste em sistema informatizado de gerenciamento centralizado, destinado a permitir a padronização dos itens a serem adquiridos.

Caberá à Administração Pública, na fase interna, entre outras exigências a serem cumpridas, justificar a contratação e a adoção do RDC.

A fase externa da licitação inicia-se com a publicação do instrumento convocatório, do qual constará de forma expressa a definição pelo RDC, do que resultará o afastamento das normas da Lei nº 8.666, de 1993, exceto nos casos previstos na própria lei que instituiu o RDC.

Após a publicação do instrumento convocatório inicia-se a fase de apresentação de proposta ou lances. Todo o processo licitatório deverá ser realizado em estrita observância ao instrumento convocatório.

Entre as inovações trazidas pela Lei nº 12.462, de 2011, e pelo Decreto nº 7.581, de 2011, destacam-se:

> I – a indicação de marca ou modelo;
>
> II – a apresentação de declaração, pelos licitantes, na abertura da sessão pública, afirmando que atendem aos requisitos de habilitação;
>
> III – a apresentação dos documentos de habilitação apenas do licitante vencedor, exceto no caso de inversão das fases da licitação;
>
> IV – a contratação simultânea de mais de uma empresa ou instituição para executar o mesmo serviço, desde que não implique perda de economia de escala, exceto para a realização de obras ou execução de serviços de engenharia; e
>
> V – a contratação integrada para a realização de obras e execução de serviços de engenharia, desde que técnica e economicamente justificada. A contratação integrada abrange a elaboração e o desenvolvimento dos projetos básico e executivo, a execução de obras e serviços de engenharia, a montagem, a realização de testes, a pré-operação e todas as demais operações necessárias e suficientes para entrega final do objeto.

Tramitam no Congresso Nacional proposições que tratam de uma ampla reformulação da sistemática vigente de licitações. Por se tratar de matéria complexa e polêmica, a expectativa é de que sua aprovação ainda se arraste por um bom tempo. Enquanto isso não ocorre, como se pode constatar, vão se abrindo brechas na legislação originária, que tem por base a Lei nº 8.666/93. O número crescente de situações enquadradas no RDC e de tentativas no mesmo sentido levará inevitavelmente a uma nova legislação, como parece (e deve) ser aspiração generalizada. O que se espera, além de mais agilidade e preços justos, sem prejuízo da qualidade, muitas vezes negligenciada, é a absoluta transparência dos processos licitatórios, sempre alvo de tantas dúvidas e questionamentos. Como é do amplo conhecimento da sociedade, os processos licitatórios estão na raiz de um grande número de casos de denúncias, investigações e condenações a que nos habituamos no dia a dia do noticiário.

11.9 CONTRATAÇÃO DE SERVIÇOS DE PUBLICIDADE

A Lei nº 12.232, de 2010, estabeleceu normas gerais sobre licitações e contratações pela Administração Pública de serviços de publicidade prestados por intermédio de agências de propaganda.

Subordinam-se a esse regime de contratação os órgãos dos Poderes Executivo, Legislativo e Judiciário, as pessoas da Administração Indireta e as entidades controladas direta ou indiretamente pelos mencionados Poderes, em todas as esferas da Administração.

Você sabia?

Considera-se serviços de publicidade o conjunto de atividades realizadas integradamente que tenham como objetivo o estudo, o planejamento, a conceituação, a concepção, a criação, a execução interna, a intermediação e a supervisão da execução externa e a distribuição de publicidade aos veículos e demais meios de divulgação, com o intuito de promover a venda de bens ou serviços de qualquer natureza, difundir ideias ou informar o público.

É facultada a contratação de mais de uma agência de propaganda, sem a segregação em itens ou contas publicitárias, mediante justificativa no processo de licitação. O contratante deverá, obrigatoriamente, estabelecer procedimento de seleção interna entre as contratadas, com metodologia aprovada pela administração e publicada na imprensa oficial.

11.10 CONTRATAÇÃO DE BENS E SERVIÇOS DE INFORMÁTICA E AUTOMAÇÃO

Essas contratações estão regulamentadas pelo Decreto nº 7.174, de 2010, o qual se aplica aos órgãos e entidades da Administração Pública Federal, direta e indireta, inclusive fundações instituídas e mantidas pelo Poder Público, e às demais organizações sob o controle direto ou indireto da União, assegurada a atribuição das preferências legais previstas.

Ressalvadas as hipóteses de dispensa ou inexigibilidade previstas na legislação, deverão ser adotados os tipos de licitação "menor preço", para as aquisições de bens e serviços considerados comuns, na forma da Lei nº 10.520, de 2002, na modalidade de pregão, preferencialmente na forma eletrônica, ou "técnica e preço", para bens e serviços de natureza predominantemente intelectual. Mesmo nos casos de aquisições de bens ou serviços não comuns, quando o valor global estimado for igual ou inferior ao da modalidade convite, não será obrigatória a realização da licitação do tipo "técnica e preço".

As disposições legais, observadas as peculiaridades inerentes ao objeto da licitação, guardam coerência com as diretrizes gerais traçadas pela Lei nº 8.666, de 1993, uma vez que todo o processo de licitação deverá ser realizado em cumprimento ao disposto no instrumento convocatório.

ANEXO I

Tabela de Limites para Licitação

Artigo	Inciso	Alínea	Valor R$	Modalidades de Licitação
23				Obras/Serv. Eng.
	I	*a*	até 330.000,00	Convite
	I	*b*	até 3.300.000,00	Tomada de Preços
	I	*c*	acima de 3.300.000,00	Concorrência
				Compras/Outros Serviços
	II	*a*	até 176.000,00	Convite
	II	*b*	até 1.430.000,00	Tomada de Preços
	II	*c*	acima de 1.430.000,00	Concorrência
24				Disp. Licitação
	I	–	até 33.000,00	Obras/Serv. Eng.
	II	–	até 17.600,00	Compras/Outros Serviços
	§ 1º (*)		até 66.000,00	Obras/Serviços de Engenharia
	§ 1º (*)	–	até 35.200,00	Compras/Outros Serviços

(*) Consórcio público, sociedade de economia mista, empresa pública, autarquia ou fundação qualificada, na forma da lei, como agência executiva.

Valores constantes do Decreto nº 9.412, de 18.06.18, publicado no DOU de 19-6-18. (Os valores atualizados pelo Decreto nº 9.412/18 se referem especificamente aos relativos ao art. 23, pois os do art. 24 correspondem a percentuais daqueles.)

RESUMO

A seguir, estão contemplados os principais assuntos discorridos no capítulo.

- Licitação é o conjunto de procedimentos administrativos, legalmente estabelecidos, por meio do qual a Administração Pública viabiliza a verificação, entre os interessados habilitados, de quem oferece melhores condições para a realização de obras, serviços, inclusive de publicidade, compras, alienações, concessões, permissões e locações.
- São modalidades de licitação, de acordo com o art. 22 da Lei nº 8.666/93: a concorrência, a tomada de preços, o convite, o concurso e o leilão.
- Concorrência é a modalidade envolvendo quaisquer interessados que, na fase inicial de habilitação preliminar, comprovem possuir os requisitos mínimos de qualificação exigidos no edital para execução de seu objeto.
- Tomada de preços é a modalidade entre interessados devidamente cadastrados, observada a necessária qualificação. Para fins de registro cadastral, o interessado deverá apresentar documentação relativa à habilitação jurídica, qualificação técnica, qualificação econômico-financeira, e regularidade fiscal e trabalhista.
- Convite é a modalidade, entre interessados do ramo pertinente ao seu objeto, cadastrados ou não, no Sistema de Cadastramento Unificado de Fornecedores (Sicaf), escolhidos e convidados em número mínimo de três, pela unidade administrativa.
- Concurso é a modalidade de licitação entre quaisquer interessados para escolha de trabalho técnico, científico ou artístico, mediante a instituição de prêmio ou remuneração aos vencedores, conforme critérios constantes de edital.
- Leilão é a modalidade de licitação entre quaisquer interessados, para a venda a quem oferecer o maior lance, igual ou superior ao valor da avaliação.
- Existem algumas situações em que a licitação pode ser dispensada ou inexigível.
- Os tipos de licitação são: menor preço, melhor técnica, técnica e preço ou maior lance ou oferta.
- Pregão é a modalidade de licitação utilizada, para aquisição de bens e serviços comuns, assim considerados "aqueles cujos padrões de desempenho e qualidade possam ser objetivamente definidos pelo edital, por meio de especificações usuais praticadas no mercado".

ATIVIDADES PARA SALA DE AULA

1) Discuta com seus colegas as diferenças existentes entre as modalidades de licitação.
2) Na sua opinião, é possível existir fraude em licitação? Como evitá-la? Discuta em sala de aula.

12

CONTRATOS E CONVÊNIOS

OBJETIVOS DE APRENDIZAGEM
Ao final deste capítulo, o aluno deverá ser capaz de: • definir a natureza e as finalidades dos contratos administrativos; • identificar as situações a que se aplicam os convênios.

12.1 INTRODUÇÃO

> "Todas as atividades da Administração Pública são limitadas pela subordinação à ordem jurídica, ou seja, à legalidade. O procedimento administrativo não tem existência jurídica se lhe falta, como fonte primária, um texto de lei. Mas não basta que tenha sempre por fonte a lei. É preciso, ainda, que se exerça segundo a orientação dela e dentro dos limites nela traçados. Só assim o procedimento da Administração é legítimo."
>
> *Miguel Seabra Fagundes*

Quaisquer que sejam os aspectos encarados no convívio social, as pessoas, físicas ou jurídicas, relacionam-se diuturnamente entre si. Tal relacionamento ocorre em diversos níveis e variados aspectos, quer na vida familiar, quer no trabalho etc., podendo ser da natureza mais simples, como, de igual modo, da mais complexa; desse relacionamento múltiplo se originam direitos e deveres. Em função desses direitos e deveres, ocorre a geração de obrigações. A todo direito corresponde uma obrigação.

12.2 CONCEITOS GERAIS

Obrigação é vínculo jurídico que nasce da lei ou de ato de vontade, de caráter positivo (dar, fazer algo) ou negativo (não fazer algo), em proveito de outrem. Esse

ato de vontade, que, tanto quanto a lei, faz nascer direito, denomina-se "jurígeno", podendo ser uni ou bilateral.

- **Ato unilateral** – é a declaração eficaz da vontade de uma única pessoa, a exemplo dos testamentos, ou de mais de uma, que nesse caso constituem uma só parte, como ocorre nos condomínios.
- **Ato bilateral** (sobre o qual recai o interesse deste texto) – é a participação das vontades de mais de uma pessoa, sendo, cada uma delas, uma **parte** no relacionamento. O sujeito "ativo" e o sujeito "passivo" estabelecem acordo de vontades, objetivando obter um fim jurídico.

As obrigações, desse modo, podem nascer da vontade de uma só pessoa ou do concurso das vontades de duas ou mais pessoas.

Você sabia?

Os contratos são sempre negócios jurídicos bi ou plurilaterais; neles se encontram dois ou mais sujeitos em **posições contrapostas** – a vontade de uma parte é oposta à da outra –, embora seja um só o fim jurídico. Entenda-se negócio jurídico como espécie intencional dos atos jurídicos; e estes, por sua vez, como espécie envolvendo seres humanos do gênero fato jurídico. Os contratos, pois, advêm das obrigações assumidas voluntariamente pelas partes envolvidas. Observe-se, entretanto, que há obrigações que não originam contratos: são, pois, aquelas ditadas por lei, como as obrigações tributárias.

Suponha-se um contrato de prestação de serviços, em que "A" contrata com "B" a prestação de determinado serviço de conserto. A vontade do primeiro é ter seu objeto consertado e a do segundo, receber o preço do serviço. O fim jurídico é um só, o objeto do acordo é um único, ou seja, uma prestação de serviço.

Sob esse prisma, cabe destacar que os contratos diferem frontalmente dos **convênios**.

Enquanto no contrato há vontades opostas, interesses diversos – por exemplo, uma parte deseja o objeto do acordo, sua máquina consertada; a outra, a correspondente contraprestação, o preço do serviço –, no convênio há coincidência de vontades, de objetivos: ambas as pessoas objetivam o mesmo. Por exemplo, a União e determinado Município se unem, objetivando o recadastramento imobiliário da cidade; a vontade dos dois é uma só: recadastrar a cidade; para tal, conveniam unir seus esforços e competências.

No contrato, há partes, interesses opostos; no convênio, partícipes, interesses coincidentes. Hely Lopes Meirelles, em sua obra *Direito administrativo brasileiro*,[1] chama, com toda a propriedade, a atenção para esse aspecto.

---

[1] MEIRELLES, Hely Lopes. *Direito administrativo brasileiro*. 34. ed. São Paulo: Malheiros, 2008.

Particularidade interessante a ser destacada é que, conquanto sejam atos jurídicos bilaterais, os contratos podem ser unilaterais ou bilaterais. São unilaterais quando deles decorrem obrigações para uma das partes; são bilaterais quando as obrigações são recíprocas. "O contrato, que [...] é sempre bilateral quanto à sua formação, pode ser unilateral quanto aos seus efeitos."[2]

12.3 REQUISITOS DOS CONTRATOS

São os que tornam completo e perfeito o ato jurídico, apto a cumprir sua destinação; podem ser também chamados de elementos indispensáveis à sua perfeição.

12.3.1 Elemento subjetivo

É a participação, no ato, das vontades declaradas de duas ou mais pessoas, físicas ou jurídicas. A declaração clara, firmada, de suas vontades, é elemento essencial, sem o que não existe o contrato. É imprescindível que as pessoas sejam juridicamente capazes, que possuam capacidade contratual, pois têm de expressar sua vontade e por ela responder.

12.3.2 Elemento objetivo

As vontades declaradas das partes se aplicam em relação a determinado objeto, a certa matéria. Objeto e matéria são elemento essencial objetivo.

As partes chegam a um acordo determinado; para tornar válido e oponível o acordo, instituem o vínculo obrigacional. Essa **obrigação** que se pretende criar é o próprio **objeto** do contrato.

12.3.3 Elemento jurígeno

Jurígeno diz-se daquilo que cria direito. O elemento – essencial – do contrato, que dá origem ao direito, é o consentimento, isto é, o **acordo das partes**, das vontades concorrentes, recaindo sobre o objeto a matéria – elemento objetivo – e criando direitos e deveres.

Os elementos subjetivo e objetivo, conquanto essenciais, são estáticos: duas partes e um objeto; por si sós, não constituem contrato. É necessário que o elemento jurígeno venha a dinamizá-los, torná-los produtivos. A vontade declarada dos sujeitos em relação ao objeto faz nascer o contrato, dá-lhe vida.

12.3.4 Forma

Em regra, não se exige forma prescrita, predeterminada, para os contratos. Podem eles ser redigidos em forma de escritura pública ou por instrumento particular.

---

2 ESPINOLA, Eduardo. *Direito civil brasileiro*. 2. ed. Rio de Janeiro: Freitas Bastos, 1945.

No entanto, para muitos contratos a lei exige obediência a certas formalidades. Na montagem do instrumento contratual, há que se observar se a lei que rege a matéria ou a atuação das partes prescreve ou não forma própria ou não proíbe determinada forma.

O art. 104 da Lei nº 10.406, de 10-1-02, Código Civil, assim determina:

> Art. 104. A validade do negócio requer:
>
> I – agente capaz;
>
> II – objeto lícito, possível, determinado ou determinável;
>
> III – forma prescrita ou não defesa em lei.

12.4 EFEITOS JURÍDICOS DOS CONTRATOS

"O principal efeito do contrato é criar um vínculo jurídico entre as partes."[3]

Ao estabelecerem obrigações para uma ou ambas as partes, os contratos criam-lhes, por mútuo consentimento, o dever de cumprir o que foi pactuado; ficam as partes obrigadas ao cumprimento do que foi convencionado nas cláusulas.

A primeira consequência disso é "sua irretratabilidade. Uma vez feito e acabado, não pode ser desfeito senão por outro acordo de vontades chamado **distrato**".[4]

"A segunda é expressa no princípio de que o contrato não pode ser alterado pela vontade exclusiva de um dos contratantes."[5]

Essa segunda consequência é conhecida como princípio da intangibilidade.

Os contratos referem-se apenas ao que foi pactuado como objeto das obrigações, não ultrapassando esse limite.

Geralmente, os efeitos dos contratos só se aplicam às partes contratadas e não a terceiros, alheios aos mesmos.

Quanto à interpretação dos contratos, o Código Civil dita regras. Vale ressaltar, entretanto, que, na interpretação do contrato administrativo, as normas de regência são as do Direito Público, **suplementadas** pelas do direito privado, e não o contrário.

12.5 DISSOLUÇÃO/EXTINÇÃO DOS CONTRATOS

Remetendo-se aos atributos dos negócios jurídicos, a extinção dos contratos diz respeito à sua existência. Os contratos se dissolvem, se extinguem, nas circunstâncias adiante especificadas.

---

[3] GOMES, Orlando. *Contratos*. 26. ed. Rio de Janeiro: Forense, 2008.

[4] *Ibidem*.

[5] *Ibidem*.

a) **Pela vontade das partes**:
   - mútuo consentimento – da mesma forma que se originam da vontade das partes, por essa vontade se dissolvem; a dissolução por mútuo consentimento denomina-se **resilição**;
   - vontade de uma das partes – com fundamento em cláusula do próprio contrato ou em disposição de lei; a dissolução por vontade única denomina-se **revogação**. (Para Hely Lopes Meirelles, inexiste revogação de contrato; outros autores a aceitam.)

b) **Por outras causas**:
   - anulação – forma aplicada excepcionalmente, quando ocorre ilegalidade na formalização do contrato ou, ainda, em uma das cláusulas consideradas essenciais;
   - rescisão – dá-se a rescisão quando o contrato é anulável; a possibilidade consta normalmente do próprio instrumento. É ruptura do contrato em que houve lesão, no dizer de Orlando Gomes;[6]
   - morte – a morte de uma das partes é causa legal de extinção, quando "a consideração da pessoa é razão determinante do contrato";[7]
   - vencimento do prazo – o prazo de duração dos contratos administrativos é, como regra geral, adstrito à vigência dos respectivos créditos orçamentários.

c) **Pela conclusão do objeto**: esta "é a regra, ocorrendo de pleno direito quando as partes cumprem integralmente as suas prestações contratuais [...]".[8]

12.6 CONTRATOS PRIVADOS E CONTRATOS ADMINISTRATIVOS

12.6.1 Contratos privados

Os contratos privados são os que envolvem pessoas – físicas ou jurídicas –, bem como a Administração e pessoas, e são regidos pelas normas do Direito comum.

A Administração pode ser parte de contrato privado, tanto quanto de contrato administrativo. Ao participar de contrato privado, age e se posiciona como se fosse um particular, com os mesmos níveis de direitos e deveres, sem qualquer supremacia de poder, sem privilégios. Ao firmar, por exemplo, contrato de compra e venda de prédio, de veículo, de máquina, coloca-se no mesmo nível do contratado, não lhe cabendo invocar supremacia de poder, a aplicação de "cláusulas exorbitantes".

---

6 *Ibidem.*

7 ESPINOLA, Eduardo. *Op. cit.*

8 MEIRELLES, Hely Lopes. *Op. cit.*

Didaticamente, Justen Filho[9] nos dá três possibilidades de contratos envolvendo a Administração Pública. Primeiramente, aponta o caso de o Ente Público intervir como um Ente Privado ou, nas suas palavras, "subordinado preponderantemente ao direito privado", nas hipóteses previstas no § 3º do art. 62 da lei geral de licitações. Exemplos dessa espécie seriam os contratos de seguro e de locações envolvendo a Administração Pública. Existe o caso clássico de participação dos entes públicos com suas prerrogativas tradicionais de supremacia sobre o agente privado e de indisponibilidade do interesse público, princípios reitores do Direito Administrativo, com consectário nas cláusulas exorbitantes dos contratos. A exceção a essa regra nos contratos administrativos é a vedação de alteração das condições que comprometam a manutenção do equilíbrio econômico-financeiro. Por fim, indica a situação na qual o Ente Público delega a particulares o exercício de uma função pública, consubstanciada nos contratos de concessão e permissão de serviço público, regidos pela Lei nº 8.987, de 13-2-95, e, subsidiariamente, pela Lei nº 8.666, de 21-6-93.

12.6.2 Contrato administrativo

Na lição de J. Cretella Jr.,[10] é **acordo de vontades contrapostas**, que tem como parte a Administração, combinado para produzir consequências jurídicas sobre os contratantes. É conhecido como **contrato público**.

Os contratos públicos se caracterizam por autonomia de regime. Na lição do mesmo autor, são contratos **típicos**, pois vão além das normas do Direito comum. Por essa razão, contêm cláusulas chamadas **exorbitantes**. A existência de tais cláusulas desnivela as partes, ficando o Poder Público em situação de privilégio, o que só se dá por motivos de interesse público.

"Os contratos administrativos concluem-se para o funcionamento do serviço público, estão submetidos a regime de direito público, e são informados por princípios do direito público."[11]

O contrato administrativo tem por características:

- é consensual: sempre é um acordo de vontades, não um ato unilateral;
- é formal: normalmente expresso por escrito e com requisitos especiais;
- é oneroso: remunerado;
- é comutativo: estabelece reciprocidade de compensações;
- é *intuitu personae*: deve ser executado pelo contratado, e não por outro, em princípio;
- exige licitação: só dispensável nos casos excepcionais expressos em lei.

---

9 JUSTEN FILHO, Marçal. *Comentários à lei de licitações e contratos administrativos*. 11. ed. São Paulo: Dialética, 2005.

10 CRETELLA JR., J. *Dicionário de direito administrativo*. 35. ed. Rio de Janeiro: Forense, 1999.

11 *Ibidem*.

Como exemplos de contratos administrativos, citam-se os de obra pública, de empréstimo público, de concessão de serviço público, de concessão de uso de bens públicos.

Saliente-se que o fato de a Administração ser parte de um contrato não significa obrigatoriamente que esse contrato seja administrativo, de Direito Público. Como já assinalado, a União pode ser parte em contratos de direito privado, e, nesses casos, não goza de nenhum privilégio em relação à outra parte.

12.6.3 Cláusulas exorbitantes

A Administração, em função do regime jurídico dos contratos administrativos, goza de prerrogativas excepcionais, que extrapolam os rígidos princípios do Direito comum. Tais prerrogativas lhe permitem:

- modificar unilateralmente os contratos, desde que para melhor adequação às finalidades de interesse público;
- extingui-los, unilateralmente, nos seguintes casos:
  a) não cumprimento de cláusulas contratuais, especificações, projetos ou prazos;
  b) cumprimento irregular de cláusulas contratuais, especificações, projetos e prazos;
  c) lentidão no seu cumprimento, levando a Administração a comprovar a impossibilidade de conclusão da obra, do serviço ou do fornecimento nos prazos estipulados;
  d) atraso injustificado no início da obra, serviço ou fornecimento;
  e) paralisação da obra, do serviço ou do fornecimento sem justa causa e prévia comunicação à Administração;
  f) subcontratação total ou parcial do seu objeto, associação do contratado com outrem, cessão ou transferência, total ou parcial, exceto se admitida no edital e no contrato;
  g) desatendimento das determinações regulares da autoridade designada para acompanhar e fiscalizar sua execução, assim como as de seus superiores;
  h) cometimento reiterado de faltas na sua execução;
- fiscalizar-lhes a execução, objetivando assegurar o cumprimento do contrato, a correspondência entre o trabalho e o que foi projetado e as exigências da Administração, não ficando, porém, o executor a salvo de suas responsabilidades, nem com as mesmas reduzidas, em razão da existência de fiscalização (exceto nos casos ressalvados pela Administração);
- aplicar sanções motivadas por inexecução total ou parcial;
- rever preços e tarifas.

A moderna doutrina, todavia, reconhece a existência das chamadas cláusulas exorbitantes somente em um binômio interesse público × direitos fundamentais, na medida em que os clássicos princípios do Direito Administrativo da supremacia do interesse público e da indisponibilidade destes devem, senão, servir à consecução da realização dos direitos fundamentais. Assim, em Justen Filho: "Isso significa estabelecer que as chamadas 'prerrogativas extraordinárias' são um instrumento para propiciar a realização da função imposta ao Estado de realizar os direitos fundamentais dos cidadãos".[12] Isso se concretiza na lei, na possibilidade de a Administração se valer de tais cláusulas, ainda que silente o edital inaugural; contudo, a garantia do equilíbrio econômico-financeiro assegurada de forma absoluta é a contrapartida do cidadão-licitante, conforme previsão expressa do § 2º do art. 58 da Lei nº 8.666, de 21-6-93.

12.6.4 Cláusulas essenciais

São as que não podem faltar no contrato, sob pena de nulidade.

12.6.5 Cláusulas implícitas

São as que "existem", mesmo que não escritas, tais como: rescisão unilateral por interesse público, mediante indenização; alteração unilateral por interesse do serviço, mantido o equilíbrio financeiro; redução ou ampliação do objeto do contrato; assunção dos trabalhos paralisados.

12.6.6 Garantias contratuais

São exigências assecuratórias da execução do contrato: caução (dinheiro, títulos etc.); fiança bancária; seguro-garantia; seguro de pessoas e bens; compromisso de entrega de material ou equipamento.

12.7 CONTRATO ADMINISTRATIVO À LUZ DA LEI Nº 8.666/93 (COM AS ALTERAÇÕES POSTERIORES)

A Lei nº 8.666, de 21-6-93, instituiu o estatuto jurídico dos contratos administrativos pertinentes a obras, serviços, inclusive de publicidade, compras, alienações, concessões, permissões e locações no âmbito dos Poderes da União, dos Estados, do Distrito Federal e dos Municípios.

Para os fins da Lei, contrato é todo e qualquer ajuste entre órgãos ou entidades da Administração Pública e particulares, em que haja um acordo de vontades para a formação de vínculo e a estipulação de obrigações recíprocas, seja qual for a denominação utilizada.

---

[12] JUSTEN FILHO, Marçal. *Op. cit.*

A mesma Lei estabelece que os contratos relativos a imóveis do patrimônio da União continuam regidos pelo que dispôs o Decreto-lei nº 9.760, de 5-9-46, com suas alterações, e que os referentes a operações de crédito interno ou externo celebrados pela União ou a concessão de garantia do Tesouro Nacional continuam regidos por legislação específica, "aplicando-se no que couber" a referida Lei.

Os contratos administrativos de que trata a Lei nº 8.666/93 regulam-se pelas suas cláusulas e pelos preceitos de Direito Público, aplicando-se-lhes, supletivamente, os princípios da teoria geral dos contratos e as disposições do Direito Privado.

Todas as obras, serviços, inclusive de publicidade, compras, alienações, concessões, permissões e locações da Administração, quando contratados com terceiros, ressalvadas as exceções da Lei nº 8.666/93, conforme estudado no Capítulo 11, só poderão ser objeto de contrato mediante prévia licitação.

12.7.1 Definições básicas

Obra – toda construção, reforma, fabricação, recuperação ou ampliação, realizada por execução direta ou indireta.

Exemplificando:

- construção tem relação com construir, edificar, dar estrutura e acabamento; quem constrói aduz elementos, acrescenta e funde partes para formar um novo todo, para erigir alguma coisa;
- reforma é modificação, mudança naquilo que foi edificado;
- ampliação é acréscimo à construção.

Serviço – toda atividade destinada a obter determinada utilidade de interesse para a Administração, tais como: demolição, conserto, instalação, montagem, operação, conservação, reparação, adaptação, manutenção, transporte, locação de bens, publicidade, seguro ou trabalhos técnico-profissionais.

Algumas **peculiaridades** a observar:

- montagem, para efeitos tributários não se confunde com serviço, por significar industrialização;
- o texto tratou em separado o conserto e a reparação, os quais, em essência, têm o mesmo significado;
- trabalhos técnico-profissionais englobam tanto os de nível superior quanto os demais; o trabalho do médico, do advogado, do economista, do contador, é trabalho técnico, da mesma forma que o do mecânico, eletricista, técnico de contabilidade.

Compra – toda aquisição remunerada de bens, para fornecimento de uma só vez ou parceladamente.

Alienação – toda transferência de domínio de bens a terceiros.

Obras, serviços e compras de grande vulto – aqueles cujo valor estimado seja superior a 25 (vinte e cinco) vezes o limite estabelecido para obras e serviços de engenharia na modalidade de concorrência.

Seguro-garantia – o seguro que garante o fiel cumprimento das obrigações assumidas por empresas em licitações e contratos.

Contratante – é o órgão ou entidade signatária do instrumento contratual.

Contratado – a pessoa física ou jurídica signatária de contrato com a Administração Pública.

Administração Pública – Administração Direta e Indireta da União, dos Estados, do Distrito Federal e dos Municípios, abrangendo inclusive as entidades com personalidade jurídica de Direito Privado sob controle do Poder Público, inclusive fundações por ele instituídas ou mantidas.

Administração – órgão, entidade ou unidade administrativa pelo(a) qual a Administração Pública opera e atua concretamente.

12.7.2 Contratos para execução de obras e serviços

12.7.2.1 Previsão de recursos

Qualquer obra ou serviço somente pode ser contratado após a realização de licitação, havendo previsão de recursos orçamentários que assegurem o pagamento das obrigações, de acordo com o respectivo cronograma, aplicando-se, também, no que couber, nos casos de dispensa ou inexigibilidade, sob pena de nulidade do contrato e, ainda, de responsabilização do agente.

12.7.2.2 Programação

A execução das obras e dos serviços deve ser programada em sua totalidade, com previsão dos custos atual e final, e considerados os prazos de sua execução. Em havendo previsão orçamentária para a execução total da obra ou serviço, é vedado o retardamento imotivado de sua execução, mas, ocorrendo insuficiência de recursos ou comprovado motivo de ordem técnica, é possível esse retardamento, necessariamente justificado em despacho circunstanciado, ratificado pela autoridade superior e publicado na imprensa oficial, no prazo de cinco dias, como condição para eficácia dos atos.

12.7.2.3 Padronização

Na contratação de obras e serviços destinados aos mesmos fins, há que se cumprir determinação legal de padronização dos projetos, o que, é óbvio, implica uniformização de estilos, de funcionalidade, de gastos etc. No entanto, pode ocorrer que, sobretudo em um país de dimensões continentais como o Brasil e de múltiplas peculiaridades, tal padronização seja desaconselhável. De igual modo, exigências específicas da obra ou serviço podem não recomendar a padronização.

12.7.2.4 Requisitos para a contratação de obras e serviços

Tanto nos projetos básicos quanto nos executivos, os seguintes requisitos deverão ser considerados: segurança; funcionalidade e adequação ao interesse público; economia na execução, conservação e operação; possibilidade de emprego de mão de obra, materiais, tecnologia e matérias-primas existentes no local para execução, conservação e operação; facilidade na execução, conservação e operação, sem prejuízo da durabilidade da obra ou do serviço; adoção de normas técnicas, de saúde e de segurança do trabalho adequadas; e impacto ambiental.

O agente responsável pela contratação deve estar absolutamente atento à observância dos requisitos citados, bem como de outros pertinentes.

12.7.2.5 Serviços técnico-profissionais especializados

Para os fins da legislação em vigor para os contratos, são considerados serviços técnico-profissionais especializados os trabalhos relativos a: estudos técnicos, planejamentos e projetos básicos ou executivos; pareceres, perícias e avaliações em geral; assessorias ou consultorias técnicas e auditorias financeiras ou tributárias; fiscalização, supervisão ou gerenciamento de obras ou serviços; patrocínio ou defesa de causas judiciais ou administrativas; treinamento e aperfeiçoamento de pessoal; restauração de obras de arte e bens de valor histórico (art. 13, *caput*, da Lei nº 8.666/93).

A contratação de tais serviços será feita com a inexigibilidade da licitação, por haver inviabilidade de competição, ou seja, o prestador, profissional ou empresa é considerado(a) de notória especialização, isto é, cujo conceito no campo de sua especialidade, decorrente de desempenho anterior, estudos, experiências, publicações, organização, aparelhamento, equipe técnica, ou de outros requisitos relacionados com suas atividades, permita inferir que o seu trabalho é o mais adequado à plena satisfação do objeto do contrato. É o "reconhecimento público da alta capacidade do profissional".[13]

Notória especialização possuem, por exemplo: Luiz Gonzaga Beluzzo, na área de Economia; Fernando Rezende, na de Tributação; Sérgio de Iudícibus, na de Ciências Contábeis.

O serviço técnico-profissional especializado, que exige do prestador conhecimento amplo e profundo de sua área de atuação, quando prestado por alguém de notória especialização, presume-se ser o melhor.

---

[13] MEIRELLES, Hely Lopes. *Op. cit.*

Exceto nos casos de inexigibilidade, estes contratos serão celebrados mediante a realização de concurso, estipulando-se prêmio ou remuneração.

12.7.3 Compras

No fechamento do contrato de compra, há que estar perfeita e claramente caracterizado o objeto da transação – veículo, imóvel, material de limpeza etc. –, além de indicados os recursos orçamentários para o seu pagamento, sob pena de nulidade do ato e responsabilidade de quem lhe tiver dado causa. Objeto e classificação da despesa deverão estar precisamente especificados em cláusulas do instrumento contratual.

12.7.4 Alienações

Nos contratos relativos à alienação de bens do Poder Público, deverão ser observadas as seguintes normas:

- só se farão na condição de existência de interesse público devidamente justificado;
- preceder-se-ão de avaliação;
- tratando-se de imóveis, torna-se necessária autorização legislativa, avaliação prévia e concorrência, dispensada esta última nos casos de dação em pagamento, doação (permitida exclusivamente no âmbito da Administração Pública), permuta, investidura, venda a outro órgão ou entidade da Administração Pública e alienação, aforamento, concessão de direito real de uso, locação ou permissão de uso de bens imóveis, com destinação para interesse social (e, mais recentemente, alienação e concessão de direito real de uso de terras públicas rurais da União e do Incra);
- tratando-se de móveis, será preciso avaliação prévia e licitação, dispensada, porém, nos casos de doação (permitida apenas em havendo interesse social), permuta, venda de ações e de títulos, venda de bens produzidos ou comercializados por órgãos/entidades da Administração Pública e venda de materiais e equipamentos sem utilização previsível por quem deles dispõe.

Em relação aos bens móveis, o Decreto nº 9.373, de 11-5-18, dispõe sobre a sua alienação, cessão, transferência, destinação e a disposição final ambientalmente adequada.

12.7.5 Formalização dos contratos

Os contratos, assim como seus aditamentos, firmados com a Administração, são feitos sempre por escrito, sendo nulos e de nenhum efeito os contratos verbais, salvo os casos de pequenas compras de pagamento imediato, isto é, as de valor não superior ao limite para a realização de compras e serviços na modalidade de convite, feitas em regime de adiantamento. São lavrados nas repartições interessadas, onde será mantido arquivo cronológico de seus autógrafos e registro sistemático de seus extratos. Os contratos relativos a direitos reais sobre imóveis são formalizados por instrumento público – escritura –, em cartório de notas. De tudo se juntará cópia no processo originário.

O instrumento de contrato é obrigatório nos casos de concorrência e de tomada de preços, bem como nas dispensas e inexigibilidades cujos preços estejam compreendidos nos limites dessas duas modalidades de licitação.

Serão observados na elaboração dos contratos os termos do edital da licitação e da proposta a que se vinculam os contratos, em cumprimento ao disposto no § 1º do art. 54 da Lei nº 8.666, de 21-6-93.

Devem constar do preâmbulo os nomes das partes e de seus representantes, a finalidade, o ato que autorizou a lavratura, o número do processo da licitação ou de sua dispensa ou inexigibilidade, a sujeição dos contratantes às normas da Lei nº 8.666/93 e às cláusulas do próprio instrumento.

Dentro de cinco dias da assinatura do contrato (ou convênio, acordo ou ajuste, e seus aditivos de qualquer valor), cópia do instrumento deverá ser remetida ao órgão de contabilidade para as verificações e providências de sua competência (Decreto nº 93.872/86, art. 34).

A **publicação** do instrumento de contrato ou de seus aditamentos na imprensa oficial é ato formal de suma importância; deve ser providenciada pela Administração, até o quinto dia útil do mês seguinte ao de sua assinatura, para ocorrer no prazo de 20 dias daquela data, como regra geral qualquer que seja o seu valor, ainda que sem ônus. Consta de resumo do instrumento, seu extrato, e é condição indispensável para a eficácia do contrato.

De acordo com o § 2º do art. 33 do Decreto nº 93.872/86, o extrato de contrato, convênio, acordo ou ajuste deverá conter:

a) espécie;
b) resumo do objeto;
c) modalidade de licitação ou o fundamento legal de sua dispensa ou inexigibilidade;
d) crédito pelo qual correrá a despesa;
e) número e data do empenho;
f) valor total;
g) valor a ser pago, por exercício;
h) prazo de vigência;
i) data da assinatura do contrato (alínea incluída pelo Decreto nº 206, de 5-9-91).

A publicação é também essencial, para efeito de comprovação da data da transação, tendo em vista garantir a não retroação dos efeitos financeiros do contrato, o que é vedado por lei.

Por disposição do art. 33, § 4º, do Decreto nº 93.872/86, é dispensada a publicação quando se tratar de despesa que deva ser feita em caráter sigiloso, fundamentando-se no Decreto-lei nº 199/67.

A falta de publicação, na forma do Decreto citado, sujeita o responsável – agente da Administração ou do contratado – às penalidades da lei.

Nos casos em que seja facultativo o instrumento do contrato, isto é, quando os valores possibilitarem a adoção de convite (limite aplicável também aos casos de dispensas e inexigibilidades), a Administração poderá valer-se de outros instrumentos hábeis, tais como **carta-contrato, nota de empenho de despesa, autorização de compra** ou **ordem de execução de serviço**, aplicando-se, no que couber, o disposto no art. 55 da Lei nº 8.666/93, que especifica as cláusulas necessárias a todo o contrato.

O termo de contrato é dispensável e facultada a substituição prevista por outros instrumentos hábeis, a critério da Administração e independentemente de seu valor, nos casos de compras, quando os bens adquiridos são entregues imediata e integralmente, desde que não resultem futuras obrigações, inclusive assistência técnica.

Para efeito de conhecimento do contrato, integrará sempre o edital ou ato convocatório da licitação minuta do futuro contrato. De igual modo, é permitido a qualquer dos licitantes conhecer os termos do contrato e do respectivo processo licitatório, bem como, a qualquer interessado, a obtenção de cópia autenticada.

No que diz respeito à assinatura, a Administração convocará o interessado a comparecer à repartição para assinar o termo, aceitar ou retirar o instrumento equivalente, deferindo-lhe para isso um prazo, que poderá ser prorrogado; não o fazendo, o interessado perderá o direito à contratação e ainda ficará sujeito a sanções que a própria lei (art. 81) estabelece. Neste caso, a Administração poderá convocar os demais licitantes pela ordem de classificação, para fazê-lo em igual prazo e nas mesmas condições propostas pelo primeiro classificado, inclusive quanto aos preços atualizados, ou então revogar a licitação, independentemente da aplicação da penalidade do art. 81 da Lei nº 8.666/93.

Se a convocação não for feita dentro do prazo de 60 dias, a contar da data de entrega das propostas, os licitantes ficarão liberados dos compromissos que assumiram.

12.7.5.1 Cláusulas necessárias

No interesse da completa e perfeita execução, os contratos devem ser claros e precisos quanto às condições para sua execução, expressando em cláusulas os direitos, obrigações e responsabilidades das partes.

São cláusulas necessárias em todo contrato:

- o objeto e seus elementos característicos;
- o regime de execução ou a forma de fornecimento;
- o preço e as condições de pagamento, os critérios, data-base e periodicidade do reajustamento de preços, os critérios de atualização monetária entre a data do adimplemento das obrigações e a do efetivo pagamento;
- os prazos de início de etapas de execução, de conclusão, de entrega, de observação e de recebimento definitivo, conforme o caso;
- o crédito pelo qual correrá a despesa, com a indicação da classificação funcional, programática e da categoria econômica;[14]
- as garantias oferecidas para assegurar sua plena execução, quando exigidas;
- os direitos e as responsabilidades das partes, as penalidades cabíveis e os valores das multas;
- os casos de rescisão;
- o reconhecimento dos direitos da Administração, em caso de rescisão administrativa pela inexecução total ou parcial do contrato;
- as condições de importação, a data e a taxa de câmbio para conversão, quando for o caso;
- a vinculação ao edital de licitação ou ao termo que a dispensou ou a inexigiu, ao convite e à proposta do licitante vencedor;
- a legislação aplicável à execução do contrato e especialmente aos casos omissos;
- a obrigação do contratado de manter, durante toda a execução do contrato, em compatibilidade com as obrigações por ele assumidas, todas as condições de habilitação e qualificação exigidas na licitação;

---

[14] Decreto nº 93.872, de 21-12-1986:

a) sendo os recursos financeiros de origem orçamentária, deverá constar da cláusula do contrato, convênio, acordo ou ajuste a classificação programática e econômica da despesa, bem como a declaração de haver sido esta empenhada à conta do mesmo crédito, mencionando-se o número da nota de empenho (art. 30);

b) não é permitido celebrar contrato, convênio, acordo ou ajuste, para investimento cuja execução ultrapasse um exercício financeiro, sem que conste do termo a comprovação de que os recursos necessários ao atendimento das despesas em exercícios posteriores estejam garantidos por sua inclusão no orçamento plurianual de investimentos ou por autorização legal prévia que, inclusive, fixe o montante das dotações que constarão anualmente do orçamento, durante o prazo de sua execução (art. 31);

c) no caso de custeio de quaisquer serviços ou obras com recursos externos, o contrato, convênio, acordo ou ajuste dependem da contratação efetiva da operação de crédito, assegurando a disponibilidade de recursos necessários para honrar os compromissos assumidos (art. 32).

- eleição do competente foro da sede da Administração para dirimir qualquer questão contratual, inclusive para contratos celebrados com pessoas físicas ou jurídicas domiciliadas no estrangeiro.

12.7.5.2 Garantia

A autoridade competente, a seu critério e em cada caso, poderá exigir do contratado, em se tratando de obras, serviços e compras, a prestação de garantia. Em exigindo-a a autoridade, ao contratado é garantido o direito de opção por uma das seguintes modalidades:

- caução – em dinheiro ou em títulos da dívida pública;
- seguro-garantia;
- fiança bancária.

A garantia a ser prestada nas contratações de obras, serviços e compras não ultrapassará 5% do valor do contrato, exceto para obras, serviços e fornecimentos de grande vulto que envolvam alta complexidade técnica e riscos financeiros, quando este limite poderá ser elevado para até 10% do valor do contrato.

A garantia prestada pelo contratado será liberada ou restituída após a execução do contrato, sendo atualizada monetariamente quando em espécie.

Nos casos de contrato que importe entrega de bens, pela Administração dos quais o contratado ficará depositário, a garantia antes mencionada (5% até 10%) deverá ser acrescida do valor desses bens.

É vedada a exigência de garantia de proposta na modalidade de licitação **pregão.**

12.7.5.3 Duração dos contratos

O contrato administrativo de obras, serviços, inclusive de publicidade, compras, alienações, concessões, permissões e locações terá sua duração restrita à vigência dos créditos[15] orçamentários correspondentes.

No entanto, os contratos relativos aos projetos cujos produtos façam parte das metas do plano plurianual poderão ser prorrogados, no interesse da Administração e desde que previsto no edital; e os de prestação de serviços, executados de forma

---

[15] Nos contratos, convênios, acordos ou ajustes cuja duração ultrapasse um exercício financeiro será feita indicação do crédito e respectivo empenho para atender à despesa no exercício corrente, e de cada parcela da despesa relativa à parte a ser executada em outro ou em outros exercícios, com declaração de que os créditos e empenhos para sua cobertura serão indicados em termos aditivos (Decreto nº 93.872/86, art. 30, § 1º). Somente poderão ser firmados contratos à conta de crédito do orçamento vigente, para liquidação em exercício seguinte, se o empenho satisfizer às condições estabelecidas para o relacionamento da despesa como Restos a Pagar (art. 30, § 2º). Nos casos de vigência plurianual, as despesas serão empenhadas em cada exercício financeiro pela parte nele a ser executada (art. 27).

contínua, poderão ter sua duração prorrogada por iguais e sucessivos períodos, limitada a 60 meses, com vistas à obtenção de preços e condições mais vantajosas para a Administração.

Excepcionalmente, desde que justificado e autorizado pela autoridade superior, este último prazo pode ser prorrogado em até 12 meses.

Serviços de natureza contínua são serviços auxiliares e necessários à Administração, os quais, se interrompidos, podem comprometer o desempenho de suas atribuições. O que é contínuo para determinado órgão ou entidade pode não ser para outros(as).

São exemplos de serviços dessa natureza: vigilância, limpeza e conservação, manutenção elétrica, hidráulica, de elevadores etc. A vigência desse tipo de contrato não coincide com o ano civil, podendo, portanto, ultrapassar o exercício financeiro em que foi firmado. De acordo com a Decisão nº 1136/2002 – TCU – Plenário, a Administração somente deve enquadrar como serviços contínuos os contratos cujo objeto corresponda à obrigação de prestar o serviço de forma permanente.

Acrescente-se, ainda, que os contratos de aluguel de equipamentos e para utilização de programas de informática poderão ter sua duração estendida por até 48 meses contados do início da sua vigência.

A vigência do contrato não é imutável, podendo, como visto, ser prorrogada por termo aditivo. A regra geral, todavia, é a limitação ao exercício financeiro.

É vedada a celebração de contratos com prazo indeterminado.

A vigência do termo contratual não precisa necessariamente ter início na data de sua celebração; o instrumento pode assinalar uma data futura para início de seus efeitos.

12.7.5.4 Prorrogação de prazos

Mantidas inalteradas as demais cláusulas e o equilíbrio econômico-financeiro do contrato, os prazos de início das etapas de execução, de conclusão e de entrega podem ser prorrogados pela Administração, desde que:

- esta altere o projeto ou especificações;
- sobrevenha fato excepcional ou imprevisível, alheio à vontade das partes, que modifique fundamentalmente as condições de execução do contrato;
- por ordem e no interesse da Administração, se interrompa a execução ou se diminua o ritmo dos trabalhos;
- aumentem as quantidades inicialmente previstas, dentro do limite de 25% do valor inicial atualizado do contrato, e de 50% para seus acréscimos no caso de reforma de edifício ou equipamento;
- fato ou ato de terceiro, reconhecido pela Administração em documento contemporâneo a sua ocorrência, que impeça a execução do contrato (fica

bem clara, neste caso, a inexistência de responsabilidade por parte do contratado);

- a Administração se omita ou atrase providências a seu cargo, inclusive pagamentos, impedindo ou retardando diretamente a execução.

Qualquer prorrogação de prazo deverá ser expressamente justificada, além de previamente autorizada.

12.7.6 Efeitos da nulidade

A declaração de nulidade do contrato administrativo retroage para impedir os efeitos jurídicos que o mesmo deveria produzir, além de desconstituir os já produzidos (entendendo-se que o neologismo aqui usado tem o significado de desestabelecer); contudo, a Administração não fica exonerada da obrigação de indenizar o contratado pela parte executada até a data da declaração de nulidade, e por outros prejuízos comprovados, desde que o contratado não seja responsável pela nulidade, promovendo-se a responsabilidade de quem lhe deu causa.

12.7.7 Alteração dos contratos

Os contratos administrativos são passíveis de alteração unilateral por parte da Administração, ou mediante acordo, em ambos os casos nas condições estabelecidas no art. 65 da Lei nº 8.666/93:

- **unilateralmente**: quando houver modificação do projeto ou da especificação, para melhor adequação técnica aos seus objetivos, ou quando for necessária a modificação do valor contratual por motivo de acréscimo ou diminuição quantitativa do objeto, dentro dos já citados limites permitidos pela Lei (ver Seção 12.7.5.4);
- **por acordo**: quando conveniente a substituição da garantia de execução; quando necessária a modificação do regime de execução ou modo de fornecimento, por inaplicabilidade do originalmente pactuado; quando, mantido o valor inicial atualizado, circunstâncias supervenientes tornarem necessária a modificação da forma de pagamento, vedado o pagamento antecipado com relação ao cronograma fixado sem a correspondente contraprestação de bens ou execução de obra ou serviço; e para restabelecer a relação entre os encargos do contratado e a retribuição da Administração, objetivando a manutenção do equilíbrio econômico-financeiro do contrato.

No caso de **acréscimo ou supressões**, o contratado se obriga a aceitá-los, **nas mesmas condições do contrato**, nos casos de obras, serviços ou compras, até 25% do valor inicial atualizado do contrato e, no de reforma de edifícios ou equipamentos, até 50% para seus acréscimos.

Suprimidas obras, bens ou serviços, os materiais já adquiridos pelo contratado e postos no local dos trabalhos serão pagos pela Administração pelos custos comprovados de aquisição, corrigidos monetariamente, além de indenização por outros danos decorrentes da supressão, desde que comprovados.

Os **preços unitários** não contemplados no contrato, para obras e serviços, serão fixados por acordo, dentro dos percentuais já referidos anteriormente, de acordo com o § 1º do art. 65.

Ocorrendo **acréscimos ou reduções** em virtude de criação, alteração ou extinção de quaisquer tributos ou encargos legais após a data da apresentação da proposta, que venham a refletir-se nos preços contratados, haverá a revisão destes para mais ou para menos.

Havendo alteração unilateral do contrato, por aumento dos encargos do contratado, a Administração deverá restabelecer por aditamento o equilíbrio econômico-financeiro inicial. "O equilíbrio financeiro ou equilíbrio econômico [...] do contrato administrativo é a relação estabelecida inicialmente pelas partes entre os encargos do contratado e a retribuição da Administração para a justa remuneração do objeto do ajuste."[16]

O **reequilíbrio econômico-financeiro** do contrato se justifica desde que tenham ocorrido:

- fatos imprevisíveis, ou previsíveis, porém de consequências incalculáveis, retardadores ou impeditivos da execução do que foi contratado; e/ou
- caso de força maior, caso fortuito, ou fato do príncipe configurando álea econômica (probabilidade de perda concomitante à probabilidade de lucro) extraordinária e extracontratual.

O reequilíbrio econômico-financeiro pode ser solicitado pela Administração ou pelo contratado. Quando solicitado pelo contratado, a Administração deve verificar:

- os custos dos itens constantes da proposta do contratado com a planilha de custos que acompanha o pedido do reequilíbrio;
- a ocorrência do fato imprevisível, ou previsível, porém de consequências incalculáveis, que justifique as modificações dos preços contratados.

Feito o reequilíbrio econômico-financeiro, inicia-se novo prazo para contagem de **reajuste** ou **repactuação** futuros do valor do contrato. Ressalte-se que o reequilíbrio econômico-financeiro de que se trata não está vinculado a qualquer índice e ocorre quando for necessário o restabelecimento da relação econômica que as partes contrataram inicialmente.

---

16 MEIRELLES, Hely Lopes. *Op. cit.*

Não caracterizam alterações do contrato, podendo ser registrados por simples apostila, dispensando a formalização por aditamento, a variação do valor contratual para fazer frente ao reajuste de preços previsto no próprio contrato, as atualizações, compensações ou penalizações financeiras decorrentes das condições de pagamento previstas, bem como o empenho de dotações orçamentárias suplementares até o limite de seu valor corrigido.

Deverão constar do ato convocatório ou dos atos formais de dispensa ou inexigibilidade os critérios de reajuste de preços, de atualização financeira e periodicidade, esta entendida como intervalo de tempo correspondente ao adimplemento de cada etapa, para seu respectivo reajuste.

O **reajuste de preços** contratuais só pode ocorrer quando a vigência do contrato ultrapassar 12 meses, contados a partir da data-limite para apresentação da proposta de preços ou do orçamento a que esta se referir.

A Lei nº 10.192, de 14-2-01, admite, no art. 2º, a correção monetária ou reajuste dos contratos por índices de preços gerais, setoriais ou que reflitam a variação dos custos de produção ou dos insumos utilizados nos contratos de prazo de duração igual ou superior a um ano.

Nos contratos relativos a obras financiadas com recursos federais, mesmo nos casos cuja duração seja originariamente inferior a um ano, o Tribunal de Contas da União, mediante a Decisão nº 698/2000 – Plenário, entendeu como legal a previsão de reajuste, com menção do indicador setorial aplicável, para os casos em que o prazo não seja cumprido por motivos alheios à vontade do contratado.

A **repactuação** está prevista no art. 5º do Decreto nº 2.271, de 7-7-97, que dispõe sobre a contratação de serviços pela Administração Pública Federal. Trata-se da forma de negociação entre a Administração e o contratado, para a adequação dos preços dos serviços de natureza contínua:

> Art. 5º. Os contratos de que trata este Decreto, que tenham por objeto a prestação de serviços executados de forma contínua poderão, desde que previsto no edital, admitir repactuação visando a adequação aos novos preços de mercado, observados o interregno mínimo de um ano e a demonstração analítica da variação dos componentes dos custos do contrato, devidamente justificada.

Portanto, para a repactuação dos preços solicitada pelo executor do contrato, faz-se necessária a apresentação da demonstração analítica da variação dos componentes dos custos dos serviços prestados, por meio de planilha de custos e formação de preços, devidamente justificada, que será objeto de análise minuciosa por parte da Administração. Caso seja deferido o pedido, o estudo deve subsidiar as justificativas formuladas pela autoridade competente. A repactuação não está vinculada a nenhum índice e, no caso de aumento de despesas, não é permitida antes de decorrido, pelo menos, um ano da vigência do contrato.

12.7.8 Execução dos contratos

12.7.8.1 Fiscalização

A execução do contrato é o cumprimento de suas cláusulas e condições, de modo a satisfazer as vontades das partes, seu objetivo. Cada parte deve cumprir tudo o que foi avençado, bem como as disposições da legislação.

Nesse sentido, cabe à Administração manter estrita fiscalização e acompanhamento de todas as fases da execução, por intermédio de representante especialmente designado. A fiscalização deve ser abrangente, compreendendo verificação do material, dos trabalhos etc., observando os aspectos técnicos e os prazos de realização. Quanto ao material, é de suma importância a verificação de sua qualidade e das quantidades aplicadas. Merecem especial atenção o cálculo e recolhimento dos encargos trabalhistas, previdenciários, fiscais e comerciais; as licenças devem ser solicitadas previamente; os alvarás, verificados.

Para melhor exercício dessa atividade de fiscalização, deverá haver registro de ocorrências destinado às anotações relacionadas com a execução, onde serão explicitadas, inclusive, as medidas a serem tomadas visando a sanar faltas e irregularidades encontradas, devendo o representante valer-se de seus superiores quando as decisões e providências ultrapassarem os limites de sua competência.

O contratado, ou executor, manterá no local da obra ou serviço preposto seu, para representá-lo na execução, o qual deverá ser previamente aceito pela Administração.

12.7.8.2 Responsabilidades do executor

Na execução, o contratado assume uma série de responsabilidades, tais como:

a) efetuar no todo ou em parte, a suas expensas, os **reparos, correções, remoções, reconstruções ou substituições** no objeto do contrato em que forem verificados vícios, defeitos ou incorreções em razão da execução ou do emprego de materiais;
b) reparar os danos à Administração ou terceiros, causados diretamente por ele, por culpa ou dolo na execução do contrato, não se excluindo ou reduzindo esta responsabilidade em virtude da fiscalização ou acompanhamento exercidos pela Administração;
c) arcar com os ônus dos encargos trabalhistas, previdenciários, fiscais e comerciais resultantes da execução do contrato.

Com as alterações introduzidas na Lei nº 8.666, de 1993, art. 71, pelo art. 4º da Lei nº 9.032, de 1995, desdobraram-se as responsabilidades previstas na letra *c*, acima, em duas situações: na primeira, o inadimplemento do contratado em relação aos encargos **trabalhistas**, **fiscais** e **comerciais** não transfere à Administração

Pública a responsabilidade por seu pagamento, nem onera o objeto do contrato ou restringe a regularização e o uso das obras e edificações, inclusive perante o Registro de Imóveis. Na outra situação, referente aos encargos **previdenciários**, a Administração Pública passou a responder solidariamente. Na prática, portanto, isto equivaleria a onerar duplamente a Administração, à medida que tais encargos já estão normalmente embutidos no preço contratado.

Poderá a Administração, entretanto, exigir a contratação de seguro para garantia de pessoas e bens, o que deverá, no caso de licitação, constar do edital ou convite.

12.7.8.3 Subcontratação

O contratado poderá, para melhor desempenho da execução e sem prejuízo de suas responsabilidades contratuais e legais, subcontratar partes da obra, serviço ou fornecimento, até o limite que a Administração admitir para cada caso, desde que não afetada a boa execução do contrato. Essa condição deve ser explicitada no ato convocatório e no contrato.

Por ser a responsabilidade do contratado pessoal, ***intuitu personae***, responde ele diretamente, perante a Administração, pelas subcontratações.

12.7.8.4 Recebimento

Executado o contrato, seu objeto será recebido em obediência aos seguintes critérios:

- sendo **obra e serviço, provisoriamente**, pelo representante da Administração, mediante termo circunstanciado e firmado por ambas as partes, e dentro de 15 dias a contar da comunicação escrita do contratado; **definitivamente**, por servidor ou comissão designados, também via termo circunstanciado e firmado. A aceitação definitiva se dará após o decurso do prazo de observação ou vistoria comprobatória da adequação do objeto aos termos contratuais, observado o disposto na Seção 12.7.8.2, letra "a";
- sendo **compras ou locação de equipamentos, provisoriamente**, para verificação da conformidade do material com sua especificação, e **definitivamente**, após constatação da regularidade no tocante à qualidade e quantidade do material.

Para equipamento de grande vulto, exige-se termo circunstanciado; para os demais, simples recibo.

O recebimento provisório pode ser dispensado quando for o caso de gêneros perecíveis, alimentação preparada, bem como serviços profissionais, e obras e serviços de valor que não exceda o limite estabelecido para compras e serviços na modalidade "convite", desde que não se componham de aparelhos, equipamentos e instalações sujeitos à verificação de funcionamento e produtividade. Em todos esses casos, o recebimento se fará mediante recibo.

A Administração deverá, por norma, rejeitar, no todo ou em parte, as obras, serviços ou fornecimentos que estiverem em desacordo com o contrato.

Tudo aquilo exigido pelas normas técnicas oficiais para a boa execução do objeto contratado, como testes, ensaios etc., correrá por conta do contratado, a não ser que conste o contrário no edital, no convite, ou mesmo em ato normativo.

O recebimento, provisório ou definitivo, não exclui a responsabilidade civil do contratado pela solidez e segurança da obra ou do serviço, nem a responsabilidade ético-profissional pela execução do contrato dentro do que foi pactuado ou estabelecido pela lei.

12.7.9 Inexecução e rescisão

Inexecução ou inadimplemento é o descumprimento das cláusulas contratuais, no todo ou em parte. Ocorre por ação ou omissão, com culpa ou sem ela, das partes. A **inexecução** total ou parcial do contrato enseja sua rescisão.

O contrato poderá ser rescindido:

- unilateralmente, por escrito, pela Administração;
- amigavelmente, por acordo entre as partes se for conveniente para a Administração;
- judicialmente, nos termos da legislação.

Serão formalmente consignados no processo os motivos que ocasionaram a rescisão, assegurados o contraditório e a ampla defesa.

12.7.10 Penalidades e recursos

A Lei nº 8.666/93 estabelece elenco de penalidades, que alcançam desde a simples advertência, passando pela aplicação de multas, suspensão temporária de participação em licitações, impedimento de contratar com a Administração, e indo até a declaração de inidoneidade para licitar ou contratar com a Administração, esta última da competência exclusiva de Ministro de Estado ou de Secretário Estadual ou Municipal.

A multa será descontada da garantia do contrato, e, sendo esta insuficiente, dos pagamentos eventualmente devidos pela Administração, ou ainda cobrados judicialmente.

Dos atos da Administração, decorrentes da aplicação da lei, cabem recurso, representação e pedido de reconsideração, todos na forma nela prescrita.

12.7.11 Controle das despesas dos contratos

Cabe ao Tribunal de Contas competente controlar as despesas decorrentes dos contratos e demais instrumentos regidos pela Lei nº 8.666/93, na forma da legislação aplicável.

Ao Tribunal ou aos órgãos do Sistema de Controle Interno pode representar qualquer licitante, contratado, ou mesmo qualquer pessoa física ou jurídica, contra irregularidades na aplicação da Lei nº 8.666/93.

O controle efetuado pelos Tribunais de Contas não prejudica aquele próprio do Sistema de Controle Interno.

Os órgãos interessados da Administração ficam responsáveis por demonstrar a legalidade e a regularidade da despesa e execução.

12.7.12 Normatização

Observadas as disposições legais concernentes aos contratos administrativos e às licitações, os órgãos da Administração ficam investidos de autonomia legal para expedir normas relativas aos procedimentos operacionais a serem observados na execução das licitações.

12.8 CONVÊNIOS, ACORDOS OU AJUSTES

As disposições da Lei nº 8.666/93 aplicam-se, no que for cabível, aos convênios, acordos, ajustes e outros instrumentos congêneres, celebrados pelos órgãos e entidades da Administração Pública.

O Decreto nº 6.170, de 25-7-07, com as alterações subsequentes, regulamenta os convênios, contratos de repasse e termos de execução descentralizada celebrados pelos órgãos e entidades da Administração Pública federal com órgãos ou entidades públicas ou privadas sem fins lucrativos. A Portaria Interministerial nº 507, de 24-11-11, dispõe sobre as normas relativas às transferências de recursos da União, mediante os citados instrumentos, para a execução de programas, projetos e atividades de interesse recíproco que envolvam a transferência de recursos financeiros provenientes dos orçamentos Fiscal e da Seguridade Social da União.

No caso de convênio com entidades privadas sem fins lucrativos, poderá haver o que o Decreto denominou **chamamento público**, visando à seleção de projetos e órgãos ou entidades públicas que tornem mais eficaz a execução do objeto do ajuste, estabelecendo-se critérios objetivos para aferição da qualificação técnica e capacidade operacional do convenente. O Decreto associa ao chamamento público a **publicidade**, especialmente pela sua divulgação na primeira página do *site* oficial do órgão ou entidade concedente, bem como no portal dos convênios.

De acordo com o citado Decreto (já com as alterações do Decreto nº 8.180, de 2013), considera-se:

> I – convênio – acordo, ajuste ou qualquer outro instrumento que discipline a transferência de recursos financeiros de dotações consignadas nos orçamentos Fiscal e da Seguridade Social da União e tenha como partícipe, de um lado, órgão ou entidade da Administração Pública federal direta ou indireta, e, de outro lado, órgão ou entidade da Administração Pública estadual, distrital ou municipal, direta ou indireta, ou entidades privadas sem fins lucrativos, visando à execução de programa de governo em regime de mútua cooperação;
>
> II – contrato de repasse – instrumento administrativo, de interesse recíproco, por meio do qual é feita a transferência dos recursos financeiros por intermédio de instituição ou agente financeiro público federal, que atua como mandatário da União (obrigatório no caso de obra, salvo quando o concedente dispuser de estrutura para acompanhar a execução do convênio);
>
> III – termo de execução descentralizada – instrumento por meio do qual é ajustada a descentralização de crédito entre órgãos e/ou entidades integrantes dos orçamentos Fiscal e da Seguridade Social da União, para execução de ações de interesse da unidade orçamentária descentralizadora e consecução do objeto previsto no programa de trabalho, respeitada fielmente a classificação funcional programática.

Cabe destacar a Portaria Interministerial nº 495, de 6-12-13, que alterou, entre outras, as seguintes definições da Portaria Interministerial 507/11:

- fornecedor – pessoa física ou jurídica de direito público ou privado, responsável pela realização de obra ou fornecimento de bem ou serviço em decorrência de contrato administrativo firmado com órgão ou entidade da Administração Pública direta ou indireta, de qualquer esfera de governo, consórcio público ou entidade privada sem fins lucrativos;
- termo de referência – documento apresentado quando o objeto do convênio, contrato de repasse envolver aquisição de bens ou prestação de serviços, que deverá conter elementos capazes de propiciar a avaliação do custo pela Administração, diante de orçamento detalhado, considerando os preços praticados no mercado da região onde será executado o objeto, a definição dos métodos e o prazo de execução do objeto.

No convênio, "a posição jurídica dos signatários é uma só e idêntica para todos".[17]

De acordo com o Decreto, órgãos federais podem conveniar, excepcionalmente, com Estados e Municípios, a execução de programas destes.

Ainda com o mesmo objetivo, e sempre em regime de mútua cooperação, órgãos da Administração Direta poderão executar programas a cargo de entidades da Administração Indireta, via convênio.

---

[17] MEIRELLES, Hely Lopes. *Op. cit.*

Os recursos financeiros recebidos por órgãos da Administração Direta, autarquia ou fundação federal para a execução do convênio serão classificados como receita orçamentária, correndo as aplicações à conta de dotação consignada no orçamento ou em crédito adicional.

A regulamentação vigente veda a celebração de convênios e contratos de repasse, entre outras situações:

> I – com órgãos e entidades da Administração Pública Direta e Indireta dos Estados, Distrito Federal e Municípios cujo valor seja inferior a R$ 100.000,00 (cem mil reais) ou, no caso de execução de obras e serviços de engenharia, exceto elaboração de projetos de engenharia, nos quais o valor da transferência da União seja inferior a R$ 250.000,00 (duzentos e cinquenta mil reais) (Produção de efeito);
>
> II – com entidades privadas sem fins lucrativos que tenham como dirigentes agente político de Poder ou do Ministério Público, dirigente de órgão ou entidade da Administração Pública de qualquer esfera governamental, ou respectivo cônjuge ou companheiro, bem como parentes em linha reta, colateral ou por afinidade até o 2º grau;
>
> III – entre órgãos e entidades da Administração Pública federal. Entre estes o instrumento apropriado é o termo de execução descentralizada;
>
> IV – com entidades privadas sem fins lucrativos que não comprovem ter desenvolvido, durante os últimos três anos, atividades referentes à matéria objeto do convênio ou contrato de repasse;
>
> V – com entidades privadas sem fins lucrativos que tenham, em suas relações anteriores com a União, incorrido em pelo menos uma das seguintes condutas: (a) omissão no dever de prestar contas; (b) descumprimento injustificado do objeto do instrumento; (c) desvio de finalidade na aplicação dos recursos transferidos; (d) ocorrência de dano ao Erário; ou (e) prática de outros atos ilícitos na execução de convênios, contratos de repasse ou termos de parceria.

Note-se que, neste último caso, não há limite de prazo.

Para fins de alcance do limite mínimo estabelecido para a assinatura de convênios e contratos de repasse é permitida a formação de consórcios, constituídos segundo o disposto na Lei nº 11.107, de 6-4-05, podendo referidos instrumentos englobar vários programas e ações federais a serem executados de forma descentralizada, devendo o objeto conter a descrição pormenorizada e objetiva de todas as atividades a serem realizadas com os recursos federais.

A Lei Complementar nº 101, de 2000, definiu como transferência voluntária "a entrega de recursos correntes ou de capital a outro ente da Federação, a título de cooperação, auxílio ou assistência financeira, que não decorra de determinação constitucional, legal ou os destinados ao Sistema Único de Saúde" (art. 25).

A IN/STN nº 1, de 17-10-05, especificou exigências para o ente da Federação,[18] beneficiário de convênio por transferência voluntária (além daquelas estabelecidas, a cada ano, pela lei de diretrizes orçamentárias).

---

[18] Lei Complementar nº 101, de 2000, inc. I, art. 2º: "Ente da Federação: a União, cada Estado, o Distrito Federal e cada Município".

O beneficiário deverá comprovar:

- a instituição, a previsão e a efetiva arrecadação dos impostos de sua competência constitucional (art. 11, parágrafo único, da LRF);
- a situação de regularidade quanto:

a) ao pagamento de tributos, multas e encargos fiscais administrados pelo Ministério da Fazenda (atualmente, da Economia);

b) ao pagamento das contribuições da seguridade social;

c) ao depósito das parcelas do Fundo de Garantia do Tempo de Serviço – FGTS (art. 25, § 1º, inciso IV, alínea *a*, da LRF);

d) ao cumprimento dos limites constitucionais relativos à aplicação de recursos nas áreas de educação e saúde (art. 25, § 1º, inciso IV, alínea *b*, da LRF);

e) à observância dos limites:

- das dívidas consolidada e mobiliária;
- das operações de crédito, inclusive por antecipação de receita;
- de inscrição em Restos a Pagar;
- de despesa total com pessoal (art. 25, § 1º, inciso IV, alínea *c*, da LRF);

f) à publicação do Relatório Resumido de Execução Orçamentária e do Relatório de Gestão Fiscal (arts. 52, 54 e 55 da LRF);

g) à existência de previsão orçamentária de contrapartida, se for o caso;[19]

h) à apresentação das contas ao Poder Executivo da União, observado o que dispõe o art. 50 da LRF e nos prazos estipulados no art. 51 da mesma Lei.

O Decreto nº 6.170/07 estabeleceu a obrigatoriedade de cadastramento prévio no Sistema de Gestão de Convênios e Contratos de Repasse (Siconv) para as entidades privadas sem fins lucrativos que pretendam celebrar convênio ou contrato de repasse com órgãos e entidades da Administração Pública federal. A celebração, a liberação de recursos, o acompanhamento da execução e prestação de contas dos convênios deverão ser registrados no Siconv, que será aberto ao público, via Internet, por meio da página intitulada Portal dos Convênios.

Além dos **convênios, contratos de repasse e termos de execução descentralizada, os termos de parceria** são também instrumentos utilizados para formalizar essas descentralizações de recursos, que, de modo geral, são destinadas à realização de ações cuja competência seja da União.

---

19 A contrapartida poderá ser atendida por meio de recursos financeiros, de bens e serviços, desde que economicamente mensuráveis. Neste caso, constará do convênio cláusula que indique a forma de aferição da mesma.

O **termo de parceria** é o instrumento firmado entre o Poder Público e as entidades qualificadas como Organização da Sociedade Civil de Interesse Público (Oscip), com o intuito de formar o vínculo de cooperação entre as partes, para o fomento e a execução das atividades consideradas de interesse público, previstas no art. 3º da Lei nº 9.790, de 23-3-99.

12.8.1 Fases dos convênios

Pode-se destacar no convênio a existência de fases, todas elas com procedimentos ditados pela legislação que rege a matéria, com vistas à perfeita execução do objeto e a fim de evitar que a prestação de contas dos recursos aplicados seja rejeitada:

- credenciamento, proposição e cadastramento;
- celebração/formalização, execução;
- prestação de contas.

12.8.1.1 Credenciamento, proposição e cadastramento

Nesta fase, faz-se necessária a identificação da(s) área(s) mais carente(s), para estabelecer uma escala de prioridades. As áreas de educação, saúde, saneamento, construção e recuperação de estradas, abastecimento de água, energia e habitação sempre estão a merecer uma atenção do Estado. A escolha do projeto a ser implementado deve contemplar a ação mais urgente e relevante de uma área carente e, de preferência, contar com a participação da comunidade, por meio de sindicatos, associações de bairros, organizações não governamentais etc., para essa seleção.

São relevantes as providências adotadas nesta fase de planejamento, pois delas depende toda a execução do instrumento a ser firmado.

Após a efetivação do cadastramento, será feita a avaliação do Plano de Trabalho, o qual deverá conter, no mínimo:

- justificativa para a celebração do instrumento;
- descrição completa do objeto a ser executado;
- descrição das metas a serem atingidas;
- definição das etapas ou fases de execução;
- cronograma de execução do objeto e cronograma de desembolso;
- plano de aplicação dos recursos a serem desembolsados pelo concedente e da contrapartida financeira do proponente, se for o caso.

A contrapartida será calculada observando o percentual e as condições estabelecidas na Lei de Diretrizes Orçamentárias federal.

Nos convênios e contratos de repasse, a apresentação do projeto básico ou do termo de referência deverá ser feita antes da liberação da primeira parcela dos recursos, sendo facultado ao concedente ou contratante exigi-lo antes da celebração do instrumento.

12.8.1.2 Celebração/formalização

O convênio a ser assinado, bem como os demais instrumentos regidos pela Portaria Interministerial nº 507/11, conterá, obrigatoriamente, cláusulas estabelecendo (art. 43):

> I – o objeto e seus elementos característicos, com a descrição detalhada, objetiva, clara e precisa do que se pretende realizar ou obter, em consonância com o Plano de Trabalho, que integrará o termo celebrado independentemente de transcrição;
>
> II – as obrigações de cada um dos partícipes;
>
> III – a contrapartida,[20] quando couber, e a forma de sua aferição quando atendida por meio de bens e serviços;
>
> IV – as obrigações do interveniente, quando houver, sendo-lhe vedada execução de atividades previstas no Plano de Trabalho;
>
> V – a vigência, que deve ser fixada de acordo com o prazo previsto para consecução do objeto e em função das metas estabelecidas;
>
> VI – a obrigação do concedente ou contratante de prorrogar "de ofício" a vigência do instrumento antes do seu término, quando houver atraso na liberação dos recursos, limitada a prorrogação ao exato período do atraso verificado;
>
> VII – a prerrogativa do órgão ou entidade transferidor dos recursos financeiros assumir ou transferir a responsabilidade pela execução do objeto, no caso de paralisação ou da ocorrência de fato relevante, de modo a evitar a sua descontinuidade;
>
> VIII – a classificação orçamentária da despesa, mencionando-se o número e data da Nota de Empenho ou Nota de Movimentação de Crédito, e declaração de que, em termos aditivos, indicar-se-ão os créditos e empenhos para sua cobertura, de cada parcela da despesa a ser transferida em exercício futuro;
>
> IX – o cronograma de desembolso, conforme Plano de Trabalho, incluindo os recursos da contrapartida pactuada, quando houver;
>
> X – a obrigatoriedade de o convenente ou contratado incluir regularmente no Siconv as informações e os documentos exigidos pela Portaria Ministerial nº 507/11, mantendo-o atualizado;
>
> XI – a obrigatoriedade de restituição de recursos, nos casos previstos na Portaria Interministerial nº 507/11;
>
> XII – no caso de órgão ou entidade pública, a informação de que os recursos, para atender às despesas em exercícios futuros, no caso de investimento, estão consignados no plano plurianual, ou em prévia lei que os autorize;
>
> XIII – a obrigação do convenente de manter e movimentar os recursos em conta bancária específica do convênio ou contrato de repasse, em instituição financeira controlada pela União, quando não integrante da conta única do Governo Federal;

---

[20] É a parcela da participação do convenente (executor) na consecução do objeto do convênio, que poderá ser concretizada mediante o aporte de recursos financeiros ou fornecimento de bens materiais e serviços que possam ser economicamente mensuráveis.

XIV – a definição, se for o caso, do direito de propriedade dos bens remanescentes na data da conclusão ou extinção do instrumento, e que, em razão deste, tenham sido adquiridos, produzidos, transformados ou construídos, respeitado o disposto na legislação pertinente;

XV – a forma pela qual a execução física do objeto será acompanhada pelo concedente ou contratante, inclusive com a indicação dos recursos humanos e tecnológicos que serão empregados na atividade ou, se for o caso, a indicação da participação de órgãos e entidades sob condições específicas;

XVI – o livre acesso dos servidores dos órgãos ou entidades públicas concedentes ou contratantes e os do controle interno do Poder Executivo Federal, bem como do Tribunal de Contas da União, aos processos, documentos, informações referentes aos instrumentos de transferências, bem como aos locais de execução do objeto;

XVII – a faculdade dos partícipes rescindirem o instrumento, a qualquer tempo;

XVIII – a previsão de extinção obrigatória do instrumento em caso de o projeto básico não ter sido aprovado ou apresentado no prazo estabelecido;

XIX – a indicação do foro para dirimir dúvidas decorrentes de execução dos convênios, contratos ou instrumentos congêneres, estabelecendo a obrigatoriedade da prévia tentativa de solução administrativa com a participação da Advocacia-geral da União, em caso de partícipes ou contratantes serem da esfera federal, administração direta ou indireta;

XX – a obrigação de o convenente ou o contratado inserir cláusulas nos contratos celebrados para execução do convênio ou contrato de repasse, que permitam o livre acesso dos servidores dos órgãos ou entidades públicas concedentes ou contratantes, bem como dos órgãos de controle, aos documentos e registros contábeis das empresas contratadas;

XXI – a sujeição do convênio ou contrato de repasse e sua execução às normas legais aplicáveis;

XXII – a previsão de, na ocorrência de cancelamento de Restos a Pagar, que o quantitativo possa ser reduzido até a etapa que apresente funcionalidade;

XXIII – a forma de liberação dos recursos ou desbloqueio, quando se tratar de contrato de repasse;

XXIV – a obrigação de prestar contas dos recursos recebidos no Siconv;

XXV – o bloqueio dos recursos na conta corrente vinculada, quando se tratar de contrato de repasse;

XXVI – a responsabilidade solidária dos entes consorciados, nos instrumentos que envolvam consórcio público;

XXVII – o prazo para apresentação da prestação de contas;

XXVIII – as obrigações da unidade executora, quando for o caso.

A fase de celebração/formalização está concretizada com a assinatura do instrumento pelos convenentes, entendidos como os agentes responsáveis pelo órgão que repassará os recursos e pelo órgão que aportará os recursos da contrapartida e fará a aplicação destes na execução do objeto conveniado.

Para a eficácia do instrumento, torna-se indispensável sua publicação resumida na imprensa oficial, no mesmo prazo fixado pela Lei nº 8.666/93 para os contratos, uma vez que o art. 116 estabelece que suas disposições se aplicam, no que couber, aos convênios, acordos, ajustes e outros instrumentos congêneres.

12.8.1.3 Execução

O convênio só será executado depois de previamente cadastrado no Sistema Integrado de Administração Financeira do Governo Federal (Siafi) pelo próprio gestor.

O êxito nesta fase depende essencialmente do planejamento do convênio mediante o plano de trabalho e do atendimento às normas de administração orçamentária e financeira da Administração Pública federal. É, em geral, nesta fase, ou mesmo somente após o término da vigência do convênio, que surgem as ações dos órgãos de controle, cujas conclusões acabam sendo consideradas apenas para o julgamento das contas. Falhas ou irregularidades, mesmo que não intencionais, podem comprometer, irremediavelmente, as contas que serão apresentadas pelo convenente executor ao órgão repassador dos recursos.

A liberação dos recursos será feita de acordo com o cronograma estabelecido no plano de trabalho, e guardará consonância com as metas e fases ou etapas de execução do objeto definido no instrumento formalizado.

A execução será acompanhada e fiscalizada de forma a garantir a regularidade dos atos praticados e a plena execução do objeto, respondendo o convenente ou contratado pelos danos causados a terceiros, decorrentes de culpa ou dolo na execução do convênio, contrato, acordo, ajuste ou instrumento congênere.

O concedente, ou contratante, incluirá, no Siconv, relatório sintético trimestral sobre o andamento da execução do convênio ou contrato de repasse e fará sua atualização até o dia anterior à data prevista para liberação de cada parcela. O concedente, ou contratante, comunicará ao convenente, ou contratado, e ao interveniente, quando houver, quaisquer irregularidades decorrentes do uso dos recursos ou outras pendências de ordem técnica ou legal, e suspenderá a liberação dos recursos, fixando prazo de até 30 dias para saneamento ou apresentação de informações e esclarecimentos, podendo ser prorrogado por igual período.

A Portaria nº 507/11, como se pode constatar, alterada pela Portaria Interministerial nº 495, de 6-12-13, no art. 5º, atribuiu exclusivamente ao concedente ou contratante a responsabilidade pelo acompanhamento e fiscalização da execução do contrato ou instrumento congênere, mesmo nos casos em que a execução do objeto do convênio recaia sobre unidade executora específica (que deve pertencer ou estar vinculada à estrutura organizacional do convenente). O convenente ou contratado não está mais sujeito à prestação de contas parcial.

12.8.1.4 Prestação de contas

O órgão ou entidade que receber recursos em decorrência da assinatura de convênio ou instrumentos similares estará sujeito a prestar contas de sua boa e regular aplicação no prazo máximo de 30 dias contados do término da vigência do respectivo instrumento ou do último pagamento efetuado, quando este ocorrer em data anterior àquela do encerramento da vigência.

A prestação de contas, além dos documentos e informações com que o convenente ou contratado deve alimentar o Siconv, será composta do seguinte:

> I – relatório do cumprimento do objeto;
>
> II – notas e comprovantes fiscais;
>
> III – relatório de prestação de contas aprovado e registrado no Siconv, pelo convenente;
>
> IV – declaração de realização dos objetivos a que se propunha o instrumento;
>
> V – relação de bens adquiridos, produzidos ou construídos, quando for o caso;
>
> VI – relação de treinados ou capacitados, quando for o caso;
>
> VII – relação dos serviços prestados, quando for o caso;
>
> VIII – comprovante de recolhimento do saldo de recursos, quando houver; e
>
> IX – termo de compromisso por meio do qual o convenente ou contratado será obrigado a manter os documentos referentes ao convênio ou contrato de repasse pelo prazo de dez anos, contado da data em que foi aprovada a prestação de contas.

Os elementos que compõem a prestação de contas devem permitir à Administração a comprovação da legalidade dos atos praticados e o efetivo cumprimento do objeto do convênio ou contrato de repasse. O órgão repassador dos recursos, ao analisar a prestação de contas, atentará para esses dois aspectos de avaliação. O prazo para apreciação da prestação de contas é de 90 dias do seu recebimento, cabendo ao concedente ou contratante declarar expressamente no Siconv a boa e regular aplicação dos recursos.

A falta de prestação de contas nos prazos estipulados, bem como a não aprovação das contas pelo órgão concedente, enseja a inscrição do convenente no cadastro de inadimplentes do Siafi e no Cadastro Informativo de créditos não quitados do Setor Público Federal (Cadin), bem como o levantamento da tomada de contas especial, com imediata inscrição do responsável, pela unidade de contabilidade analítica, em conta de Ativo intitulada "Diversos Responsáveis".

Tendo em vista que, no âmbito da Administração Pública Federal, as regras básicas que disciplinam a celebração de convênios de natureza financeira e instrumentos afins são ditadas por decretos e portarias, os gestores de recursos deverão permanecer atentos às constantes alterações, pois, na prática, nem sempre é possível atendê-las de imediato.

Os bens, materiais e equipamentos adquiridos, produzidos ou transformados com a utilização de recursos recebidos mediante convênio poderão, a critério do Ministro de Estado supervisor ou autoridade equivalente ou dirigente máximo de entidade da administração indireta, ser doados quando, após a consecução do objeto, forem necessários para assegurar a continuidade de programa de governo, observado o disposto no respectivo termo e na legislação vigente.

Você sabia?

Segundo a Lei nº 8.666/93, art. 116, § 4º, deverá ser obrigatoriamente aplicado o saldo de convênio em cadernetas de poupança, de instituição financeira pública federal, quando previsão para sua utilização for igual ou superior a um mês, enquanto, em prazos menores, a aplicação deverá ser feita em fundo de curto prazo ou operação de mercado aberto, lastreada em títulos da dívida pública.

As receitas financeiras auferidas serão computadas a crédito do convênio e utilizadas no seu objeto, devendo ser consignadas nos demonstrativos integrantes da prestação de contas.

Na conclusão, denúncia, rescisão ou extinção do convênio ou contrato de repasse, os saldos financeiros remanescentes, incluindo os provenientes de receitas de aplicações, serão devolvidos ao órgão repassador, no prazo improrrogável de 30 dias do evento, sob pena de instauração de tomada de contas especial. (Ver Capítulo 18 – Seção 18.5.)

Ocorrendo denúncia do convênio, anteriormente prevista no art. 57 do Decreto nº 93.872/86, revogado pelo Decreto nº 6.170, de 25-7-07, nos novos termos estabelecidos pelo seu art. 12, os partícipes ficam responsáveis pelas obrigações do tempo de sua participação voluntária, da mesma forma que só auferem as vantagens relativas àquele tempo, não sendo admissível cláusula obrigatória de permanência ou sancionadora dos denunciantes.

O Decreto nº 6.170, de 25-7-07, estabeleceu prerrogativa de discutível legalidade aos Ministros da Fazenda, do Planejamento, Orçamento e Gestão, e da Controladoria-Geral da União, que, por meio de ato conjunto, poderão determinar o arquivamento de convênios com prazo de vigência há mais de cinco anos e que tenham valor registrado de até R$ 100.000,00 (art. 17).

12.9 CONTRATOS DE GESTÃO

Os contratos de gestão se constituem em um tema ainda pouco tratado pela nossa doutrina e não disciplinado de forma genérica no plano jurídico. A denominação tem sido utilizada para designar acordos celebrados com entidades da Administração Indireta, mas também com entidades privadas que atuam paralelamente ao Estado (organizações sociais) e que poderiam ser enquadradas como entidades paraestatais. A partir da Emenda Constitucional nº 19/98, passaram a ser celebrados também no âmbito da Administração Direta, entre órgãos pertencentes à mesma pessoa jurídica.[21]

---

[21] DI PIETRO, Maria Sylvia Zanella. *Parcerias na Administração Pública*. 4. ed. São Paulo: Atlas, 2002. Capítulo 10 itens 10.1 (p. 199) e 10.3.1 (p. 204-209).

Preconizando a necessidade de modernização da administração pública e com vistas à assinatura dos contratos de gestão, o extinto Ministério da Administração Federal (Mare) objetivou a qualificação de entidades como **agências executivas** ou **organizações sociais**. O pressuposto é a melhoria da eficiência e a obtenção de resultados mais eficazes. O alcance de tais objetivos está condicionado a um grau necessário e suficiente de autonomia e a um adequado sistema de avaliação do desempenho.

Nos termos da Lei nº 9.649, de 27-5-98, resultante da conversão da MP nº 1.651-43, de 1998, o Poder Executivo, por ato do Presidente da República, poderá qualificar como agência executiva a autarquia ou fundação (pública) que tenha um plano estratégico de reestruturação e de desenvolvimento institucional e que tenha celebrado contrato de gestão com o respectivo ministério supervisor, o que lhes confere um regime jurídico especial. Esses contratos estabelecerão objetivos, metas e respectivos indicadores de desempenho da entidade, bem como os recursos necessários e os critérios e instrumentos para a avaliação do seu cumprimento (arts. 51 e §§ e 52 e §§). Convém assinalar que a Emenda Constitucional nº 19, de 1998, ao introduzir o § 8º no art. 37, já previra que a autonomia gerencial, orçamentária e financeira dos órgãos e entidades da Administração Direta e Indireta poderia ser ampliada mediante contrato, a ser firmado entre seus administradores e o Poder Público.

Paralelamente, a Lei nº 9.637, de 15-5-98, resultante da conversão da MP nº 1.648-7, de 1998, conferiu ao Poder Executivo a prerrogativa de qualificar como organizações sociais pessoas jurídicas de direito privado, sem fins lucrativos, cujas atividades sejam dirigidas ao ensino, à pesquisa científica, ao desenvolvimento tecnológico, à proteção e preservação do meio ambiente, à cultura e à saúde. O contrato de gestão, a ser firmado pelo Ministro de Estado ou autoridade supervisora da área de atuação da entidade, discriminará as atribuições, responsabilidades e obrigações do Poder Público e da organização social, inclusive a estipulação de limites e critérios de remuneração e vantagens de qualquer natureza atribuíveis a seus dirigentes e empregados, no exercício de suas funções. As entidades qualificadas como organizações sociais são declaradas de interesse social e utilidade pública, para todos os efeitos legais (arts. 1º, 5º, 6º e 7º e parágrafo único e 11).

Uma terceira situação é a estabelecida pela Lei nº 9.790, de 23-3-99, que permite também a pessoas jurídicas de direito privado, sem fins lucrativos, qualificarem-se como Organização da Sociedade Civil de Interesse Público (Oscip), mediante solicitação ao Ministério da Justiça (atualmente da Justiça e Segurança Pública). Tais entidades não poderão distribuir excedentes operacionais, dividendos, bonificações, participações ou parcelas do patrimônio a seus sócios ou associados, e, sim, aplicá--los integralmente na consecução do objeto social. A Lei estabelece uma extensa relação de atividades não enquadráveis nesta condição, bem como as finalidades a que devem dedicar-se as entidades interessadas. O instrumento a ser utilizado é o termo de parceria, que discriminará os direitos, responsabilidades e obrigações do Poder Público e das Oscip (art. 1º, *caput* e §§ 1º, 2º, 3º, 9º e 10).

Estes dois tipos de organizações sociais constituem o que muitos autores têm denominado de **terceiro setor**, em alusão ao **primeiro** – Estado e ao **segundo** – mercado. Podem também ser consideradas como entidades **públicas não estatais**: exercem atividades de interesse público, mas não integram a Administração Pública. Alguns também as denominam **paraestatais**: de natureza privada, **cooperam** com a Administração; suas funções são **típicas**, mas não **exclusivas** do Estado. Note-se, contudo, que o chamado terceiro setor é mais abrangente, porque compreenderia, ainda, outras entidades, como as declaradas de utilidade pública de um modo geral e as que recebem certificado de fins filantrópicos.[22]

RESUMO

A seguir, estão contemplados os principais assuntos discorridos no capítulo.

- Obrigação é vínculo jurídico que nasce da lei ou de ato de vontade, de caráter positivo (dar, fazer algo) ou negativo (não fazer algo), em proveito de outrem.
- Ato unilateral é a declaração eficaz da vontade de uma única pessoa.
- Ato bilateral – o que interessa neste texto – consiste na participação das vontades de mais de uma pessoa, sendo, cada uma delas, uma parte no relacionamento.
- O principal efeito do contrato é criar um vínculo jurídico entre as partes.
- Os contratos privados são os que envolvem pessoas – físicas ou jurídicas –, bem como a Administração e pessoas, e são regidos pelas normas do Direito comum.
- Contrato administrativo é o acordo de vontades contrapostas, que tem como parte a Administração, combinado para produzir consequências jurídicas sobre os contratantes. É conhecido como contrato público. A Administração, em função do regime jurídico dos contratos administrativos, goza de prerrogativas excepcionais, que extrapolam os rígidos princípios do Direito comum.
- Cláusulas essenciais são as que não podem faltar no contrato, sob pena de nulidade.
- Cláusulas implícitas são as que "existem", mesmo que não escritas.
- Garantias contratuais são exigências assecuratórias da execução do contrato.
- Os contratos administrativos são passíveis de alteração unilateral por parte da Administração, ou mediante acordo.

---

22 *Op. cit.* Capítulo 10, item 10.3.2 (p. 210-219).

- Inexecução ou inadimplemento é o descumprimento das cláusulas contratuais, no todo ou em parte. Ocorre por ação ou omissão, com culpa ou sem ela, das partes. A inexecução total ou parcial do contrato enseja sua rescisão.
- A Lei nº 8.666/93 estabelece elenco de penalidades, que alcançam desde a simples advertência, passando pela aplicação de multas, suspensão temporária em licitações, impedimento de contratar com a Administração, e indo até a declaração de inidoneidade para licitar ou contratar com a Administração.
- Cabe ao Tribunal de Contas controlar as despesas decorrentes dos contratos e demais instrumentos regidos pela Lei nº 8.666/93.
- As disposições da Lei nº 8.666/93 aplicam-se, no que for cabível, aos convênios, acordos, ajustes e outros instrumentos congêneres, celebrados pelos órgãos e entidades da Administração Pública.

ATIVIDADES PARA SALA DE AULA

1) Discuta as principais diferenças entre contrato privado e contrato administrativo, e as peculiaridades do convênio.
2) Você concorda que a Administração deva ter prerrogativas excepcionais nas suas relações com os agentes privados?

13

PLANO DE CONTAS DA ADMINISTRAÇÃO PÚBLICA

OBJETIVOS DE APRENDIZAGEM
Ao final deste capítulo, o aluno deverá ser capaz de: • compreender o significado e o funcionamento de um Plano de Contas da Administração Pública, e a sua inserção em um sistema de contas.

13.1 INTRODUÇÃO

O Plano de Contas é o conjunto de contas, previamente definidas, representativas da situação patrimonial e de suas variações, efetivas ou potenciais, organizadas e codificadas com o objetivo de sistematizar e uniformizar o registro contábil dos atos e fatos de uma gestão, de modo a permitir a elaboração das demonstrações contábeis e de relatórios gerenciais, no interesse da Administração e de quaisquer outros interessados nas informações relativas ao desempenho dos responsáveis pela gestão pública.

No âmbito da Administração Federal, como marco inicial de uma fase mais recente de reorganização das Finanças Públicas, cita-se o Plano de Contas elaborado conforme a Instrução Normativa nº 23, de 23-12-86, da Secretaria do Tesouro Nacional (STN), que continha essencialmente uma Relação das Contas, a Tabela de Eventos e os Indicadores Contábeis.

13.2 CONCEITOS GERAIS

De acordo com essa nova concepção, a reformulação do Plano de Contas é efetuada visando proporcionar maior flexibilidade no gerenciamento e consolidação de dados, além de atender, em todos os níveis da Administração Federal, às necessidades de informações. Portanto, de acordo com seu propósito, deve permitir o Plano de Contas:

- a identificação, a classificação e a escrituração contábil, pelo método das partidas dobradas, dos atos e fatos de uma gestão, de maneira padronizada, uniforme e sistematizada;
- a evidenciação da situação de todos quantos arrecadem receitas, efetuem despesas e administrem ou guardem bens pertencentes ou confiados a uma gestão;
- o conhecimento da composição e situação do patrimônio;
- a determinação dos custos dos serviços industriais;
- o acompanhamento e o controle da execução orçamentária, evidenciando a receita prevista, lançada, realizada e a realizar, bem como a despesa autorizada, empenhada, realizada, liquidada, paga e as dotações disponíveis;
- o levantamento dos balanços orçamentário, financeiro e patrimonial, da demonstração das variações patrimoniais, do fluxo de caixa, das mutações do patrimônio líquido e do resultado econômico;
- a análise e a interpretação dos resultados econômicos e financeiros;
- a individualização dos devedores e credores, com a especificação necessária ao controle contábil do direito ou obrigação;
- o controle contábil dos direitos e obrigações potenciais oriundos de contratos, convênios, acordos, ajustes e outros instrumentos congêneres.

A utilização de um Plano de Contas, no âmbito da Administração Pública em sentido mais amplo, abrange todos os Poderes em todas as esferas, compreendendo não só a Administração Direta, inclusive seus órgãos autônomos e fundos especiais, e as entidades da Administração Indireta que integram o Siafi na modalidade de uso total, aí compreendidas autarquias (inclusive especiais), fundações instituídas e mantidas pelo Poder Público, bem como qualquer empresa estatal dependente, que, no conceito da Lei de Responsabilidade Fiscal – art. 2º, inciso III –, "é a empresa controlada que receba do ente controlador recursos financeiros para pagamento de despesas com pessoal ou de custeio em geral ou de capital, excluídos, no último caso, aqueles provenientes de aumento de participação acionária".

A STN e o Grupo Técnico de Procedimentos Contábeis têm a incumbência de elaborar o Plano de Contas Aplicado ao Setor Público (Pcasp), levando em consideração os padrões internacionais de Contabilidade do Setor Público, e as regras e procedimentos de Estatísticas de Finanças Públicas reconhecidos por organizações internacionais.[1]

---

[1] A incumbência atribuída à STN decorre da não implementação do Conselho de Gestão Fiscal, criado pela LRF, conforme art. 67, cujo inciso III do *caput*, a que cabe a adoção de normas de consolidação das contas públicas, padronização das prestações de contas e dos relatórios e demonstrativos de gestão fiscal. Esse Conselho deve ser formado por representantes de todos os Poderes e esferas de governo, inclusive do Ministério Público e de entidades técnicas representativas da sociedade.

Essa implementação se deu gradualmente a partir de 2012 e integralmente até o término do exercício de 2014 para a União, Estados, Distrito Federal e Municípios, em relação aos Procedimentos Contábeis Patrimoniais – Parte II do Manual de Contabilidade Aplicada ao Setor Público (Mcasp), e de forma obrigatória a partir de 2012 para os Procedimentos Contábeis Específicos – Parte III. A adoção do Plano de Contas Aplicado ao Setor Público (Pcasp) – Parte IV e das Demonstrações Contábeis Aplicadas ao Setor Público (Dcasp) – Parte V teve como prazo limite o término do exercício de 2014.

Essas normas foram baixadas pelas Portarias STN n°s 828, de 14-12-11, 437, de 12-7-12, e 753, de 21-12-12, com base na condição de que se investiu a Secretaria do Tesouro Nacional, como órgão central do Sistema de Contabilidade Federal.

A plena consolidação nacional e por esfera de governo se tornou, portanto, aplicável a partir do exercício de 2015.

Registre-se que o Mcasp deve ter como referência as Normas Brasileiras de Contabilidade Aplicadas ao Setor Público (NBC TSP).

O novo Plano de Contas é composto por tabela de atributos da conta contábil, relação de contas e estrutura padronizada de lançamentos.

13.3 ESTRUTURA

As contas contábeis estão segregadas em grandes grupos, de acordo com as características dos atos e fatos nelas registrados. Esta nova estrutura é compatível com os diversos sistemas de informações contábeis. Deste modo, o Plano de Contas Aplicado ao Setor Público (Pcasp) está estruturado de acordo com as seguintes naturezas das informações contábeis:

- orçamentárias – relacionadas com o planejamento e a execução orçamentária;
- patrimoniais – relacionadas com a composição do patrimônio líquido e suas variações qualitativas e quantitativas;
- de controle – relacionadas com os efeitos de possíveis modificações no patrimônio, além das funções específicas de controle.

O Pcasp compreende sete níveis de desdobramento, classificados e codificados de acordo com a seguinte estrutura, aplicável a todos os entes:

1º NÍVEL – CLASSE ____________________ X
2º NÍVEL – GRUPO ____________________ X
3º NÍVEL – SUBGRUPO ____________________ X
4º NÍVEL – TÍTULO ____________________ X
5º NÍVEL – SUBTÍTULO ____________________ X
6º NÍVEL – ITEM ____________________ XX
7º NÍVEL – SUBITEM ____________________ XX

Isto significa dizer que, por exemplo, se uma conta estiver detalhada até o 4º nível, o ente poderá detalhá-la a partir do 5º nível.

Você sabia?

Os entes da Federação poderão ter mais níveis – posteriores – de desdobramento. Como exceção a essa regra, pode dar-se a abertura do 5º nível das contas de natureza de informação patrimonial, em intra-OFSS (transação entre unidades da mesma esfera), inter-OFSS (transação entre diferentes esferas) ou consolidação, quando tal conta não existir no Pcasp e o ente entender como necessário. Isto permitirá segregar os valores que serão incluídos e excluídos nos processos de consolidação, inclusive em relação aos diversos tipos de orçamentos.

O primeiro nível representa a classificação máxima na agregação das contas nas seguintes **classes**:

1. Ativo.
2. Passivo e Patrimônio Líquido.
3. Variações Patrimoniais Diminutivas.
4. Variações Patrimoniais Aumentativas.
5. Controles da Aprovação do Planejamento e Orçamento.
6. Controles da Execução do Planejamento e Orçamento.
7. Controles Devedores.
8. Controles Credores.

A natureza da informação evidenciada pelas contas das quatro primeiras classes é patrimonial; a das classes 5 e 6 é orçamentária; a das duas últimas é de controle (atos com efeitos potenciais e diversos controles).

Os registros são efetuados pelo método das partidas dobradas e os lançamentos devem ser a débito e a crédito de contas da mesma natureza da informação; portanto, estarão **fechados** dentro das respectivas classes: 1, 2, 3 e 4, 5 e 6, e 7 e 8.

As contas com informações de natureza patrimonial representam os fatos financeiros e não financeiros relacionados com as variações qualitativas e quantitativas do patrimônio público; integram o Ativo, Passivo, Patrimônio Líquido, Variações Patrimoniais Diminutivas (VPD) e Variações Patrimoniais Aumentativas (VPA).

As contas com informações de natureza orçamentária, que representam os atos e fatos relacionados com o planejamento e a execução orçamentária, registram aprovação e execução do planejamento e orçamento, inclusive Restos a Pagar.

As contas com informações de natureza típica de controle representam os atos de gestão passíveis de provocar modificações no patrimônio, além das com função precípua de controle.

Com relação às classes 5, 6, 7 e 8, quando lançamento representar o início de uma sequência dos fatos, a partida dobrada envolverá as duas classes simultaneamente (5 e 6, 7 e 8); são lançamentos horizontais. Depois do lançamento inicial, todos os subsequentes serão realizados nas classes pares (6 a 8); são lançamentos verticais.

O segundo nível representa o **desdobramento da classe**, cuja estrutura básica do Plano de Contas em nível de classe/grupo consiste na seguinte disposição:

1. Ativo 1.1 Ativo Circulante 1.2 Ativo Não Circulante	**2. Passivo e Patrimônio Líquido** 2.1 Passivo Circulante 2.2 Passivo Não Circulante 2.3 Patrimônio Líquido
3. Variação Patrimonial Diminutiva 3.1 Pessoal e Encargos 3.2 Benefícios Previdenciários e Assistenciais 3.3 Uso de Bens, Serviços e Consumo de Capital Fixo 3.4 Variações Patrimoniais Diminutivas Financeiras 3.5 Transferências Concedidas 3.6 Desvalorização e Perda de Ativos 3.7 Tributárias 3.9 Outras Variações Patrimoniais Diminutivas	**4. Variação Patrimonial Aumentativa** 4.1 Impostos, Taxas e Contribuições de Melhoria 4.2 Contribuições 4.3 Exploração e Venda de Bens, Serviços e Direitos 4.4 Variações Patrimoniais Aumentativas Financeiras 4.5 Transferências Recebidas 4.6 Valorização e Ganhos com Ativos 4.9 Outras Variações Patrimoniais Aumentativas
5. Controles da Aprovação do Planejamento e Orçamento 5.1 Planejamento Aprovado 5.2 Orçamento Aprovado 5.3 Inscrição de Restos a Pagar	**6. Controles da Execução do Planejamento e Orçamento** 6.1 Execução do Planejamento 6.2 Execução do Orçamento 6.3 Execução de Restos a Pagar
7. Controles Devedores 7.1 Atos Potenciais 7.2 Administração Financeira 7.3 Dívida Ativa 7.4 Riscos Fiscais 7.8 Custos 7.9 Outros Controles	**8. Controles Credores** 8.1 Execução dos Atos Potenciais 8.2 Execução da Administração Financeira 8.3 Execução da Dívida Ativa 8.4 Execução dos Riscos Fiscais 8.8 Apuração de Custos 8.9 Outros Controles

Os ativos são recursos controlados pela entidade como resultado de eventos passados e dos quais se espera que resultem em benefícios econômicos ou potencial de serviços. Os passivos são obrigações existentes da entidade, derivadas de eventos passados, cujos pagamentos se espera que resultem em saídas de recursos capazes de gerar benefícios econômicos ou potencial de serviços. O patrimônio líquido, saldo patrimonial ou situação líquida patrimonial é o valor remanescente dos ativos depois de deduzidos todos os seus passivos. A segregação em **circulante** e **não**

circulante deve levar em conta os atributos de conversibilidade para os ativos e de exigibilidade para os passivos, consoante as normas nacionais e internacionais relativas ao assunto, em regra até e após 12 meses da data das demonstrações contábeis e, portanto, no Brasil, associadas ao exercício financeiro. (Esse atributo específico é indicado pelas letras *F* ou *P*, financeiro ou permanente.)

Assinale-se, por outro lado, que as contas do Passivo que dependam de autorização orçamentária para amortização ou resgate integram o Passivo Permanente. Após o primeiro estágio de execução da despesa orçamentária, representado pelo empenho, devem integrar o Passivo financeiro, independentemente de implemento de condição, nos termos do art. 58 da Lei nº 4.320, de 1964. Pelo empenho, efetiva-se a autorização conferida pela LOA ou pelas leis de créditos adicionais. A transposição de valores do Passivo, de permanente para financeiro, pode ser efetuada utilizando-se a sistemática de controle por meio de conta-corrente, ou mesmo pela simples duplicação de contas – uma financeira e outra permanente.

Tradicionalmente, a distinção entre os dois grupos de passivos costuma ser estabelecida por meio da classificação entre dívida flutuante e consolidada, que é, aliás, a denominação utilizada pela Lei de Responsabilidade Fiscal. A esse propósito, é importante destacar que, para esse efeito, integram a dívida pública consolidada as operações de crédito de prazo **inferior a 12 meses** cujas receitas tenham constado do orçamento (Lei Complementar nº 101, de 2000, art. 29, § 3º).

Ressalte-se também que a estrutura de classificação adotada é extremamente relevante para a apuração do chamado **superávit financeiro**, valor que é levado em consideração para a abertura de créditos adicionais no exercício subsequente ao do levantamento do balanço patrimonial, de acordo com a regra do art. 43 da Lei nº 4.320, de 1964.

O Patrimônio Líquido é composto pelo patrimônio/capital social, reservas de capital, ajustes de avaliação patrimonial, reservas de lucros, ações ou cotas em tesouraria, resultados acumulados e outros desdobramentos do saldo patrimonial. O resultado do período deve estar segregado dos resultados acumulados anteriores. Na hipótese de o Passivo exceder o Ativo, tem-se o denominado Passivo a Descoberto.

As variações patrimoniais provocam alterações nos componentes patrimoniais, mesmo em caráter compensatório, afetando ou não seu resultado. Daí decorre a classificação dessas variações em qualitativas – que alteram apenas a composição patrimonial, sem afetar o Patrimônio Líquido (permutativas) – ou quantitativas, que podem ser aumentativas ou diminutivas, por afetarem para mais ou para menos o Patrimônio Líquido (modificativas). São chamadas de mistas ou compostas as variações que afetam a composição específica dos elementos patrimoniais com efeitos simultâneos e complementares no montante do Patrimônio Líquido. O somatório das variações líquidas do Patrimônio Líquido constitui o resultado patrimonial em cada exercício.

A consolidação das demonstrações contábeis da Administração Pública, conforme estabelecido na LRF, art. 51, será efetuada pelo Poder Executivo da União – por esfera de governo e em âmbito nacional –, até 30 de junho de cada ano. Para tanto, os Municípios deverão fazê-lo até 30 de abril, com cópia para o Poder Executivo do respectivo Estado (o que possibilitará a consolidação em âmbito estadual), e os Estados, até 31 de maio. O descumprimento dos prazos impede a esses entes receberem transferências voluntárias e contratarem operações de crédito que não sejam as destinadas ao refinanciamento do principal atualizado da dívida mobiliária. Essa é, portanto, mais uma das razões para a padronização dos procedimentos contábeis. Neste sentido, há necessidade de exclusão dos saldos recíprocos para a elaboração das demonstrações.

Desta maneira, o Pcasp foi estruturado para que as classes de natureza da informação patrimonial – Ativo (1), Passivo e Patrimônio Líquido (2), Variações Patrimoniais Diminutivas (3) e Variações Patrimoniais Aumentativas (4) – utilizassem o 5º nível para identificação de saldos recíprocos. Assim, tais contas refletem o fenômeno contábil de acordo com a sua finalidade no processo de consolidação e com as seguintes características, levando em consideração a função de cada conta específica:

x.x.x.x.1.00.00 – Consolidação – Compreende os saldos que não serão excluídos nos demonstrativos consolidados dos orçamentos Fiscal e da Seguridade Social;

x.x.x.x.2.00.00 – Intra-OFSS – Compreende os saldos que serão excluídos nos demonstrativos consolidados dos dois orçamentos no mesmo ente;

x.x.x.x.3.00.00 – Inter-OFSS União – Compreende os saldos que serão excluídos nos demonstrativos consolidados dos dois orçamentos de entes distintos, resultantes das transações entre o ente e a União;

x.x.x.x.4.00.00 – Inter-OFSS Estado – Compreende os saldos que serão excluídos nos demonstrativos consolidados dos dois orçamentos de entes distintos, resultantes das transações entre o ente e um Estado;

x.x.x.x.5.00.00 – Inter-OFSS Município – Compreende os saldos que serão excluídos nos demonstrativos consolidados dos dois orçamentos, resultantes das transações entre o ente e um Município.

Caso o ente necessite identificar outras transações dessa natureza além das previstas no Pcasp poderá fazê-lo por meio da criação de contas **inter** e **intra** nesse mesmo nível.

As contas do 5º nível – Subtítulo – com dígito 1 (Consolidação) são aquelas cujos saldos constarão dos demonstrativos consolidados, e resultam de três situações:

- transações efetuadas entre uma unidade pertencente ao orçamento Fiscal e da Seguridade Social (OFSS) com pessoa ou unidade que não pertença ao OFSS de nenhum ente público;

- bens provenientes de transações entre duas unidades pertencentes ao orçamento do mesmo ente (intra-OFSS) ou de entes distintos (inter-OFSS), sob a justificativa de que, no caso, não há duplicidade de saldos a ser excluída, pois o bem é **apenas** transferido de uma unidade para outra;
- eventos internos em que não há relação com outras entidades (o que carece de maior explicitação).

As contas no 5º nível com dígito 2 (intra-OFSS) deverão ser excluídas na consolidação em cada ente. As contas no 5º nível com dígitos 2, 3, 4 e 5 deverão ser excluídas na consolidação nacional, realizada pelo Poder Executivo Federal.

Em síntese, a lógica da consolidação é a seguinte;

Consolidação	Inclui Contas de 5º nível	Exclui Contas de 5º nível
De cada ente	1 (Consolidação) e 3, 4 e 5 (Inter-OFSS)	2 (Intra-OFSS)
Nacional, realizada pelo Poder Executivo Federal	1 (Consolidação)	2 (Intra-OFSS) e 3, 4, e 5 (Inter-OFSS)

13.4 SISTEMAS CONTÁBEIS

A Resolução CFC nº 1.129, de 2008, alterada pelas Resoluções nºs 1.268, de 2009, e 1.437, de 2013, aprovou a NBC T 16.2, que dispõe sobre o patrimônio e sistemas contábeis. Mesmo tendo sido revogada pela NBC TSP Estrutura Conceitual, de 23-9-16, continua relacionada no Portal do CFC entre as Normas Brasileiras de Contabilidade aplicadas ao Setor Público.

De acordo com seu item 10, "O sistema contábil representa a estrutura de informações sobre identificação, mensuração, registro, controle, evidenciação e avaliação dos atos e dos fatos da gestão do patrimônio público, com o objetivo de orientar e suprir o processo de decisão, a prestação de contas e a instrumentalização do controle social".

Nos termos do item 11, "A Contabilidade Aplicada ao Setor Público é organizada na forma de sistemas de informações, cujos subsistemas, conquanto possam oferecer produtos diferentes em razão da respectiva especificidade, convergem para o produto final, que é a informação sobre o patrimônio público".

Por seu turno, dispõe o item 12 que o sistema contábil está estruturado segundo subsistemas de informações:

- orçamentário – registra, processa e evidencia os atos e os fatos relacionados com o planejamento e a execução orçamentária;

- financeiro (relacionado com os ingressos, desembolsos e disponibilidades no início e no final do período) – excluído pela Resolução CFC nº 1.268, de 2009;
- patrimonial – registra, processa e evidencia os fatos **financeiros** (grifo dos autores) e não financeiros relacionados com as variações qualitativas e quantitativas do patrimônio público; (Redação da Resolução CFC nº 1.268, de 2009.)
- custos – registra, processa e evidencia os custos dos bens e serviços, produzidos e ofertados à sociedade pela entidade pública, consoante a NBC T 16.11; (Redação dada pela Resolução nº 1.437, de 2013.)
- compensação – registra, processa e evidencia os atos de gestão cujos efeitos possam produzir modificações no patrimônio da entidade do setor público, bem como aqueles com funções específicas de controle.

Note-se, portanto, que o subsistema financeiro foi **incorporado** pelo patrimonial, do qual, em certo sentido, já fazia parte.

É também relevante notar que a pretensão de apuração dos custos das ações governamentais consta de dispositivos legais pelo menos desde a edição da Lei nº 4.320, de 1964. Pela sua inclusão nos grupos de contas de controles devedores e credores, faz supor que terá finalidade eminentemente gerencial.

Por fim, o item 13 estabelece que:

> Os subsistemas devem ser integrados entre si e a outros subsistemas de informações de modo a subsidiar a administração pública sobre:
>
> a) desempenho da unidade contábil no cumprimento da sua missão;
>
> b) avaliação dos resultados obtidos na execução das ações do Setor Público com relação à economicidade, à eficiência, à eficácia e à efetividade; (Redação dada pela Resolução nº 1.437, de 2013.)
>
> c) avaliação das metas estabelecidas pelo planejamento;
>
> d) avaliação dos riscos e das contingências;
>
> e) conhecimento da composição e movimentação patrimonial. (Incluído pela Resolução nº 1.437, de 2013.)

Com relação ao registro contábil propriamente dito, assinale-se que a Resolução nº 1.132, de 2008, do Conselho Federal de Contabilidade (revogada e relacionada nos mesmos termos antes mencionados), aprovou a NBC T 16.5, que, entre outros pontos, define como característica do registro e da informação contábil no Setor Público a uniformidade. Nesse sentido, os registros contábeis e as informações devem observar critérios padronizados e contínuos de identificação, classificação, mensuração, avaliação e evidenciação, de modo que fiquem compatíveis, mesmo que geradas por diferentes entidades. Esse atributo permite a interpretação e a análise das informações, levando-se em consideração a possibilidade de se comparar a situação econômico-financeira de uma entidade do Setor Público em distintas épocas de sua atividade – item 4 (j).

Nos termos do item 5 (com a redação dada pela Resolução nº 1.437, de 2013):

> A entidade do Setor Público deve manter sistema de informações contábil refletido em Plano de Contas que compreenda:
>
> a) a terminologia de todas as contas e sua adequada codificação, bem como a identificação do subsistema a que pertence, a natureza e o grau de desdobramento, possibilitando os registros de valores e a integração dos subsistemas;
>
> b) a função atribuída a cada uma das contas;
>
> c) o funcionamento das contas;
>
> d) a utilização do método das partidas dobradas em todos os registros dos atos e dos fatos que afetam ou possam vir a afetar o patrimônio das entidades do Setor Público, de acordo com sua natureza de informação;
>
> e) (excluída);
>
> f) tabela de codificação de registros que identifique o tipo de transação, as contas envolvidas, a movimentação a débito e a crédito e os subsistemas utilizados.

13.5 TABELA DE EVENTOS

A tabela de eventos é o instrumento utilizado pelas unidades gestoras no preenchimento das telas e/ou documentos de entrada do Sistema Integrado de Administração Financeira do Governo Federal (Siafi).

Os eventos correspondem aos atos e fatos administrativos, codificados com seis algarismos (XX.X.XXX), convertendo esses atos e fatos em registros contábeis automáticos. Os dois primeiros dígitos identificam a classe de eventos – conjunto de eventos de uma mesma natureza –, estando associados aos próprios documentos de entrada do Siafi (conforme índice a seguir); o terceiro dígito indica o tipo de utilização, a situação do registro;[2] e os três últimos dígitos, a codificação sequencial.

A classe dos eventos é a seguinte:

10.0.000 – Previsão da receita

20.0.000 – Dotação da despesa

30.0.000 – Movimentação de crédito

---

[2] Situação do registro:
(0) Evento utilizado pelo gestor (normal)
(1) Evento do Siafi utilizado pelo sistema (máquina)
(2) Evento complementar de evento normal
(3) Evento complementar de evento de sistema
(5) Estorno de evento pelo gestor
(6) Estorno do evento de sistema
(7) Estorno do evento complementar de evento normal
(8) Estorno do evento complementar de evento de sistema

40.0.000 – Empenho da despesa

50.0.000 – Apropriações, retenções, liquidações e outros

51.0.000 – Apropriações de despesas

52.0.000 – Retenções de obrigações

53.0.000 – Liquidações de obrigações

54.0.000 – Registros diversos

55.0.000 – Apropriações de direitos

56.0.000 – Liquidações de direitos

60.0.000 – Restos a Pagar

61.0.000 – Liquidação de Restos a Pagar

70.0.000 – Transferências financeiras

80.0.000 – Receita

Exemplificando:

10.0.030 – Previsão orçamentária inicial de receita constante do OGU.

20.0.031 – Registra a fixação da despesa constante do orçamento aprovado pela autoridade competente.

51.0.100 – Apropriação de despesas de pessoal ativo, inativo e pensionista, bem como as obrigações patronais correspondentes, relativas a aplicações diretas.

A tabela de eventos tem os fundamentos lógicos adiante discriminados.

1. Os eventos mantêm correlação com os documentos de entrada do Siafi, com exceção dos eventos das classes 50, 60, 70 e 80, que podem constar indistintamente na Nota de Lançamento (NL), Ordem Bancária (OB) e Guia de Recolhimento (GR).
2. Os eventos 10.0.XXX são utilizados de forma individual na NL e destinam-se a registrar a previsão da receita.
3. Os eventos 20.0.XXX são utilizados na Nota de Dotação (ND) e registram a dotação da despesa. Estes eventos são preenchidos de forma individual, com algumas exceções de utilização conjugada, porém com eventos da mesma classe.
4. Os eventos 30.0.XXX são utilizados de forma individual na Nota de Movimentação de Créditos (NC) ou Pré-empenho (PE), e destinam-se a registrar a movimentação de créditos orçamentários.

5. Os eventos 40.0.XXX são utilizados na Nota de Empenho (NE) ou Pré-empenho (PE),[3] de forma individual, e objetivam registrar a emissão de empenhos ou pré-empenhos.
6. Os eventos da classe 50 (50.0.XXX) não podem apresentar-se de forma individual (exceto os de classe 54) em uma Nota de Lançamento (NL), porque são eventos representativos de partida contábil de débitos (51, 53 e 55) e de créditos (52 e 56). A combinação natural destes eventos é a seguinte:
   - os eventos 51.0.XXX são utilizados sempre que a despesa for reconhecida, esteja ou não em condições de pagamento. Estes eventos exigem como complemento os eventos 52.0.XXX para o caso de registro de retenção e/ou obrigação na Nota de Lançamento. No caso de pagamento direto, o evento da despesa será utilizado diretamente na Ordem Bancária que apropriará e liquidará simultaneamente a despesa (debita-se Despesa e credita-se Bancos);
   - os eventos 52.0.XXX são utilizados normalmente em conjunto com os 51.0.XXX, sempre que houver retenção da obrigação para pagamento posterior;
   - os eventos 53.0.3XX são utilizados para liquidar obrigações retidas através dos eventos 52.0.2XX, e suas dezenas finais mantêm, em sua maioria, correlação entre si, para facilitar a identificação e o uso dos mesmos.

     Por exemplo, o evento 52.0.214 – **Inscrição de obrigações com fornecedores** mantém correlação com o evento 53.0.314 – **Liquidação de obrigações com fornecedores**;
   - os eventos 54.0.XXX são utilizados de forma individual e se destinam à realização de registros contábeis diversos;
   - os eventos 55.0.XXX são utilizados para apropriar os valores representativos de direitos, inclusive nos desembolsos efetuados pela unidade gestora para posterior prestação de contas;
   - os eventos 56.0.6XX são utilizados para liquidar os direitos apropriados através dos eventos 55.0.5XX, sendo que, para facilitar a identificação e o uso dos mesmos, suas dezenas finais mantêm correlação entre si, na maioria dos casos.
7. Os eventos 61.0.XXX são utilizados para liquidar os Restos a Pagar inscritos no final do exercício anterior e exigem contrapartida com eventos de saída de bancos.
8. Os eventos 70.0.XXX são utilizados para realização de transferências financeiras e exigem contrapartida com eventos de saída de bancos.

---

[3] Bloqueio espontâneo e temporário de dotação, como, por exemplo, no "bloqueio de crédito" para garantia de que a dotação seja utilizada no que se pretende empenhar.

9. Os eventos 80.0.XXX são utilizados para apropriação da receita e exigem, como contrapartida, eventos de entrada em Bancos.

Em termos contábeis, a entrada de dados no Sistema somente será efetuada se os documentos registrarem eventos que, isoladamente ou em conjunto, gerem partidas dobradas (total de débitos = total de créditos).

A tabela de eventos veio substituir a forma usual de apresentação de um Plano de Contas no que tange à correspondência entre as contas (Digrafograma).

RESUMO

A seguir, estão contemplados os principais assuntos discorridos no capítulo.

- O Plano de Contas é o conjunto de contas, previamente definidas, representativas da situação patrimonial e de suas variações, efetivas ou potenciais, organizadas e codificadas.
- O seu objetivo é sistematizar e uniformizar o registro contábil dos atos e fatos de uma gestão, de modo a permitir a elaboração das demonstrações contábeis e de relatórios gerenciais, para suporte às decisões de quaisquer interessados nessas informações.
- O Plano de Contas Aplicado ao Setor Público (Pcasp) compreende sete níveis de desdobramento.
- O sistema contábil representa a estrutura de informações sobre identificação, mensuração, registro, controle, evidenciação e avaliação dos atos e dos fatos da gestão do patrimônio público, com o objetivo de orientar e suprir o processo de decisão, a prestação de contas e a instrumentalização do controle social.
- O sistema contábil da Administração Pública está estruturado segundo os subsistemas: orçamentário, patrimonial, de custos e de compensação.
- A tabela de eventos é o instrumento utilizado pelas unidades gestoras no preenchimento das telas e/ou documentos de entrada do Sistema Integrado de Administração Financeira do Governo Federal (Siafi).

ATIVIDADES PARA SALA DE AULA

1) Qual é a importância de um Plano de Contas na Administração Pública? Discuta com seus colegas as necessidades de cada tipo de usuário da informação contábil.
2) Discuta as principais características dos diversos subsistemas de informações do sistema contábil público e compare-as com a contabilidade do setor privado.

14

CONTABILIZAÇÃO DAS OPERAÇÕES TÍPICAS NA ADMINISTRAÇÃO PÚBLICA

OBJETIVOS DE APRENDIZAGEM
Ao final deste capítulo, o aluno deverá ser capaz de: • identificar o tratamento legal dado à contabilização de operações típicas na Administração Pública; • reconhecer exemplos de lançamentos típicos do Setor Público.

14.1 INTRODUÇÃO

Nos termos da Resolução CFC nº 1.131, de 2008 – NBC T 16.4 –, que, mesmo revogada pela NBC TSP Estrutura Conceitual, continua relacionada no Portal do CFC (NBC Aplicadas ao Setor Público), as transações no Setor Público compreendem os atos e os fatos que promovem alterações qualitativas ou quantitativas, efetivas ou potenciais, no patrimônio das entidades do setor público, as quais são objeto de registro contábil em estrita observância aos princípios de Contabilidade e às Normas Brasileiras de Contabilidade Aplicadas ao Setor Público. (Redação dada pela Resolução CFC nº 1.437, de 2013.)

14.2 CONCEITOS GERAIS

As transações aludidas na Introdução, de acordo com suas características e os reflexos causados no patrimônio público, são de natureza:

- econômico-financeira – quando se originam de fatos que afetam o patrimônio público, independentemente de resultarem ou não da execução do orçamento, e as alterações que provocam são qualitativas ou quantitativas, efetivas ou, inclusive, potenciais;

- administrativa – quando não afetam o patrimônio público, originando-se de atos administrativos que visam dar cumprimento às metas programadas e manter em funcionamento as atividades da entidade.

Por outro lado, as variações patrimoniais traduzem as alterações nos elementos patrimoniais, ainda que em caráter compensatório, afetando ou não o resultado. Quando afetam o Patrimônio Líquido, devem manter correlação com as respectivas contas patrimoniais, de modo a permitir a identificação dos efeitos nas contas patrimoniais produzidos pela movimentação das contas de resultado.

As variações são consideradas qualitativas quando há alteração na composição dos elementos patrimoniais sem afetar o Patrimônio Líquido; são quantitativas quando há aumento ou diminuição do Patrimônio Líquido. As variações que afetam, simultaneamente, a composição qualitativa e a expressão quantitativa dos elementos patrimoniais são denominadas mistas ou compostas.

As transações que envolvem valores de terceiros – em que a entidade se constitui como fiel depositária, sem afetação do Patrimônio Líquido – devem ser demonstradas de forma segregada.

14.3 REGISTROS CONTÁBEIS

A Resolução CFC nº 1.132, de 2008 – NBC T 16.5 –, a que se estendem as mesmas observações referentes à Resolução nº 1.131, de 2008, enumera uma longa relação de características do registro e da informação contábil no Setor Público, com observância aos princípios e às Normas Brasileiras Aplicadas ao Setor Público: comparabilidade, compreensibilidade, confiabilidade, fidedignidade, imparcialidade, integridade, objetividade, representatividade, tempestividade, uniformidade, utilidade, verificabilidade, visibilidade.

São elementos essenciais do registro contábil:

- a data da ocorrência da transação;
- a conta debitada;
- a conta creditada;
- o histórico da transação de forma descritiva ou por meio do uso de código de histórico padronizado, quando se tratar de escrituração eletrônica, baseado em tabela auxiliar inclusa em Plano de Contas;
- o valor da transação;
- o número de controle para identificar os registros eletrônicos que integram um mesmo lançamento contábil.

A Resolução também estabelece que a entidade do Setor Público deve manter o sistema de informação contábil refletido em Plano de Contas que compreenda:

- a terminologia de todas as contas e sua adequada codificação, bem como a identificação do subsistema a que pertence, a natureza e o grau de desdobramento, possibilitando os registros de valores e a integração dos subsistemas;
- a função atribuída a cada uma das contas;
- o funcionamento das contas;
- a utilização do método das partidas dobradas em todos os registros dos atos e dos fatos que afetam ou possam vir a afetar o patrimônio, de acordo com sua natureza de informação (redação dada pela Resolução CFC nº 1.437, de 2013);
- tabela de codificação de registros que identifique o tipo de transação, as contas envolvidas, a movimentação a débito e a crédito e os subsistemas utilizados.

O agrupamento das contas segundo suas funções deve possibilitar:

- identificar, classificar e efetuar a escrituração contábil de maneira uniforme e sistematizada;
- acompanhar e controlar a aprovação e a execução do planejamento e do orçamento, evidenciando a receita prevista, lançada, realizada e a realizar, bem como a despesa autorizada, empenhada, realizada, liquidada, paga e as dotações disponíveis;
- elaborar os balanços orçamentário, financeiro e patrimonial, a demonstração das variações patrimoniais, de fluxo de caixa, das mutações do Patrimônio Líquido e do resultado econômico;
- conhecer a composição e situação do patrimônio analisado, por meio da evidenciação de todos os ativos e passivos;
- analisar e interpretar os resultados econômicos e financeiros;
- individualizar os devedores e credores, com a especificação necessária ao controle contábil do direto ou obrigação;
- controlar contabilmente os atos potenciais oriundos de contratos, convênios, acordos, ajustes e outros instrumentos congêneres.

O Manual de Contabilidade Aplicada ao Setor Público (Mcasp) considera os atributos da conta contábil como um conjunto de características próprias que a individualizam, distinguindo-a de outra conta pertencente ao Plano de Contas, e assim os classifica:

- Atributos conceituais:
  - ✓ código – conjunto ordenado de números que permite a identificação de cada uma das contas;
  - ✓ título – palavra ou designação que identifica o seu objeto, ou seja, a razão para a qual a conta foi aberta e a classe de valores que registra;

  - ✓ função – descrição da natureza dos atos e fatos registráveis na conta, explicando de forma clara e objetiva seu papel na escrituração;
  - ✓ natureza do saldo – identificação do saldo, se (predominantemente) devedor, (predominantemente) credor ou se a conta é mista ou híbrida (saldo devedor ou credor);
- Atributos legais (de acordo com as necessidades do Ente para o atendimento das normas vigentes):
  - ✓ indicador do superávit financeiro – informação que permite identificar se as contas do Ativo e do Passivo são classificadas no Financeiro (F), Permanente (P) ou em ambos (X) (conforme a Lei nº 4.320, de 1964, art. 105), o que poderá ser feito na própria conta ou por meio de seu detalhamento variável (conta-corrente), permitindo a apuração do superávit financeiro no balanço patrimonial;
  - ✓ indicador da dívida consolidada líquida.

Cabe também destacar que os registros contábeis devem ser realizados e os seus efeitos evidenciados nas demonstrações contábeis do período com os quais se relacionam, reconhecidos, portanto, pelos respectivos fatos geradores, independentemente do momento da execução orçamentária.

Você sabia?

Outras normas correspondem às já reconhecidas para o setor privado. Convém aqui destacar que, na ausência de norma contábil aplicada ao Setor Público, o profissional da Contabilidade deve utilizar, subsidiariamente, e nesta ordem, as normas nacionais e internacionais que tratem de temas similares, evidenciando o procedimento e os impactos em notas explicativas.

Neste sentido, deve-se enfatizar que a Contabilidade Pública adota o regime contábil misto, compreendendo o regime de caixa para as receitas e o de competência para as despesas. É o que dispõe o art. 35 da Lei nº 4.320/64: "Pertencem ao exercício financeiro: I – as receitas nele arrecadadas; II – as despesas nele legalmente empenhadas".

Convém notar, entretanto, que o Manual de Contabilidade Aplicada ao Setor Público – Parte II chama a atenção para a necessidade de uma interpretação sistemática da Lei nº 4.320, de 1964, combinando o disposto no art. 35 com os arts. 89, 100 e 104, adiante transcritos.

> Art. 89. A contabilidade evidenciará os fatos ligados à administração orçamentária, financeira, patrimonial e industrial.
>
> Art. 100. As alterações da situação líquida patrimonial, que abrangem os resultados da execução orçamentária, bem como as variações independentes dessa execução e as superveniências e insubsistências ativas e passivas, constituirão elementos da conta patrimonial.

> Art. 104. A Demonstração das Variações Patrimoniais evidenciará as alterações verificadas no patrimônio, resultantes ou independentes da execução orçamentária, e indicará o resultado patrimonial do exercício.

Observe-se, portanto, que, além do registro dos fatos ligados à execução orçamentária, exige-se a evidenciação dos fatos ligados à execução financeira e patrimonial, de maneira que os fatos modificativos sejam levados à conta de resultado e que as informações contábeis permitam o conhecimento da composição patrimonial e dos resultados econômicos e financeiros de determinado exercício.

Com o objetivo de evidenciar o impacto dos fatos modificativos no patrimônio, deve haver o registro da receita sob o enfoque patrimonial (variação patrimonial aumentativa) em função do fato gerador, em obediência aos princípios da competência e da oportunidade. Ainda, no momento da arrecadação, deve haver o registro em contas específicas, demonstrando a visão orçamentária exigida no art. 35 da Lei nº 4.320/64. Assim, é possível compatibilizar e evidenciar, de maneira harmônica, as variações patrimoniais e a execução orçamentária ocorridas na entidade. Essa deve compatibilizar-se com o fluxo de disponibilidades do Tesouro, ou seja, a execução da despesa e a assunção de compromissos devem levar em conta a efetiva realização da receita.

No âmbito federal, destaque-se que, segundo o art. 130 do Decreto nº 93.872, de 23-12-86, "A contabilidade da União será realizada através das funções de orientação, controle e registro das atividades da administração financeira e patrimonial, compreendendo todos os atos e fatos relativos à gestão orçamentário-financeira e da guarda ou administração de bens da União ou a ela confiados".

E, de acordo com o art. 136 do Decreto nº 93.872/86, "A contabilidade deverá evidenciar, em seus registros, o montante dos créditos orçamentários vigentes, a despesa empenhada e a despesa realizada à conta dos mesmos créditos, as dotações disponíveis e os recursos financeiros programados". Além do mais, "a contabilidade deverá apurar o custo dos projetos e atividades, de forma a evidenciar os resultados da gestão", consoante o art. 137, o que já constava do Decreto-lei nº 200, de 1967, art. 69.

O Decreto nº 93.872/86 também estabelece que o registro sintético das operações financeiras e patrimoniais efetuar-se-á pelo método das partidas dobradas. Os débitos e créditos serão registrados com individuação do devedor ou do credor e especificação da natureza, importância e data do vencimento, quando fixada – arts. 133 e 135, do Decreto nº 93.872, de 1986.

O sistema que processa e controla a execução orçamentária, financeira, patrimonial e contábil da Administração Federal Direta e Indireta é o Sistema Integrado de Administração Financeira do Governo Federal (Siafi), implantado conforme Instruções Normativas nºs 022, de 22-12-86, e 024, de 29-12-86, da Secretaria do Tesouro Nacional/MF. As unidades da Federação adotaram sistemas similares.

No que se refere à Contabilidade, é objetivo do Siafi criar as condições para que os órgãos de contabilidade analítica realizem seus trabalhos de forma mais efetiva, permitindo que os recursos humanos disponíveis sejam alocados preponderantemente na análise e controle das saídas contábeis, e não no registro das entradas (escrituração). Assim, a escrituração contábil efetuada pelo Siafi não elimina a responsabilidade e as competências dos órgãos de contabilidade analítica, que se consubstanciarão mediante tomadas e prestações de contas, realização de controles contábeis, validação dos balancetes, balanços e demais demonstrações, controle da conformidade[1] por parte das unidades gestoras e pela manifestação de sua conformidade.

Constitui ainda objetivo do Siafi permitir que a Contabilidade Pública seja fonte segura e tempestiva de informações para todos os níveis da Administração.

14.4 LANÇAMENTOS CONTÁBEIS PADRONIZADOS E CONJUNTO DE LANÇAMENTOS PADRONIZADOS

Na dinâmica de registro contábil, várias operações rotineiras podem ser simplificadas, de modo a facilitar a operação contábil dos Entes públicos. O instrumento de simplificação da forma de registro corresponde à tabela de Lançamentos Contábeis Padronizados (LCP) e ao Conjunto de Lançamentos Padronizados (CLP), que guardam relação com um mesmo fenômeno, seja em seus aspectos patrimoniais, orçamentários ou de controle.

Os LCP fecham-se dentro de uma mesma natureza de informação. Desta forma, identificam-se padrões conforme as contas da partida dobrada nos lançamentos de primeira fórmula. Tais padrões são mapeados em eventos, de forma a facilitar suas identificações.

Os lançamentos de natureza patrimonial fecham-se dentro das classes 1 – Ativo, 2 – Passivo (Exigível e Não Exigível), 3 – Variação Patrimonial Diminutiva e 4 – Variação Patrimonial Aumentativa. Assim, por exemplo, um fato contábil que corresponda a uma permutação entre Ativo e Passivo será representado pelos algarismos 1 e 2: 12, se houver aumento de ambos; 21, quando houver redução de ambos; 31 corresponderá a uma variação patrimonial diminutiva em contas do Ativo (registro em conta retificadora de ativo ou pagamento à vista); 23 representa cancelamento de variação patrimonial diminutiva (baixa de passivo); 44 corresponde à reclassificação de variação patrimonial aumentativa.

Os lançamentos de natureza orçamentária fecham-se dentro das classes 5 – Controle da Aprovação do Planejamento e Orçamento e 6 – Controle da Execução do Planejamento e Orçamento. Deste modo, por exemplo, o lançamento correspon-

[1] Conformidade é o instrumento de fechamento da segurança do Siafi, ou seja, é a confirmação de que os dados de entrada foram correta e tempestivamente registrados, visando garantir a fidelidade das informações por ele geradas.

dente à aprovação ou fixação do planejamento ou orçamento será representado pela combinação 56; 66 representa execução orçamentária.

Os lançamentos de natureza de controle fecham-se dentro das classes 7 – Controles Devedores e 8 – Controles Credores. Neste sentido, o registro de controles ou encerramento dos mesmos será representado por 78; 87 corresponde a cancelamento dos controles ou encerramento do exercício.

A tabela de LCP engloba os lançamentos em códigos padronizados que facilitam o registro dos fenômenos patrimoniais, orçamentários e de controle. Os códigos estão estruturados da seguinte forma:

CC.SSS.T

em que CC representa os identificadores de classes das partidas dobradas; SSS, o sequencial; e T, o tipo de lançamento.

Em outras palavras, esses conjuntos são identificadores: C, da classe da conta; S, em seu conjunto, do sequencial do código do lançamento padronizado; e T, de um lançamento normal (N) ou de estorno (E).

Como uma transação ou evento qualquer pode ter relação com mais de uma natureza de informação ou mesmo mais de um registro dentro de uma mesma natureza, desenvolveu-se a tabela de Conjunto de Lançamentos Padronizados (CLP), com a finalidade de simplificar a representação desse tipo de fenômeno. Assim, os CLP correspondem a agrupamentos de LCP. Os códigos dos CLP têm a seguinte estrutura:

N.D.C.SS

que se constituem, respectivamente, nos seguintes identificadores: N – da natureza de informação (orçamentária, patrimonial ou de controle); D – do detalhamento da natureza de informação, que tem relação com o código anterior; C – que evidencia a categoria da classificação vinculada ao detalhamento da natureza de informação; e S – do sequencial do CLP que diferencia os fenômenos de mesma codificação anterior.

A tabela tem a estrutura a seguir:

Natureza da informação	Categoria	Detalhamento	Código
Orçamentário	**P**lanejamento	**P**PA	OPP
		LOA	OPL
	Receita (enfoque orçamentário)	**P**revisão	ORP
		Arrecadação	ORA
	Despesa (enfoque orçamentário)	**F**ixação	ODF
		Movimentação de Créditos	ODM
		Execução	ODE
	Restos a Pa**G**ar	**I**nscrição	OGI
		Execução	OGE

(continua)

(*continuação*)

Natureza da informação	Categoria	Detalhamento	Código
Patrimonial	**A**u**M**entativa	–	PAM
	Di**M**inutiva		PDM
	Per**M**utativa		PPM
Controle	**A**tos Potenciais	**A**tivo **P**assivo	CAA CAP
	Financeira	**P**rogramação Financeira **D**DR	CFP CFD ---------
	Dívida Ativa	**I**nscrição **E**ncaminhamento	CDI CDE
	Riscos Fiscais	**P**assivos Contingentes **O**utros ------------------------	CRP CRF
	Cu**S**tos	–	CCS
	Ou**T**ros	–	COT

A montagem dos códigos dos CLP obedece a uma ordem de precedência. A natureza de informação orçamentária tem precedência sobre a patrimonial e esta sobre a de controle. Desta maneira, fenômenos que possuam algum LCP de natureza de informação orçamentária, independentemente de possuírem LCP de outra natureza, são iniciados com o código O. Fenômenos que possuam apenas LCP patrimoniais e/ou de controle serão iniciados por P. Caso possuam apenas LCP de controle, serão iniciados por C.

Definida a natureza da informação, deve-se identificar a categoria, que tem relação com a natureza e o fenômeno representado. A título de exemplo, conforme indicado na tabela, no caso em que a natureza seja orçamentária e o fenômeno tenha relação com a despesa sob o enfoque orçamentário, a categoria corresponderá a D.

Na sequência, determina-se o detalhamento, que mantém a relação com os códigos anteriores. E o último passo é a identificação do sequencial do CLP, com dois dígitos, cuja tabela constitui anexo ao Mcasp.

Como se pode observar na tabela representada anteriormente, os códigos patrimoniais e alguns de controle (Custos e Outros) não possuem detalhamento. Neste caso, o segundo e terceiro identificadores são apresentados no nível de categoria.

Assinale-se que, como os LCP podem ser agrupados de modo a refletir um fenômeno completo, constituindo um CLP, um fenômeno que envolva execução patrimonial, orçamentária e/ou de controle será representado por meio da combinação entre LCP patrimoniais, orçamentários e/ou de controle. A título de exemplo, veja-se o conjunto de registros resultantes do empenho para pagamento de despesa de pessoal com obrigação patrimonial já existente.

Código da Conta	Título da Conta
D 6.2.2.1.1.xx.xx C 6.2.2.1.3.01.xx	Crédito disponível Crédito empenhado a liquidar

Código do LCP: 66.002.N

Código da Conta	Título da Conta
D 6.2.2.1.3.01.xx C 6.2.2.1.3.02.xx	Crédito empenhado a liquidar Crédito empenhado em liquidação

Código do LCP: 66.003.N

Código da Conta	Título da Conta
D 2.1.1.1.x.xx.xx C 2.1.1.1.x.xx.xx	Pessoal a pagar (P) Pessoal a pagar (F)

Código do LCP: 22.001.N

Código da Conta	Título da Conta
D 8.2.1.1.1.xx.xx C 8.1.2.3.x.xx.xx	Disponibilidade por destinação de recursos Disponibilidade por destinação de recursos comprometida por empenho

Código do LCP: 88.001.N
Código do CLP para empenho de despesa de pessoal: ODE.13.

14.5 LANÇAMENTOS TÍPICOS DO SETOR PÚBLICO

14.5.1 Previsão da receita orçamentária

Código da Conta	Título da Conta	Natureza de Informação
D 5.2.1.1.x.xx.xx C 6.2.1.1.x.xx.xx	Previsão Inicial da Receita Receita a Realizar	Orçamentária

LCP 56.001.N
CLP ORP.01

14.5.2 Fixação da despesa orçamentária

Código da Conta	Título da Conta	Natureza de Informação
D 5.2.2.1.1.xx.xx C 6.2.2.1.1.xx.xx	Dotação Inicial Crédito Disponível	Orçamentária

LCP 56.002.N
CLP ODF.01

14.5.3 Abertura de crédito suplementar por anulação de dotação

Código da Conta	Título da Conta	Natureza de Informação
D 6.2.2.1.1.xx.xx C 5.2.2.1.9.xx.xx	Crédito Disponível Cancelamento/Remanejamento de Dotação	Orçamentária

LCP 65.001.N

Código da Conta	Título da Conta	Natureza de Informação
D 5.2.2.1.2.01.xx C 6.2.2.1.1.xx.xx	Dotação Adicional por Tipo de Crédito – Suplementar Crédito Disponível	Orçamentária

LCP 56.003.N

Código da Conta	Título da Conta	Natureza de Informação
D 5.2.2.1.3.xx.xx C 5.2.2.1.3.xx.xx	Dotação Adicional por Fonte – Anulação de Dotação Valor Global da Dotação Adicional por Fonte	Orçamentária

LCP 55.001.N
CLP ODF.02

14.5.4 Abertura de crédito adicional por excesso de arrecadação

Código da Conta	Título da Conta	Natureza de Informação
D 5.2.2.1.2.02.xx C 6.2.2.1.1.xx.xx	Dotação Adicional por Tipo de Crédito – Especial Crédito Disponível	Orçamentária

LCP 56.004.N

Código da Conta	Título da Conta	Natureza de Informação
D 5.2.2.1.3.xx.xx C 5.2.2.1.3.xx.xx	Dotação Adicional por Fonte – Excesso de Arrecadação Valor Global da Dotação Adicional por Fonte	Orçamentária

LCP 55.002.N

Código da Conta	Título da Conta	Natureza de Informação
D 5.2.1.2.1.xx.xx C 6.2.1.1.x.xx.xx	Previsão Adicional da Receita Receita a Realizar	Orçamentária

LCP 56.005.N
CLP ODF.03

14.5.5 Arrecadação de crédito tributário anteriormente constituído

Código da Conta	Título da Conta	Natureza de Informação
D 1.1.1.1.1.xx.xx C 1.1.2.2.x.xx.xx	Caixa e Equivalentes de Caixa em Moeda Nacional (F) Créditos Tributários a Receber (P)	Patrimonial

LCP 11.001.N

Código da Conta	Título da Conta	Natureza de Informação
D 6.2.1.1.x.xx.xx C 6.2.1.2.x.xx.xx	Receita a Realizar Receita Realizada	Orçamentária

LCP 66.001.N

Código da Conta	Título da Conta	Natureza de Informação
D 7.2.1.1.x.xx.xx C 8.2.1.1.1.xx.xx	Controle da Disponibilidade de Recursos Disponibilidade por Destinação de Recursos	Controle

LCP 78.001.N
CLP ORA.05

14.5.6 Contratação de operação de crédito de curto prazo

Código da Conta	Título da Conta	Natureza de Informação
D 1.1.1.1.1.xx.xx C 2.1.2.2.1.xx.xx	Caixa e Equivalentes de Caixa em Moeda Nacional Empréstimos de Curto Prazo (P)	Patrimonial

LCP 12.001.N

Código da Conta	Título da Conta	Natureza de Informação
D 6.2.1.1.x.xx.xx C 6.2.1.2.x.xx.xx	Receita a Realizar Receita Realizada	Orçamentária

LCP 66.001.N

Código da Conta	Título da Conta	Natureza de Informação
D 7.2.1.1.x.xx.xx C 8.2.1.1.1.xx.xx	Controle da Disponibilidade de Recursos Disponibilidade por Destinação de Recursos	Controle

LCP 78.001.N
CLP ORA.02

14.5.7 Aquisição de bens do imobilizado (veículos)

- *Empenho*

Código da Conta	Título da Conta	Natureza de Informação
D 6.2.2.1.1.xx.xx C 6.2.2.1.3.01.xx	Crédito Disponível Crédito Empenhado a Liquidar	Orçamentária

LCP 66.002.N

Código da Conta	Título da Conta	Natureza de Informação
D 8.2.1.1.1.xx.xx C 8.2.1.1.2.xx.xx	Disponibilidade por Destinação de Recursos Disponibilidade por Destinação de Recursos Comprometida por Empenho	Controle

LCP 88.001.N
CLP ODE.05

- *Liquidação da despesa orçamentária e incorporação do bem*

Código da Conta	Título da Conta	Natureza de Informação
D 1.2.3.1.1.xx.xx C 2.1.3.1.1.xx.xx	Bens Móveis – Veículos (P) Fornecedores de Curto Prazo (F)	Patrimonial

LCP 12.002.N

Código da Conta	Título da Conta	Natureza de Informação
D 6.2.2.1.3.01.xx C 6.2.2.1.3.03.xx	Crédito Empenhado a Liquidar Crédito Empenhado Liquidado a Pagar	Orçamentária

LCP 66.005.N

Código da Conta	Título da Conta	Natureza de Informação
D 8.2.1.1.2.xx.xx C 8.2.1.1.3.xx.xx	Disponibilidade por Destinação de Recursos Comprometida por Empenho Disponibilidade por Destinação de Recursos Comprometida por Liquidação e Entradas Compensatórias	Controle

LCP 88.002.N
CLP ODE.06

14.5.8 Depreciação

Código da Conta	Título da Conta	Natureza de Informação
D 3.3.3.1.1.xx.xx C 1.2.3.8.1.01.xx	Depreciação Depreciação Acumulada – Veículos (P)	Patrimonial

LCP 31.003.N

14.5.9 Dívida ativa

- Controle da inscrição em dívida ativa

Código da Conta	Título da Conta	Natureza de Informação
D 7.3.2.x.x.xx.xx C 8.3.2.1.x.xx.xx	Controle da Inscrição de Créditos em Dívida Ativa Créditos a Inscrever em Dívida Ativa	Controle

LCP 78.004.N
CLP CDE.01

- Inscrição da dívida ativa

Código da Conta	Título da Conta	Natureza de Informação
D 1.2.1.1.1.xx.xx C 1.1.2.2.1.xx.xx	Créditos de Longo Prazo – Dívida Ativa (P) Créditos Tributários a Receber (P)	Patrimonial

LCP 11.004.N

Código da Conta	Título da conta	Natureza de Informação
D 8.3.2.1.x.xx.xx C 8.3.2.3.x.xx.xx	Créditos a Inscrever em Dívida Ativa Créditos Inscritos em Dívida Ativa a Receber	Controle

LCP 88.005.N
CLP PPM.04

- Reversão do ajuste para perdas de créditos vencidos para ajuste para perdas de créditos inscritos em dívida ativa

Código da Conta	Título da Conta	Natureza de Informação
D 1.1.2.9.1.xx.xx C 1.2.1.2.1.99.xx	(–) Ajuste de Perdas de Créditos de Curto Prazo (–) Ajuste de Perdas de Demais Créditos e Valores de Longo Prazo	Patrimonial

LCP 11.005.N
CLP PPN.05

P.S.: note-se que as duas contas de ajuste são retificadoras. O lançamento anterior corresponde, portanto, à transferência do ajuste, antes relativo a Créditos Tributários a Receber, para Créditos de Longo Prazo – Dívida Ativa, em virtude da inscrição desses créditos em dívida ativa.

14.5.10 Apropriação do 13° salário

Código da Conta	Título da Conta	Natureza de Informação
D 3.1.1.1.1.xx.xx C 2.1.1.1.1.xx.xx	Remuneração a Pessoal (RPPS) Pessoal a Pagar (P)	Patrimonial

LCP 32.005.N
CLP PPM.05

14.5.11 Restos a Pagar

- Inscrição em Restos a Pagar Processados – saldo da conta "Crédito Empenhado Liquidado a Pagar"

Código da Conta	Título da Conta	Natureza de Informação
D 5.3.2.7.x.xx.xx C 6.3.2.7.x.xx.xx	RP Processados – Inscrição no Exercício RP Processados – Inscrição no Exercício	Orçamentária

LCP 56.006.N
CLP OGI.01

- Inscrição em Restos a Pagar Não Processados – saldo da conta "Crédito Empenhado a Liquidar"

Código da Conta	Título da Conta	Natureza de Informação
D 5.3.1.7.x.xx.xx C 6.3.1.7.x.xx.xx	RP Não Processados – Inscrição no Exercício RP Não Processados – Inscrição no Exercício	Orçamentária

LCP 56.007.N
CLP OGI.02

RESUMO

A seguir, estão contemplados os principais assuntos discorridos no capítulo.

- As transações no Setor Público compreendem os atos e os fatos que promovem alterações qualitativas ou quantitativas, efetivas ou potenciais, no patrimônio das entidades do Setor Público, as quais são objeto de registro contábil em estrita observância aos princípios de Contabilidade e às Normas Brasileiras de Contabilidade Aplicadas ao Setor Público.
- As variações patrimoniais traduzem as alterações nos elementos patrimoniais, ainda que em caráter compensatório, afetando ou não o resultado.
- As variações são consideradas qualitativas quando há alteração na composição dos elementos patrimoniais sem afetar o Patrimônio Líquido.
- As variações que afetam simultaneamente a composição qualitativa e a expressão quantitativa dos elementos patrimoniais são denominadas mistas ou compostas.
- A Contabilidade Pública adota o regime contábil misto, compreendendo o regime de caixa para as receitas e o de competência para as despesas. É o que dispõe o art. 35 da Lei nº 4.320/64.
- Além do registro dos fatos ligados à execução orçamentária, exige-se a evidenciação dos fatos ligados à execução financeira e patrimonial, de maneira que os fatos modificativos sejam levados à conta de resultado e que as informações contábeis permitam o conhecimento da composição patrimonial e dos resultados econômicos e financeiros de determinado exercício.
- Com o objetivo de evidenciar o impacto dos fatos modificativos no patrimônio, deve haver o registro da receita sob o enfoque patrimonial (variação patrimonial aumentativa) em função do fato gerador, em obediência aos princípios da competência e da oportunidade. Ainda, no momento da arrecadação, deve haver o registro em contas específicas, demonstrando a visão orçamentária exigida no art. 35 da Lei nº 4.320/64. Assim, é possível compatibilizar e evidenciar, de maneira harmônica, as variações patrimoniais e a execução orçamentária ocorridas na entidade. Essa deve compatibilizar-se com o fluxo de disponibilidades do Tesouro, ou seja, a execução da despesa e a assunção de compromissos devem levar em conta a efetiva realização da receita.

ATIVIDADES PARA SALA DE AULA

1) Diferencie ato contábil de fato contábil, e suas implicações para fins de registro em um sistema de informações econômico-financeiras.
2) Discuta a conveniência e oportunidade de adoção ou harmonização da Contabilidade do Setor Público com as normas brasileiras de Contabilidade e com os padrões internacionais recomendados.

15

REGISTRO E CONSOLIDAÇÃO DAS CONTAS DAS ADMINISTRAÇÕES ESTADUAIS E MUNICIPAIS

OBJETIVOS DE APRENDIZAGEM
Ao final deste capítulo, o aluno deverá ser capaz de: • dominar o processo de consolidação das contas públicas.

15.1 INTRODUÇÃO

Durante vários anos, a contabilização das operações típicas das administrações estaduais e municipais foi feita utilizando-se a estrutura tradicional dos sistemas orçamentário, financeiro, patrimonial e de compensação, da mesma forma como vinham sendo efetuados os registros contábeis da Administração Federal até a implantação do Sistema Integrado de Administração Financeira do Governo Federal (Siafi).

Ao longo das últimas décadas, a maioria dos Estados e muitos Municípios foi introduzindo e aperfeiçoando novos sistemas de contabilização e de controle orçamentário-financeiro, induzidos pelas modificações realizadas no âmbito federal.

Segundo a STN, o Manual de Contabilidade Aplicado ao Setor Público (Mcasp) possui abrangência nacional, bem como permite e regulamenta o registro da aprovação e execução do orçamento. Além disso, resgata o objeto da Contabilidade, que é o patrimônio, e busca a convergência aos padrões internacionais, tendo como base a legislação nacional e os princípios da Ciência Contábil.

O Plano de Contas Aplicado ao Setor Público (Pcasp), atualizado anualmente, se tornou obrigatório para todas as esferas da Administração ao final de 2014. O

Plano de Contas estendido continua sendo facultativo; e se destina aos Entes que precisem de uma referência para desenvolvimento de suas rotinas e sistemas.

A uniformização das práticas contábeis leva em conta as Normas Brasileiras de Contabilidade Aplicada ao Setor Público, aos padrões internacionais de Contabilidade do Setor Público, aos padrões internacionais de Contabilidade do Setor Público e às regras e procedimentos de Estatística de Finanças Públicas reconhecidos por organismos internacionais.

15.2 CONSOLIDAÇÃO DAS CONTAS PÚBLICAS

A contabilização dos atos e fatos da administração pública mediante a utilização de sistemas informatizados, nos modelos do Siafi, e que tivessem um elenco de contas compatível com o Plano de Contas adotado pela Administração Federal, sempre fez parte da expectativa dos órgãos técnicos do Governo Federal, pois, entre outras vantagens, facilitaria o entendimento e a análise dos demonstrativos contábeis globais.

Com o advento da Lei Complementar nº 101, de 2000, cabe ao Poder Executivo Federal promover, até o dia 30 de junho de cada ano, a consolidação, nacional e por esfera de governo, das contas dos Entes da Federação relativas ao exercício anterior, bem como sua divulgação. Estabeleceu, ainda, a citada Lei que compete à Secretaria do Tesouro Nacional (STN), como órgão central de contabilidade da União, editar normas gerais para consolidação das contas públicas, enquanto não implantado o Conselho de Gestão Fiscal de que trata a mesma Lei. Os Estados e o Distrito Federal remeterão os dados relativos a suas contas à STN até 31 de maio; os Municípios, até 30 de abril, com cópia ao Poder Executivo do respectivo Estado.

É relevante notar que a própria Lei de Responsabilidade Fiscal estabeleceu uma punição para o descumprimento desses prazos: até o envio das contas, o Ente em situação de inadimplência fica impedido de receber transferências voluntárias e de contratar operações de crédito, com exceção do refinanciamento do principal atualizado da dívida mobiliária. Essas mesmas sanções se aplicam para o descumprimento do prazo de 30 dias após o encerramento de cada bimestre e de cada quadrimestre, respectivamente, nos casos em que não sejam publicados o Relatório Resumido da Execução Orçamentária (RREO) e o Relatório de Gestão Fiscal (RGF).

A inserção de dados dos demais Entes é realizada por meio do Sistema de Coleta de Dados Contábeis dos Entes da Federação (Sistn), lembrando-se de que devem ser englobados os referentes aos Poderes Legislativo e Judiciário e ao Ministério Público. Esse Sistema recebe também as informações constantes do RREO e do RGF, até 40 dias após o encerramento de cada bimestre e quadrimestre, respectivamente, nos termos da Portaria nº 683, de 6-10-11, da Secretaria do Tesouro Nacional. Os prazos são semestrais para os Municípios com população inferior a 50.000 habitantes, como faculta a LRF (art. 63).

Não se pode desconsiderar, ainda, que, nos termos da LRF, o Ministério da Fazenda (atualmente Ministério da Economia) deverá, em relação aos Entes da Federação:

- divulgar mensalmente a relação dos que tenham ultrapassado os limites das dívidas consolidada e mobiliária (art. 31, § 4º);
- efetuar o registro eletrônico centralizado e atualizado das dívidas públicas interna e externa, garantido o acesso público às informações (art. 32, § 4º). Para tanto, tais informações também serão inseridas no Sistn, até 31 de janeiro de cada ano, mediante o preenchimento do Cadastro de Operações de Crédito (COC), com a posição de 31 de dezembro.

Considerando-se, principalmente, que a consolidação das contas impõe necessidade de uniformização de procedimentos de execução orçamentária no âmbito de todas as esferas de governo, bem como a utilização de uma mesma classificação orçamentária de receitas e despesas públicas, foi editada a Portaria Interministerial STN/SOF nº 163, de 4-5-01 (sucessivamente alterada).

Para fins de consolidação, a Portaria STN/SOF nº 163/2001 estabeleceu, em seus arts. 2º e 5º, que todos os Entes da Federação deverão utilizar um padrão, segundo a natureza:

- da receita, com a estrutura de dígitos *a.b.c.d.dd.d.e*, em que (*a*) identifica a categoria econômica, (*b*) origem, (*c*) espécie, (*d*) desdobramentos para atendimento das respectivas peculiaridades ou necessidades gerenciais e (*e*) tipo da receita;
- da despesa, com a estrutura de dígitos *c.g.mm.ee.dd*, em que (*c*) representa categoria econômica, (*g*) grupo de natureza da despesa, (*mm*) modalidade de aplicação, (*ee*) elemento de despesa e (*dd*) desdobramento facultativo do elemento de despesa.

A modalidade de aplicação é a informação gerencial que complementará a natureza da despesa, e tem por finalidade indicar se os recursos são aplicados diretamente por órgãos ou entidades no âmbito da mesma esfera do governo ou por outro Ente da Federação e suas respectivas entidades, e objetiva eliminar a dupla contagem dos recursos transferidos ou descentralizados.

As solicitações de alterações dos Anexos I – Natureza da Receita e II – Natureza da Despesa, constantes da Portaria Interministerial nº 163, de 2001, deverão ser encaminhadas à STN ou à SOF (no caso de codificação da receita que atende à União), que, em conjunto, com a SOF, terão o prazo máximo de 30 dias para deliberar sobre o assunto.

O Anexo II da citada Portaria, além da estrutura da natureza da despesa, explicita também os conceitos e especificações das respectivas categorias econômicas, grupos de natureza da despesa, modalidades de aplicação e elementos de despesa.

O Anexo III, finalmente, contém uma discriminação exemplificativa das naturezas de despesa, que pode ser ampliada pelos Entes da Federação, sem a necessidade de publicação de ato, para atender às necessidades de execução, mantida a estrutura e observados os conceitos constantes do Anexo II. As inclusões, exclusões e alterações nas classificações têm sido feitas por portarias, memorandos, nota técnica e até *e-mails*.

Segundo a Portaria STN nº 634, de 19-11-13, que dispõe sobre regras acerca das diretrizes, normas e procedimentos contábeis aplicáveis aos Entes da Federação, com vistas à consolidação das contas públicas, essa consolidação nacional e por esfera de governo se deu a partir de 2014, realizada em 2015, tendo como base o Plano de Contas Aplicado ao Setor Público (Pcasp) e as Demonstrações Contábeis Aplicadas ao Setor Público (Dcasp), de acordo com as regras estabelecidas pelo Manual de Contabilidade Aplicado ao Setor Público (Mcasp). A consolidação nacional das contas e por esfera de governo, bem como o Balanço do Setor Público Nacional (BSPN), serão feitos com base nos dados coletados no Sistema de Informações Contábeis e Fiscais do Setor Público Brasileiro (Siconfi).

A Portaria STN nº 634/13 consubstanciou as diretrizes, conceitos e procedimentos aplicáveis a todos os Entes da Federação, sem prejuízo de outros atos normativos e outras publicações de caráter técnico, nos seguintes documentos expedidos pela STN:

I – Manual de Contabilidade Aplicado ao Setor Público (Mcasp), de observância obrigatória pelos Entes da Federação, cuja edição deve ser aprovada em ato normativo específico;

II – Instruções de Procedimentos Contábeis (IPC), de observância facultativa, para serem utilizadas como orientação;

III – Notas Técnicas, que serão emitidas:

- para esclarecer atos normativos;
- para atender demanda de órgão ou entidade sobre entendimento do órgão central do Sistema de Contabilidade Federal;
- nos casos em que a STN julgar necessário.

O Pcasp estabelece conceitos básicos, regras para registro dos atos e fatos, e estrutura contábil padronizada, em conformidade com os dispositivos legais vigentes e observadas as NBC TSP. A versão atualizada da relação das contas do Pcasp é disponibilizada no *site*: <www.tesouro.fazenda.gov.br>.

As Dcasp devem permitir a evidenciação e a consolidação das contas públicas em âmbito nacional, em conformidade com os procedimentos do Pcasp.

A Portaria STN nº 634/13 tratou, ainda, dos Procedimentos Contábeis Patrimoniais (PCP), Orçamentários (PCO) e Específicos (PCE).

Os PCP compreendem o reconhecimento, a mensuração, o registro, a apuração, a avaliação e o controle do patrimônio público.

Os PCO dizem respeito aos registros contábeis da receita e da despesa orçamentárias nos três níveis de governo, são de observância obrigatória e deverão constar do Mcasp, sem prejuízo da legislação e de outros normativos vigentes.

Os PCE, também de observância obrigatória, são os concernentes ao registro e evidenciação de fatos contábeis relacionados com situações que merecem tratamento diferenciado em razão de sua complexidade ou suas peculiaridades em virtude de legislação aplicável.

Também, com relação à padronização de informações dos Entes da Federação, foi aprovada a 9ª edição do *Manual de Demonstrativos Fiscais* (MDF), pela Portaria STN nº 389, de 14-6-18, o qual compreende os relatórios e anexos referentes aos demonstrativos descritos nos §§ 1º, 2º e 3º do art. 4º e nos arts. 48, 52, 53, 54 e 55 da Lei Complementar nº 101, de 2000, ou seja: o Anexo de Riscos Fiscais, o Anexo de Metas Fiscais, o Relatório Resumido de Execução Orçamentária e o Relatório de Gestão Fiscal, que deverão ser elaborados pela União e pelos Estados, Distrito Federal e Municípios.

A Portaria STN nº 637, de 18-10-12, já atribuíra à STN, como órgão central do Sistema de Contabilidade Federal, a competência para a elaboração e a divulgação do Relatório de Gestão Fiscal, na sua forma consolidada, abrangendo todos os Poderes e Órgãos da União. Note-se que a LRF não faz menção à consolidação do Relatório de Gestão Fiscal, que constitui obrigação de cada Poder e Órgão, em cada esfera da Administração.

Como se sabe, o processo denominado **consolidação** se trata mais propriamente de uma **incorporação** de valores. A análise comparativa desses dados requer atenção redobrada, em face das inúmeras e frequentes alterações que continuam ocorrendo, colocando em risco conclusões que possam depender da consistência dessas informações.

RESUMO

A seguir, estão contemplados os principais assuntos discorridos no capítulo.

- O Plano de Contas Aplicado ao Setor Público, atualizado anualmente, se tornou obrigatório para todas as esferas da Administração ao final de 2014. Cabe ao Poder Executivo Federal promover, até o dia 30 de junho de cada ano, a consolidação, nacional e por esfera de governo, das contas dos Entes da Federação relativas ao exercício anterior, bem como sua divulgação.
- O processo denominado **consolidação** se trata mais propriamente de uma **incorporação** de valores. A análise comparativa desses dados requer atenção redobrada, em face das inúmeras e frequentes alterações que continuam ocorrendo, colocando em risco conclusões que possam depender da consistência dessas informações.

ATIVIDADES PARA SALA DE AULA

1) Na sua opinião, a existência de um sistema integrado de contabilização das operações do Setor Público é compatível com as necessidades e conveniências de cada Ente da Administração?
2) E o Plano de Contas, deveria ser único e padronizado? A consolidação das contas públicas de todos os Entes da Administração tem sentido prático?

16

INVENTÁRIO

OBJETIVOS DE APRENDIZAGEM
Ao final deste capítulo, o aluno deverá ser capaz de: • especificar as finalidades e os tipos de inventário na Administração Pública; • identificar as formas de utilização dos materiais.

16.1 INTRODUÇÃO

Para controle e preservação do patrimônio de órgãos e entidades públicas, bem como para comprovar o saldo constante do balanço geral do exercício, faz-se necessário elaborar o inventário físico, de forma analítica, dos bens móveis e imóveis e dos saldos de estoques nos almoxarifados.

O inventário físico, instrumento de controle, irá permitir, entre outros:

- o ajuste dos dados escriturais dos saldos dos estoques com o saldo físico real nas instalações de armazenagem;
- a verificação do desempenho das atividades do encarregado do almoxarifado, por meio dos resultados obtidos no levantamento físico;
- o levantamento da situação dos materiais estocados referente ao seu estado de conservação dos estoques;
- o levantamento da situação dos equipamentos e materiais permanentes em uso e de suas necessidades de manutenção e reparos;
- a verificação sobre a necessidade do bem móvel naquela unidade;
- a atualização dos registros e controles administrativo e contábil.

A sistemática de controle dos bens inventariados, qualquer que seja a ferramenta utilizada pelo órgão, deve permitir, a qualquer época, a verificação da utilização de qualquer bem pelo servidor signatário do respectivo Termo de Responsabilidade. É recomendável que o desligamento, pelo setor de pessoal, do servidor responsável pela utilização de bens públicos seja processado somente após a baixa de sua responsabilidade pelo setor incumbido do controle patrimonial dos bens.

16.2 MATERIAL PERMANENTE

Material permanente é aquele que, tendo uso corrente, não perde sua identidade física e/ou tem uma durabilidade superior a dois anos.

Os materiais permanentes, na aquisição ou incorporação ao patrimônio, receberão números sequenciais de registro patrimonial para identificação e inventário. O número de registro patrimonial deverá ser aposto no material, mediante gravação, fixação de plaqueta ou etiqueta apropriada.

A Norma de Execução CCONT/STN nº 4/97 adotou como parâmetros excludentes para a identificação do material permanente, além da **durabilidade**, a **fragilidade**, a **perecibilidade**, a **incorporabilidade** e a **transformabilidade**.

De acordo com a mencionada Norma, assim se caracteriza cada um desses parâmetros:

- **durabilidade** – quando o material em uso normal perde ou tem reduzidas as suas condições de funcionamento, no prazo máximo de dois anos;
- **fragilidade** – quando a estrutura esteja sujeita à modificação, por ser o material quebradiço ou deformável, caracterizando-se pela irrecuperabilidade e/ou perda de sua identidade;
- **perecibilidade** – quando o material estiver sujeito a modificações, químicas ou físicas, ou se deteriora ou perde sua característica normal de uso;
- **incorporabilidade** – quando o material for destinado à incorporação a outro bem, não podendo ser retirado sem prejuízo das características do principal;
- **transformabilidade** – quando o material for adquirido para fins de transformação.

Para se classificar corretamente um material como permanente, deve-se saber:

- se sua estrutura está sujeita a modificações, por ser quebradiço ou deformável;
- se seu uso acarreta modificações ou deterioração de sua característica normal;
- se sua incorporação a outro bem acarreta prejuízo das características do bem principal;
- se, incorporado a outro bem, transforma-se em matéria-prima, ou seja, parte integrante de um produto final.

A distribuição do material permanente ou equipamento para uso será efetuada mediante Termo de Responsabilidade (Anexo I deste Capítulo), que será assinado pelo responsável pela guarda e conservação; em caso de redistribuição do material, o termo deverá ser atualizado e assinado pelo novo responsável.

Quando o custo do controle for evidentemente superior ao risco de perda do bem, o material permanente de pequeno valor econômico poderá ser controlado por meio de simples relação (dispensado o tombamento).[1]

A Portaria nº 1.162, de 10-12-85, do então Ministro de Estado Extraordinário para Assuntos de Administração, considerou bem móvel:

- controlado – o material que está sujeito ao tombamento e requer controle rigoroso de uso e responsabilidade pela sua guarda e conservação;
- relacionado – o material dispensado de tombamento, porém sujeito ao controle simplificado, por ser de pequeno valor econômico.

O assunto também foi tratado pela Instrução Normativa Sedap nº 205, de 8-4-88.

Conforme as situações, adota-se o tipo de inventário, que pode ser:

- anual;
- inicial;
- de transferência de responsabilidade;
- de extinção ou transformação;
- eventual.

Entende-se como inventário anual o elaborado em 31 de dezembro de cada ano e que se destina a comprovar a espécie, a quantidade e o valor dos bens patrimoniais do acervo de cada unidade. Resulta do inventário anterior e dos acréscimos e baixas autorizados de bens (variações patrimoniais) ocorridos durante o exercício. Além da verificação da existência física dos bens, o inventário anual objetiva:

- manter atualizados os registros e controles administrativo e contábil;
- confirmar a responsabilidade dos agentes responsáveis pelos bens patrimoniais sob sua guarda;
- conferir a listagem do cadastro geral dos bens móveis;
- instruir as tomadas de contas anuais.

O inventário inicial é realizado quando da criação de uma unidade, para identificação e registro dos bens sob sua responsabilidade.

---

[1] Tombamento de bens móveis é a atribuição de número de registro patrimonial a cada bem individualizado; esta identificação é fundamental para o controle dos agentes responsáveis pela distribuição e guarda do citado material.

O inventário de transferência de responsabilidade será realizado todas as vezes que houver mudança do responsável pela guarda e utilização do bem.

O inventário de extinção ou transformação é realizado quando da extinção ou transformação da unidade.

O inventário eventual poderá ser realizado em qualquer época, por iniciativa do dirigente da unidade ou por iniciativa dos órgãos fiscalizadores.

Para a perfeita caracterização do bem, no inventário analítico, figurarão: descrição, número de registro, valor (preço de aquisição, custo de produção, valor de avaliação), estado (bom, ocioso ou inservível) e outros elementos julgados necessários, tais como a localização.

O levantamento dos bens móveis será realizado por comissão designada, devendo ser composta de, no mínimo, três membros conhecedores de bens móveis patrimoniais.

Deverão ser tombados pela comissão, durante o levantamento dos bens, os eventualmente encontrados sem nenhuma referência de registro, controle, procedência, preço, data de aquisição e número.

Não poderá deixar de figurar em inventário nenhum bem móvel patrimonial e, quando relacionado, deverá ser especificado adequadamente.

Serão avaliados pela comissão inventariante os bens cujo valor de aquisição ou custo de produção for desconhecido, tomando-se como referência o valor de outro bem, semelhante ou sucedâneo, no mesmo estado de conservação e a preço de mercado, aplicando-se-lhes os princípios que regem as reavaliações dos bens móveis (§ 3º, art. 106, da Lei nº 4.320/64, segundo o qual "poderão ser feitas reavaliações dos bens móveis e imóveis").

O trabalho de inventariar, exceto quanto à situação referente ao inventário inicial, deverá:

- confrontar os dados constantes do Termo de Responsabilidade com o número de tombamento do bem, confirmando a descrição e a efetiva localização deste;
- anotar os bens que não constam de termo;
- anotar eventuais alterações ocorridas com o estado de conservação do bem;
- registrar a inexistência de bens constantes de termo.

Concluído o trabalho, a comissão encaminhará o processo para as devidas providências ao órgão administrativo competente, que, por sua vez, após sanadas as eventuais divergências, manterá arquivo, em boa ordem, à disposição dos órgãos de controle.

Nos inventários destinados a atender às exigências da legislação, os bens móveis serão agrupados segundo as categorias patrimoniais constantes do Plano de Contas da Administração.

Você sabia?

Sem prejuízo de outras normas de controle, o órgão e/ou entidade poderá utilizar o Inventário Rotativo, que consiste no levantamento rotativo, contínuo e seletivo dos materiais existentes, feito de acordo com uma programação, de forma que todos os itens sejam recenseados ao longo do exercício.

16.3 MATERIAL DE CONSUMO

Material de consumo é aquele que, em razão de seu uso corrente e da definição da Lei nº 4.320/64, perde normalmente sua identidade física e/ou tem sua utilização limitada a dois anos.

Todo material de consumo adquirido e recebido é estocado no almoxarifado. Quando do recebimento, o material deverá ser conferido com a nota de empenho e a nota fiscal, termo de doação ou cessão (Anexo II deste Capítulo) etc. A conferência deverá compreender a quantidade, qualidade, especificações, entre outros aspectos.

Os materiais devem ser estocados de modo a possibilitar fácil inspeção e rápido inventário. Os materiais sensíveis à ação de calor, umidade, sol, insetos etc. deverão ser armazenados em local apropriado.

A movimentação do material em estoque deverá ser registrada, de acordo com os documentos de entrada e saída,[2] demonstrando, após cada fato ocorrido, o saldo atualizado, seja por meio de fichas de controle ou processamento eletrônico.

Na Contabilidade Pública, os bens do almoxarifado serão avaliados pelo preço médio ponderado das compras (item III do art. 106 da Lei nº 4.320/64). O preço unitário de cada item do estoque altera-se pela compra de outras unidades por um preço diferente. Assim, encontra-se o preço médio dividindo-se o custo total do estoque pelas unidades existentes.

Todos os tipos de inventário físico poderão ser adotados, conforme a situação, para os estoques no almoxarifado. Por ocasião do encerramento do exercício, deverá proceder-se ao inventário anual dos bens do almoxarifado, realizado por comissão designada, objetivando constatar a existência física dos materiais e confirmar os saldos constantes do balanço geral.

---

[2] As saídas para distribuição aos diversos setores serão feitas de acordo com as requisições emitidas.

Para o bom andamento do trabalho de inventariar, preliminarmente se deve verificar se os controles estão atualizados, para, em seguida, proceder-se ao levantamento do material em estoque e efetuar-se o respectivo confronto.

As divergências verificadas quando da contagem física serão registradas pela comissão designada, que encaminhará o processo ao órgão competente para as devidas providências.

Existem, ainda, os materiais de consumo de uso duradouro, ou seja, aqueles que, apesar de classificados como material de consumo, necessitam ser controlados, devido a sua maior durabilidade, quantidade utilizada ou valor monetário relevante.

16.4 BENS IMÓVEIS

No âmbito da União, cabia ao Ministério do Planejamento, Desenvolvimento e Gestão – hoje incorporado ao Ministério da Economia – a "administração patrimonial" dos bens imóveis, uma vez que aquele Ministério absorvera as atribuições da Secretaria do Patrimônio da União, então no Ministério da Fazenda. Encontra-se hoje na área de competência do Ministério da Economia a administração patrimonial, nos termos da Medida Provisória nº 870, de 2019 (art. 31, inc. XX). Nisso se compreende a gestão do patrimônio da União, que trata da autorização para ocupação dos imóveis públicos federais, estabelecendo diretrizes para permissão de uso, promoção, doação ou cessão gratuita, quando houver interesse público. Abrange também a gestão dos terrenos de marinha e o controle do uso dos bens de uso comum do povo, entre outras atribuições.

Nos termos do art. 17 da Lei nº 8.025, de 12-4-90, quando a ocupação do imóvel residencial for considerada irregular, independentemente do tempo em que o imóvel estiver ocupado, cabe à União o direito à reintegração de posse liminar, por intermédio do órgão responsável pela administração dos imóveis. O novo Ministério será o depositário dos imóveis reintegrados.

A Administração Pública pode ceder os bens constantes de seu patrimônio, mediante remuneração ou imposição de encargos ou até gratuitamente, celebrando contrato de comodato, cessão de uso ou permissão de uso.

Deve ser assinado **contrato de comodato** quando o bem for cedido a título de empréstimo, de forma gratuita, independentemente de qualquer despesa a título de manutenção que possa ser feita pelo comodatário.

O **contrato de cessão de uso** deve ser firmado quando o bem for cedido, por prazo determinado, a pessoa jurídica de direito público ou privado, mediante remuneração ou imposição de encargos, para utilização em atividades de assistência social ou outras de relevante interesse social, configurando-se, tão somente, responsabilidade pela guarda do bem.

O **contrato para permissão de uso** é utilizado quando os bens forem cedidos a título precário nas condições estabelecidas para cada caso.

A permissão de uso pode ser feita para:

- servidores da administração;
- antigos proprietários ocupantes dos imóveis desapropriados;
- proprietários ou locatários de imóvel que ocupem áreas deste imóvel desmembradas e incorporadas ao patrimônio público;
- estacionamento de veículos ou realização de eventos;
- pessoa jurídica de direito público ou privado, mediante remuneração ou imposição de encargos, caracterizada a responsabilidade pela guarda e utilização do bem.

Você sabia?

A Administração Pública também pode receber bens de terceiros. Todos os bens cedidos, bem como os recebidos de terceiros, devem ser inventariados, ao final do exercício, separadamente dos demais que integram o patrimônio público, de forma que seja identificado o local onde o bem está sendo utilizado.

Os procedimentos contábeis patrimoniais estão descritos nas sucessivas edições do Manual de Contabilidade Aplicada ao Setor Público (Mcasp).

Como se sabe, busca-se padronizar os procedimentos contábeis nos três níveis de governo, com o objetivo de orientar e dar apoio à gestão patrimonial na forma estabelecida na Lei Complementar nº 101, de 2000, Lei de Responsabilidade Fiscal (LRF). A Parte II do Mcasp – Procedimentos Contábeis Patrimoniais determinou que esses procedimentos fossem adotados pelos Entes da Federação gradualmente até o final do exercício de 2014.

Os esforços realizados nos últimos anos visam à elaboração de demonstrações contábeis consolidadas em consonância com as normas do Conselho Federal de Contabilidade aplicáveis ao Setor Público. Além disso, trata-se de promover a convergência das práticas contábeis aplicáveis ao Setor Público com as normas internacionais de Contabilidade, o que torna necessário que os Entes públicos disponibilizem informações contábeis transparentes e comparáveis para os seus diversos grupos de usuários.

O citado Manual trata da mensuração de ativos e passivos como o processo que consiste em determinar os valores pelos quais os itens das demonstrações contábeis devem ser reconhecidos e contabilizados. A NBC TSP – Estrutura Conceitual não propõe uma única base de mensuração (ou a combinação de bases de mensuração) para todas as transações, eventos e condições. Em vez disso, apresenta bases de mensuração para ativos e passivos que fornecem informações sobre o custo de serviços prestados, a capacidade operacional e a capacidade financeira da entidade, além da extensão na qual fornecem informação que satisfaça as características qualitativas.

Em decorrência das práticas contábeis utilizadas ao longo dos anos, pode-se afirmar que os registros patrimoniais foram constituídos pelos valores de aquisição dos bens sem a dedução das correspondentes depreciação, amortização ou exaustão acumuladas. Seria o "valor bruto contábil", como conceituado no Manual.

Para todos os efeitos, cabe aqui lembrar a responsabilidade dos gestores públicos pela gestão patrimonial, notadamente no que diz respeito à sua preservação. A LRF, no Capítulo VIII – Seção II, trata do assunto com clareza, dada a relevância que ele merece. A citada Lei, no art. 45, determina que sejam contempladas as despesas de conservação do patrimônio público, as quais, juntamente com os projetos em andamento, deverão ter prioridade na Lei Orçamentária sobre os novos projetos.

É bom assinalar que as despesas de manutenção do patrimônio público, para sua preservação e garantia do bom funcionamento da Administração, são tão relevantes quanto os investimentos necessários à sua aquisição, expansão e melhoria.

16.5 REAPROVEITAMENTO, MOVIMENTAÇÃO, ALIENAÇÃO E OUTRAS FORMAS DE DESFAZIMENTO DE MATERIAL

No âmbito federal, o órgão competente para desenvolver a sistemática de controle do material disponível para efeito de reaproveitamento e movimentação pelos órgãos e entidades da Administração Pública Federal, bem como para a alienação e outras formas de desfazimento de material, é o atual Ministério da Economia. Deve existir na estrutura básica dos Ministérios um setor responsável pelas atividades de administração de material, de acordo com a concepção de um sistema de atividades auxiliares.

A matéria encontrava-se regulamentada pelo Decreto nº 99.658, de 30-10-90, e alterações posteriores, revogado pelo Decreto nº 9.373, de 11-5-18, que dispõe sobre a alienação, a cessão, a transferência, a destinação e a disposição final ambientalmente adequadas de bens móveis no âmbito da Administração Pública Federal Direta, autárquica e fundacional.

Sem prejuízo da observância aos princípios e objetivos da Política Nacional de Resíduos Sólidos (PNRS), o Decreto não se aplica

- ao Ministério da Defesa e aos Comandos da Marinha, do Exército e da Aeronáutica;
- à Secretaria Especial da Receita Federal do Brasil quanto aos bens apreendidos;
- aos órgãos e entidades com finalidades agropecuárias, industriais ou comerciais, no que diz respeito à venda de bens móveis por eles produzidos ou comercializados.

Para que seja considerado inservível, um bem será classificado como (art. 3º):

- ocioso – quando, embora em perfeitas condições de uso, não estiver sendo aproveitado;
- recuperável – quando não se encontrar em condições de uso e cujo custo de recuperação for de até 50% de seu valor de mercado ou cuja análise de custo e benefício demonstrar ser justificável a sua recuperação;
- antieconômico – quando sua manutenção for onerosa, ou seu rendimento precário, em virtude de uso prolongado, desgaste prematuro ou obsoletismo;
- irrecuperável – quando não mais puder ser utilizado para o fim a que se destina em razão da perda de suas características ou de seu custo de recuperação exceder 50% de seu valor de mercado ou de a análise custo-benefício demonstrar ser injustificável a recuperação.

A cessão dos bens inservíveis é uma modalidade de movimentação de bens de caráter precário e por prazo determinado, com transferência de posse, e poderá ser realizada nas seguintes hipóteses:

> I – entre órgãos da União;
>
> II – entre a União e as autarquias e fundações públicas federais; ou
>
> III – entre a União e as autarquias e fundações públicas federais e os Estados, o Distrito Federal e os Municípios e suas autarquias e fundações públicas.

A cessão dos bens não considerados inservíveis será admitida, excepcionalmente, mediante justificativa da autoridade competente.

A transferência é uma modalidade de movimentação de caráter permanente, que poderá ser:

> I – interna, quando realizada entre unidades organizacionais, dentro do mesmo órgão ou entidade; ou
>
> II – externa, quando realizada entre órgãos da União.

A transferência externa de bens não considerados inservíveis será admitida, excepcionalmente, mediante justificativa da autoridade competente.

Os bens móveis inservíveis ociosos e os recuperáveis poderão ser reaproveitados, mediante transferência interna ou externa.

Os bens móveis inservíveis cujo reaproveitamento seja considerado inconveniente ou inoportuno serão alienados em conformidade com a legislação aplicável às licitações e aos contratos no âmbito da Administração Pública Federal Direta, autárquica e fundacional, indispensável a avaliação prévia.

Verificada a impossibilidade ou a inconveniência da alienação do bem classificado como irrecuperável, a autoridade competente determinará sua destinação ou disposição final ambientalmente adequada, nos termos da Lei nº 12.305, de 2010 (que instituiu a Política Nacional de Resíduos Sólidos).

A doação prevista no art. 17, *caput*, inciso II, alínea *a*, da Lei nº 8.666, de 21 de junho de 1993 (para o caso de móveis, mediante avaliação prévia e licitação), é permitida exclusivamente para fins e uso de interesse social, após avaliação de sua oportunidade e conveniência socioeconômica, relativamente à escolha de outra forma de alienação, e poderá ser feita em favor:

> I – das autarquias e fundações públicas federais e dos Estados, do Distrito Federal e dos Municípios e de suas autarquias e fundações públicas, quando se tratar de bem ocioso ou recuperável;
>
> II – dos Estados, do Distrito Federal e dos Municípios e de suas autarquias e fundações públicas e de Organizações da Sociedade Civil de Interesse Público, quando se tratar de bem antieconômico; e
>
> III – de Organizações da Sociedade Civil de Interesse Público e de associações ou cooperativas que atendam aos requisitos do Decreto nº 5.940, de 25 de outubro de 2006 (que, entre outros aspectos, institui a separação de resíduos recicláveis descartados), quando se tratar de bem irrecuperável.

Excepcionalmente, mediante ato motivado da autoridade máxima do órgão ou da entidade, vedada a delegação, os bens ociosos e recuperáveis poderão ser doados a Organizações da Sociedade Civil de Interesse Público.

ANEXO I

Termo de Responsabilidade

Órgão/Entidade
Departamento de Administração
Divisão de Serviços Gerais
Seção de Administração Patrimonial

TERMO DE RESPONSABILIDADE

Nº

Item	Código	Reg. Patrimonial	Descrição	Localização	Valor Unitário	Valor Total

(Local) em ___/___/___ Assinatura e Carimbo	Declaro para os devidos fins que o(s) bem(ns) patrimonial(is) acima especificado(s) ficará(ão) sob minha responsabilidade, comprometendo-me a mantê-lo(s) no melhor estado possível. (Local) em ___/___/___ Assinatura e Carimbo	Total Geral

ANEXO II

Termo de Doação ou Cessão

SERVIÇO PÚBLICO FEDERAL

Cedente

Cede ao(à)

Cessionário(a)

Termo de Cessão Nº .... relativo ao Proc. Nº .... o material abaixo relacionado

Item	Nº de Registro (se houver)	Especificação	Unidade	Quantidade	Valor R$	
					Unitário	Total

Condições:

Nome e Ass. Resp. Cedente

Local e Data

Nome e Ass. Resp. Almox. Cessionário

RESUMO

A seguir, estão contemplados os principais assuntos discorridos no capítulo.

- Para controle e preservação do patrimônio de órgãos e entidades públicas, bem como para comprovar o saldo constante do balanço geral do exercício, faz-se necessário elaborar o inventário físico, de forma analítica, dos bens móveis e imóveis e dos saldos de estoques nos almoxarifados.
- A Norma de Execução CCONT/STN nº 4/97 adotou como parâmetros excludentes para a identificação do material permanente, além da durabilidade, a fragilidade, a perecibilidade, a incorporabilidade e a transformabilidade.
- Quando o custo do controle for evidentemente superior ao risco de perda do bem, o material permanente de pequeno valor econômico poderá ser controlado por meio de simples relação (dispensado o tombamento).
- Todo material de consumo adquirido e recebido é estocado no almoxarifado. Quando do recebimento, o material deverá ser conferido com a nota de empenho e a nota fiscal, termo de doação ou cessão.

ATIVIDADES PARA SALA DE AULA

1) Na sua opinião, qual é a importância da realização periódica de um inventário físico?
2) Quais são os tipos de cuidados mais comuns que se deve tomar na manutenção dos estoques de materiais? Discuta com seus colegas.

17

BALANÇOS E DEMONSTRAÇÃO DAS VARIAÇÕES PATRIMONIAIS

OBJETIVOS DE APRENDIZAGEM

Ao final deste capítulo, o aluno deverá ser capaz de:

- identificar as demonstrações contábeis que o Setor Público deve elaborar e divulgar, seu conteúdo e significado;
- demonstrar as variações patrimoniais e como impactam os resultados.

17.1 INTRODUÇÃO

Os resultados gerais do exercício são demonstrados nos Balanços Orçamentário e Financeiro e na Demonstração das Variações Patrimoniais, e a situação patrimonial, no Balanço Patrimonial, devendo ser apresentados segundo os modelos dos Anexos nºs 12, 13, 15 e 14 da Lei nº 4.320/64, respectivamente (conforme modelos ao final deste capítulo, Anexos I a IV).

Como se pode constatar, a denominação **balanço** para os resultados da execução orçamentária e financeira não é a mais adequada, pois trata-se de demonstrativos de **fluxos**, do mesmo modo que a Demonstração das Variações Patrimoniais. Já o Balanço Patrimonial é o único dos demonstrativos obrigatórios que se apresenta como **estático**, isto é, referente à situação em determinado momento.

A Resolução CFC nº 1.133/08 aprovou a NBC T 16.6, que estabeleceu as demonstrações contábeis a serem elaboradas e divulgadas pelas entidades do Setor Público. Essas demonstrações são:

- balanço patrimonial;
- balanço orçamentário;
- balanço financeiro;

- demonstração das variações patrimoniais;
- demonstração dos fluxos de caixa;
- demonstração das mutações do patrimônio líquido (incluída pela Resolução CFC nº 1.437/13);
- notas explicativas (incluída pela Resolução CFC nº 1.437/13).

A demonstração do resultado econômico, prevista inicialmente, foi excluída pela Resolução CFC nº 1.437/13.

As demonstrações contábeis devem ser divulgadas com a apresentação dos valores correspondentes ao período anterior.

As contas semelhantes podem ser agrupadas; os pequenos saldos podem ser agregados, desde que indicada a sua natureza e não ultrapassem 10% do valor do respectivo grupo de contas, sendo vedadas a compensação de saldos e a utilização de designações genéricas.

Os saldos devedores ou credores das contas retificadoras devem ser apresentados como valores redutores das contas ou do grupo de contas que lhes deram origem.

A NBC T 16.6 (e sua alteração – NBC T 16.8) foi revogada pela NBC TSP 11, de 18-10-18, em vigor a partir de 1º de janeiro de 2019. Esta nova Norma faz referência apenas ao balanço patrimonial, à demonstração do resultado, à demonstração das mutações do patrimônio líquido e à demonstração dos fluxos de caixa, além das notas explicativas, omitindo-se em relação às demais demonstrações específicas do Setor Público, quais sejam os balanços orçamentário e financeiro e a demonstração das variações patrimoniais, conforme a Lei nº 4.320/64.

17.2 BALANÇO ORÇAMENTÁRIO

O Balanço Orçamentário demonstra as receitas previstas e as despesas fixadas, em confronto com as realizadas. O resultado final do exercício será obtido estabelecendo-se as diferenças para mais ou para menos, ou seja, a soma dos excessos e a das insuficiências, que resultam em um superávit ou em um déficit na execução do orçamento.

Comparando o executado com o orçado, têm-se:

- Receita prevista > Receita arrecadada = insuficiência de arrecadação;
- Receita prevista < Receita arrecadada = excesso de arrecadação;
- Despesa fixada > Despesa realizada = economia de despesas;
- Despesa fixada < Despesa realizada = excesso de despesas, situação em tese inaplicável;
- Receita arrecadada > Despesa realizada = superávit;

- Receita arrecadada < Despesa realizada = déficit;
- Receita arrecadada = Despesa realizada = equilíbrio orçamentário (na execução).

Na elaboração do orçamento, entretanto, parte-se de uma situação em que a receita prevista é igual à despesa fixada. O equilíbrio formal da peça orçamentária não significa, contudo, que o orçamento esteja efetivamente equilibrado do ponto de vista econômico; é muito comum que o equilíbrio só seja conseguido mediante a cobertura do déficit com operações de crédito, sejam elas contratadas, sejam realizadas por emissão de títulos públicos. Por outro lado, um orçamento superavitário, em rigor, não teria sentido, à medida que o Estado estaria cobrando dos cidadãos mais tributos do que o necessário para financiar suas atividades e projetos. Não obstante isso, o superávit pode constituir-se em um mecanismo de política fiscal por meio da qual o governo retira da sociedade mais recursos do que injeta, o que caracteriza uma tentativa de contração do nível da atividade econômica. (Inversamente, o déficit pode ser um estímulo à expansão da economia.) No caso brasileiro, depois de um prolongado período de superávits primários – isto é, antes de computados os juros –, que se constitui normalmente em meta da política fiscal, houve uma reversão desse quadro e passou-se a conviver com elevados déficits, o que, além de não gerar uma **folga** para o pagamento dos juros, contribui para o aumento da dívida, à medida que parte dos juros continua sendo rolada, constituindo nova dívida, que gera novos juros.

Note-se que o modelo da Lei nº 4.320/64, para este balanço, discrimina a receita pela sua natureza e a despesa prioritariamente pelo tipo de crédito, podendo-se, entretanto, subdividi-la também segundo sua natureza ou outro critério, como, por exemplo, a classificação funcional e programática, ou por órgão/unidade orçamentária.

A seguir, faz-se a representação gráfica das diversas configurações do orçamento.

	Orçamento aprovado		Orçamento executado		Orçamento aprovado		Orçamento executado	Resultado
Orçamento aprovado	Receita prevista			=	Despesa fixada			Equilíbrio (formal)
	Receita prevista	>	Receita arrecadada					Insuficiência de arrecadação
	Receita prevista	<	Receita arrecadada					Excesso de arrecadação
					Despesa fixada	>	Despesa realizada	Economia de despesa
					Despesa fixada	<	Despesa realizada	Excesso de despesa (vedado)

(continua)

(continuação)

	Orçamento aprovado		Orçamento executado		Orçamento aprovado		Orçamento executado	Resultado
Orçamento executado			Receita arrecadada	>			Despesa realizada	Superávit
			Receita arrecadada	<			Despesa realizada	Déficit
			Receita arrecadada	=			Despesa realizada	Equilíbrio

Convém aduzir que a Secretaria do Tesouro Nacional vem considerando como execução orçamentária da despesa a ocorrência do estágio da **liquidação** (e não o do empenho), efetivado ou não o seu respectivo pagamento.

Você sabia?

De acordo com o Conselho Federal de Contabilidade (CFC), o balanço orçamentário é estruturado de forma a evidenciar a integração entre o planejamento e a execução orçamentária. Evidencia as receitas e as despesas orçamentárias, detalhadas em níveis relevantes de análise, confrontando o orçamento inicial e as suas alterações com a execução, demonstrando o resultado orçamentário.

17.3 BALANÇO FINANCEIRO

O Balanço Financeiro demonstra a receita e a despesa orçamentárias realizadas, bem como os recebimentos e os pagamentos de natureza extraorçamentária, conjugados com os saldos em espécie provenientes do exercício anterior, e os que se transferem para o exercício seguinte.

17.3.1 Receita

Na coluna de receita, inscrevem-se:

- os totais da receita orçamentária por categorias econômicas e suas subdivisões;
- os totais da receita extraorçamentária (incluídos os valores das despesas realizadas – pelo regime de competência – e não pagas);
- os saldos provenientes do exercício anterior (disponíveis).

No título “Restos a Pagar”, classificado como receita extraorçamentária, será computado o total dos “Restos a Pagar” inscritos no exercício, para compensar sua inclusão na despesa orçamentária. Deve-se entender que o Balanço Financeiro tem a função de um demonstrativo do fluxo de caixa; logo, as despesas não pagas, que foram computadas no balanço orçamentário e figuram também no Balanço Financeiro, não provocarão alterações no saldo disponível (caixa e bancos), anulando-se seu efeito por inclusão simultânea nas colunas da Receita e da Despesa. Do mesmo modo, "Serviço da Dívida a Pagar" também integra a receita extraorçamentária. Como se pode notar, utiliza-se um artifício contábil para demonstrar a efetiva variação do disponível. Portanto, esses valores não constituem genuinamente receitas extraorçamentárias, e sim compensação, "anulação" das despesas que não acarretaram desembolso.

17.3.2 Despesa

Na coluna da despesa, serão incluídos:

- os totais da despesa orçamentária por funções;
- os totais da despesa extraorçamentária (incluídos os valores das despesas realizadas anteriormente – pelo regime de competência – e pagas no exercício, sem necessidade de nova autorização orçamentária);
- os saldos para o exercício seguinte (disponíveis).

Deverá constar no Balanço Financeiro, na especificação da despesa orçamentária, a despesa realizada (paga e a pagar), que inclui a inscrição em Restos a Pagar. O valor desta inscrição deverá igualar-se numericamente aos Restos a Pagar classificados como receita extraorçamentária, como visto antes. Desse modo, a despesa orçamentária efetivamente paga no exercício será a diferença entre a despesa realizada (empenhada), que consta de despesas orçamentárias, e a inscrição em Restos a Pagar (empenhada, a pagar), que consta da receita extraorçamentária, como poderá ser verificado no Anexo II deste capítulo. Os Restos a Pagar que figuram como despesa extraorçamentária referem-se aos pagamentos no exercício, correspondentes a valores inscritos no exercício anterior, razão de seu pagamento não ser mais considerado como despesa orçamentária, porque já tiveram o tratamento de despesa orçamentária quando de sua inscrição. Este raciocínio também pode ser aplicado a "Serviço da Dívida a Pagar". O efeito no caixa só se reflete no Balanço Financeiro do exercício em que o pagamento é realizado.

O que fica demonstrado, em síntese, é o movimento de caixa durante todo o exercício, sem prejuízo dos saldos que se transferem de exercício.

Exemplificando:

Despesa empenhada no exercício X: 100 U.M.

Despesa não paga e inscrita em Restos a Pagar em X: 15 U.M.

Pagamento em X de despesas inscritas em Restos a Pagar em X – 1: 10 U.M.

Pagamento em X + 1 das despesas inscritas em Restos a Pagar em X: 15 U.M.

No Balanço Financeiro ao final de X:

Na coluna da receita – extraorçamentária: 15

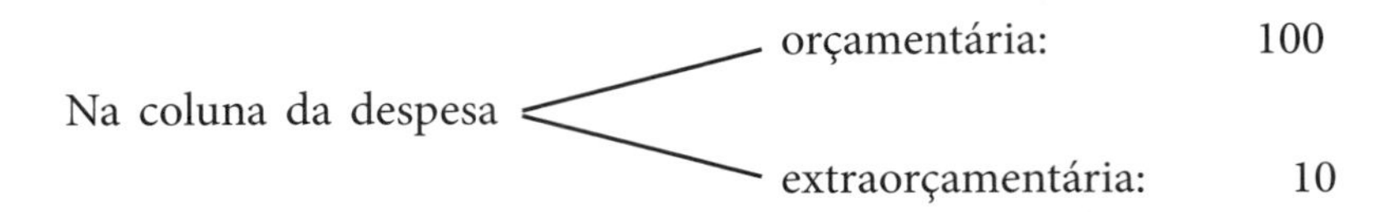

Efeito líquido (redução) no caixa: 100 – 15 + 10 = 95

No Balanço Financeiro ao final de X + 1 (sem considerar as despesas orçamentárias e as inscrições efetuadas em X + 1):

> Na coluna da despesa extraorçamentária: 15
>
> Efeito líquido (redução) no caixa: 15

Não foi considerada a hipótese de eventuais cancelamentos das inscrições em Restos a Pagar.

Observe-se que a despesa orçamentária de X foi paga parte em X (85) e parte em X + 1 (15).

A execução financeira de X foi influenciada pelo pagamento de parte da despesa orçamentária de X – 1 (10).

A União tem adotado a prática – não autorizada em lei – de manter as inscrições em Restos a Pagar por mais de um exercício. Como já mencionado no Capítulo 9, referente à Despesa, ao final de cada exercício deve-se proceder à baixa da inscrição feita no encerramento do exercício anterior, vedada a reinscrição (ou o reempenho). O eventual direito do credor só se extingue em cinco anos contados da inscrição e poderá ser pago à conta de Despesas de Exercícios Anteriores, isto é, deverá ter nova autorização orçamentária.

Como foi dito em relação ao Balanço Orçamentário, o Financeiro frequentemente discrimina a despesa pela sua natureza, podendo-se, para efeitos gerenciais, adotar outros critérios.

Esquematicamente, o modelo de Balanço Financeiro da Lei nº 4.320/64 é o seguinte:

$$SI + RO + RE = DO + DE + SF$$

em que SI – saldo inicial; RO – receita orçamentária; RE – receita extraorçamentária; DO – despesa orçamentária; DE – despesa extraorçamentária; e SF – saldo final.

De acordo com o CFC (com a antes citada Resolução nº 1.133/08, que aprovara NBC T 16.6, revogada pela NBC TSP 11), o Balanço Financeiro evidencia as receitas e despesas orçamentárias, bem como os ingressos e dispêndios extraorçamentários, conjugados com os saldos de caixa do exercício anterior e os que se transferem para o início do exercício seguinte. (Resolução CFC nº 1.133/08, com a redação dada pela Resolução CFC nº 1.268/09.)

Não se deve confundir esta demonstração com a dos fluxos de caixa (também constante daquela Resolução), prevista pelo CFC, que permite aos usuários projetar cenários de fluxos futuros de caixa e elaborar análise sobre eventuais mudanças em torno da capacidade de manutenção do regular financiamento dos serviços públicos.

Essa demonstração deverá ser elaborada pelo método direto ou indireto e evidenciar as movimentações havidas no caixa e seus equivalentes, nos seguintes fluxos:

- das operações;
- dos investimentos;
- dos financiamentos.

O fluxo de caixa das operações compreende os ingressos, inclusive decorrentes de receitas originárias e derivadas, e os desembolsos relacionados com a ação pública e os demais fluxos que não se qualificam como de investimento ou financiamento.

O fluxo de caixa dos investimentos inclui os recursos relacionados com a aquisição e a alienação de ativo não circulante, bem como recebimentos em dinheiro por liquidação de adiantamentos ou amortização de empréstimos concedidos e outras operações da mesma natureza.

O método direto evidencia as movimentações de itens de caixa e seus equivalentes, a partir das principais classes de recebimentos e pagamentos brutos. O método indireto evidencia as principais classes de recebimentos e pagamentos a partir de ajustes ao resultado patrimonial, nos seguintes elementos:

- de transações que não envolvem caixa e seus equivalentes;
- de quaisquer diferimentos ou outras apropriações por competência sobre recebimentos ou pagamentos;
- de itens de receita ou despesa orçamentária associados com fluxos de caixa e seus equivalentes das atividades de investimentos ou de financiamento.

17.4 BALANÇO PATRIMONIAL

O Balanço Patrimonial é o demonstrativo que evidencia a posição das contas que constituem o Ativo e o Passivo. O Ativo demonstra a parte positiva, representada pelos bens e direitos, e o Passivo representa os compromissos assumidos com terceiros; e o equilíbrio numérico do Balanço é estabelecido pelo Saldo Patrimonial positivo ou negativo.

Na coluna do Ativo, inscrevem-se os valores do:

- Ativo Financeiro;
- Ativo Permanente;
- Saldo Patrimonial (Passivo Real a Descoberto, quando negativo);
- Ativo Compensado.

Na coluna do Passivo, devem figurar os valores do:

- Passivo Financeiro;
- Passivo Permanente;
- Saldo Patrimonial (Ativo Real Líquido, quando positivo);
- Passivo Compensado.

"O Ativo Financeiro compreenderá os créditos e valores realizáveis independentemente de autorização orçamentária e os valores numéricos" (§ 1º do art. 105 da Lei nº 4.320/64). Compreende as contas representativas do Disponível e do Realizável, formado em grande parte pelos créditos de curto prazo da Fazenda Pública.

Como esses valores independem de autorização orçamentária para sua movimentação e realização, não é necessário que constem do orçamento da unidade. Entretanto, o superávit financeiro – correspondente à diferença entre o Ativo Financeiro e o Passivo Financeiro – constitui fonte de recursos para autorização de créditos adicionais, aprovados durante o exercício financeiro subsequente, pois esse superávit, em princípio, só é conhecido depois da aprovação do orçamento correspondente.

Os saldos do Disponível que passam para o exercício seguinte, constantes do Balanço Financeiro, devem corresponder ao total do Disponível registrado no Ativo Financeiro do Balanço Patrimonial.

"O Ativo Permanente compreenderá os bens, créditos e valores, cuja mobilização ou alienação dependa de autorização legislativa" (§ 2º do art. 105 da Lei nº 4.320/64). Compreende os Bens Móveis, Bens Imóveis, Bens de Natureza Industrial e Créditos de longo prazo (por exemplo, empréstimos concedidos,[1] dívida ativa).

Serão autorizadas pelo Legislativo, mas não incluídas na Lei de Orçamento, as alienações por doação e cancelamentos de créditos.

Denomina-se Ativo Real a soma do Ativo Financeiro com o Ativo Permanente.

"O Passivo Financeiro compreenderá os compromissos exigíveis cujo pagamento independa de autorização orçamentária" (§ 3º do art. 105 da Lei nº 4.320/64).

---

[1] "O produto estimado de operações de crédito e de alienação de bens imóveis somente se incluirá na receita quando umas e outras forem especificamente autorizadas pelo Poder Legislativo em forma que juridicamente possibilite ao Poder Executivo realizá-las no exercício" (§ 2º do art. 7º da Lei nº 4.320/64).

Representa esses compromissos a Dívida Flutuante, a saber:

- Restos a Pagar – as despesas empenhadas, não pagas até 31 de dezembro, e devidamente inscritas;
- Serviço da Dívida a Pagar – as parcelas de amortização e de juros da dívida fundada ou consolidada;[2]
- Depósitos – as cauções ou garantias recebidas de terceiros para execução de contratos de obras e fornecimentos, em dinheiro;
- Débitos de Tesouraria – as dívidas provenientes de operações de crédito por antecipação da receita orçamentária. Neste último caso, o governo tinha um limite constitucional para esse fim, o que poderia vir a ser fixado pela legislação complementar. É bom notar que, entre os dispositivos estranhos à previsão da receita e à fixação da despesa – que a lei orçamentária não pode conter – não se incluem "a autorização para abertura de créditos suplementares e contratação de operações de crédito, ainda que por antecipação de receita, nos termos da Lei" (§ 8º do art. 165 da Constituição Federal). A LRF, em seu art. 38, determinou que estas operações deverão ser liquidadas, com juros e demais encargos, até 10 de dezembro de cada ano, não estando autorizados encargos que não a taxa de juros da operação, obrigatoriamente prefixada ou indexada à taxa básica financeira. Não será permitida nova operação enquanto existir operação anterior da mesma natureza não integralmente resgatada, nem no último ano de mandato do Presidente, Governador ou Prefeito. Os Estados e Municípios só poderão contraí-las junto à instituição financeira vencedora em processo competitivo eletrônico promovido pelo Banco Central.

"O Passivo Permanente compreenderá as dívidas fundadas e outras que dependam de autorização legislativa para amortização ou resgate" (§ 4º do art. 105 da Lei nº 4.320/64). Compreende as dívidas de longo prazo, de exigibilidade com prazo superior a um ano, quer sejam internas ou externas, contraídas para atender a desequilíbrio orçamentário ou financiamento de obras e serviços públicos.

A LRF mandou incluir na dívida pública consolidada as operações de crédito de prazo inferior a 12 meses cujas receitas tenham constado do orçamento (art. 29, § 3º).

Denomina-se "Passivo Real" a soma do Passivo Financeiro com o Passivo Permanente.

---

[2] Também estes compromissos classificados na dívida flutuante devem constar do orçamento unificado, para melhor controle e demonstração da situação financeira do Estado. A orientação atual é a de incluir no orçamento o serviço da dívida mobiliária, sem exclusão de quaisquer parcelas, seja em função de sua natureza (principal e encargos), seja em função de seus prazos de vencimento. Não se inclui, porém, no orçamento a dívida decorrente de operação de crédito por antecipação de receita, bem como a que já tenha sido empenhada, registrada como despesa orçamentária, e devidamente inscrita, cujo exemplo típico são os Restos a Pagar.

17.4.1 Saldo patrimonial

Resulta do confronto entre o Ativo Real e o Passivo Real. Se o Ativo Real for maior que o Passivo Real, registra-se o saldo patrimonial positivo, denominado Ativo Real Líquido, representando o patrimônio líquido, integrando a soma geral do Passivo. O caso contrário – Ativo Real menor que Passivo Real – resulta em uma diferença negativa denominada Passivo Real a Descoberto, demonstrando que os Ativos não são suficientes para atender aos compromissos representados pelo Passivo (obrigações com terceiros). Neste caso, o valor do passivo a descoberto será registrado no lado do Ativo, para igualar os totais do Balanço. O saldo patrimonial – que corresponderia ao patrimônio líquido na Contabilidade Empresarial – não apresenta detalhamento.

17.4.2 Ativo e passivo compensados

Registram os bens, valores, obrigações e situações que, mediata ou indiretamente, possam vir a afetar o patrimônio. Representam valores em poder de terceiros ou recebidos de terceiros, valores nominais emitidos, contabilizados em contas de compensação apenas para efeito de registro e controle, não alterando o patrimônio quando de sua origem, mas que podem modificá-lo no futuro.[3]

Estes dois grupos de Ativo e Passivo Compensados, que se igualam, integram o Balanço Patrimonial, diferentemente da Contabilidade Empresarial – Lei nº 6.404/76 –, em que não são incluídos no balanço patrimonial.

Esquematicamente, o modelo de Balanço Patrimonial da Lei nº 4.320/64 é o seguinte:

$$\underbrace{AF + AP}_{AR} + SPN + AC = \underbrace{PF + PP}_{PR} + SPP + PC$$

em que: AF – ativo financeiro; AP – ativo permanente; SPN – saldo patrimonial negativo; AC – ativo compensado; PF – passivo financeiro; PP – passivo permanente; SPP – saldo patrimonial positivo; PC – passivo compensado; e

$$AR = AF + AP \text{ (ativo real)};$$

$$PR = PF + PP \text{ (passivo real)}.$$

De acordo com o CFC, o Balanço Patrimonial é estruturado em Ativo, Passivo e Patrimônio Líquido, além das contas de compensação. A classificação dos elementos patrimoniais considera a segregação em **circulante** e **não circulante**, com base em

[3] Convém lembrar, hoje, a inclusão de vários outros tipos de valores compensados na Contabilidade da União (ver Capítulos 1, 13 e 14), constituindo subsistemas específicos de contas, além do sistema orçamentário, que, mesmo antes das modificações do sistema contábil da União em meados da década de 1980, já integravam o grupo de contas do Ativo e Passivo compensados.

seus atributos de conversibilidade e exigibilidade. As contas do Ativo devem ser dispostas em ordem decrescente de grau de conversibilidade; as do Passivo, em ordem decrescente de grau de exigibilidade.

17.5 DEMONSTRAÇÃO DAS VARIAÇÕES PATRIMONIAIS

"A Demonstração das Variações Patrimoniais evidenciará as alterações verificadas no patrimônio, resultantes ou independentes da execução orçamentária, e indicará o resultado patrimonial do exercício" (art. 104 da Lei nº 4.320/64). As variações patrimoniais dividem-se em: Variações Ativas e Variações Passivas.

17.5.1 Variações ativas

Apresentam-se demonstradas: as resultantes da execução orçamentária e as independentes da execução orçamentária. As resultantes da execução orçamentária compreendem as receitas orçamentárias arrecadadas durante o exercício (receitas correntes e de capital) e as mutações patrimoniais da despesa, que decorrem da incorporação de elementos ativos ao patrimônio ou da desincorporação de elementos do passivo do Ente público (por exemplo, pagamento de empréstimo tomado), estando estas mutações associadas às despesas orçamentárias de capital, caracterizando o que se poderia chamar de fatos permutativos na Contabilidade Empresarial. As independentes da execução orçamentária compreendem as variações ocorridas no exercício, que provocam alterações positivas no patrimônio do órgão ou entidade, resultantes de fatos independentes da execução orçamentária; essas variações são exemplificadas pela incorporação de bens (por exemplo, doações recebidas), cancelamento de dívidas passivas, inscrição da dívida ativa; vê-se, pois, que caracterizariam fatos modificativos, tanto por aumento do ativo como por redução do passivo.

17.5.2 Variações passivas

São demonstradas: as resultantes da execução orçamentária e as independentes da execução orçamentária. As resultantes da execução orçamentária compreendem a despesa orçamentária empenhada ou realizada no exercício (Despesas Correntes e de Capital), isto é, mesmo a não paga (regime de competência), e as mutações patrimoniais da receita, que decorrem da incorporação de elementos passivos ou da desincorporação de elementos ativos do patrimônio do órgão ou entidade (por exemplo, recebimento de empréstimo concedido), estando estas mutações associadas às receitas orçamentárias de capital e constituindo fatos permutativos, na Contabilidade Empresarial. As variações ocorridas no exercício, resultantes de fatos que independem da execução orçamentária e que provocam alterações negativas no patrimônio do órgão ou entidade, são representadas pelos cancelamentos da dívida ativa, restabelecimentos de dívidas passivas, desincorporação de bens (como doações efetuadas, por exemplo); constituem fatos modificativos, tanto por redução do ativo como por aumento do passivo.

17.5.3 Resultado patrimonial

O Resultado Patrimonial apurado na Demonstração das Variações Patrimoniais será a diferença entre as Variações Ativas e as Variações Passivas. Quando as variações ativas ultrapassarem as passivas, o resultado representará um **superávit**; em sentido inverso, o resultado obtido representará um **déficit**.

A diferença entre o Saldo Patrimonial do exercício e o do exercício anterior, registrados nos Balanços Patrimoniais dos respectivos exercícios, deverá ser igual ao resultado patrimonial, positivo ou negativo, apurado nesta Demonstração, salvo se forem efetuados ajustes de exercícios anteriores diretamente à conta do Saldo Patrimonial.

Esquematicamente, eis a representação da demonstração das variações patrimoniais:

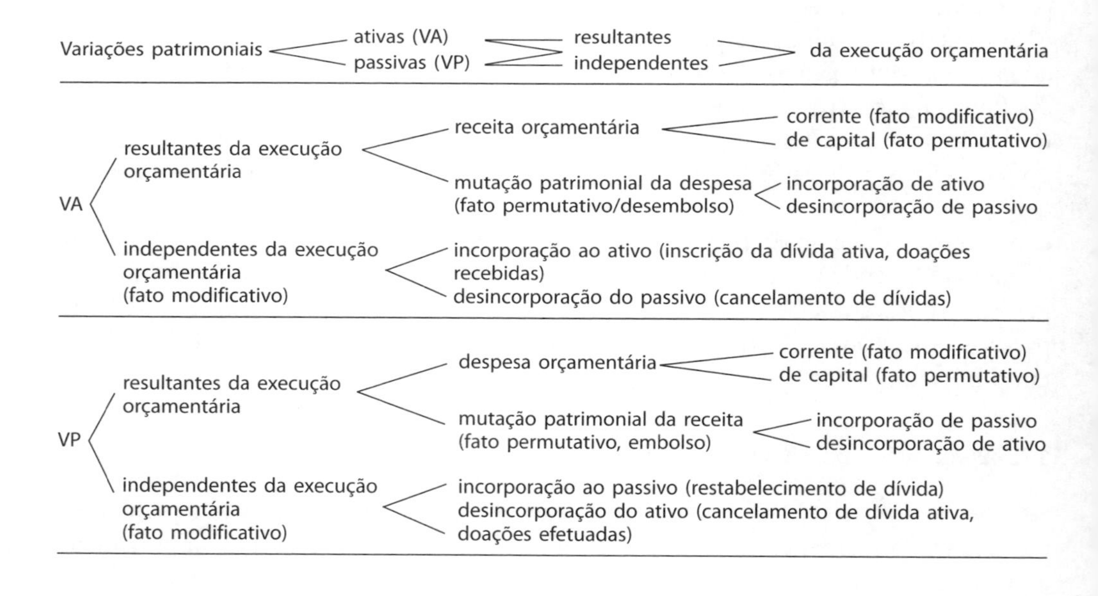

Em resumo:

Resultado patrimonial
- VA > VP = Superávit
- VA < VP = Déficit

SPi ± Resultado patrimonial = SPf

sendo SPi – saldo patrimonial inicial; e SPf – saldo patrimonial final.

Nos termos da Resolução do CFC nº 1.133/08 (com a redação dada pela Resolução CFC nº 1.268/09 NBC T 16.6, hoje revogada pela NBC TSP 11), a Demonstração das Variações Patrimoniais evidencia as variações quantitativas, o resultado patrimonial e as variações qualitativas decorrentes da execução orçamentária. Para fins de apresentação, as variações devem ser segregadas em quantitativas e qualitativas. O resultado patrimonial é apurado pelo confronto entre as variações quantitativas aumentativas e diminutivas.

Resta mencionar a demonstração das mutações do patrimônio líquido, que evidencia a movimentação havida em cada componente do Patrimônio Líquido, com a divulgação, em separado, dos efeitos das alterações nas políticas contábeis e da correção de erros (Resolução CFC nº 1.133/08). Segundo o CFC, deve ser elaborada apenas pelas empresas estatais dependentes e pelos Entes que as incorporarem no processo de consolidação das contas (incluído pela Resolução CFC nº 1.437/13).

As notas explicativas, listadas entre as demonstrações, na realidade as **acompanham**, **complementam**, **detalham**. A própria Resolução do CFC nº 1.133/08 as considera parte integrante das demonstrações contábeis. Essas notas incluem os critérios utilizados na sua elaboração, as informações de natureza patrimonial, orçamentária, econômica, financeira, legal, física, social e de desempenho, e outros eventos não suficientemente evidenciados ou não constantes nas referidas demonstrações.

17.6 OUTROS DEMONSTRATIVOS

Em atendimento ao § 3º do art. 165 da Constituição Federal, a Secretaria do Tesouro Nacional divulga, mensalmente, demonstrativos da execução orçamentária e financeira da União, das variações patrimoniais e da situação patrimonial, além de outras informações, posteriormente especificadas pela Lei de Responsabilidade Fiscal e outras normas, constituindo, na realidade, conjuntos de demonstrativos e informações diversificadas.

Já o chamado Relatório de Gestão Fiscal (RGF) foi instituído pela Lei de Responsabilidade Fiscal (LRF) – Lei Complementar nº 101, de 4 de maio de 2000 (arts. 54 e 55).

É um relatório quadrimestral, de responsabilidade:

- na esfera **federal**, do(a)(os)
  - ✓ Poder Executivo;
  - ✓ Senado Federal, Câmara dos Deputados e Tribunal de Contas da União;
  - ✓ Conselho Nacional de Justiça, Supremo Tribunal Federal, Superior Tribunal de Justiça, Tribunais Regionais Federais, Tribunal Superior do Trabalho, Tribunais Regionais do Trabalho, Tribunal Superior Eleitoral,

Tribunais Regionais Eleitorais, Superior Tribunal Militar, Tribunal de Justiça do Distrito Federal e Territórios.

- na esfera **estadual**, do(a)
  - ✓ Poder Executivo;
  - ✓ Assembleia Legislativa e Tribunal de Contas do Estado (e o dos Municípios, se houver);
  - ✓ Tribunal de Justiça do Estado;
  - ✓ Ministério Público do Estado.
- na esfera **municipal**, do(a)
  - ✓ Poder Executivo;
  - ✓ Câmara Municipal (e Tribunal de Contas do Município, se houver).
- na esfera **distrital**, do(a)
  - ✓ Poder Executivo;
  - ✓ Câmara Legislativa e Tribunal de Contas do Distrito Federal.

O RGF deve ser assinado pelo dirigente do Poder ou Órgão, e, dependendo da estrutura colegiada de sua direção, pelos demais membros do respectivo Órgão. Deste modo, no caso do Legislativo, a competência abrange o presidente e demais membros da Mesa Diretora ou órgão decisório equivalente; e, no caso do Judiciário, o presidente e demais membros de conselho de administração ou órgão decisório equivalente. A responsabilidade é, ainda, compartilhada com os titulares da administração financeira e do controle interno.

Você sabia?

A publicação do relatório deve ser efetuada até 30 dias após o encerramento de cada quadrimestre, promovendo-se amplo acesso ao público, inclusive por meio eletrônico. Obviamente, para fins de evidenciação, não basta a divulgação, a publicação do relatório – como em qualquer dos demais casos –, pois o aspecto mais relevante e frequentemente negligenciado diz respeito à compreensibilidade do relatório, isto é, à capacidade de transmitir à **média** das pessoas – ou, pelo menos, àquelas que poderão estabelecer a comunicação com o público em geral – as informações que lhes possibilitem formar juízos de valor a respeito do desempenho da gestão fiscal.

A falta de publicação no prazo anteriormente mencionado enseja a suspensão das transferências voluntárias e da contratação de operações de crédito pelo respectivo Ente, não se incluindo nessa proibição as operações destinadas simplesmente ao refinanciamento – à rolagem – do principal atualizado da dívida mobiliária. A falta da publicação enseja também a cobrança de multa pessoal de 30% dos vencimentos anuais do agente responsável.

A LRF estabeleceu a obrigatoriedade de padronização do relatório, segundo modelos que poderiam ser atualizados pelo Conselho de Gestão Fiscal, previsto no art. 67 da Lei, com múltiplas competências, mas nunca implementado. Referido Conselho deveria ser constituído por representantes de todos os Poderes e esferas de governo, inclusive do Ministério Público, além de entidades técnicas representativas da sociedade e, portanto, não pertencentes à estrutura do Estado. Na prática, essa e outras funções vêm sendo exercidas pela Secretaria do Tesouro Nacional, apesar da existência de vários projetos que visam dar efetividade ao funcionamento do Conselho.

A LRF também estabeleceu o conteúdo do RGF, o que, decididamente, não deveria ser objeto de lei complementar, primeiro por se tratar de questão de natureza operacional, segundo porque qualquer alteração requererá a edição de nova lei complementar (o que, como se sabe, exige *quorum* qualificado).

Deste modo, devem ser evidenciados (art. 55):

> I – comparativo com os limites dos seguintes montantes:
> - despesa total com pessoal, distinguindo-a com inativos e pensionistas;
> - dívidas consolidada e mobiliária;
> - concessão de garantias;
> - operações de crédito, inclusive por antecipação de receita;
>
> II – indicação das medidas corretivas adotadas ou a adotar, se ultrapassado qualquer dos limites;
>
> III – demonstrativos, no último quadrimestre:
> - do montante das disponibilidades de caixa em trinta e um de dezembro;
> - da inscrição em Restos a Pagar, das despesas: liquidadas; empenhadas e não liquidadas, inscritas até o limite do saldo da disponibilidade de caixa; não inscritas por falta de disponibilidade de caixa e cujos empenhos foram cancelados;
> - do cumprimento das seguintes disposições: liquidação, até 10 de dezembro de cada ano, de operação de crédito por antecipação de receita, com juros e outros encargos incidentes (art. 38, II); proibição de operação de crédito por antecipação de receita no último ano de mandato do Presidente, Governador ou Prefeito Municipal (art. 38, IV, *b*).

Os relatórios referentes aos Poderes Legislativo e Judiciário, e ao Ministério Público não conterão as informações relativas às dívidas consolidada e mobiliária, à concessão de garantias e às operações de crédito, inclusive por antecipação de receita.

O RGF não inclui alguns dados originariamente previstos, em razão de veto presidencial a dispositivos que foram objeto de remissão, quais sejam:

- art. 4º, inc. II – que previa o estabelecimento de limite referencial para as despesas com juros, com base em percentual da receita corrente líquida;

- art. 41, inc. II – que previa a inscrição em Restos a Pagar das despesas empenhadas e não liquidadas que correspondessem a compromissos efetivamente assumidos em virtude de normas legais e contratos administrativos, e a convênio, ajuste, acordo ou congênere, com outro ente da Federação, já assinado, publicado e em andamento.

Em síntese, o relatório permite o controle dos limites das despesas com pessoal, dívida consolidada líquida, concessão de garantias e contratação de operações de crédito, todos definidos em percentuais da receita corrente líquida, apurada em demonstrativo próprio. Ao final do exercício, é necessário evidenciar também as disponibilidades de caixa e a inscrição de Restos a Pagar.

A Secretaria do Tesouro Nacional divulga também demonstrativo do comportamento do caixa da União, referente às operações dos orçamentos Fiscal e da Seguridade Social, compreendendo, inclusive, as operações oficiais de crédito e as com emissão e resgate de títulos públicos, estas últimas destinadas a regular a execução do orçamento, cobrindo seus déficits, resgatando a dívida e mantendo os saldos necessários e suficientes. Demonstra também o resultado primário e a evolução da dívida. O saldo positivo no fluxo fiscal propriamente dito permite resgates líquidos da dívida pública mobiliária e, inclusive, da dívida contratada (interna e externa). O resultado do Banco Central e a remuneração das disponibilidades do Tesouro no Bacen também estão demonstrados na execução financeira do Tesouro Nacional, bem como os encargos do Tesouro relativos aos títulos de sua emissão, em carteira no Bacen. O demonstrativo vem, assim, subdividido em dois grandes fluxos: o fiscal e o de financiamento, além do relacionamento com o Banco Central, evidenciando a soma algébrica o fluxo de caixa abrangente do Tesouro, porque inclui todas as operações de natureza estritamente financeira. Costuma-se também destacar no fluxo fiscal os encargos (não o principal, a rolagem propriamente dita, que integra o fluxo de financiamento) da dívida, permitindo evidenciar o resultado primário, que equivale à "sobra" para pagamento ou garantia dos juros. O resultado, que durante muito tempo foi superavitário, desde 2014 não é mais suficiente para o pagamento dos juros, e, mais do que isso, tem sido deficitário, provocando a sua rolagem e, consequentemente, a transformação em novas dívidas.

A questão do déficit público, que não constitui propriamente objeto deste trabalho, é muito complexa e das mais controvertidas, tanto do ponto de vista de seu conceito como – principalmente – de sua mensuração. Independentemente da discussão sobre regimes contábeis – de competência e/ou de caixa –, que também é relevante, pois a parcela dos juros devidos e não pagos não é computada na execução orçamentária (mas, reconhecida, sendo rolada, capitalizada, com aumento do saldo da dívida e, assim, incidência de juros adicionais).

Vários critérios têm sido adotados nas discussões acerca das dimensões (mais que da composição) do déficit, encobrindo, às vezes, até vieses ideológicos, a par das avaliações técnicas propriamente ditas e das políticas adotadas. Assim, por exemplo, por influência de metodologia utilizada por organismos internacionais, tem-se optado, no Brasil, por classificar como despesas, para efeito de cômputo do déficit, investimentos de um modo geral, que, segundo a ótica contábil, deveriam ser diluídos ao longo de seus períodos de recuperação, de retorno, inclusive investimentos em infraestrutura realizados por estatais, isto porque – é bom lembrar – o déficit público não se esgota nos limites dos orçamentos Fiscal e da Seguridade Social da União (ou dos demais Entes), podendo incluir também as estatais, dependendo da abrangência do critério adotado e da origem dos recursos utilizados para o financiamento dos gastos.

De acordo com a terminologia geralmente utilizada, o déficit (ou superávit) **nominal** é o que engloba os efeitos da correção monetária (isto é, da inflação) no cômputo das despesas (e das receitas), e, portanto, das variações cambiais também; compreende o total das receitas e despesas, sem exclusões. Déficit (ou superávit) **operacional** é o que inclui os encargos da dívida em sentido estrito, ou seja, excluídos dos efeitos da correção monetária, que constitui mera atualização, recomposição do valor do principal. E, finalmente, déficit (ou superávit) **primário** é o que **exclui** do cômputo, além do principal das operações financeiras, não apenas a correção monetária, mas também os juros (encargos) dos empréstimos, da dívida, eliminando, com isto, o efeito que os déficits anteriores transferem para os exercícios seguintes; compreende o total das receitas e despesas não financeiras. Esta metodologia, como se pode perceber, baseia-se nos fluxos de valores da execução financeira; é chamado critério "acima da linha". Outro critério, chamado "abaixo da linha", leva em conta a variação dos estoques da dívida pública, pela ótica de seu financiamento; é também conhecido como **necessidades de financiamento do Setor Público.**[4]

É ampla a discussão acerca das origens (razões) dos déficits e da dívida brasileiros, suas relações, bem como de sua composição atual, cobertura/resgate, destinação, rolagem e encargos. Afinal, é relevante para o País avaliar seu endividamento e aferir sua capacidade de poupança (poupança em conta-corrente) e, consequentemente, de investimento do Estado, tendo em vista a natureza de suas funções. Enfim, o peso dos investimentos públicos no Brasil sempre foi decisivo, até porque o governo é historicamente o grande propulsor dos investimentos privados, e essa capacidade se reduziu significativamente nas últimas décadas.

É preciso ter em conta que os fluxos orçamentários e financeiros traduzem um verdadeiro pacto entre gerações, o que realça o papel do planejamento – de médio e longo prazos – ressaltando a necessidade de um projeto nacional estratégico, que, justamente, sele o compromisso de cada geração com o futuro, arcando ou repartindo os ônus transferidos pelas gerações passadas.

---

[4] Para um estudo mais detalhado sobre o assunto, consultar REZENDE, Fernando Antonio. *Finanças públicas*. 2. ed. São Paulo: Atlas, 2001. cap. 15.2.

ANEXO I

Balanço Orçamentário

Receita				Despesa			
Títulos	**Previsão $**	**Execução $**	**Diferenças $**	**Títulos**	**Fixação $**	**Execução $**	**Diferenças $**
Receitas Correntes							
Receita Tributária				Créditos Orçamentários e Suplementares			
Receita de Contribuições							
Receita Patrimonial				Créditos Especiais			
Receita Agropecuária				Créditos Extraordinários			
Receita Industrial							
Receita de Serviços							
Transferências Correntes							
Outras Receitas Correntes							
Receita de Capital							
Soma				Soma			
Déficits				Superávits			
TOTAL				TOTAL			

ANEXO II

Balanço Financeiro

Receita				Despesa			
Títulos	**$**	**$**	**$**	**Títulos**	**$**	**$**	**$**
ORÇAMENTÁRIA				ORÇAMENTÁRIA			
				Legislativa			
				Judiciária			
Receitas Correntes				Administração e Planejamento			
Receita Tributária				Agricultura			
Receita de Contribuições				Comunicações			
Receita Patrimonial				Defesa Nacional e Segurança Pública			
Receita Agropecuária							
Receita Industrial				Desenvolvimento Regional			
Receita de Serviços				Educação e Cultura			
Transferências Correntes				Energia e Recursos Minerais			
Outras Receitas Correntes				Habitação e Urbanismo			
				Indústria, Comércio e Serviços			
Receitas de Capital				Relações Exteriores			
				Saúde e Saneamento			
				Trabalho			
				Assistência e Previdência			
				Transporte			
EXTRAORÇAMENTÁRIA				EXTRAORÇAMENTÁRIA			
Restos a Pagar (Contrapartida da despesa a pagar)				Restos a Pagar (Pagamento no exercício)			
Serviço da Dívida a Pagar (contrapartida)				Serviço da Dívida a Pagar (pagamento)			
Depósitos				Depósitos			
Outras Operações				Outras Operações			
. . . . .				. . . . .			
SALDO DO EXERCÍCIO ANTERIOR				SALDOS PARA O EXERCÍCIO SEGUINTE			
Disponível:				Disponível:			
Caixa				Caixa			
Bancos e Correspondentes				Bancos e Correspondentes			
Exatores				Exatores			
Vinculado em C/C				Vinculado em C/C			
Bancárias				Bancárias			
Total				Total			

ANEXO III

Balanço Patrimonial

Ativo				Passivo			
Títulos	**$**	**$**	**$**	**Títulos**	**$**	**$**	**$**
ATIVO FINANCEIRO				PASSIVO FINANCEIRO			
Disponível				Restos a Pagar:			
Caixa				. . . . . .			
Bancos e Correspondentes				Serviço da Dívida a Pagar			
Exatores				Depósitos			
Vinculado em C/C				Débitos de Tesouraria			
Bancárias							
. . . . . .							
Realizável							
. . . . . .							
ATIVO PERMANENTE				PASSIVO PERMANENTE			
Bens Móveis				Dívida Fundada Interna:			
Bens Imóveis				Em Títulos			
Bens de Natureza Industrial				Por Contratos			
Créditos				Dívida Fundada Externa:			
Valores				Em Títulos			
Diversos				Por Contratos			
. . . . . .				Diversos:			
				. . . . . .			
Soma do Ativo Real				Soma do Passivo Real			
SALDO PATRIMONIAL				SALDO PATRIMONIAL			
Passivo Real Descoberto				Ativo Real Líquido			
Soma				Soma			
ATIVO COMPENSADO				PASSIVO COMPENSADO			
Valores em Poder de Terceiros:				Contrapartida de Valores em Poder de Terceiros:			
. . . . . .				. . . . . .			
Valores de Terceiros:				Contrapartida de Valores de Terceiros:			
. . . . .				. . . . . .			
Valores Nominais Emitidos:				Contrapartida de Valores Nominais Emitidos:			
. . . . . .				. . . . . .			
Diversos:				Diversos:			
. . . . . .				. . . . . .			
Total Geral				Total Geral			

ANEXO IV

Demonstração das Variações Patrimoniais

Variações Ativas				Variações Passivas			
Títulos	**$**	**$**	**$**	**Títulos**	**$**	**$**	**$**
RESULTANTES DA EXECUÇÃO ORÇAMENTÁRIA				**RESULTANTES DA EXECUÇÃO ORÇAMENTÁRIA**			
RECEITA ORÇAMENTÁRIA				DESPESA ORÇAMENTÁRIA			
Receitas Correntes				Despesas Correntes			
Receita Tributária				Despesas de Custeio			
Receita de Contribuições				Transferências Correntes			
Receita Patrimonial				Despesas de Capital			
Receita Agropecuária				Investimentos			
Receita Industrial				Inversões Financeiras			
Receita de Serviços				Transferências de Capital			
Transferências Correntes							
Outras Receitas Correntes							
Receitas de Capital							
MUTAÇÕES PATRIMONIAIS				MUTAÇÕES PATRIMONIAIS			
Aquisição de Bens Móveis				Cobrança da Dívida Ativa			
Construção e Aquisição de Bens Imóveis				Alienação de Bens Móveis			
				Alienação de Bens Imóveis			
Construção e Aquisição de Bens de Natureza Industrial				Alienação de Bens de Natureza Industrial			
Aquisição de Título de Valores				Alienação de Títulos e Valores			
Empréstimos Concedidos				Empréstimos Tomados			
Diversas				Recebimento de Créditos			
				Diversas			
Total				Total			
INDEPENDENTES DA EXECUÇÃO ORÇAMENTÁRIA				**INDEPENDENTES DA EXECUÇÃO ORÇAMENTÁRIA**			
Inscrição de Dívida Ativa				Cancelamento da Dívida Ativa			
Inscrição de Outros Créditos				Encampação de Dívidas Passivas			
Incorporação de Bens (doações, legados etc.)				Diversas			
Cancelamento de Dívidas Passivas				Total das Variações Passivas			
Diversas							
Total das Variações Ativas							
RESULTADO PATRIMONIAL				**RESULTADO PATRIMONIAL**			
Déficit Verificado (se for o caso)				Superávit Verificado (se for o caso)			
Total Geral				Total Geral			

RESUMO

A seguir, estão contemplados os principais assuntos discorridos no capítulo.

- A Lei nº 4.320/64 e Resoluções do CFC estabelecem as demonstrações contábeis a serem elaboradas e divulgadas pelos Entes públicos. Essas demonstrações são: balanço patrimonial; balanço orçamentário; balanço financeiro; demonstração das variações patrimoniais; demonstração dos fluxos de caixa; demonstração das mutações do patrimônio líquido; e notas explicativas.
- Os resultados gerais do exercício serão demonstrados nos Balanços Orçamentário e Financeiro e na Demonstração das Variações Patrimoniais, e a situação patrimonial, no Balanço Patrimonial.
- O Balanço Orçamentário demonstra as receitas previstas e as despesas fixadas, em confronto com as realizadas.
- O Balanço Financeiro demonstra a receita e a despesa orçamentárias realizadas, bem como os recebimentos e os pagamentos de natureza extraorçamentária, conjugados com os saldos em espécie provenientes do exercício anterior, e os que se transferem para o exercício seguinte.
- O Balanço Patrimonial é a demonstração que evidencia a posição das contas que constituem o Ativo e o Passivo. A diferença constitui o saldo patrimonial.
- A Demonstração das Variações Patrimoniais evidencia as alterações verificadas no patrimônio, resultantes ou independentes da execução orçamentária, e indica o resultado patrimonial do exercício.
- As variações patrimoniais dividem-se em: Variações Ativas e Variações Passivas.

ATIVIDADES PARA SALA DE AULA

1) Compare as demonstrações contábeis do Setor Público com as exigidas das empresas privadas de um modo geral, apontando suas características específicas.
2) Na sua opinião, qual é a importância do princípio da publicidade em relação às demonstrações contábeis? Até onde ele se constitui em um efetivo meio de controle da Administração Pública?

18

TOMADAS E PRESTAÇÕES DE CONTAS

OBJETIVOS DE APRENDIZAGEM
Ao final deste capítulo, o aluno deverá ser capaz de: • conceituar prestação de contas e identificar a situações a que ela se aplica; • indicar os agentes responsáveis e suas funções no decorrer do processo de contas.

18.1 INTRODUÇÃO

Segundo o art. 93 do Decreto-lei nº 200/67, reproduzido no art. 145 do Decreto nº 93.872/86, "quem quer que utilize dinheiro público terá de justificar seu bom e regular emprego na conformidade das leis, regulamentos e normas emanadas das autoridades administrativas competentes". O mesmo Decreto, em seu art. 147, esclarece que "terão sua situação perante a Fazenda Nacional evidenciada na tomada de contas anual, o ordenador de despesas, o agente recebedor ou pagador e o responsável pela guarda ou administração de valores e outros bens da União ou pelos quais esta responda". Isto, por si só, serviria para individualizar a responsabilidade dos ordenadores, demonstrando a relevância de suas funções na Administração Pública e a absoluta necessidade de autonomia e segurança no desempenho de suas atribuições. As funções do ordenador exigiriam efetivamente sua profissionalização, e seu pleno exercício recomendaria, por certo, um tipo de vinculação que garantisse à administração central financeira um mínimo de uniformidade de procedimentos e controle eficaz dos dispêndios públicos.

Na hipótese de ocorrência de qualquer ilegalidade da despesa ou irregularidade de contas, o órgão de contabilidade analítica ou os órgãos de controle, no exercício de suas funções, identificarão sua natureza, o período e o agente responsável pelo ato administrativo pertinente. O período, para o TCU, é o de efetiva gestão.

18.2 RESPONSÁVEIS

Entende-se como agente responsável toda pessoa física que utilize, arrecade, guarde, gerencie ou administre dinheiros, bens e valores públicos da União e das entidades da Administração Indireta, ou pelos quais estas respondam, ou que, em nome destas, assuma obrigação de natureza pecuniária e, ainda, o gestor de quaisquer recursos repassados pela União mediante convênio, acordo, ajuste ou outros instrumentos congêneres, a Estado, ao Distrito Federal, a Município, a entidades públicas ou organizações particulares.

Este entendimento está compatível com o parágrafo único do art. 70 da Constituição Federal:

> Art. 70. [...]
>
> Parágrafo Único. Prestará contas qualquer pessoa física ou jurídica, pública ou privada que utilize, arrecade, guarde, gerencie ou administre dinheiros, bens e valores públicos, ou pelos quais a União responda, ou que, em nome desta, assuma obrigações de natureza pecuniária.

As contas da Administração Pública Federal devem ser organizadas conforme disciplinamento contido na IN TCU nº 63, de 1º-9-10, alterada pela IN TCU 72, de 15-5-13, nas Decisões Normativas TCU nºs 127 e 132, de 15-5-13 e 2-10-13, respectivamente, e na Portaria TCU nº 175, de 9-7-13. No âmbito do Poder Executivo Federal devem ser observadas, também, as orientações contidas na Norma de Execução nº 01, de 18-1-13, aprovada pela Portaria nº 133, de 18-1-13, da CGU/PR.

A Instrução Normativa nº 63, de 1º-9-10, do TCU, que estabelece normas de organização e de apresentação dos relatórios de gestão e das peças complementares que constituirão os processos de contas, relaciona como responsáveis:

- o dirigente máximo da unidade jurisdicionada;
- os membros da diretoria, ou ocupante de cargo de direção no nível de hierarquia imediatamente inferior e sucessivo ao do dirigente máximo;
- os membros dos órgãos colegiados que, por definição legal, regimental ou estatutária, sejam responsáveis por ato de gestão que possa causar impacto na economicidade, eficiência e eficácia da gestão;
- os responsáveis definidos anualmente pelo TCU em decisão normativa.

Como se pode verificar, essa relação se tornou mais restrita. Entretanto, os órgãos de controle interno podem propor a inclusão de outros responsáveis se verificada a ocorrência, em conluio com os anteriormente arrolados, de: (i) prática de ato de gestão ilegal, ilegítimo, antieconômico, ou infração à norma legal ou regulamentar de natureza contábil, financeira, orçamentária, operacional ou patrimonial; (ii) dano ao Erário decorrente de ato de gestão ilegítimo ou antieconômico; e (iii) desfalque ou desvio de dinheiros, bens ou valores públicos.

Você sabia?

Não ocorrendo conluio, mas havendo dano ao Erário, em consequência de ato de gestão ilegítimo ou antieconômico, desfalque ou desvio de dinheiros, bens ou valores públicos, praticado por responsável não relacionado no rol, o órgão de controle interno, sob pena de responsabilidade solidária, deverá recomendar a instauração de processo de tomada de contas especial.

Não havendo dano ao Erário, mas ocorrendo a prática de ato de gestão ilegal, ilegítimo, antieconômico, ou infração à norma legal ou regulamentar de natureza contábil, financeira, orçamentária, operacional ou patrimonial, e não sendo possível propor a responsabilização em conjunto com agente integrante do rol, o órgão de controle interno deverá representar ao Tribunal, nos termos do art. 237, inc., II, do Regimento Interno do TCU.

18.3 PROCESSOS

Nos termos da IN/TCU nº 63/10, considera-se:

> I – processo de contas: processo de trabalho do controle externo, destinado a avaliar e julgar o desempenho e a conformidade da gestão das pessoas sob jurisdição do TCU com base em documentos, informações e demonstrativos de natureza contábil, financeira, orçamentária, operacional ou patrimonial; e
>
> II – relatório de gestão: documentos, informações e demonstrativos de natureza contábil, financeira, orçamentária, operacional ou patrimonial, organizado para permitir a visão sistêmica do desempenho e da conformidade da gestão dos responsáveis por uma ou mais unidades jurisdicionadas durante um exercício financeiro; [...]

A Instrução Normativa antes referida estabelece especialmente os documentos que devem instruir os processos e os prazos a serem observados no seu encaminhamento. Estabelecem-se, ademais, documentos, registros e controles a serem mantidos, a fim de facilitarem os trabalhos de auditoria e de inspeção.

A Instrução Normativa TCU nº 63/10 regula a composição e o encaminhamento das tomadas e das prestações de contas dos seguintes Entes sob jurisdição do TCU (art. 2º):

> I – órgãos e entidades da administração pública federal direta e indireta, incluídas as fundações e empresas estatais, bem como suas unidades internas;
>
> II – fundos cujo controle se enquadre como competência do Tribunal;
>
> III – serviços sociais autônomos;
>
> IV – contas nacionais das empresas supranacionais de cujo capital social a União participe, de forma direta ou indireta, nos termos do respectivo tratado constitutivo;
>
> V – empresas encampadas, sob intervenção federal ou que, de qualquer modo, venham a integrar, provisória ou permanentemente, o patrimônio da União ou de entidade pública federal;
>
> VI – entidades cujos gestores, em razão de previsão legal, devam prestar contas;

VII – programas de governo constantes do Plano Plurianual previsto no inciso I do art. 165 da Constituição Federal;

VIII – consórcios públicos em que a União figure como consorciada;

IX – entidades de fiscalização do exercício profissional.

Os demais Entes da Federação, pessoas físicas ou entidades privadas, quando beneficiários de transferência voluntária de recursos federais, sob qualquer forma, responderão perante o órgão ou entidade repassador(a) pela boa e regular aplicação desses recursos, e estarão sujeitos à apresentação de todos os documentos, informações e demonstrativos necessários à composição dos relatórios de gestão e dos processos de contas dos responsáveis por essas unidades jurisdicionadas.

Pelas Decisões Normativas TCU nº 127, e 132, ambas de 2013, a Corte de Contas definiu, para as contas a serem encaminhadas ao TCU, a organização, a forma, os conteúdos e os prazos de apresentação do relatório de gestão (art. 3º da IN 63, de 2010) e as unidades jurisdicionadas cujos responsáveis devem apresentar contas para julgamento pelo Tribunal, especificando a forma – individual, consolidada e agregada –, os prazos e os conteúdos das peças complementares que comporão os processos de contas (art. 4º da IN 63, de 2010).

Anualmente, o TCU vem definindo, mediante atos normativos, aspectos específicos de formalização e conteúdo dos processos de contas a serem apresentados à Corte de Contas.

Até hoje não foi disciplinada a forma de fiscalização relativa às contas nacionais das empresas supranacionais, exceto quanto ao prazo de encaminhamento ao TCU.

A IN/TCU nº 63, de 2010, considera:

- **risco** – possibilidade de algo acontecer e ter impacto nos objetivos, sendo medido em termos de consequências e probabilidades;
- **materialidade** – volume de recursos envolvidos;
- **relevância** – aspecto ou fato considerado importante, em geral no contexto do objetivo delineado, ainda que não seja material ou economicamente significativo;
- **exame da conformidade** – análise da legalidade, legitimidade e economicidade da gestão, em relação a padrões normativos e operacionais, expressos nas normas e regulamentos aplicáveis, e da capacidade dos controles internos de identificar e corrigir falhas e irregularidades;
- **exame do desempenho** – análise da eficácia, eficiência, efetividade e economicidade da gestão em relação a padrões administrativos e gerenciais expressos em metas e resultados negociados com a administração superior ou definidos nas leis orçamentárias, e da capacidade dos controles internos de minimizar riscos e evitar falhas e irregularidades.

Os conceitos adotados para **risco**, **materialidade** e **relevância** não se coadunam com os geralmente utilizados nos livros técnicos e didáticos.

18.4 DOCUMENTAÇÃO

As peças integrantes dos processos de tomadas e prestações de contas anuais são reguladas pela IN/TCU nº 63/10 e pelos atos normativos expedidos anualmente pela Corte de Contas para aplicação no exercício neles citados.

Tais peças são (art. 13, IN/TCU nº 63/10):

- rol de responsáveis;
- relatório de gestão, emitido pelos responsáveis;
- relatórios e pareceres de órgãos, entidades ou instâncias que devam se pronunciar sobre as contas ou sobre a gestão dos responsáveis pela unidade jurisdicionada, consoante previsão em lei ou em seus atos constitutivos;
- relatório de auditoria de gestão, emitido pelo órgão de controle interno competente;
- certificado de auditoria, emitido pela unidade de controle interno;
- parecer conclusivo do dirigente da unidade de controle interno;
- pronunciamento expresso e indelegável, do Ministro de Estado ou autoridade de nível hierárquico equivalente, sobre as contas e o parecer do dirigente do controle interno, atestando haver tomado conhecimento das conclusões nele contidas (art. 52 da Lei nº 8.443, de 16-7-92).

Os documentos que compõem a prestação de contas são exigidos de acordo com a natureza jurídica da entidade.

Você sabia?

Tanto nos casos de Tomadas como de Prestações de Contas, a legislação vem dando ênfase crescente às informações sobre a execução dos programas, à compatibilização dos aspectos físico e financeiro, à eficiência e à eficácia, enfim, ao desempenho das atividades do órgão ou entidade. O Relatório de Gestão deverá destacar os programas de trabalho planejados e executados, apresentando-se justificativas, sempre que, na execução, não hajam sido alcançados todos os objetivos previstos na programação.

Destaca-se a importância do relatório de gestão na composição dos processos de contas, em razão do conteúdo das informações gerais que deverão constar no citado relatório.

A partir da publicação da Instrução Normativa TCU nº 47/2004, ficou evidente a necessidade de o Tribunal incluir, no exame e julgamento das tomadas e prestações de contas dos gestores, o controle da conformidade e do desempenho da gestão, a fim de contribuir para o aperfeiçoamento da Administração Pública.

Os atos normativos anuais do Tribunal, sobre contas, elencam, de forma detalhada, os itens do conteúdo do Relatório de Gestão, especificando, também, a natureza jurídica das unidades a que se aplicam.

A Portaria TCU nº 175/13 traz, em seu Anexo Único, orientações pormenorizadas para a elaboração de conteúdos exigidos nas Partes A e B do Anexo II da DN TCU 127/13. O Relatório de Gestão das unidades jurisdicionadas relacionadas no Anexo I da DN TCU 127/13 deverá conter as seguintes informações:

Parte A – Conteúdo Geral

I – identificação e atributos das unidades cujas gestões compõem o relatório;

II – planejamento e resultados alcançados;

III – estruturas de governança e de autocontrole da gestão;

IV – tópicos específicos da execução orçamentária e financeira;

V – gestão de pessoas, terceirização de mão de obra e custos relacionados;

VI – gestão do patrimônio mobiliário e imobiliário;

VII – gestão da tecnologia da informação e do conhecimento;

VIII – gestão do uso dos recursos renováveis e sustentabilidade ambiental;

IX – conformidade e tratamento de disposições legais;

X – relacionamento com a sociedade;

XI – informações contábeis; e

XII – outras informações sobre a gestão.

Parte B – Conteúdos Específicos

Informações específicas relacionadas com as peculiaridades do órgão/entidade. As unidades jurisdicionadas constantes da Parte C do Anexo II da DN TCU 127/13 farão relatórios de gestão customizados e estão obrigadas a contemplar em seus relatórios somente os conteúdos nela exigidos, ficando, por esta razão, dispensadas de observar os conteúdos estabelecidos nas Partes A e B, obrigatórios para as demais unidades.

Para a elaboração desta peça, dada a relevância de suas informações para a avaliação da gestão dos responsáveis pelos órgãos de controle, faz-se necessário o empenho da alta administração, do corpo gerencial e dos servidores que exerçam atividades sobre as quais devam ser fornecidas informações para o Relatório de Gestão.

A gestão de uma administração vai muito além dos atos administrativos que envolvam diretamente a utilização de dotações consignadas no orçamento. Neste contexto, pode-se classificar como ato de gestão a definição de políticas públicas, de programas prioritários, de contingenciamento orçamentário, entre outros, cuja abrangência extrapola os limites de atuação de uma unidade jurisdicionada individualizada.

Compete ao órgão de controle interno a realização da auditoria para avaliação da gestão dos administradores públicos, assim entendida como avaliação dos resultados quantitativos e qualitativos da gestão, da qualidade e confiabilidade dos indicadores utilizados, bem como das demais informações que compõem as contas.

No certificado de auditoria, o órgão de controle interno avaliará a regularidade da gestão, concluindo pela regularidade plena, com ressalvas ou pela irregularidade, e fará a síntese das falhas e irregularidades constatadas, identificando quais falhas resultaram nas ressalvas indicadas e as irregularidades que resultaram no parecer pela irregularidade, quando for o caso.

No parecer do dirigente do órgão de controle interno, será feita a avaliação das conclusões sobre a regularidade da gestão, constantes do certificado de auditoria, indicando-se, sinteticamente, as falhas e irregularidades verificadas e as medidas já adotadas pelos gestores para corrigir e evitar ocorrências da mesma natureza.

18.5 PRAZOS PARA ENCAMINHAMENTO E JULGAMENTO DAS CONTAS

Segundo as regras aplicáveis, os processos de contas ordinárias são encaminhados ao Tribunal de Contas da União no exercício financeiro subsequente ao de seu encerramento, de acordo com escalonamento definido anualmente em decisão normativa.

As contas relativas a fundos especiais de natureza contábil ou financeira serão encaminhadas juntamente com as contas da entidade ou órgão a que se acham vinculados, evidenciadas em demonstrações distintas e conforme o disposto na legislação que os criou, bem como na que regula os processos dessa natureza.

O julgamento das contas dos dirigentes e demais responsáveis, a ser feito pelo TCU com base nos processos de tomadas e prestações de contas encaminhados e instruídos pelos órgãos de controle interno, dar-se-á até o término do exercício seguinte àquele em que as contas tiverem sido apresentadas. Entretanto, tal prazo será suspenso quando:

- do exame do processo resultar inspeção;
- encontrar-se tramitando no Tribunal processo de denúncia, representação, inquérito, inspeção, auditoria e outros cuja decisão a ser proferida possa vir a afetar o julgamento do mérito das respectivas contas.

Note-se que esta sistemática é independente da apreciação das contas anuais do Presidente da República. Essa apreciação resulta no parecer prévio emitido em 60 dias do recebimento das contas (CF, art. 71, inc. I), que, por sua vez, deve ocorrer dentro de 60 dias após a abertura da sessão legislativa (CF, art. 84, inc. XXIV), em 2 de fevereiro (CF, art. 57, *caput*, alterado pela EC nº 50, de 2006). Logo, o parecer prévio deverá ser emitido até 2 de junho.

18.6 TOMADA DE CONTAS ESPECIAL

Nos termos dos arts. 84, do Decreto-lei nº 200, de 25-2-67, e 148, do Decreto nº 93.872, de 23-12-86, será instaurada tomada de contas especial quando se verificar que não houve prestação de contas por agente responsável ou que ocorreu desfalque, desvio ou desaparecimento de bens ou outra irregularidade de que resulte prejuízo para a Fazenda Nacional.

A Instrução Normativa/TCU nº 71, de 28-11-12 (alterada pela IN/TCU nº 76, de 23-11-16), com vigência a partir de 1º-1-13, dispõe sobre a instauração, a organização e o encaminhamento de processos de tomada de contas especial, enfatizando, além das situações mencionadas no parágrafo anterior, a não comprovação da aplicação dos recursos repassados pela União, mediante convênio, contrato de repasse ou outros instrumentos congêneres.

A referida Instrução definiu tomada de contas especial como um processo devidamente formalizado, dotado de rito próprio, que objetiva apurar a responsabilidade por ocorrência de dano à Administração Pública Federal, com apuração de fatos, quantificação do dano, identificação dos responsáveis e obtenção do respectivo ressarcimento. Ademais, considera a instauração da tomada de contas especial como medida de exceção, só devendo ser adotada após esgotadas as providências administrativas internas para caracterização ou elisão do dano sem a obtenção do devido ressarcimento ao Erário.

É pressuposto para a abertura de processos desta natureza a existência de elementos fáticos e jurídicos suficientes para: (i) a comprovação da ocorrência de dano; (ii) a identificação das pessoas, físicas ou jurídicas, que deram causa ou contribuíram para a ocorrência do dano; (iii) evidenciação da relação entre a situação que deu origem ao dano e a conduta ilegal, ilegítima ou antieconômica da pessoa a quem se imputa a obrigação de ressarcir o prejuízo causado aos cofres públicos.

Para a comprovação da ocorrência do dano e identificação dos responsáveis é obrigatória a descrição detalhada da situação que deu origem ao dano, comprovada em documentos, narrativas e outros elementos probatórios, exame da suficiência e da adequação das informações, contidas em pareceres de agentes públicos.

A quantificação do débito, quando não for possível determinar a exatidão do valor, será feita por estimativa adotando-se meios confiáveis cujo valor apurado seguramente não exceda o real valor devido. A atualização monetária e os juros moratórios incidentes sobre o valor original deverão ser calculados de acordo com a legislação vigente e com incidência a partir (art. 9º da IN/TCU nº 71/12):

> I – da data do crédito na conta bancária específica, quando conhecida, ou da data do repasse dos recursos – no caso de omissão no dever de prestar contas ou de as contas apresentadas não comprovarem a regular aplicação dos recursos, exceto nas ocorrências previstas na situação descrita a seguir;
>
> II – da data do pagamento, quando houver impugnação de despesas específicas e os recursos tiverem sido aplicados no mercado financeiro ou quando caracterizada responsabilidade de terceiro;
>
> III – da data do evento, quando conhecida, ou da data de ciência do fato pela Administração, nos demais casos.

O processo de tomada de contas especial será composto pelos documentos e informações a seguir discriminados (art. 10 da IN/TCU nº 71/12).

I – Relatório do tomador das contas, que deve conter:

a) identificação do processo administrativo que originou a tomada de contas especial;

b) número do processo de tomada de contas especial na origem;

c) identificação dos responsáveis acompanhada da ficha de qualificação, indicando: nome; CPF ou CNPJ; endereço residencial, profissional e eletrônico, número do telefone; cargo, função e matrícula funcional ou do Siape, se servidor público, período de gestão e identificação do inventariante ou do administrador provisório do espólio e/ou herdeiros/sucessores, no caso de responsável falecido;

d) quantificação do débito acompanhada de demonstrativo financeiro indicando: os responsáveis; a síntese da situação caracterizada como dano ao Erário; o valor original e a data da ocorrência; as parcelas recolhidas e as respectivas datas de recolhimento.

e) relato das situações e dos fatos, com indicação dos atos ilegais, ilegítimos ou antieconômicos de cada um dos responsáveis;

f) relato das medidas administrativas adotadas com vistas à elisão do dano;

g) informação sobre eventuais ações judiciais pertinentes aos fatos que deram ensejo à instauração da tomada de contas especial;

h) parecer conclusivo do tomador de contas especial quanto à comprovação da ocorrência do dano, à sua quantificação e à correta imputação da obrigação de ressarcir de cada um dos responsáveis;

i) outras informações consideradas necessárias.

II – Certificado de auditoria emitido pelo órgão de controle interno, acompanhado do relatório contendo manifestações expressas sobre a adequação das medidas administrativas adotadas pela autoridade competente para a caracterização ou elisão do dano e o cumprimento das normas pertinentes à instauração e ao desenvolvimento da tomada de contas especial.

III – Parecer conclusivo do dirigente do órgão de controle interno.

> IV – Pronunciamento do Ministro de Estado supervisor da área ou da autoridade de nível hierárquico equivalente, atestando ter tomado conhecimento do relatório do tomador de contas especial e do parecer do órgão de controle interno.

O tomador de contas especial, atuando no âmbito dos órgãos e entidades sujeitos ao Controle Interno do Poder Executivo Federal, deverá observar também as orientações expedidas pela Portaria CGU nº 807, de 25-4-13.

De acordo com a IN/TCU nº 76/16, a tomada de contas especial somente será instaurada e encaminhada ao Tribunal quando o valor do dano, atualizado monetariamente, for igual ou superior ao valor fixado pelo Tribunal para esse efeito. A citada Instrução estabeleceu o valor de R$ 100.000,00.

A autoridade administrativa deve providenciar a inclusão do nome do responsável no Cadastro Informativo dos débitos não quitados de órgãos e entidades federais (Cadin)[1] e dar ciência da providência ao responsável. A Instrução trata genericamente da inscrição dos devedores no Cadin, sem fazer menção ao limite de R$ 75.000,00, o que leva à conclusão de que tal inscrição independe do encaminhamento do respectivo processo ao TCU.

Quando o somatório dos débitos de um mesmo responsável perante a unidade exceder o valor estipulado na Instrução Normativa TCU nº 71/12, a autoridade administrativa competente deve consolidá-los em um mesmo processo de tomada de contas especial e encaminhá-lo ao Tribunal.

É dispensada a instauração de tomada de contas especial após dez anos do fato gerador sem notificação ao responsável, salvo determinação em contrário do TCU, conforme art. 6º, inc. II, da IN TCU 71/12.

Como regra geral, o prazo para encaminhamento da tomada de contas especial ao TCU é de 180 dias contados do término do exercício financeiro em que a mesma foi instaurada.

18.7 FISCALIZAÇÃO EXERCIDA PELO TCU NA APLICAÇÃO DE RECURSOS TRANSFERIDOS VOLUNTARIAMENTE

A propósito da fiscalização referente à aplicação de recursos transferidos voluntariamente a outras esferas, vale notar que, em 4-10-88, um dia antes, portanto, da promulgação da atual Constituição, foi sancionada a Lei nº 7.675, de 4-10-88, publicada no *Diário Oficial da União* em 7 de outubro. Em seu art. 4º, ela revigorou o art. 43 do Decreto-lei nº 199, de 25-2-67, com a seguinte redação:

---

[1] Cabe lembrar que, em 14-9-06, foi editada a Portaria STN nº 685, que estabelece os valores mínimos das obrigações pecuniárias vencidas junto a órgãos e entidades para fins de registro no Cadin. Veda o registro de dívidas iguais ou inferiores a R$ 999,99, deixa a critério do órgão credor o registro de dívidas iguais ou superiores a R$ 1.000,00 até o limite de R$ 9.999,99, e torna obrigatório o registro das dívidas iguais ou superiores a R$ 10.000,00.

Art. 43. O Tribunal de Contas da União julgará, na forma da legislação vigente, as prestações de contas a que estão sujeitos os Estados, o Distrito Federal, os Territórios, os Municípios e as entidades da Administração Indireta e Fundações daquelas pessoas de Direito Público (art. 31, X), com base nos documentos que os mesmos lhes devam apresentar.

Embora o Decreto-lei nº 199/67 tenha sido revogado pela Lei nº 8.443/92, esta reforçou a competência do TCU na fiscalização de quaisquer recursos repassados pela União às demais esferas, mediante convênio, acordo, ajuste ou outros instrumentos congêneres.

18.8 PERSPECTIVAS

Alguns especialistas questionam a conveniência de manutenção da atual sistemática de formalização de processos, com verificação e manifestação periódica da responsabilidade dos dirigentes e outros servidores dos órgãos e entidades da Administração. Segundo esses especialistas, tais exigências deveriam ser substituídas e supridas pelo acompanhamento contínuo e sistemático, até em caráter preventivo.

Na situação atual, ainda há excesso de papéis e de verificações formais, repetitivas, possivelmente em prejuízo de uma programação mais adequada às necessidades de um controle efetivo dos dispêndios públicos, sobretudo quando se leva em conta a enorme escassez de recursos materiais, financeiros e humanos da Administração, aliada à presteza que se deveria exigir na constatação de desvios e desperdícios e na recuperação dos valores mal aplicados. A tendência é a utilização cada vez maior de meio eletrônico para transmissão dos dados e informações referentes às contas.

Também no sentido da modernização, verifica-se uma exigência crescente com a análise do desempenho da gestão centrada no alcance dos resultados esperados.

Em quaisquer circunstâncias, o objetivo primordial deverá voltar-se para a avaliação do desempenho da gestão quanto aos aspectos da eficácia, da eficiência e da efetividade dos atos praticados pelos responsáveis em relação a padrões administrativos e gerenciais expressos em metas e resultados definidos na programação governamental.

Neste particular, cabe destacar que o Tribunal de Contas da União, desde quando decidiu pela revisão da IN/TCU nº 12/96, criou um projeto para redefinição e detalhamento do modelo de controle de contas, denominando-o "Projeto Certificação da Gestão Pública", o qual teve como objetivo desenvolver nova sistemática de controle por meio de tomadas e prestações de contas anuais, integrada com os instrumentos de fiscalização e orientada para a avaliação da conformidade – aderência aos atos legais – e do desempenho – resultado – da gestão pública.

Há que se ressaltar que a aferição de resultados vai além da constatação do cumprimento de metas físicas que possam ser previamente definidas, cuja execução depende da suficiência das dotações e da liberação tempestiva dos recursos financeiros. Ainda é pouco utilizada, pelos órgãos e entidades sob jurisdição do Tribunal de Contas da União, metodologia para a implementação de instrumentos de controle da gestão a partir da adoção de indicadores que expressem a efetividade dos resultados esperados pela sociedade.

RESUMO

A seguir, estão contemplados os principais assuntos discorridos no capítulo.

- Agente responsável é toda pessoa física que utilize, arrecade, guarde, gerencie ou administre dinheiros, bens e valores públicos dos órgãos e entidades da Administração Pública.
- As peças integrantes dos processos de tomadas e prestações de contas anuais têm como referência a IN/TCU nº 63/10 e atos normativos expedidos anualmente pela Corte de Contas para aplicação em cada exercício.
- Compete ao órgão de controle interno a realização da auditoria para avaliação da gestão dos administradores públicos, dos seus resultados quantitativos e qualitativos com suporte na confiabilidade dos indicadores utilizados, bem como das demais informações referentes às respectivas contas.
- Com base nos arts. 84, do Decreto-lei nº 200, de 25-2-67, e 148, do Decreto nº 93.872, de 23-12-86, é instaurada tomada de contas especial, quando se verifica que não houve prestação de contas por agente responsável ou que ocorreu desfalque, alcance, desvio ou desaparecimento de bens ou valores, ou outra irregularidade de que resulte prejuízo para a Fazenda Pública.

ATIVIDADES PARA SALA DE AULA

1) Discuta a relevância das prestações de contas para o acompanhamento e análise do desempenho dos Entes públicos e da avaliação da gestão de seus dirigentes.
2) Avalie em que medida a auditoria preventiva é capaz de detectar e prevenir desvios e desperdícios de recursos.

19

CONTROLE INTERNO[1]

OBJETIVOS DE APRENDIZAGEM
Ao final deste capítulo, o aluno deverá ser capaz de: • descrever a evolução do sistema de controle interno na Administração Pública brasileira; • reconhecer o alcance e as normas de auditoria aplicáveis à Administração Pública no Brasil.

19.1 INTRODUÇÃO

A Constituição Federal trata da fiscalização contábil, financeira e orçamentária na Seção IX do Capítulo I do Título IV.

O controle interno é exercido no âmbito de cada Poder; o controle externo é o exercido pelo Poder Legislativo – em todas as esferas – em relação aos demais Poderes.

Neste capítulo, veremos de forma mais detalhada a natureza e as características do controle interno na Administração Pública e a legislação aplicável.

19.2 A CONSTITUIÇÃO FEDERAL E OS CONTROLES

Nos termos do art. 70, "A fiscalização contábil, financeira, orçamentária, operacional e patrimonial da União e das entidades da Administração Direta e indi-

---

1 Para um extenso e abrangente estudo a respeito das questões relacionadas com a função de controle no setor público, ver: PISCITELLI, Roberto Bocaccio. *O controle interno na administração pública federal brasileira*. Brasília: ESAF, 1988.

O trabalho faz uma revisão histórica dos sistemas de controle no Brasil e formula uma série de recomendações, várias das quais já foram incorporadas à legislação, como, por exemplo, a fiscalização das empresas supranacionais, inserida no próprio texto constitucional.

reta, quanto à legalidade, legitimidade, economicidade, aplicação das subvenções e renúncia de receitas, será exercida pelo Congresso Nacional, mediante controle externo, e pelo sistema de controle interno de cada Poder".

É importante notar a abrangência conferida pelo constituinte à fiscalização dos órgãos e entidades estatais: transcende os aspectos de legalidade e não se restringe à despesa.

Assinale-se que controle interno e externo não é a mesma coisa que auditoria interna e externa: a atuação do controle interno, no âmbito das entidades – que têm estrutura própria –, mais se assemelha à da auditoria independente (externa).

Não se deve confundir, tampouco, sistema(s) de controle interno – um conjunto de órgãos e funções da Administração – com sistema de controles internos, no âmbito de cada entidade ou empresa – compreendendo unidades, competências, relações, práticas, procedimentos e tudo o que constitui seu **modo de ser e agir**.

Em relação especificamente à fiscalização do Município, expressamente mencionada na Constituição, ela será exercida pelo Poder Legislativo Municipal, mediante controle externo, e pelos sistemas de controle interno do Poder Executivo Municipal, na forma da lei.

19.3 CONTROLE INTERNO E SUPERVISÃO MINISTERIAL

Os Três Poderes manterão, de forma integrada, sistema de controle interno, com a finalidade de (art. 74):

> I – avaliar o cumprimento das metas previstas no plano plurianual, a execução dos programas de governo e dos orçamentos da União;
>
> II – comprovar a legalidade e avaliar os resultados, quanto à eficácia e eficiência, da gestão orçamentária, financeira e patrimonial nos órgãos e entidades da Administração Federal, bem como da aplicação de recursos públicos por entidades de Direito Privado;
>
> III – exercer o controle das operações de crédito, avais e garantias, bem como dos direitos e haveres da União;
>
> IV – apoiar o controle externo no exercício de sua missão institucional.

Isto evidencia a amplitude da abrangência do controle afeto aos órgãos de controle interno, cujos trabalhos servem de base às verificações e conclusões do TCU. Esta é a concepção mais abrangente desde a segunda metade da década de 1960, quando as inspetorias gerais de finanças substituíram as contadorias seccionais (então subordinadas à Contadoria Geral da República), e perderam a capacidade de verificação prévia e de autorização dos atos de despesa, inclusive contratos. A dispensa dessa autorização prévia para a realização da despesa se conjugou com a instituição da auditoria.

O alcance das funções dos órgãos de controle interno podia ser percebido pela abrangência da chamada "supervisão ministerial" – art. 25 do Decreto-lei nº 200/67 –, a qual já tinha por principais objetivos – entre outros –, na área de competência do Ministro de Estado:

- promover a execução dos programas do Governo;
- avaliar o comportamento administrativo dos órgãos supervisionados e diligenciar no sentido de que estejam confiados a dirigentes capacitados;
- fiscalizar a aplicação e utilização de dinheiros, valores e bens públicos;
- acompanhar os custos globais dos programas setoriais do governo, a fim de alcançar uma prestação econômica de serviços;
- transmitir ao Tribunal de Contas, sem prejuízo da fiscalização deste, informes relativos à administração financeira e patrimonial dos órgãos do Ministério.

Você sabia?

Na realidade, o campo de abrangência da função de controle interno (e externo) é mais amplo que o da supervisão ministerial; esta se restringe aos casos de controle deliberativo, enquanto o controle interno (e externo) se aplica a quaisquer casos de utilização de recursos públicos, a quaisquer pessoas, inclusive de Direito Privado, e mesmo privadas.

19.4 EVOLUÇÃO DO SISTEMA DE CONTROLE INTERNO

Na estrutura da Reforma Administrativa de 67, as inspetorias gerais de finanças, subordinadas aos respectivos Ministérios, integravam, como órgãos setoriais, os sistemas de administração financeira, contabilidade e auditoria. A Inspetoria-Geral de Finanças (IGF) do Ministério da Fazenda, acumulando as funções de órgão central do sistema, era responsável pela supervisão técnica, pela orientação normativa, pela fiscalização específica dos órgãos setoriais.

Com o Decreto nº 84.362, de 31-12-79, criou-se um órgão central (Secretaria Central de Controle Interno – Secin), desvinculado dos setoriais (Secretarias de Controle Interno – Ciset), integrado à estrutura da Seplan.

A auditoria dos órgãos e entidades sujeitos à supervisão ministerial passou, então, a ser de competência exclusiva do órgão central; a auditoria classificava-se, expressamente, em contábil e de programas. O Sistema de Controle Interno passava a ser o responsável pelo acompanhamento físico e financeiro de projetos e atividades, inclusive os decorrentes de contratos e convênios. Esse acompanhamento possibilitaria compatibilizar o dispêndio orçamentário, o custo da execução da obra ou do serviço, com a realização do programa, com o benefício concreto. Os órgãos setoriais, por outro lado, foram dotados de uma estrutura própria em processamento de dados. E, finalmente, as operações contábeis nos Estados passavam à responsabilidade das respectivas Delegacias de Contabilidade e Finanças, diretamente subordinadas ao órgão central do Sistema; as Ciset, além da síntese das operações de cada Ministério (dificultada à medida que dependiam da transmissão dos dados das Decof nos Estados pela Secin), por intermédio das Secretarias de Contabilidade, registravam apenas as operações dos órgãos subordinados localizados no DF.

Em 1985, com a instalação do novo governo, em 15 de março, nova alteração se processa, e o órgão central retorna ao Ministério da Fazenda. Tal situação se modifica novamente, em 10 de março de 1986, com a criação da Secretaria do Tesouro Nacional (STN) e a extinção da Secin (Decreto nº 92.452).

A STN, além de órgão central dos sistemas de Administração Financeira, Contabilidade e Auditoria, passa, então, a constituir-se na Secretaria Executiva da Comissão de Programação Financeira, ampliando suas competências e absorvendo, ademais, competências da própria Secretaria de Controle Interno do MF. As atividades de auditoria reverteram aos órgãos setoriais, exceto as decorrentes de acordos com organismos internacionais (além daquelas determinadas pelo Presidente da República). Com a implantação de nova Reforma Administrativa, em 1986, a STN passou a ter também a competência para controlar a realização do pagamento das remunerações dos servidores públicos.

Posteriormente, com o Decreto nº 93.612, de 21-11-86, extinguiu-se a Comissão de Programação Financeira.

E o Decreto nº 93.874, de 23-12-86, determinou novas modificações: o Sistema de Controle Interno absorveu os Sistemas de Administração Financeira, Contabilidade e Auditoria (constituídos de acordo com o Decreto-lei nº 200/67), e o de Programação Financeira (instituído pelo Decreto nº 64.441, de 30-4-69).

Com a inclusão da programação financeira, as atividades do sistema compreendiam também "a formulação de diretrizes para elaboração das propostas de cronogramas setoriais de desembolso, estabelecimento do fluxo geral de caixa e fixação de limites de saques periódicos contra a Conta do Tesouro Nacional" (Decreto nº 93.874/86, art. 5º).

E "À auditoria, com base especialmente nos registros contábeis e na documentação comprobatória das operações, cumpre examinar os atos da gestão, com o propósito de certificar a exatidão e regularidade das contas e comprovar a eficiência e a eficácia na aplicação dos recursos públicos" (art. 10, § 2º).

Os órgãos setoriais, embora sujeitos à coordenação, orientação, supervisão e fiscalização do órgão central, continuaram subordinados hierarquicamente ao órgão a cuja estrutura administrativa pertenciam. Não era, portanto, ainda dessa vez que a auditoria obtinha a tão desejada autonomia diante das próprias autoridades cujo controle das contas lhe está afeto. O novo decreto, inclusive, reestruturou os órgãos setoriais.

Em 15-3-90, pelo Decreto nº 99.180, as competências da STN foram absorvidas pelo Departamento do Tesouro Nacional (DTN), na Secretaria da Fazenda Nacional, do Ministério da Economia, Fazenda e Planejamento.

Com a Lei nº 8.490, de 19-11-92, que reorganizou a Presidência da República e os Ministérios, o DTN foi reconvertido na Secretaria do Tesouro Nacional.

A partir de março de 1994, reestruturou-se o Sistema de Controle Interno (juntamente com o de Planejamento e Orçamento) do Poder Executivo, por meio de medida provisória reeditada durante muitos anos, com modificações frequentes, até a aprovação da Lei nº 10.180, de 6-2-01, que, enfim, sofreu poucas e tópicas alterações.

Ressalte-se que a Lei nº 13.464, de 2017, alterou a Lei nº 10.180, de 2001, definindo o Sistema de Controle Interno do Poder Executivo Federal como composto pelo órgão central – Secretaria Federal de Controle Interno –, que abrange todos os órgãos do Poder Executivo Federal, à exceção dos órgãos setoriais, que, não obstante estarem sujeitos à orientação normativa e à supervisão técnica do órgão central, integram a estrutura dos Ministérios de Relações Exteriores, da Defesa, da Advocacia-Geral da União e da Casa Civil (cuja atuação inclui todos os órgãos da Presidência e da Vice-presidência da República, além de outros determinados em legislação específica).

Nessa configuração, as atividades de administração financeira federal, de contabilidade federal e de controle interno do Poder Executivo Federal (além das atividades de planejamento e de orçamento federal – ver Capítulo 6) foram organizadas sob a forma de sistemas.

O Sistema de Administração Financeira Federal compreende as atividades de programação financeira da União, de administração de direitos e haveres, garantias e obrigações de responsabilidade do Tesouro Nacional e de orientação técnico-normativa referente à execução orçamentária e financeira. Apesar da redefinição da Lei nº 13.464, de 2017, antes referida, foi mantida a redação da Lei nº 10.180, de 2001, sendo o órgão central a Secretaria do Tesouro Nacional e os setoriais – subordinados ao órgão em cuja estrutura administrativa estiverem integrados –, as unidades de programação financeira dos Ministérios, da Advocacia-Geral da União, da Vice-presidência e da Casa Civil da Presidência da República. Subordinam-se tecnicamente à STN os representantes do Tesouro Nacional nos conselhos fiscais ou órgãos equivalentes.

O Sistema de Contabilidade Federal compreende as atividades de registro, de tratamento e de controle das operações relativas à administração orçamentária, financeira e patrimonial da União, com vistas à elaboração de demonstrações contábeis. Neste caso também, com a redação da Lei nº 10.180, de 2001, o órgão central é a Secretaria do Tesouro Nacional e os setoriais – subordinados ao órgão em cuja estrutura administrativa estiverem integrados –, as unidades de gestão interna (*sic*) dos Ministérios e da Advocacia-Geral da União. O órgão de controle interno da Casa Civil exerce também as atividades de órgão setorial contábil de todos os órgãos integrantes da Presidência da República, da Vice-presidência da República, além de outros determinados em legislação específica.

O Sistema de Controle Interno (propriamente dito) do Poder Executivo Federal compreende as atividades de avaliação do cumprimento das metas previstas no plano plurianual, da execução dos programas de governo e dos orçamentos da União e de avaliação da gestão dos administradores públicos federais, utilizando como instrumentos a auditoria e a fiscalização. A composição do Sistema foi a que sofreu as modificações específicas constantes da Lei nº 13.464, de 2017, antes mencionadas, que, como visto, não foram reproduzidas (ou compatibilizadas) para os Sistemas de Administração Financeira e de Contabilidade Federal. Os órgãos central e setoriais podem subdividir-se em unidades setoriais e regionais, como segmentos funcionais e espaciais, respectivamente (*sic*).

Dessa estruturação, ressaltavam-se alguns aspectos:

- os sistemas de administração financeira e de contabilidade fazendo parte da mesma estrutura administrativa (STN). Esta mesma unidade e a responsável pelo controle interno (SFC – auditoria e fiscalização) continuavam subordinadas à – mesma – autoridade ministerial. A auditoria era mantida em nível hierárquico subalterno;
- a mescla de funções era ainda mais evidente no âmbito da Casa Civil, com a unidade de controle interno responsável também pela contabilidade;
- as áreas de relações exteriores, militares, a Advocacia-Geral da União e o próprio núcleo da Presidência da República continuavam com auditorias autônomas (mesmo após a extinção das unidades de controle interno nos demais ministérios civis), o que configura, por assim dizer, não **um**, mas **vários** sistemas;
- a Lei não fez qualquer menção ao Ministério Público da União nem à inserção das entidades, de um modo específico, na concepção integrada dos três sistemas enfocados. No caso das entidades da Administração Federal Indireta, entretanto, esta articulação ficou evidenciada no Decreto nº 3.591, de 6-9-00 (art. 15 e parágrafos), que dispõe sobre o Sistema de Controle Interno.

Em 5-2-02, o Decreto nº 4.113 transferiu para a estrutura da Casa Civil da Presidência da República a Secretaria Federal de Controle Interno, bem como a Comissão de Coordenação de Controle Interno, com a função de auditoria, mas foi revogado logo a seguir, como descrito adiante.

Um novo Decreto, nº 4.177, de 28-3-02, transferiu da estrutura da Casa Civil para a da Corregedoria-Geral da União a Secretaria Federal de Controle Interno e a Comissão de Coordenação do Controle Interno, inclusive as competências de controle interno e auditoria pública da Casa Civil. A Corregedoria-Geral da União absorveu também as competências da Ouvidoria-Geral do Ministério da Justiça.

A Portaria nº 9, de 8-4-02, da Corregedoria-Geral da União, delegou ao Subcorregedor-Geral a supervisão e a coordenação das atividades da Secretaria Federal de Controle Interno.

O Decreto nº 4.238, de 21-5-02, ao alterar o Decreto nº 3.591, de 6-9-00, que dispôs sobre o Sistema de Controle Interno do Poder Executivo Federal, mencionou a expressão **Controladoria-Geral da União** (em vez de **Corregedoria**). Também foi revogado logo a seguir, como descrito adiante.

O Decreto nº 4.304, de 16-7-02, deixou bem clara a subordinação da Secretaria Federal de Controle, dentro da já então chamada Controladoria-Geral da União, devendo desempenhar funções operacionais. Suas competências estão expressas no uso de verbos, tais como "propor, auxiliar, apoiar, subsidiar, bem como prestar informações ao órgão central", a Controladoria-Geral da União, incumbida da orientação normativa e da supervisão técnica dos órgãos que compõem o Sistema. Como se pode constatar, o Decreto nº 4.304, de 2002, retirou da Secretaria Federal de Controle a condição de órgão central de controle, atribuída pela Lei nº 10.180, de 6-2-01, transferindo-a para a Controladoria-Geral da União.

A Medida Provisória nº 103, de 1º-1-03, que dispôs sobre a organização da Presidência da República e dos Ministérios, transformou a Corregedoria-Geral da União em Controladoria-Geral da União, integrando a Presidência da República, tendo a ela afetos a defesa do patrimônio público, o controle interno, a auditoria pública e as atividades de Ouvidoria-Geral. A medida provisória, convertida na Lei nº 10.683, de 28-5-03 – hoje também revogada pela Lei nº 13.502, de 1-11-17, aditou a suas funções o incremento da transparência da gestão no âmbito da Administração Pública Federal, daí originando a denominação de seu titular, como Ministro de Estado do Controle e da Transparência, do órgão fazendo parte a Secretaria Federal de Controle Interno e a Comissão de Coordenação de Controle Interno, além de outros.

Pela Lei nº 13.502, de 2017, criou-se o Ministério da Transparência e Controladoria-Geral da União, o que gerou muitas resistências das entidades de servidores, pois a modificação foi entendida como um enfraquecimento do órgão, pela sua retirada da esfera direta de influência da Presidência da República, situada no mesmo plano dos demais ministérios.

Integraram a estrutura básica do Ministério da Transparência e Controladoria-Geral da União (art. 68):

- o Conselho de Transparência Pública e Combate à Corrupção;
- a Comissão de Coordenação de Controle Interno;
- a Corregedoria-Geral da União;
- a Ouvidoria-Geral da União;
- duas Secretarias, sendo uma a Secretaria Federal de Controle Interno.

Antes disso, a Lei nº 11.204, de 5-12-05, já havia agregado às atribuições da Controladoria-Geral da União, como órgão de assistência direta e imediata ao Presidente da República, a correição, a prevenção e o combate à corrupção, além de integrar à sua estrutura, entre outros, também o Conselho de Transparência Pública e Combate à Corrupção – composto paritariamente por representantes da sociedade civil organizada e do Governo Federal – e a Corregedoria-Geral da União.

Pela configuração mais recente, definida pela MP nº 870, de 1º-1-19, a Controladoria-Geral da União é um dos dezesseis Ministérios. Mantêm-se, em sua estrutura básica:

- o Conselho de Transparência Pública e Combate à Corrupção;
- a Comissão de Coordenação de Controle Interno;
- a Corregedoria-Geral da União;
- a Ouvidoria-Geral da União;
- a Secretaria Federal de Controle Interno.

Integram-na, também, até duas Secretarias. O Conselho é presidido pelo Ministro da Controladoria-Geral da União e composto, paritariamente, por representantes da sociedade civil organizada e representantes do Governo federal.

À Controladoria cabe a coordenação e gestão do Sistema de Controle Interno do Poder Executivo federal. Um aspecto curioso diz respeito ao fato de competir à Secretaria de Controle Interno da Secretaria-Geral da Presidência da República atuar como órgão de controle interno da Controladoria.

19.5 ALCANCE DA AUDITORIA

De acordo com o art. 23, item XVIII do Decreto nº 93.874/86, a execução da atividade de auditoria contábil e a de programas – diluída no Decreto nº 3.591, de 2000, que o revogou – de competência dos órgãos de controle interno, abrange os órgãos da Administração Direta, entidades da Administração Indireta (inclusive fundações instituídas pelo Poder Público Federal, citadas à parte, como se não tivessem sido reenquadradas na Administração Indireta, por força do Decreto-lei nº 2.299/86), organizações em geral dotadas de personalidade jurídica de Direito Privado e sujeitas a controle segundo a legislação específica, além de cada beneficiário de transferência à conta do Orçamento da União. O controle aplica-se a empresas controladas em qualquer grau (isto é, direta ou indiretamente) pela União; estão fora da esfera de competência do controle pelo Poder Público as empresas com participação minoritária (ou igualitária) da União ou de suas entidades no capital com direito a voto, ou – mesmo sendo majoritária – desde que representada total ou parcialmente por ações preferenciais (sem direito a voto), conforme a Lei nº 6.525, de 11-4-78, cujo art. 1º modificou a redação do art. 7º da Lei nº 6.223/75. Isto contraria princípio defendido por vários doutrinadores e mesmo por ministros do TCU, segundo o qual o controle se deveria exercer primordialmente sobre os recursos públicos, independentemente de sua importância em termos absolutos ou relativos. É bom ter presente, todavia, que o controle pode ser exercido em termos genéricos ou ***stricto sensu***, segundo regras próprias aplicáveis às tomadas e prestações de contas.

Nos casos em que a União, Estado, Distrito Federal, Município ou entidade da respectiva Administração Indireta participe do capital de empresa privada detendo apenas a metade ou a minoria das ações ordinárias, exercer-se-á tão somente o direito de fiscalização assegurado ao acionista minoritário pela Lei das Sociedades por Ações (§ 3º, incluído pela Lei nº 6.525/78 no art. 7º da Lei nº 6.223/75). Tais disposições parecem insuficientes a teor do art. 93 do Decreto-lei nº 200/67: "Quem quer que utilize dinheiros públicos terá de justificar seu bom e regular emprego na conformidade das leis, regulamentos e normas emanadas das autoridades administrativas competentes". Efetivamente, os riscos de um empreendimento que requeira recursos públicos, afinal, são de toda a coletividade, que o Estado representa, não importando, do ponto de vista moral, administrativo, se o montante em questão é elevado ou não, até mesmo porque não será fácil chegar-se a um consenso a respeito do que seja ou não relevante, e também porque todas as participações isoladamente desprezíveis podem ser altamente representativas quando se considera o seu total. Mesmo que sejam insignificantes para quem delas se beneficia, podem ser significativas para quem as atribui, menos pelo seu valor absoluto, do que pelas próprias razões e finalidades que justificaram o investimento.

A Constituição de 1988 consagrou a sujeição ao controle das contas nacionais das empresas supranacionais de cujo capital social a União participe, de forma direta ou indireta, nos termos do tratado constitutivo (art. 71, inciso V). Isto significa que – no caso – o controle se aplica inclusive às participações minoritárias, isto é, até a destinação final dos recursos nacionais. A matéria, entretanto, é controversa, pois envolve questões de soberania, e a participação de cada país não é **contabilmente** destacada.

Para refletir

Um próximo avanço poderia ser a permissão para a fiscalização de empresas sem vínculo com a Administração, até a aplicação final de seus recursos provenientes de contratos firmados ou serviços prestados ao Poder Público, tentativa rejeitada quando da aprovação da Lei Orgânica do TCU.

É oportuno assinalar que o Decreto nº 3.591, de 6-9-00, que dispôs sobre o Sistema de Controle Interno do Poder Executivo Federal, distinguiu "auditoria" e "fiscalização". Segundo seus termos, a auditoria visa avaliar a gestão pública, pelos processos e resultados gerais, e a aplicação de recursos públicos por entidades de Direito Privado, e a fiscalização visa comprovar se o objeto dos programas de governo corresponde às especificações estabelecidas, atende às necessidades para as quais foi definido, guarda coerência com as condições e características pretendidas e se os mecanismos de controle são eficientes.

A legislação, ao se referir às entidades da Administração Indireta (Decreto nº 3.591, de 6-9-00, com a redação dos Decretos nº 4.304, de 16-7-02, e nº 4.440, de 25-10-02), sujeitou suas unidades de auditoria interna – assim como os órgãos setoriais do Sistema de Controle Interno – à orientação normativa e à supervisão técnica do órgão central (e dos órgãos setoriais), devendo submeter seus planos de trabalho de cada exercício subsequente. A auditoria interna deve vincular-se ao conselho de administração ou órgão de atribuições equivalentes e, na sua inexistência, ao dirigente máximo da entidade, vedada a delegação. A nomeação ou exoneração do titular da unidade depende de aprovação da Controladoria-Geral da União. Caberá à auditoria interna examinar e emitir parecer sobre a prestação de contas anual e tomadas de contas especiais. A contratação de empresas privadas de auditoria só será admitida mediante comprovação, perante o Ministro supervisor e o órgão central, da impossibilidade de execução dos trabalhos diretamente pela Secretaria Federal de Controle Interno ou órgãos setoriais, exceto em relação às contratações por companhias abertas (art. 177 da Lei das Sociedades por Ações), às que tenham por objeto as demonstrações financeiras do Banco Central e dos fundos por ele administrados e às realizadas por empresas públicas com a obrigação legal ou estatutária da manifestação de auditores independentes, desde que mantidas pelas entidades contratantes as respectivas unidades de auditoria interna, vedada a transferência de suas competências para as empresas privadas contratadas.

Nos termos do Decreto nº 4.440, de 25-10-02:

- o órgão central do Sistema de Controle Interno do Poder Executivo Federal poderá recomendar aos serviços sociais autônomos as providências necessárias à organização da respectiva unidade de controle interno, assim como firmar termo de cooperação técnica, objetivando o fortalecimento da gestão e a racionalização das ações de controle;
- a Secretaria Federal de Controle Interno poderá utilizar os serviços das unidades de auditoria interna dos serviços sociais autônomos, que atenderem aos padrões e requisitos técnicos e operacionais necessários à consecução dos objetivos do Sistema de Controle Interno.

Deve-se, enfim, assinalar que a Lei nº 11.107, de 6-4-05, dispôs sobre a formação de consórcios públicos, que envolvem os diversos entes da Federação – União, Estados, Distrito Federal e Municípios –, constituindo-se com personalidade jurídica de Direito Público ou Privado. Como pessoa jurídica de Direito Público, o consórcio integrará a Administração Indireta (de todos os Entes da Federação consorciados). E, mesmo como pessoa jurídica de Direito Privado, o consórcio observará as normas de Direito Público no que concerne à realização de licitação, celebração de contratos, prestações de contas e administração de pessoal, que será regido pela CLT. A execução das receitas e despesas deverá obedecer às normas de Direito Financeiro aplicáveis às entidades públicas. Desta maneira, o consórcio público estará sujeito à fiscalização contábil, operacional e patrimonial pelo Tribunal de Contas competente para apreciar as contas do Chefe do Poder Executivo representante legal do consórcio, inclusive quanto à legalidade, legitimidade e economicidade das despesas, atos, contratos e renúncia de receitas, sem prejuízo do controle externo a ser exercido em razão de cada um dos contratos de rateio. Destaque-se, ainda, que tais consórcios serão disciplinados pela legislação que rege as associações civis, cabendo ao Poder Executivo da União a regulamentação da Lei, inclusive as normas gerais de Contabilidade Pública, com vistas a que a gestão orçamentária e financeira se realize em conformidade com os pressupostos da responsabilidade fiscal.

19.6 NORMAS DO SISTEMA DE AUDITORIA

A Instrução Normativa SFC nº 1, de 6-4-01, representou um primeiro e abrangente esforço sistematizador da matéria, definindo diretrizes, princípios, conceitos e aprovando normas técnicas para a atuação do Sistema de Controle Interno do Poder Executivo Federal, com a finalidade disciplinar e padronizar a realização das atividades do Sistema. Segue uma síntese do conteúdo da referida Instrução.

Estão sujeitas ao controle interno:

- unidades da Administração Direta (da estrutura da Presidência da República e dos Ministérios);
- entidades da Administração Indireta e outros(as): autarquias, fundações públicas, empresas públicas, sociedades de economia mista; serviços sociais autônomos; fundos constitucionais, especiais, setoriais e de investimentos; subsidiárias integrais, controladas, coligadas ou quaisquer outras de cujo capital o Poder Público tenha o controle direto ou indireto; empresas supranacionais de cujo capital a União participe de forma direta ou indireta, nos termos de seus tratados constitutivos, inclusive em virtude de incorporação ao patrimônio público; projetos que administrem recursos externos e de cooperação técnica junto a organismos internacionais; agências autônomas, executivas e reguladoras; organizações sociais regidas por contrato de gestão; outros(as) definidos(as) em lei.

Como tipos de auditoria, identificaram-se:

- de avaliação da gestão;
- de acompanhamento da gestão;
- contábil;
- operacional;
- especial.

Como formas da execução da auditoria, foram mencionadas:

- direta: centralizada, descentralizada e integrada;
- indireta: compartilhada e terceirizada;
- simplificada.

Como técnicas de auditoria, foram identificados os seguintes tipos:

- indagação escrita ou oral;
- análise documental;
- conferência de cálculos;
- confirmação externa;
- exame dos registros;
- correlação das informações obtidas;
- inspeção física;
- observação das atividades e condições;
- corte das operações ou *cut-off*;
- rastreamento.

Como formas de execução da fiscalização, constam:

- direta: centralizada, descentralizada e integrada;
- indireta: compartilhada e terceirizada.

As técnicas de fiscalização são as mesmas apontadas para a auditoria, exceto o corte das operações ou *cut-off* e rastreamento, e com a inclusão de teste laboratorial.

A execução direta é aquela cujas atividades de auditoria e fiscalização são de responsabilidade de servidores em exercício nos órgãos e unidades do Sistema de Controle Interno. Na indireta, há participação de outros servidores, de quaisquer instituições da Administração Pública Federal ou mesmo entidade privada.

Quando a execução da auditoria ou fiscalização é centralizada, há somente servidores em exercício nos órgãos central ou setoriais. Quando é descentralizada, há somente servidores das unidades regionais ou setoriais. Integrada é a execução conjunta por servidores dos vários órgãos/unidades. A execução é compartilhada quando coordenada pelo Sistema de Controle Interno com o auxílio de órgão/instituições públicas ou privadas, e terceirizada quando de responsabilidade de instituições privadas do tipo ONG ou empresa do ramo. E a simplificada prescinde do deslocamento de servidores para o órgão/entidade, pressupondo a utilização de indicadores de desempenho.

A opinião do **órgão** ou **unidade** de Controle Interno do Poder Executivo Federal (*sic*) deverá ser expressa na forma de relatório, parecer, certificado ou nota.

Nota é o documento destinado a dar ciência ao gestor/administrador da área examinada, no decorrer dos exames, das impropriedades ou irregularidades constatadas ou apuradas no desenvolvimento dos trabalhos. Tem a finalidade de obter a manifestação dos agentes sobre fatos que resultaram em prejuízo à Fazenda Nacional ou de outras situações que necessitem de esclarecimentos formais.

Relatório é o documento pelo qual os resultados dos trabalhos realizados são comunicados às autoridades competentes:

- à direção, dando informações para a tomada de decisões sobre a política da área supervisionada;
- às gerências executivas, para o atendimento das recomendações sobre as operações de sua responsabilidade;
- aos responsáveis pela execução das tarefas, para correção dos erros detectados;
- ao TCU, instrumentalizando o controle externo;
- a outras autoridades interessadas, inclusive em razão de solicitação, sugestão ou denúncia, dependendo do tipo ou forma de auditoria/fiscalização realizada.

O parecer do dirigente do Órgão de Controle Interno é peça compulsória nos processos de tomada e prestação de contas a serem remetidos ao TCU. Externaliza a avaliação conclusiva do Sistema de Controle Interno sobre a gestão examinada, para que os autos sejam submetidos à autoridade ministerial, que se pronunciará de acordo com a Lei Orgânica do TCU (art. 52). O parecer consignará qualquer irregularidade ou ilegalidade constatada, indicando as medidas adotadas para corrigir as falhas identificadas, bem como avaliará a eficiência e a eficácia da gestão, inclusive quanto à economia na utilização dos recursos públicos.

O certificado de auditoria será emitido na verificação das contas dos responsáveis pela aplicação, utilização ou guarda de bens e valores públicos, e de todo aquele que der causa à perda, subtração ou estrago de valores, bens e materiais de propriedade ou responsabilidade da União. Expressa a opinião do Sistema sobre a exatidão e regularidade, ou não, da gestão e a adequacidade, ou não, das peças examinadas, devendo ser assinado pelo Coordenador-Geral ou Gerente Regional de Controle Interno ou autoridades de nível hierárquico equivalente nos órgãos e unidades setoriais. Os tipos de certificado são: de regularidade, de regularidade com ressalvas e de irregularidade.

O certificado de regularidade será emitido quando o Órgão ou Unidade formar a opinião de que na gestão dos recursos públicos foram adequadamente observados os princípios da legalidade, legitimidade e economicidade.

O certificado de regularidade com ressalvas será emitido quando o Órgão ou Unidade constatar falhas, omissões ou impropriedades de natureza formal no cumprimento das normas e diretrizes governamentais, quanto à legalidade, legitimidade e economicidade, e que, pela sua irrelevância ou imaterialidade, não caracterizam irregularidade de atuação dos agentes responsáveis.

O certificado de irregularidade será emitido quando o Órgão ou Unidade verificar a não observância da aplicação dos princípios de legalidade, legitimidade e economicidade, constatando a existência de desfalque, alcance, desvio de bens ou outra irregularidade de que resulte prejuízo quantificável para a Fazenda Nacional e/ou comprometam, substancialmente, as demonstrações financeiras e a respectiva gestão dos agentes responsáveis, no período ou exercício examinado.

É no mínimo curioso fazer menção à opinião emitida pelo Órgão ou Unidade, despersonalizando, desprofissionalizando o agente público, transferindo para o Órgão ou Unidade – ou seu dirigente – essa responsabilidade. Mas é importante ressaltar que a auditoria contábil é prerrogativa de profissional da área, devidamente registrado em Conselho Regional de Contabilidade.

Em uma comparação com a Contabilidade Empresarial, as normas de auditoria independente das demonstrações contábeis, aprovadas inicialmente pela Resolução nº 820, de 17-12-97, do Conselho Federal de Contabilidade, com sucessivas alterações, preveem quatro tipos de pareceres, que se classificam em:

- sem ressalva;
- com ressalva;
- adverso;
- com abstenção de opinião.

Cabe ressaltar que este último tipo de parecer é aquele em que o auditor deixa de emitir opinião sobre as demonstrações contábeis, por não ter obtido comprovação suficiente para fundamentá-la.

A mesma IN/SFC nº 01/01 determina que, quando o Órgão ou Unidade não obtiver elementos comprobatórios suficientes e adequados, de tal modo que o impeça de formar opinião quanto à regularidade da gestão, a opinião decorrente dos exames fica sobrestada, por prazo previamente fixado para o cumprimento de diligência pelo órgão ou unidade examinado, quando, então, mediante novos exames, o Sistema de Controle Interno emitirá o competente certificado. Neste caso, quando sobrestado o exame, o órgão do Sistema de Controle Interno deve dar ciência da ocorrência ao Tribunal de Contas da União. Em se tratando de recursos externos, não podendo o órgão ou unidade de controle interno opinar, conclusivamente, sobre o estado das contas, em virtude de o órgão ou a entidade examinado(a) não ter apresentado ou não possuir registros contábeis e demonstrações contábeis compatíveis ou por outros fatores determinantes, será emitido circunstanciado relatório abordando objetivamente as razões impeditivas e manifestando a negativa de opinião.

Em 9-6-17, a Instrução Normativa nº 3, do Ministério da Transparência e Controladoria-Geral da União, aprovou o referencial técnico da atividade de auditoria interna governamental do Poder Executivo Federal, para entrar em vigor 180 dias após a data de sua publicação, revogando a Instrução Normativa SFC/MF nº 01, de 6-4-01.

Nos termos da Introdução do Anexo à Instrução, o referencial técnico posiciona-se como um instrumento de convergência das práticas de auditoria interna governamental exercidas no âmbito do Poder Executivo Federal com normas, modelos e boas práticas internacionais e com a Instrução Normativa Conjunta MP/CGU nº 1, de 10-5-16, que determinou a sistematização de práticas relacionadas à governança, gestão de riscos e controles internos no Poder Executivo federal. Além de nortear a prática da auditoria interna governamental, pretende-se agregar valor à gestão de seus órgãos e entidades.

RESUMO

A seguir, estão contemplados os principais assuntos discorridos no capítulo.

- A Constituição Federal trata da fiscalização contábil, financeira e orçamentária na Seção IX do Capítulo I do Título IV.
- O controle interno é exercido no âmbito de cada Poder; o controle externo é o exercido pelo Poder Legislativo – em todas as esferas – em relação aos demais Poderes.
- Os Três Poderes devem manter, de forma integrada, sistema de controle interno.
- A execução da atividade de auditoria contábil e a de programas, de competência dos órgãos de controle interno, abrange os órgãos da Administração Direta, entidades da Administração Indireta, organizações em geral dotadas de personalidade jurídica de Direito Privado e sujeitas a controle segundo a legislação específica, além de cada beneficiário de transferência à conta do orçamento público.
- A Instrução Normativa SFC nº 1, de 6-4-01, definiu diretrizes, princípios, conceitos e aprovou normas técnicas para a atuação do Sistema de Controle Interno do Poder Executivo Federal, que têm por finalidade disciplinar e padronizar a realização das atividades do Sistema.
- As normas de auditoria independente das demonstrações contábeis preveem quatro tipos de pareceres: sem ressalva, com ressalva, adverso e com abstenção de opinião.

ATIVIDADES PARA SALA DE AULA

1) Na sua opinião, qual o papel central de um Sistema de Controle Interno e quais são seus limites de atuação?
2) E o processo de auditoria? Qual a sua importância? Em que medida você acha que pode contribuir para a melhoria da gestão?

20

CONTROLE EXTERNO

OBJETIVOS DE APRENDIZAGEM
Ao final deste capítulo, o aluno deverá ser capaz de: • identificar a forma de atuação do controle externo na Administração Pública; • especificar o papel dos Tribunais de Contas e sua relação com o controle externo.

20.1 INTRODUÇÃO

Como introduzido no Capítulo 19, a Constituição Federal trata da fiscalização contábil, financeira e orçamentária na Seção IX do Capítulo I do Título IV.

O controle externo deve ser visto, na estrutura de Poderes – independentes, mas harmônicos e em equilíbrio –, como não sujeito às autoridades ou responsáveis que constituem o foco de sua atuação preponderantemente a serviço da sociedade e, subsidiariamente, da própria Administração.

20.2 CONFIGURAÇÃO DO CONTROLE EXTERNO E ATUAÇÃO DOS TRIBUNAIS DE CONTAS

O controle externo, na esfera federal, é o exercido no âmbito do Congresso Nacional, com o auxílio do Tribunal de Contas da União, ao qual compete desde a apreciação das contas do Presidente da República até o julgamento das contas dos administradores e demais responsáveis por dinheiros, bens e valores públicos da Administração Direta e Indireta – art. 71 da Constituição Federal. Compreende, além do mais:

- a apreciação dos atos de admissão de pessoal e as concessões de aposentadorias, reformas e pensões;[1]

[1] A Instrução Normativa nº 55, de 24-10-07, do TCU, determinou o envio ao Tribunal, pela autoridade administrativa responsável, das informações relativas ao desligamento de servidor e ao cancelamento de concessão e de desligamento (exceto quando gerarem pagamento de pensão), embora tais atos não estejam sujeitos a registro.

- a realização de inspeções e auditorias de natureza contábil, financeira, orçamentária, operacional e patrimonial;
- a fiscalização das contas nacionais das empresas supranacionais de cujo capital social a União participe, de forma direta ou indireta, nos termos do tratado constitutivo;
- a fiscalização da aplicação de quaisquer recursos repassados pela União, mediante convênio, acordo, ajuste ou outros instrumentos congêneres, a Estado, ao Distrito Federal ou a Município;
- a prestação das informações solicitadas pelo Congresso Nacional, suas Casas e Comissões, sobre a fiscalização e resultados de auditorias e inspeções;
- a aplicação aos responsáveis das sanções previstas em lei, que estabelecerá, entre outras cominações, multa proporcional ao dano causado ao Erário;
- a assinatura de prazo para a adoção de providências, se verificada a ilegalidade;
- a sustação da execução do ato impugnado, que, no caso de contrato, será adotada inicialmente pelo Congresso Nacional, cabendo ao Tribunal decidir a respeito, se não adotadas as medidas cabíveis pelos Poderes Legislativo e Executivo;
- a representação ao Poder competente sobre irregularidades ou abusos apurados.

Em 16-7-92, foi sancionada a Lei nº 8.443, conhecida como a Lei Orgânica do Tribunal de Contas da União.

A Lei Orgânica, conjugada com o Regimento Interno do TCU, aprovado pela Resolução nº 155, de 4-12-02, definem, no essencial, a forma de atuação do Tribunal.

De acordo com o Título VI, Capítulo III, Seção I, do Regimento Interno, a fiscalização de competência do TCU pode ser desencadeada por iniciativa própria, ou provocada pelo Congresso Nacional, por denúncia ou por representação. Nos termos da Seção II, são instrumentos de fiscalização: levantamentos, auditorias, inspeções, acompanhamentos e monitoramentos. E, com base na Seção V, constituem objeto da fiscalização: atos e contratos; transferências constitucionais e legais; convênios, acordos, ajustes e outros instrumentos congêneres; aplicação de subvenções, auxílios e contribuições; arrecadação da receita; e renúncia de receitas. Além disso, a fiscalização se estende ao cumprimento da Lei de Responsabilidade Fiscal, aos processos de desestatização, concessão, permissão e autorização, às declarações de bens e de rendimentos das autoridades e servidores públicos, às aplicações dos recursos transferidos aos Comitês Olímpico e Paraolímpico brasileiros, bem como a outras determinadas em lei.

As decisões do Tribunal de que resulte imputação de débito ou multa terão eficácia de título executivo.

As normas estabelecidas na Seção IX do Capítulo I do Título IV da Constituição Federal se aplicam, no que couber, à organização, composição e fiscalização dos Tribunais de Contas dos Estados e do Distrito Federal, bem como dos Tribunais e Conselhos de Contas dos Municípios. As Constituições estaduais disporão sobre os Tribunais de Contas respectivos.

O controle externo da Câmara Municipal será exercido com o auxílio dos Tribunais de Contas dos Estados ou do Município ou dos Conselhos ou Tribunais de Contas dos Municípios, onde houver. A Constituição de 1988 vedou a criação de novos Tribunais, Conselhos ou órgãos de contas municipais. Pode-se, pois, admitir que a existência de órgãos da esfera estadual - específicos ou não - para a fiscalização de contas municipais não deixa de representar uma limitação à autonomia dessas comunidades; isto fica mais evidente quando se constata que o parecer prévio sobre as contas do Prefeito só deixará de prevalecer por decisão de dois terços dos membros da Câmara Municipal.

Há Tribunais de Contas municipais remanescentes em São Paulo e no Rio de Janeiro e, ainda, Tribunais dos Municípios nos seguintes Estados: Pará, Ceará, Bahia e Goiás (onde coexistem com os Tribunais de Contas dos respectivos Estados).

20.3 ABRANGÊNCIA DA ATUAÇÃO (JURISDIÇÃO) DO TCU

- Estão sujeitas à jurisdição do TCU (que é mais restrita que a sujeição à supervisão em sentido amplo) para efeito da apresentação de relatório de gestão e à constituição de processo de contas: órgãos e entidades da Administração Pública Federal Direta e Indireta, incluídas as fundações e empresas estatais, bem como suas unidades internas;
- fundos cujo controle se enquadre como competência do Tribunal;
- serviços sociais autônomos;
- contas nacionais das empresas supranacionais de cujo capital social a União participe, de forma direta ou indireta, nos termos do respectivo tratado constitutivo;
- empresas encampadas, sob intervenção federal ou que, de qualquer modo, venham a integrar, provisória ou permanentemente, o patrimônio da União ou de entidade pública federal;
- entidades cujos gestores, em razão de previsão legal, devam prestar contas ao Tribunal;
- programas de governo constantes do PPA;
- consórcios públicos em que a União figure como consorciada;
- entidades de fiscalização do exercício profissional.

Você sabia?

Os Estados, o Distrito Federal, os Municípios e as pessoas físicas ou entidades privadas, quando beneficiários de transferências de recursos federais, incluindo auxílios, subvenções, contribuições ou outra forma de transferência (voluntária) de valores por intermédio de órgãos ou entidades da Administração Federal Direta, Indireta, de fundações instituídas e mantidas pelo Poder Público Federal e de suas entidades paraestatais, prestarão contas ao órgão ou entidade repassador quanto à boa e regular aplicação de tais recursos, apresentando documentos, informações e demonstrativos necessários à composição dos relatórios de gestão e dos processos de contas dos responsáveis por essas unidades jurisdicionadas.

Isto é o que consta da Instrução Normativa nº 63, de 1º-9-10, do TCU, com a redação da IN nº 72, de 15-5-13, que estabelece normas de organização e de apresentação dos relatórios de gestão e das peças complementares que constituirão os processos de contas da Administração Pública Federal, para julgamento do TCU, nos termos do art. 7º da Lei nº 8.443/92.

As entidades de fiscalização profissional, que arrecadam e gerenciam contribuições parafiscais, têm tido tratamento peculiar. A Lei nº 9.649, de 27-5-98, em seu art. 58, § 2º, definiu os conselhos de fiscalização de profissões regulamentadas como dotados de personalidade jurídica de Direito Privado, não mantendo qualquer vínculo funcional ou hierárquico com os órgãos da Administração Pública. No § 5º, estabeleceu que o controle das atividades financeiras e administrativas desses conselhos seria realizado por seus órgãos internos, devendo os Conselhos Regionais prestar contas, anualmente, ao Conselho Federal da respectiva profissão, e este, aos próprios Conselhos Regionais (controle recíproco). O controle interno já vinha manifestando, há bastante tempo, certo desinteresse em relação a essas entidades, numerosas e, em geral, muito pequenas (e cujos recursos não transitam pelo orçamento público), mas o TCU nunca admitiu a perda de jurisdição sobre elas. Mais adiante, foi declarada a inconstitucionalidade do dispositivo em tela, diferenciando-se os Conselhos das demais autarquias – como são considerados – apenas quanto ao regime de pessoal. Apesar disso, muitas dessas entidades, cujos recursos são de natureza tributária, com destinação definida por seus próprios órgãos deliberativos, manifestavam-se por manter-se sob o controle orçamentário e financeiro do Poder Público. Entre a publicação da IN nº 42, de 1996, até a edição da IN nº 72, de 2013, os responsáveis pelos conselhos estiveram dispensados de apresentar o relatório de gestão e constituir processo de contas perante o Tribunal, período durante o qual permaneceram sujeitos às demais formas de fiscalização exercidas pelos controles interno e externo. A Ordem dos Músicos do Brasil e a Ordem dos Advogados do Brasil estão excluídas desses controles.

É preciso, entretanto, ressaltar as situações em que as **contas** estão sujeitas a **julgamento**, e, para esse efeito, convém reportar-se à Lei Orgânica do TCU, que designa esses casos, como sendo pessoa física, órgão ou entidade da Administração

Indireta, incluídas as fundações e sociedades instituídas e mantidas pelo Poder Público Federal que utilizem, arrecadem, guardem, gerenciem ou administrem dinheiros, bens e valores públicos ou pelos quais a União responda, ou que, em nome desta, assumam obrigações de natureza pecuniária:

- dirigentes ou liquidantes das empresas encampadas ou sob intervenção ou que de qualquer modo venham a integrar, provisória ou permanentemente, o patrimônio da União ou de outra entidade pública federal;
- responsáveis pelas contas nacionais das empresas supranacionais de cujo capital social a União participe, de forma direta ou indireta, nos termos do tratado constitutivo;
- responsáveis por entidades dotadas de personalidade jurídica de Direito Privado que recebam contribuições parafiscais e prestem serviço de interesse público ou social;
- os que devam prestar contas ou cujos atos estejam sujeitos a sua fiscalização por expressa disposição de lei.

Estão também sujeitos à jurisdição do Tribunal, em sentido amplo:

- os que derem causa a perda, extravio ou outra irregularidade de que resulte dano ao Erário;
- responsáveis pela aplicação de quaisquer recursos repassados pela União, mediante convênio, acordo, ajuste ou outros instrumentos congêneres, a Estado, ao Distrito Federal ou a Município;
- sucessores dos administradores e responsáveis sujeitos a esta jurisdição, até o limite do valor do patrimônio transferido (CF, art. 5º, inc. XLV);
- representantes da União ou do Poder Público na assembleia geral das empresas estatais e sociedades anônimas de cujo capital a União ou o Poder Público participem, solidariamente, com os membros dos conselhos fiscal e de administração, pela prática de atos de gestão ruinosa ou liberalidade à custa das respectivas sociedades.

Como responsáveis especificamente pela gestão, arrolados pelo TCU, nos termos da IN nº 63, de 2010, são considerados os titulares e seus substitutos que forem, durante o período a que se referirem as contas:

- dirigentes máximo da unidade jurisdicionada;
- membros de diretoria ou ocupante de cargo de direção em nível de hierarquia imediatamente inferior e sucessivo ao do dirigente máximo, com base na estrutura de cargos aprovados para a unidade jurisdicional;

- membros de órgão colegiado que, por definição legal, regimental ou estatutária, sejam responsáveis por ato de gestão que possa causar impacto na economicidade, eficiência e eficácia da gestão da unidade.

O Tribunal poderá definir outras naturezas de responsabilidade na decisão normativa, editada anualmente, que define as unidades jurisdicionadas cujos responsáveis terão processos de contas ordinárias constituídas para julgamento, assim como os conteúdos e a forma das peças que os comporão e os prazos de apresentação.

O fato de a responsabilidade ser pessoal não significa que a entidade não possa sofrer as consequências do ato do administrador. Por exemplo, uma prefeitura pode estar impedida de receber transferências em razão de malversação de recursos por um ex-prefeito, desde que o atual tenha deixado de tomar as providências requeridas contra o ex-prefeito.

Mas o TCU não se limita a **julgar** as contas dos administradores e responsáveis de cada órgão e entidade. O que antes se aplicava apenas às contas do Presidente da República, a partir da Lei Complementar nº 101, de 2000 – Lei de Responsabilidade Fiscal – é válido para todos os dirigentes dos Poderes e consubstancia-se na **apreciação** das contas anuais dos seguintes dirigentes (personificando os Poderes e respectivos órgãos):

- Presidente da República;
- Presidentes do Senado Federal e da Câmara dos Deputados;
- Presidentes do Supremo Tribunal Federal, do Superior Tribunal de Justiça, do Conselho de Justiça Federal (também presidente do STJ), do Tribunal Superior do Trabalho, do Tribunal Superior Eleitoral, do Superior Tribunal Militar e do Tribunal de Justiça do Distrito Federal e Territórios;
- Procurador-geral da União.

No âmbito estadual, trata-se do Governador, dos Presidentes da Assembleia Legislativa e do Tribunal de Justiça, e do Procurador-geral do Estado.

No âmbito distrital, aplica-se ao Governador, ao Presidente da Câmara Legislativa e ao Procurador-geral do Distrito Federal.

E, finalmente, na esfera municipal, tais dirigentes são o Prefeito e o Presidente da Câmara de Vereadores.

Relativamente a esses dirigentes de Poderes e Órgãos, até a concessão de medida cautelar pelo STF, na Ação Direta de Inconstitucionalidade – ADIN nº 2.238-5, publicada no *Diário da Justiça* de 21-8-07, a apreciação destas contas se materializava mediante um parecer prévio, separadamente, sendo o julgamento correspondente de competência dos respectivos Poderes Legislativos. Com a referida manifestação, que suspendeu a eficácia do *caput* do art. 56 e do art. 57 da Lei de Responsabilidade Fiscal (LRF), reverteu-se a estrutura do relatório sobre as contas do governo da República, haja vista que continua contemplando a gestão e o desempenho dos Poderes Executivo, Legislativo e Judiciário e do Ministério Público da União, mas o parecer prévio volta a ser exclusivo para o Chefe do Poder Executivo. Isto não impede, todavia, o Tribunal de Contas da União de apreciar, em processo específico, o cumprimento, por parte dos órgãos dos Poderes Legislativo e Judiciário (e do Ministério Público da União), das disposições da LRF.[2]

No tocante às contas do próprio Tribunal ou Conselho de Contas, em cada esfera, o parecer será emitido, no âmbito federal, pela Comissão Mista – denominada Planos, Orçamentos Públicos e Fiscalização (CF, art. 166, § 1º) –, ou equivalente, no âmbito estadual, distrital e municipal.

Os pareceres dos Tribunais e Conselhos de Contas sobre as contas dos dirigentes dos Poderes terão caráter conclusivo e serão emitidos no prazo de 60 dias do recebimento das contas (CF, art. 71, inc. I; LRF, art. 57), ou o estabelecido nas Constituições Estaduais ou Leis Orgânicas municipais, não podendo o Tribunal ou Conselho de Contas entrar em recesso com contas pendentes de apreciação. A Constituição Federal, em seu art. 84, inciso XXIV, fixa em 60 dias após a abertura da sessão legislativa o prazo para o encaminhamento, pelo Presidente da República, da prestação de contas. Não há prazo fixado para o julgamento das contas pelo Legislativo, apenas para a Comissão Mista, tanto na apreciação dos pareceres enviados pelo TCU, como na elaboração do parecer de sua própria responsabilidade.

20.4 FISCALIZAÇÃO DAS TRANSFERÊNCIAS DA UNIÃO ÀS DEMAIS ESFERAS

Quase simultaneamente à promulgação da Constituição de 5-10-88, a Lei nº 7.675, de 4-10-88, publicada em 7 de outubro, instituiu a fiscalização da aplicação dos recursos federais transferidos aos Estados, ao Distrito Federal, aos Territórios e aos Municípios, sejam eles tributários (art. 1º) ou não (art. 2º), inclusive dos destinados às suas entidades da Administração Indireta e fundações, a partir do exercício de 1986. Os montantes mais significativos destinados às demais esferas referem-se às transferências constitucionais, em particular os chamados Fundos de Participação, devendo-se observar, neste caso, o princípio da autonomia das diferentes esferas de governo, fortalecido pela nova Constituição; tais recursos são prévia e incondicionalmente transferidos, cabendo precipuamente às instâncias fiscalizadoras de cada esfera seu controle. Deste modo, a prerrogativa do TCU aplica-se às transferências voluntárias, negociadas, cujos recursos têm destinação específica e se sujeitam a prestação de contas perante o órgão detentor da dotação originária.

---

2 Ministro AUGUSTO NARDES. *Síntese do Relatório sobre as Contas do Governo da República; proposta do relator.* Brasília: TCU, exercício de 2008. Apresentação. Tratamento similar deve estar sendo adotado no âmbito das demais esferas da Administração.

Saliente-se que o art. 4º da referida Lei nº 7.675/88 revigorou o inciso X, do art. 31, do Decreto-lei nº 199, de 25-2-67, com a seguinte redação:

> Art. 31. Compete ao Tribunal de Contas:
>
> [...]
>
> X – fiscalizar, na forma da legislação vigente, a aplicação pelos Estados, Distrito Federal, Territórios, Municípios e por suas entidades da Administração Indireta e Fundações, dos recursos federais que lhes forem transferidos, impondo as sanções cabíveis.

O Decreto-lei nº 199/67 foi, posteriormente, revogado pela Lei nº 8.443/92, que, entretanto, reforçou a competência do TCU na fiscalização de quaisquer recursos repassados pela União às demais esferas, mediante convênio, acordo, ajuste ou outros instrumentos congêneres, corroborada e disciplinada pelo Regimento Interno do Tribunal.

Assinale-se, ainda, que, nos termos do art. 160, *caput*, da Constituição Federal, é vedada a retenção ou qualquer restrição à entrega e ao emprego dos recursos relativos às transferências constitucionais atribuídos aos Estados, ao Distrito Federal e aos Municípios, mas tal vedação não impede a União (e os Estados) de condicionar a entrega de recursos ao pagamento de seus créditos, inclusive de suas autarquias (parágrafo único, inc. I) e à aplicação, em ações e serviços públicos de saúde, de percentuais mínimos da arrecadação, pelos Estados, Distrito Federal e Municípios, dos impostos de sua competência e das transferências constitucionais que lhes couberem dos impostos de competência da União e dos Estados (parágrafo único, inc. II).

Por outro lado, a Lei nº 7.675/88 estabeleceu que o Tribunal de Contas da União poderá determinar o bloqueio das parcelas ou quotas-partes dos recursos tributários, bem como a suspensão da transferência de quaisquer outros recursos federais, nas hipóteses adiante discriminadas, sem prejuízo das sanções administrativas, civis e penais cabíveis (art. 3º):

- falta de entrega pela entidade fiscalizada ao TCU, nos prazos estipulados, da lei orçamentária e do balanço geral referentes ao exercício imediatamente anterior, e das prestações de contas dos recursos transferidos;
- inexistência na entidade fiscalizada de sistema de controle interno ou verificação de falha grave na sua execução;
- não adoção pela entidade fiscalizada, no prazo assinalado pelo TCU, das providências necessárias ao exato cumprimento da lei;
- verificação de irregularidade grave na aplicação dos recursos pela entidade fiscalizada, que caracterize ato de improbidade administrativa.

O bloqueio e a suspensão serão mantidos enquanto persistir, a juízo do TCU, o motivo determinante de sua efetivação.

> **Você sabia?**
>
> As sucessivas leis de diretrizes orçamentárias estabelecem uma série de condições a serem cumpridas para a efetivação de transferências relativas a convênios, ajustes, acordos e instrumentos afins. Estudiosos criticam aspectos relativos a tais transferências, que se fazem, muitas vezes, em função de relações político-partidárias, e não por critérios essencialmente objetivos e com a devida transparência.

A Lei de Responsabilidade Fiscal definiu como transferência voluntária a entrega de recursos correntes ou de capital a outro Ente da Federação, a título de cooperação, auxílio ou assistência financeira, que não decorra de determinação constitucional, legal ou os destinados ao Sistema Único de Saúde. E determinou que, além das exigências fixadas em cada exercício pela respectiva LDO, deve-se levar em conta, como já citado no Capítulo 11:

- existência de dotação específica;
- proibição de utilização desses recursos (inclusive de empréstimos) para pagamento de despesas com pessoal ativo, inativo e pensionista (CF, art. 167, inc. X);
- comprovação, pelo beneficiário:
  - ✓ de que se acha em dia quanto ao pagamento de tributos, empréstimos e financiamentos devidos ao transferidor, bem como quanto à prestação de contas de recursos anteriormente dele recebidos;
  - ✓ de cumprimento dos limites constitucionais relativos à educação e à saúde;
  - ✓ da observância dos limites das dívidas consolidada e mobiliária, de operações de crédito, inclusive por antecipação de receita, de inscrição em Restos a Pagar e de despesa total com pessoal;
  - ✓ de previsão orçamentária de contrapartida.

É, ainda, vedada a utilização de recursos transferidos em finalidade diversa da pactuada. Não se aplica a suspensão para as transferências referentes às ações de educação, saúde e assistência social.

20.5 FISCALIZAÇÃO ESPECÍFICA DO LEGISLATIVO

No âmbito estrito do Congresso Nacional, a Constituição atribui a uma Comissão Mista permanente de senadores e deputados – Comissão Mista de Planos, Orçamentos Públicos e Fiscalização (CMO), entre outras responsabilidades, examinar e emitir parecer sobre as contas apresentadas anualmente pelo Presidente da República e demais presidentes dos órgãos, dos Poderes Legislativo e Judiciário e do dirigente do Ministério Público, bem como do próprio Tribunal de Contas, e ainda exercer o acompanhamento e a fiscalização orçamentária e financeira e da gestão fiscal, sem prejuízo da atuação das demais comissões (permanentes e temporárias) do Congresso Nacional e de suas Casas. Referida Comissão, diante de indícios de despesas não autorizadas, ainda que sob a forma de investimentos não programados ou de subsídios não aprovados, poderá solicitar à autoridade governamental responsável que, no prazo de cinco dias, preste os esclarecimentos necessários (CF, art. 72). Se os esclarecimentos não forem prestados ou forem considerados insuficientes, a Comissão solicitará ao Tribunal pronunciamento conclusivo sobre a matéria, no prazo de 30 dias. Sendo a despesa considerada irregular, a Comissão proporá ao Congresso Nacional sua sustação, se julgar que o gasto possa causar dano irreparável ou grave lesão à economia pública.

A Comissão também dá parecer sobre a execução de dotações constantes na lei orçamentária anual sob condição suspensiva, quando tenham sido identificados indícios de irregularidades graves levantadas pelo TCU. O parecer da Comissão) terá caráter terminativo, salvo recurso ao Plenário do Congresso Nacional. A suspensão da execução física, orçamentária e financeira constante da programação orçamentária poderá ser evitada se forem adotadas medidas corretivas para o saneamento das possíveis falhas ou oferecidas garantias suficientes à cobertura integral dos supostos prejuízos potenciais ao Erário.

Esta matéria tem sido objeto de divergências entre o Poder Executivo e o TCU. Nesta, como em outras circunstâncias, é compreensível que as matérias de competência do Congresso Nacional tenham tramitação complexa. Por outro lado, se o efeito de providências corretivas está fortemente influenciado pela capacidade de o órgão fiscalizador agir automática e imediatamente, também é forçoso reconhecer que a interrupção ou suspensão de obras ou serviços pode, muitas vezes, causar prejuízos consideráveis e, em alguns casos, irreversíveis.

A composição e o funcionamento da Comissão Mista de Planos, Orçamentos Públicos e Fiscalização estão regulados por legislação própria do Poder Legislativo, a Resolução nº 1, de 2006-CN.

Além da CMO, há outras comissões com características essencialmente fiscalizadoras: é o caso das Comissões de Fiscalização Financeira e Controle, na Câmara dos Deputados, e de Transparência, Governança, Fiscalização e Controle e Defesa do Consumidor, no Senado Federal. Estas comissões, recriadas, já não dispõem das mesmas prerrogativas de que gozaram suas similares, no passado; têm uma atuação considerada pouco efetiva. Pode-se dizer que as funções fiscalizadoras mais notórias têm sido desempenhadas por comissões temporárias (e não pelas permanentes), em particular pelas Comissões Parlamentares de Inquérito (CPI), que têm poderes de investigação próprios das autoridades judiciais, e se destinam à apuração de fato determinado e por prazo certo, sendo suas conclusões, quando for o caso, encaminhadas ao Ministério Público, para que este promova a responsabilização civil ou criminal dos infratores. Embora muitos critiquem a falta de efetividade na atuação dessas comissões, é preciso levar em conta que o resultado prático das apurações realizadas pelo Legislativo vai depender da adoção de medidas concretas por parte dos demais Poderes. Ultimamente, aliás, o fenômeno conhecido como "judicialização" da atividade parlamentar tem provocado sucessivas interferências do Poder Judiciário no Poder Legislativo, cerceando a atuação das CPI, restringindo sua capacidade investigativa. Esta interferência, diga-se de passagem, tem sido assinalada em várias outras situações que envolvem diretamente as prerrogativas do Legislativo ou sua independência.

Vale, ainda, destacar que o assunto em foco neste capítulo não adentra o também chamado **controle externo** do Judiciário, que constitui tema de outra órbita, de outra natureza, tendo em comum apenas o fato de que é (ou deveria ser) "externo" à hierarquia convencional do Poder Judiciário, mas, com efeito, é estranho aos aspectos de ordem propriamente orçamentária, financeira e patrimonial.

20.6 DECISÕES E MANIFESTAÇÕES DO TCU

Segundo a Lei nº 8.443/92, a decisão em processo de tomada ou prestação de contas pode ser (art. 10):

- preliminar – pela qual o Relator ou o Tribunal, antes de pronunciar-se quanto ao mérito das contas, resolve sobrestar o julgamento, ordenar a citação ou a audiência dos responsáveis ou, ainda, determinar outras diligências necessárias ao saneamento do processo;
- definitiva – pela qual o Tribunal julga as contas regulares, regulares com ressalva ou irregulares;
- terminativa – pela qual o Tribunal ordena o trancamento das contas que forem consideradas iliquidáveis.

O julgamento se dará até o término do exercício seguinte àquele em que as contas tiverem sido apresentadas (art. 14 da Lei Orgânica do TCU – Lei nº 8.443/92). Por razões várias, esse prazo, muitas vezes, não é observado, podendo, inclusive, ser prorrogado.

Com relação ao julgamento, as contas podem ser consideradas (art. 16 da Lei nº 8.443/92):

- regulares – quando expressarem, de forma clara e objetiva, a exatidão dos demonstrativos contábeis, a legalidade, a legitimidade e a economicidade dos atos de gestão do responsável;
- regulares com ressalva – quando evidenciarem impropriedade ou qualquer outra falta de natureza formal de que não resulte dano ao Erário;
- irregulares – quando comprovado:

- ✓ omissão no dever de prestar contas;
- ✓ prática de ato de gestão ilegal, ilegítimo, antieconômico, ou infração à norma legal ou regulamentar de natureza contábil, financeira, orçamentária, operacional ou patrimonial;
- ✓ dano ao Erário decorrente de ato de gestão ilegítimo ou antieconômico;
- ✓ desfalque ou desvio de dinheiros, bens ou valores públicos.

Poderão ser consideradas irregulares as contas no caso de reincidência no descumprimento de determinação de que o responsável tenha ciência, feita em processo de tomada ou prestação de contas. Nos casos de dano, desfalque ou desvio, terceiros poderão responder solidariamente.

As contas serão consideradas iliquidáveis quando caso fortuito ou de força maior, comprovadamente alheio à vontade do responsável, tornar materialmente impossível o julgamento do mérito. Nessa situação, o Tribunal ordenará o trancamento das contas e o consequente arquivamento do processo.

Nos cinco anos subsequentes à publicação da decisão terminativa, o Tribunal ainda poderá, à vista de novos elementos que considere suficientes, autorizar o desarquivamento do processo e determinar que se ultime a respectiva tomada ou prestação de contas. Se, entretanto, ao final desse prazo, não tiver havido nova decisão, as contas serão consideradas encerradas, com baixa na responsabilidade do administrador.

Havendo débito, no caso de contas irregulares, o Tribunal condenará o responsável ao pagamento da dívida atualizada monetariamente, acrescida dos juros de mora devidos, podendo, ainda, aplicar a multa de até 100% do valor do dano atualizado. O instrumento da decisão será considerado título executivo para fundamentar a respectiva ação de execução. Não havendo débito, a multa poderá alcançar R$ 59.988,01, atualizados, para o exercício de 2018, pela Portaria nº 7, de 11-1-18 (aplicável também a casos em que não se caracterize propriamente a irregularidade, como, por exemplo, não atendimento de diligência, sonegação de processo, documento ou informação etc.).

O responsável poderá ser temporariamente afastado de suas funções se existirem indícios suficientes de que possa retardar ou dificultar a realização de auditoria ou inspeção, causar novos danos ao Erário ou inviabilizar seu ressarcimento. Da mesma forma, o Tribunal poderá decretar, por até um ano, a indisponibilidade dos bens do responsável, até o montante necessário para o ressarcimento dos danos em apuração. Se a infração cometida for considerada grave pela maioria absoluta dos membros do Tribunal, o responsável ficará inabilitado, de cinco a oito anos, para o exercício de cargo em comissão ou função de confiança no âmbito da Administração Pública. E, por intermédio do Ministério Público, o Tribunal poderá solicitar as medidas necessárias ao arresto dos bens dos responsáveis julgados em débito, devendo ser ouvido quanto à liberação dos bens arrestados e sua restituição.

Para concluir, convém enfatizar que, já em 19-11-91, o TCU baixou a Resolução nº 256, dispondo sobre o exercício da fiscalização operacional, a ser exercida mediante a apreciação e o julgamento das contas dos administradores dos órgãos e entidades dos Três Poderes da União, bem como por meio da realização de auditorias.

A Resolução determinou que a análise de natureza operacional, a ser realizada sem prejuízo do exame da legalidade, implica a avaliação do cumprimento dos programas de governo e do desempenho das unidades e entidades jurisdicionadas ao Tribunal no tocante aos seus objetivos, metas e prioridades, bem como quanto à alocação e uso dos recursos disponíveis, inclusive os provenientes de financiamento externo.

Não obstante o longo período decorrido, deve-se reconhecer que muito ainda está por se fazer em matéria de acompanhamento e avaliação, como um processo contínuo e sistemático das ações governamentais, com mecanismos e instrumentos de controle da atuação dos órgãos e entidades da Administração, e do desempenho de seus dirigentes, em relação aos programas de trabalho e ao cumprimento dos objetivos e metas sob responsabilidade do Poder Público. Os controles até hoje efetuados ainda apresentam um viés preponderantemente contábil, formal e legal, tópico e aleatório, reativo. Continuamos carecendo, inclusive, de definições precisas e objetivas de indicadores que permitam, em última análise, a avaliação da eficiência, eficácia, economicidade e efetividade da gestão do Setor Público.

Paralelamente, avolumam-se as críticas à ação fiscalizadora do TCU, que, aliada à atuação do Ministério Público e do Judiciário, estaria **travando** o exercício das funções precípuas da Administração, cerceando e retardando as iniciativas dos gestores governamentais, colocando sob suspeita qualquer tipo de procedimento menos convencional.

Daí por que – pode-se concluir – é preciso definir claramente quais são as competências de cada órgão e encontrar um **meio-termo** que não iniba a versatilidade dos administradores, atribuindo-lhes responsabilidades correspondentes à dimensão dos cargos que exercem.

RESUMO

A seguir, estão contemplados os principais assuntos discorridos no capítulo.

- O controle externo deve ser visto, na estrutura de Poderes – independentes, mas harmônicos e em equilíbrio –, como não sujeito às autoridades ou responsáveis que constituem seu foco de atuação, a serviço preponderantemente da sociedade e, subsidiariamente, da própria Administração.
- O controle externo, na esfera federal, é o exercido no âmbito do Congresso Nacional, com o auxílio do Tribunal de Contas da União, ao qual compete desde a apreciação das contas do Presidente da República até o julgamento

das contas dos administradores e demais responsáveis por dinheiros, bens e valores públicos das Administrações Direta e Indireta.

- A Lei nº 7.675, de 4-10-88, publicada em 7 de outubro, instituiu a fiscalização da aplicação dos recursos federais transferidos aos Estados, ao Distrito Federal, aos Territórios e aos Municípios.
- Os montantes mais significativos destinados aos demais entes pela União referem-se às transferências constitucionais, em particular aos chamados Fundos de Participação.
- O Tribunal de Contas da União poderá determinar o bloqueio das parcelas ou quotas-partes dos recursos tributários, bem como a suspensão da transferência de quaisquer outros recursos federais.
- No âmbito estrito do Congresso Nacional, a Constituição atribui a uma Comissão Mista permanente de senadores e deputados, entre outras responsabilidades, examinar e emitir parecer sobre as contas apresentadas anualmente pelo Presidente da República e demais presidentes dos órgãos, dos Poderes Legislativo e Judiciário e do dirigente do Ministério Público, bem como do próprio Tribunal de Contas, e ainda exercer o acompanhamento e a fiscalização orçamentária e financeira e da gestão fiscal, sem prejuízo da atuação das demais comissões (permanentes e temporárias) do Congresso Nacional e de suas Casas.

ATIVIDADES PARA SALA DE AULA

1) Na sua opinião, qual o papel central de um sistema de controle externo? Como se situam os tribunais e conselhos de contas nesse contexto?
2) Em relação à fiscalização efetivamente exercida pelo TCU, na sua opinião qual é o grau de limitação ou abrangência com que atua na Administração? Da mesma forma, e o Poder Legislativo?

BIBLIOGRAFIA

ANGÉLICO, João. **Contabilidade pública**. 5. ed. São Paulo: Atlas, 1981.

ANTHONY, Robert N. **Contabilidade gerencial**: uma introdução à contabilidade. São Paulo: Atlas, 1974.

CRETELLA JÚNIOR, J. **Dicionário de direito administrativo.** 3. ed. Rio de Janeiro: Forense, 1978.

DALLARI, Dalmo de Abreu. **Regime constitucional dos servidores públicos**. 2. ed. São Paulo: Revista dos Tribunais, 1990.

D'ÁURIA, Francisco. **Contabilidade pública**. 4. ed. São Paulo: Nacional, 1945.

DI PIETRO, Maria Sylvia Zanella. **Parcerias na administração pública**. 4. ed. São Paulo: Atlas, 2002.

ESPINOLA, Eduardo. **Direito civil brasileiro**. 2. ed. Rio de Janeiro: Freitas Bastos, 1945.

FERREIRA SOBRINHO, José Wilson. Transferência de depósitos judiciais e extrajudiciais para o Tesouro Nacional. **Repertório IOB de Jurisprudência**, n. 24/98, caderno 1, p. 634-636, dez. 1998.

GIACOMONI, James. **Orçamento público**. 9. ed. São Paulo: Atlas, 2000.

GOMES, Orlando. **Contratos**. 10. ed. Rio de Janeiro: Forense, 1984.

IUDÍCIBUS, Sérgio *et al.* **Contabilidade intermediária**. São Paulo: Atlas, 1981.

LATORRACA, Nilton. **Direito tributário**: imposto de renda das empresas. 10. ed. São Paulo: Atlas, 1992.

LENO, Max. A questão salarial dos servidores públicos federais. **Revista de Conjuntura**, Corecon/Sindecon-DF, ano 2, n. 7, jul./set. 2001.

MACHADO JR., J. Teixeira; REIS, Heraldo da Costa. **A Lei nº 4.320 comentada**. 30. ed. Rio de Janeiro: IBAM, 2000/2001.

MARTINS, Eliseu. **Contabilidade de custos**. 9. ed. São Paulo: Atlas, 2008 – Parte I.

MEIRELLES, Hely Lopes. **Direito administrativo brasileiro**. 15. ed. São Paulo: Revista dos Tribunais, 1990.

MUSGRAVE, Richard A. **Teoria das finanças públicas**: um estudo da economia governamental. São Paulo: Atlas, 1976.

NUNES, Selene Peres. **Lei de Responsabilidade Fiscal** – Manual básico de treinamento para municípios, 2001.

PINHEIRO, Ewald S. O TCU e o aprimoramento do controle externo. **Revista do Tribunal de Contas da União**, Brasília, n. 26, 1982.

PISCITELLI, Roberto Bocaccio. **O controle interno na administração pública federal brasileira**. Brasília: ESAF, 1988.

PISCITELLI, Roberto Bocaccio. **Orçamento público**: uma verdadeira questão de governabilidade. Carta de Conjuntura do Conselho Regional de Economia, DF, ano 5, n. 24, jan./fev. 1991.

PISCITELLI, Roberto Bocaccio. Comentários acerca do novo plano de contas da administração federal. **Revista Brasileira de Contabilidade.** Conselho Federal de Contabilidade, ano 18, n. 64, jan./mar. 1988.

PISCITELLI, Rui Magalhães. Convênios – Um patrimônio do Estado brasileiro permanente que não pode ser abdicado pelos governantes temporários – 295 bilhões de reais conveniados de 1996 a 2013! **Revista Zênite** – Informativo de Licitações e Contratos (ILC), Curitiba: Zênite, n. 244, p. 574-579, jun. 2014.

REZENDE, Fernando Antonio. **Finanças públicas**. 2. ed. São Paulo: Atlas, 2001.

SANCHES, Osvaldo Maldonado. **Dicionário de orçamento planejamento e áreas afins.** Brasília: Prisma, 1997.

SILVA, De Plácido e. **Noções de finanças e direito fiscal**. 2. ed. Curitiba: Guaíra, 1946.

SILVA, José Afonso. **Curso de direito constitucional positivo**. 24. ed. São Paulo: Malheiros Editores, 2005.

SILVA, Sebastião de Sant'Anna e. **Os princípios orçamentários**. Rio de Janeiro: Fundação Getulio Vargas, 1962.

TCU. **Licitações e contratos** – Orientações básicas – TCU, 2003.

TCU. **Convênios e outros repasses** – TCU, 2003.

LEGISLAÇÃO CONSULTADA

Constituições Federais de 1967 e de 1988 e respectivas emendas

Código Civil Brasileiro Lei nº 3.071, 1-1-16

Atual Código Civil – Lei nº 10.406, 10-1-02

Código Tributário Nacional

Decreto Legislativo nº 4.536, 28-1-22 (Código de Contabilidade Pública)

Lei Complementar nº 82, 27-3-95

Lei Complementar nº 96, 31-5-99

Lei Complementar nº 101, 4-5-00 (Lei de Responsabilidade Fiscal)

Leis dos Planos Plurianuais

Leis de Diretrizes Orçamentárias

Lei nº 4.320, 17-3-64

Lei nº 4.595, 31-12-64

Lei nº 6.223, 14-7-75

Lei nº 6.404, 15-12-76

Lei nº 6.525, 11-4-78

Lei nº 7.596, 10-4-87

Lei nº 7.632, 3-12-87

Lei nº 7.675, 4-10-88

Lei nº 7.800, 10-7-89

Lei nº 7.827, 27-9-89

Lei nº 8.025, 12-4-90

Lei nº 8.028, 12-4-90

Lei nº 8.112, 11-12-90

Lei nº 8.173, 30-1-91

Lei nº 8.410, 27-3-92

Lei nº 8.443, 16-7-92

Lei nº 8.490, 19-11-92

Lei nº 8.666, 21-6-93, e alterações

Lei nº 8.883, 8-6-94

Lei nº 8.987, 13-2-95

Lei nº 9.637, 15-5-98

Lei nº 9.648, 27-5-98

Lei nº 9.649, 27-5-98

Lei nº 9.703, 17-11-98

Lei nº 9.790, 23-3-99

Lei nº 9.801, 14-6-99

Lei nº 9.854, 27-10-99

Lei nº 10.028, 19-10-00

Lei nº 10.180, 6-2-01

Lei nº 10.192, 14-2-01

Lei nº 10.259, 12-7-01

Lei nº 10.683, 28-5-03

Lei nº 10.668, 14-5-03

Lei nº 10.520, 17-7-02

Lei nº 10.522, 19-7-02

Lei nº 10.524, 25-7-02

Lei nº 10.770, 21-11-03

Lei nº 10.771, 21-11-03

Lei nº 10.772, 21-11-03

Lei nº 10.869, 13-5-04

Lei nº 10.973, 2-12-04
Lei nº 11.080, 30-12-04
Lei nº 11.107, 6-4-05
Lei nº 11.178, 20-9-05
Lei nº 11.196, 21-11-05
Lei nº 11.204, 5-12-05
Lei nº 11.514, 13-8-07
Lei nº 11.638, 28-12-07
Lei nº 11.941, 27-5-09
Lei nº 12.011, 4-8-09
Lei nº 12.232, 29-4-00
Lei nº 12.314, 19-8-10
Lei nº 12.349, 15-12-10
Lei nº 12.440, 7-7-11
Lei nº 12.462, 4-8-11
Lei nº 12.465, 12-8-11
Lei nº 12.688, 18-7-12
Lei nº 12.708, 17-8-12
Lei nº 12.722, 3-10-12
Lei nº 12.745, 19-12-12
Lei nº 12.792, 28-3-13
Lei nº 12.897, 18-12-13
Lei nº 12.919, 24-12-13
Lei nº 13.146, 6-7-15
Lei nº 13.190, 19-11-15
Lei nº 13.243, 11-1-16
Lei nº 13.249, 13-1-16 (PPA 2016/19)
Lei nº 13.464, 10-7-17
Lei nº 13.473, 8-8-17
Lei nº 13.502, 1º-11-17
Lei nº 13.707, 14-8-18
Medida Provisória nº 1.549 – 40, 31-12-97, substituída pelas MPs nº 1.642 e nº 1651, e convertida na Lei nº 9.649/98,
Medida Provisória nº 1.751, em suas sucessivas reedições
Medida Provisória nº 1.795, 1-1-99
Medida Provisória nº 1.799, 21-1-99 e respectivas reedições
Medida Provisória nº 2.143-37, 31-8-01
Medida Provisória nº 1.782, 14-12-98, atualmente MP nº 2.170-36, 23-8-01
Medida Provisória nº 103, 1º-1-03, convertida na Lei nº 10.683, 28-5-03
Medida Provisória nº 106, 22-1-03, convertida na Lei nº 10.668, 14-5-03
Medida Provisória nº 163, 23-1-04, convertida na Lei nº 10.869, 13-5-04, alterada pela Lei nº 10.866/04
Medida Provisória nº 2.182 – 18, 23-8-01, convertida na Lei nº 10.520, 17-7-2002
Medida Provisória nº 2.216 – 37, 31-8-01
Decreto-lei nº 9.760, 5-9-46
Decreto-lei nº 200, 25-2-67
Decreto-lei nº 715, 29-12-92
Decreto-lei nº 900, 29-9-69
Decreto-lei nº 1.376, 12-12-74
Decreto-lei nº 2.299, 21-11-86
Decreto-lei nº 2.312, 23-12-86
Decreto nº 1.672, 11-10-95
Decreto nº 2.829, 29-10-98
Decreto nº 3.334, 11-1-00
Decreto nº 3.591, 6-9-00
Decreto nº 3.771, 13-3-01
Decreto nº 4.002, 7-11-01
Decreto nº 4.113, 5-2-02
Decreto nº 4.177, 28-3-02
Decreto Federal nº 15.783, 8-11-22 (Regulamento do Código de Contabilidade Pública)
Decreto nº 64.441, 30-4-69
Decreto nº 84.128, 29-10-79
Decreto nº 84.362, 31-12-79

Decreto nº 92.452, 10-3-86
Decreto nº 93.612, 21-11-86
Decreto nº 93.617, 21-11-86
Decreto nº 93.872, 23-12-86, e alterações posteriores
Decreto nº 93.874, 23-12-86
Decreto nº 94.007, 9-2-87
Decreto nº 95.804, 9-3-88
Decreto nº 99.180, 15-3-90
Decreto nº 99.658, 30-10-90
Decreto nº 20, 1-2-91
Decreto s/nº, 28-6-91
Decreto nº 206, 5-9-91
Decreto nº 825, 28-5-93
Decreto nº 890, 9-8-93
Decreto nº 1.043, 13-1-94
Decreto nº 1.819, 16-2-96
Decreto nº 2.271, 7-7-97
Decreto nº 2.289, 4-8-97
Decreto nº 2.295, 4-8-97
Decreto nº 2.487, 2-2-98
Decreto nº 2.488, 2-2-98
Decreto nº 3.555, 8-8-00
Decreto nº 3.722, 9-1-01
Decreto nº 4.238, 21-5-02
Decreto nº 4.245, 22-5-02
Decreto nº 4.304, 16-7-02
Decreto nº 4.440, 25-10-02
Decreto nº 4.485, 25-11-02
Decreto nº 4.507, 11-12-02
Decreto nº 4.584, 5-2-03
Decreto nº 4.591, 10-02-03
Decreto nº 4.950, 9-1-04
Decreto nº 4.992, 18-2-04
Decreto nº 5.355, 25-1-05
Decreto nº 5.450, 31-5-05
Decreto nº 6.087, 20-4-07
Decreto nº 6.170, 25-7-07
Decreto nº 6.370, 1º-2-08
Decreto nº 6.467, 30-5-08
Decreto nº 7.174, 12-5-10
Decreto nº 7.453, 18-3-11
Decreto nº 7.581, 11-10-11
Decreto nº 7.654, 23-12-11
Decreto nº 7.680, 17-2-12
Decreto nº 8.197, 20-2-14
Decreto nº 9.276, 2-2-18
Decreto nº 9.373, 11-5-18
Decreto nº 9.412, 18-6-18
Portaria Interministerial MF/MPOG/CGU nº 127, 29-5-08
Portaria Interministerial SOF/MOG e STN/MF nº 163, 4-5-01, e alterações posteriores
Portaria Interministerial MF/MPOG/CGU nº 507, 24-11-11
Portaria Interministerial MF/MPOG/CGU nº 495, 6-12-13
Portaria SOF nº 42, 14-4-99
Portaria SOF nº 12, 6-2-13
Portaria SOF nº 23, 4-5-17 (MTO 2018)
Portaria SOF nº 3, 18-8-17
Portaria Conjunta MF/SAF nº 1.009, 19-11-91
Portaria TCU nº 175, 9-7-13
Portaria CGU nº 133, 18-1-13
Portaria CGU nº 807, 25-4-13
Portaria STN nº 685, 14-9-06
Portaria STN nº 683, 6-10-11
Portaria STN nº 828, 14-12-11
Portaria STN nº 437, 12-7-12

Portaria STN nº 637, 18-10-12
Portaria STN nº 753, 21-12-12
Portaria STN nº 634, 19-11-13
Portaria STN nº 495, 6-6-17
Portaria MF nº 95, 19-4-02
Instrução Normativa SFC nº 1, 6-4-01
Instrução Normativa STN/MF nº 22, 22-12-86
Instrução Normativa STN/MF nº 23, 23-12-86 (rev. pela IN/STN nº 08, 5-11-93)
Instrução Normativa STN/MF nº 18, 30-11-87
Instrução Normativa/STN nº 4, 30-8-04
Instrução Normativa SEDAP nº 205, 8-4-88
Instrução Normativa/TCU nº 55, 24-10-07
Instrução Normativa/TCU nº 63, 1º-9-10
Instrução Normativa/TCU nº 71, 28-11-12 (alterada pela IN/TCU nº 76, 23-11-16)
Instrução Normativa TCU nº 72, 15-5-13
Resolução CN nº 1, 22-12-2006
Resolução/TCU nº 256, 19-11-91
Resolução/CFC nº 530, 23-10-81
Resolução/CFC nº 750, 29-12-93
Resolução/CFC nº 1.111, 29-11-07, ver. pela NBC TSP Estrutura Conceitual
Resolução/CFC nº 1.128, 25-11-08
Resolução/CFC nº 1.129, 25-11-08
Resolução/CFC nº 1.131, 21-11-08
Resolução/CFC nº 1.132, 25-11-08
Resolução/CFC nº 1.133, 25-11-08
Resolução/CFC nº 1.137, 25-11-08
Resolução/CFC nº 1.282, 28-5-10
Resolução/CFC nº 1.367, 25-11-11
Resolução/CFC nº 1.437, 22-3-13
NBC TSP EC, 23-9-16
Resolução/TCU nº 155, 4-12-02
Instrução Normativa/TCU nº 12, 24-4-96 (republicada em 11-7-02)
Instrução Normativa/TCU nº 14, 13-12-96
Instrução Normativa/TCU nº 47, 27-10-04
Instrução Normativa TCU nº 63, 1º-9-10
Instrução Normativa TCU nº 71, 28-11-12
Instrução Normativa TCU nº 72, 15-5-2013
Portaria TCU nº 7, 11-1-18
Norma de Execução Conjunta DPU/DTN nº 22, 26-11-91
Norma de Execução STN/CCONT nº 4, 31-10-97
Manuais Técnicos de Orçamento (SOF)
Orientação Normativa/SFC nº 2, 21-12-01
Súmula TCU nº 252, 31-3-10
Súmula TCU nº 265, 15-6-11